KB245539

해방
일기

해방일기 2
해방을 주는 자와 해방을 얻는 자

2011년 9월 9일 제1판 1쇄 인쇄
2011년 9월 19일 제1판 1쇄 발행

지은이   김기협
펴낸이   이재민, 김상미

편집   이명애
디자인기획   민진기디자인

종이   대흥지류유통(주)
인쇄   천일문화사
제본   정원문화사

펴낸곳   너머북스
주소   서울시 마포구 서교동 375-13 성지빌딩 2층
전화   02)335-3366, 336-5131 팩스 02)335-5848
등록번호   제313-2007-232호

너머북스와 너머학교는 좋은 서가와 학교를 꿈꾸는 출판사입니다.

이 책에 실린 사진은 뉴스뱅크, 위키미디어 커먼스에서 게재 허가를 받았습니다.

저작권자를 찾지 못하여 게재 허가를 받지 못한 일부 사진은 확인되는 대로 게재 허가를 받고 통상 기준에 따라 사용료를 지불하겠습니다.

1945.11.1~1946.1.31

2

해방을 주는 자와 해방을 얻는 자

김기협 지음

너머북스

독립의 길을 험하게 만든 반탁운동

민족국가를 세우는 데 어떤 요건이 필요한 것인가? 내부 역량이 충분히 있고 그것을 가로막는 외부 압력이 너무 크지 않아야 할 것이다. 두 가지 조건은 상대적이다. 내부 역량이 웬만큼만 있어도 외부 압력이 별로 없으면 쉽게 국가를 세울 수 있지만, 내부 역량이 아무리 크더라도 외부 압력이 너무 강하면 어려울 수 있다.

해방 당시 한민족의 내부 역량을 어느 정도로 평할 수 있을까? 제2차 세계대전 후 십여년 동안 수십개 국가가 독립했는데, 한민족은 그 중 독립역량이 가장 큰 몇 나라 중 하나였다. 민족국가 운영의 경험과 문명수준을 놓고 하는 말이다.

한민족의 천여년 민족국가 운영경험은 단연 세계 최고다. 그리고 근대교육의 혜택은 적었어도 수준 높은 전통문명의 유산을 갖고 있었다. 최하층민까지도 삼국지의 주요 인물들을 뜨르르 뀔 정도의 문명수준을 갖고 있던 민족은 세계에 몇 되지 않았다.

단합을 못하는 파당성을 이유로 내부 역량을 깎아서 보는 시각을 나는 인정하지 않는다. 파당성은 인간사회 어디에나 있는 것이다. 그리고 파당성을 극복하려는 노력 또한 어디에나 있다. 우리 민족의 파당성을 과장한 것은 침략을 정당화하려는 일본 제국주의자들의 술수였고, 인종과 민족의 우열을 주장하던 제국주의시대의 사고방식이었다. 파당성이 설령 좀 있다 하더라도 그런 문화적 특질은 독립역량 같은 거시적 지표에 크게 영향을 미칠 요소가 아니다.

해방공간의 조선 정치인들이 정당 난립을 걱정한 데는 일본 제국주의자들의 '프레임'에서 벗어나지 못한 '파당성 콤플렉스'가 작용했다. 미군정이 정당등록제를 실시한 것은 1946년 2월 25일 법령 제55호를 통해서였다. 그 전까지는 간판만 걸면 정당이었으니, 몇 개든 아무 의미 없는 숫자였다. 일체의 정치활동이 억압받던 군국주의체제가 무너진 뒤의 정당 난립은 자연스러운 일이었다. 파당적 민족성과 관계없는 일이었다. 1946년 4월 10일 일본 총선거에는 363개 정당에서 후보를 냈다.

한국전쟁의 주된 원인을 해방공간의 좌우대립에서 찾는 이른바 '내인론'에 내가 반대하는 것도 비슷한 까닭이다. 진보와 보수의 대립은 어느 사회에나 있는 것이다. 그리고 해방공간 조선 정치계에는 진보적 방향의 합의가 광범위하게 이루어져 있었다. 극우파의 본산이 될 한민당조차 토지개혁을 위시한 진보적 강령을 표면상으로는 내걸었다. 모순덩어리 일본 통치체제를 크게 바꿀 필요를 부정할 사람이 아무도 없었기 때문이다.

광범위한 합의의 존재에도 불구하고 격렬하게 벌어진 '좌우대립'은 엄밀히 말해서 이념대결이 아니었다. 정상적 이념대립에서 절충의 주체가 될 중도파가 원천적으로 배제되고 극좌와 극우가 평행선을 그리는 정략대결만이 있었다. 조선인들 사이에서의 정치적 절충을 외면하고 외세에 의지해서 패권을 장악하려는 세력이 정치계를 휩쓸 수 있었던 것은 의지할 만한 외세가 있기 때문이었다.

소련군과 미군이 극좌와 극우가 의지한 외세였다. 그러나 두 나라 군대가 해방공간의 조선 정치계에 작용한 양상에는 큰 차이가 있었다.

미군이 '점령군'으로서 군림의 자세를 취한 것과 달리 소련군은 '해방군'의 자세를 지키려고 애썼다. 연합국간의 협력체제를 지키려는 소련의 방어적 외교정책과 보다 패권주의적인 미국 외교정책의 차이가 진주군의 자세 차이를 가져왔다. 그래서 소련군 점령지역에서는 상당한 폭의 민족통일전선이 자연스럽게 이루어진 반면, 미군 점령지역에서는 정치의 양극화 현상이 일어났다. 패권주의적 국가주의 경향이 강한 미군정 고위층이 조선에 대한 통제력 강화를 위해 친미적 극우파를 키워냈기 때문이다.

이북에서 소련군은 주민들의 인민위원회를 지원해서 행정과 경찰 업무를 맡겨, 1946년 2월 북조선임시인민위원회(임시인위) 수립에 이른다. 임시인위에서 공산주의자들이 주도권을 쥐게 되지만, 그 과정에 소련군은 적극적으로 개입하지 않았다. 적어도 이남에서 미군이 이승만·김구 중심의 극우세력을 노골적으로 지원한 것과는 차원이 달랐다.

이남에서는 미군정을 등에 업은 극우파가 힘을 키우면서 민심과 점점 멀어져갔다. 애초에 극우파는 식민지시대의 행적으로 친일파로 몰릴 사람들이 자구책을 위해 결집한 것이었는데, 미군정의 지원을 받으면서 외연을 확장해 나갔다. 악질적 친일행위가 없던 사람이라도 식민지시대에 우월한 위치를 누리던 계층이 기득권을 유지, 확장하기 위해 극우파 대열에 합류했다. 미군정이 경찰지휘권을 조병옥과 장택상에게 맡기면서 이 추세가 격화되었다.

이에 따라 이남 주민들 사이에서 미군정에 대한 불신이 자라났다. 미군정의 잘못된 정책으로 인한 경제적 고통이 이 불신을 더욱 심화시켰다. 이례적 풍년에도 불구하고 대다수 주민이 굶주림에 시달리게 된 것이 대표적인 문제였다. 풍부한 자금력을 가진 극우파에게 투기 기회를 주는 일련의 정책을 미군정은 시행했고, 이로 인해 대다수 주민이 고통을 겪는 한편에서 극우파의 힘은 더욱 자라났다.

1945년 말 '신탁통치' 사태가 터졌다. 극우파가 '신탁통치 절대 반대'를 명분으로 모스크바 3상회의 자체를 배격하고 나선 것은 미군정 지도부의 국가주의 성향에 영합한 것이었다. 국제주의 노선에 입각한 3상회의 결정을 배척함으로써 미국이 조선에 대한 영향력을 키울 기회를 주려는 것이었다.

뒤이어 공산당의 '3상회의 절대 지지' 노선이 나왔다. 한민당의 '절대 반대'대상은 신탁통치였고, 공산당의 '절대 지지' 대상은 3상회의였다. 신탁통치는 반대하면서 3상회의는 지지하는 중도적 입장이 논리적 정답이었지만, 극우도 극좌도 이것을 용납하지 않았다.

극우파의 극단적 반탁운동에 공산당이 합리적 대응 대신 '찬탁'의 맞불로 대응한 것은 반사효과를 노린 것이었다. 극우파의 무리한 노선에 대한 반대세력의 주도권을 공산당이 장악하겠다는 것이었다. 똑같이 무리한 공산당의 대응은 극우파의 명분과 결집력을 더욱 뒷받침해 주었다. 그리고 이것이 반대세력 중에서 공산당의 극좌노선을 더욱 강화해 주었다. '적대적 공생관계'의 전형적 구조였다.

3상회의와 신탁통치에 대한 합리적이고 중도적인 입장이 '적대적 공생관계'의 소용돌이에 맥없이 휘말려버린 까닭은 무엇일까? 김구의 행보가 큰 요인이었다. 양심적 민족주의자들은 임정 세력의 역할, 특히 임정을 대표하는 김구의 역할에 큰 기대를 걸고 있었다. 김구의 영도력을 앞세움으로써 혼란을 최소화하려는 희망을 갖고 있었다. 김구의 가담으로 인해 반탁운동은 극대화될 수 있었다.

김구 자신이 극우파였을까? 당시의 좌익은 그렇게 비난했다. 반탁운동에서 그가 취한 태도로도 그렇게 볼 수 있다. 그러나 그를 이승만이나 한민당 주류 인사들처럼 파렴치한 집단의 일원으로 보기는 힘들다. 그러면 '양심적 극우파'라 해야 할까? 그런 범주를 따로 설정할 필요가 있을지는 앞으로 더 두고 봐야겠다. 지금으로서는 비양심적인 극우파만으로도 하나의 파벌을 채우기에 충분하다.

상해·중경 임시정부는 조선의 해방에 현실적인 역할은 크지 않았어도 하나의 강력한 상징으로 존재해 왔다. 해방이 된 이제, 독립이라는 다음 과제를 위해 그 역할이 조선인의 기대를 모으고 있었다. 그런데 1946년 1월 하순, 반탁운동이 일어난 지 한 달이 안 되어 임정 비주류가 이탈함으로써 이 기대가 무너지고 김구의 권위도 크게 훼손되고 말았다.

1945년 11월에서 1946년 1월까지 이 책에서 설명한 상황은 이북보다 이남에 크게 치우쳐 있다. 입수할 수 있는 자료(신문 등)와 연구결과가 이남 쪽에 치우쳐 있는 이유도 있지만, 아무래도 이남 쪽이 더 시끄러운 상황이었다는 이유가 더 크다. 그리고 그 시끄러운 상황 속에서 조선독립에 대한 연합국의 애초 합의였던 국제주의 노선을 좌초시킬 움직임이 자라나고 있었다. 앞으로도 당분간 이남 쪽에 치우친 상황설명이 계속될 것이다.

이남 상황을 시끄럽게 만든 것이 미국의 개입이었다. 미국의 개입에는 국무부의 국제주의 노선과 미군정의 국가주의 성향 사이의 혼선이 있어서 조선에 대한 영향이 더욱 혼란스러웠다. 그리고 38선 이북의 소련의 존재가 이 혼선을 더욱 증폭시켰다. 1947년 3월의 트루먼 독트린 발표를 세계적 냉전의 시작으로 보지만, 조선의 상황은 1945년 말부터 이미 냉전을 향해 치달리고 있었다. 독립을 향한 조선인의 내부 역량이 타고 넘기 어려운 격랑이었다.

2011년 9월

김기협

차례

일러두기

1. 이 책에서 인용한 1차 사료(신문기사, 포고문, 법령 등)는 국사편찬위원회 한국사데이터베이스 (http://db.history.go.kr)의 자료를 원본으로 하였으며, 일일이 출처를 명시하지 않는 대신 흐린 글씨로 표시하였다. 또한 지금은 별로 쓰지 않는 한자어를 우리말로 풀어쓰는 등 한글세대도 쉽게 읽을 수 있도록 일부 수정하였다.
2. 이 책에서 인용한 글의 서지사항은 처음 나올 때 표기하고, 이후에는 제목과 쪽수만 표기하였다.
3. 인명이 처음 나올 때 한자 또는 원어, 생몰연도를 함께 표기하였다(확인되지 않는 일부 인명의 경우 제외).
4. 단체명은 처음 나올 때 원래 명칭과 줄임말을 함께 표기하고 이후에는 줄임말을 사용하는 것을 원칙으로 하였다.
5. 각 장의 말미에 실은 '안재홍 선생에게 묻는다'는 해당 시점(예를 들어 1장 말미의 대담은 1945년 11월 중순, 2장 말미는 1945년 11월 말)에 저자가 안재홍 선생과 나누는 것으로 가상하는 대담이다.

1

이승만, 주도권을 선점하다

1945년 11월 1 ~ 11일

1945년 10월 20일 당시 미군정청 청사 앞에서 열린 이승만 귀국 환영대회에서 마이크 앞에 선 이승만. 사진 왼쪽에는 하지가 앉아 있다. 이 자리에서 하지는 이승만에게 극도로 공경하는 자세를 취했고, 며칠 전 맥아더와 함께 이승만을 도쿄에서 만난 사실을 자기 참모들에게까지 감췄다.

1945. 11. 1.

하지의 IQ는 얼마?

군정 출범 두 달이 되어가는 시점에서 하지(John R. Hodge, 1893~ 1963)가 송진우(宋鎭禹, 1890~1945)에게 자기 뜻을 조선 지식층에게 전파해 달라고 부탁했다. 이런 부탁을 받은 것은 군정청 고문단의 대표 자격으로일 것이다. 그런데 그 전파는 한민당의 삐라를 통해 이루어졌고, 그 삐라에서 송진우의 신분은 '한민당 수석총무'였다. 고문단을 장악하고 있던 한민당이 군정청과의 특수관계를 선전하려 한 의도가 이 삐라에 나타나 있다.

● 조선 지식계급에게 호소[訴]함
10월 31일 오후 9시 본당 수석총무 송진우씨는 하지 중장을 관저로 방문하고 약 1시간에 걸쳐 회담하였는데 중장은 대략 아래와 같은 담화를 하고 이 뜻을 조선 지식계급에게 전해 달라고 언명하였다.
"우리는 조선의 독립과 자유를 위하여 일하러 왔다. 우리는 영토적 야심이 있는 것도 아니요 경제적 착취를 목적으로 온 것도 아니다. (…) 조선 지식계급들은 무엇을 하고 있느냐. 정치적 고담준론만 하지 말고 실천적 행동을 하라. 세상은 무뢰한, 허무주의자, 친일파의 손에 농락되고 있지 않느냐. (…) 나는 첫 번 왔을 때 조선인이 전부 반민주주의화한 줄 알고 당황하였다. 그러나 진상을 알고 보니 전 민중은 모두 민족주의 민주주의를 찬성하더라. 이것을 무뢰한, 허무주의자, 파괴주의자, 친일파, 일본인 들의 도량(跳梁, 거리낌없이 함부로 날뜀)에 맡겨서 노동자는 일을 않고 농민들은 수확을 하지 않도록 선동하고 있지 않느냐. (…) 일본인 재산의 매매는 민주주의의 입장에서 허가하지 않을 수 없다. 그러나 조선인들이 결속하고 불매하면 그들은 그대로 두고 가지 않을 것인가. 조선인 친일파가 일본인에게 쫓아다니며 사니까 그들은 배를 퉁기고 있다. 우리는 일본인들이 돈 1,000원 이상을 가져가지 못하게 하고 물품도 하나도 못 가져가게 하는데 조선인은 이것을 사러 다니느라고 주머니가 비고 옷은 추레하게 입고 있다. (…) 다시 강조하거니와 조선의 지식계급이 정치공론만 하지 말고 대중 속에 뛰어들어가 민주주의가 무엇인가를 설명하여 친일파, 무뢰한, 파괴자, 일본인 들에게 우롱당하지 말기를 바란다."

단기 4278년(1945년) 11월 1일

한국민주당 선전부(전단)

이 삐라에서 하지의 상황인식을 알아볼 수 있다. 도착 당시 "조선인이 전부 반민주주의화한 줄 알고" 당황했었다고 한다. '반민주주의화'란 '좌경'을 뜻한 것 같다. 당시 조선의 좌익이 우익의 '민족주의'에 대항해 표방하던 '민주주의'보다 매우 좁은 뜻의 '민주주의'를 하지는 생각하고 있었던 것이다.

진상을 알고 보니 전민중이 모두 민족주의와 민주주의에 찬성하는데, "무뢰한, 허무주의자, 파괴주의자, 친일파, 일본인"이 날뛰는 바람에 상황이 엉망임을 알게 되었다고 한다. 무뢰한, 허무주의자, 파괴주

1945년 10월 20일 이승만 귀국 환영 대회에서 꽃다발을 받고 있는 하지. 이 시점에서 하지는 미군의 조선 점령 이 통치자로서 일본인의 역할을 넘겨 받는 것이라고 생각하고 있었다.

의자는 좌익을 가리킨 것 같은데, 친일파와 일본인은 왜 나오나?

이남에서 일본인들은 미군에게 매우 협조적이었다. 이북에서 문서 파기와 시설 파괴 등 일본인의 사보타주가 심했던 것은 점령군이 자기 네를 적대시한다고 보았기 때문이다. 이남에서 일본인들은 미군에게 최선의 협조를 했다. 미군이 자기네 편이고, 자기네 통치기구와 자원 을 미군이 그대로 물려받는 것이 자기네에게 유리하다고 생각했기 때 문이다. 빈말이라도 하지가 일본인들을 탓할 이유가 없었다.

하지가 누구를 염두에 두고 '친일파' 얘기를 했는지는 분명하다. 여 운형(呂運亨, 1886~1947), 건국준비위원회(이하 '건준'으로 줄임), 조선 인민공화국(이하 '인공'으로 줄임)을 가리킨 것이고, 이것은 한민당의 선전 결과였다. 노무현 대통령을 한쪽에선 '좌파'라 하고, 또 한쪽에선

'신자유주의자'라고 몰아대니까 "나는 좌파 신자유주의자인 모양이오" 한 일이 있는데, 한민당이 여운형에게 '좌익'과 '친일파'를 동시에 뒤집어씌운 것은 정말 심했다. 아이큐가 두 자리만 돼도 이런 모순된 비난을 곧이들을 수가 없을 텐데, 하지의 아이큐는 두 자리가 못 되던 모양이다.

적산(敵産), 즉 일본인 재산과 관련해서도 하지는 일본인에게서 이를 구입하는 조선인을 탓한다. 그의 경제관념은 기막힌 수준이다. 매매를 허가하지 않을 수 없는 것도 '민주주의' 때문이라고 하는데, 그가 생각하는 '민주주의'가 실상 '자본주의'를 뜻한 것임이 드러난다. 그런데 자기는 매매를 허가해 놓고 조선인이 결속해서 불매해야 한단다. 주머니가 비고 옷차림이 추레한 조선인에 대한 경멸을 감출 생각도 않는다.

적산 문제가 갈수록 큰 문제로 떠오르고 있었다. 총독부의 공유재산이 조선인의 공유재산이 되는 것은 당연한 일이었다. 문제는 개인재산이었다. 이남 지역의 40~50만 일본인이 갖고 있던 가옥과 토지, 공장과 회사를 어떻게 할 것인가.

당시의 조선인들은 일본인의 재산권을 절대적 보호의 대상으로 인정하지 않았다. 재조선 일본인의 재산 중 원래 일본에서 가져온 것은 거의 없고, 통치권력의 비호 아래 만들어진 것으로 인식되었기 때문이다. 그들이 조선에서 재산을 만드는 데 얼마나 큰 노력을 기울였든, 그 노력을 보상해 줄 필요가 있다면 일본 국가가 보상해 줘야 할 일로 생각되었다.

이북에서는 인민위원회와 소련군이 힘을 합쳐 이 기준을 실행했다. 이북에서 건너온 월남민들이 재산을 두고 온 것처럼 이북 거주 일본인들도 재산을 두고 떠나야 했다. 그들이 두고 간 재산은 공유재산으로 인민위원회에 접수되었다.

미군정은 사유재산의 매매를 허용했는데, 완전한 허용이 아니라 군정의 허가를 거치게 했다. 허가의 기준도 명확히 세우지 않아 엄청난 이권이 군정청에 쌓이게 되었다. 일본인들은 재산을 헐값에라도 처분하고 싶어했고, 조선인 재력가들은 헐값에 사들이고 싶어했다. 그리고 허가권은 군정청에 있었다. 유착관계는 피할 수 없는 일이었다.

10월 23일에서 30일까지 군정청은 '일본인 재산 처리방침' 4개조를 순차적으로 발표했다. 제1조는 일반 원칙, 제2조는 생활필수품, 제3조는 토지와 건물, 제4조는 기업체에 관한 것이다. 그동안 조선의 모든 정당은 일본인 재산의 매매금지를 주장해 왔다. 한민당조차 이 주장에는 동조하지 않을 수 없었다. 그런데 이제 군정청에서 민심에 역행하는 허가 방침을 공식화한 것이다. 그리고 하지는 매매 허가로 인한 혼란과 협잡 사태를 조선인 '친일파'의 책임으로 돌리고 있었다.

1945. 11. 2.

이승만의 첫 묘수(妙手), 독립촉성중앙협의회

독립촉성중앙협의회 결성에 관한 각 정당 대표 회동은 2일 오후 2시 천도교 대강당에서 이승만(李承晩) 사회와 각 정당 각 단체 대표 수백명 참집하에 거행되었다.

국가합창 개회사와 별항과 같은

　1) 조선의 즉시 독립

　2) 38도선 철거

　3) 신탁통치 절대 반대

의 결의문 낭독이 있은 다음 이 결의문에 대한 토의로 들어가서 (…) 조선공산당 박헌영(朴憲永)으로부터 결의문 중에 우리를 해방해 준 연합국에 대하여 불온한 문구 특히 38도선 문제에 대하여 미·소 양국의 영토적 야심이 있는 것 같은 인상을 주는 구절이 있으니 그것을 빼자는 동의가 있어 이에 대하여 찬성과 불찬성으로 논의가 분분하다가 여운형(呂運亨)으로부터 그 중간을 취해서 문구를 수정하자는 동의가 있어 만장의 찬성. 그 수정위원으로 안재홍(安在鴻), 여운형, 박헌영, 이갑성(李甲成) 등 5씨를 선정하고, 다음으로 독립촉성중앙협의회 집행위원 총본부 결성에 관한 토의로 들어가 협의회 성립 자체에 대한 토의에서 그 구성인원 중에 민족반역자를 제거할 것을 만장일치로 가결한 다음, 중앙집행위원회 선정에 관하여 각 정당 대표를 망라하자는 의견과 정당이 다수이니 그것은 불가능하고 정당 외부에서라도 대표적 인물을 선출하자는 의견으로 나뉘었으나 결국 그것은 이승만에게 일임하기로 가결하여 회의를 종료하고, 끝으로 이승만으로부터 세상에는 자기를 친일파라고 하나 자기는 절대로 그렇지 않다는 변명이 있고서 이 협의회에서 자기와 같이 협력하여 일할 분이 있다면 자기는 그와 더불어 생명을 바쳐 싸우겠다고 언명하자 만장은 우레와 같은 박수를 보내고 오후 5시 지나 흥분과 긴장 속에 폐회하였다.

「독립촉성중앙협의회 결성 위해 각 정당, 각 단체 대표 회합」,

『자유신문』 1945년 11월 3일)

이승만(李承晚, 1875~1965)은 뛰어난 도박사였다. 자신의 강점과 약점을 잘 알고, 약점을 감추면서 강점의 효과를 극대화하는 길을 교묘하게 헤쳐나갔다. 그의 강점은 임시정부(이하 '임정'으로 줄임) 초대 대통령이라는 경력과 미국 정치에 밝다는 점, 특히 맥아더(Douglas MacArthur, 1880~1964), 하지와의 밀착관계였다. 약점은 무엇보다도 투쟁현장을 회피해 온 행적 때문에 지도력과 신뢰성이 약하다는 것이었다.

9월 초순에 출범한 인공은 그를 주석으로 선출했다. 이승만의 강점은 누구의 눈에도 드러나 보이는 것이었다. 그를 끌어들이는 것을 명분 강화 및 미군정과의 좋은 관계를 위한 열쇠로 여긴 것이다.

그의 약점도 모두들 알 만큼 알았겠지만, 그 때문에 오히려 그에 대한 경계심을 덜 품었을 것 같다. 잔재주밖에 모르는 선수가 초반전에서나 한몫하듯이 메인게임에 들어서면 제풀에 찌그러질 것으로 다들 생각했을 것이다.

사실 이완용도 매국노의 대명사가 되려고 마음먹고 달려든 사람이 아니었다. 그냥 자기 잘하는 일을 열심히 했을 뿐인데, 하필 그런 상황을 만나 만고에 이름을 남기게 된 것뿐이라고 나는 생각한다. 이승만도 마찬가지다. 권력밖에 아무것도 생각할 줄 모르던 인물들은 한국 정치사에 그 말고도 즐비하다. 유독 이승만은 재주 펼치기에 너무 좋은 상황을 만나 남들이 못한 짓을 많이 하게 된 것뿐이다.

현대한국의 비극에 대한 책임을 그에게 너무 돌리는 것은 안이한 관점이다. 왜 그런 인물에 의해 그토록 많은 일이 결정되도록 상황이 돌아가게 되었는지를 살펴봐야 한다.

이승만은 판세를 잘 읽었고, 그에 맞춰 묘수를 잘 냈다. "묘수 세 번 쓰면 바둑 진다"는 말이 있다. 진정한 고수는 판의 흐름을 자연스럽게 따라가기 때문에 기발한 묘수를 안 쓴다는 말이다. 이 말을 정치에 비유하면 정치공학에 너무 의존할 경우 당장은 성공을 거두어도 결국에 가선 정치 자체를 망친다는 뜻이 될 것이다. 이승만은 정치공학의 달인이었다.

독립촉성중앙협의회(이하 '독촉'으로 줄임)가 이승만의 첫 묘수였다.

미군정은 임정이건 인공이건 어떤 조직에도 정치적 권위를 인정하지 않는다는 것이 공식 방침이었다. 정말 어리석은 방침이었다. 식민통치를 하더라도 현지인의 체계적 협조를 어느 정도 필요로 하는 법인데, 주민 하나하나를 자연인으로 파악하겠다는 말인가? 정치의 기본도 모르는 무식한 군인들이 점령군의 역할을 양떼 돌보는 일 정도로 생각한 모양이다.

시간이 지남에 따라 뭔가 조직이 필요하다는 사실은 어렴풋이 깨닫게 되었다. 그래서 죽이 잘 맞는 한민당 사람들을 고문단으로 끌어들었는데, 한민당 외의 모든 사람들 반응이 신통치 않았다. 그런 참에 이승만이 나타나 하는 것을 보니 자기네랑 말도 잘 통하고 한민당 사람들보다 훨씬 인기가 좋아 보였다. 그래서 그에게 많은 기대를 걸게 되었다.

임정과 인공 양쪽에서 존중받고 군정청의 신뢰를 받는 입장. 정말 큰 역할을 해낼 수 있는 입장이었다. 웬만한 사람이라면 3자 사이의 신뢰감을 키워서 해피엔딩으로 끌고 가는 영웅적 역할의 유혹을 뿌리치기 힘들다. 그런데 이승만은 3자 사이이 적대감을 키우는 길로 매진했다. 이 강인한 의지가 어디에서 나온 것일까?

그의 맹목적 권력욕을 얘기하는 사람들이 있다. 1933년 그를 추방했던 소련에 대한 적개심을 얘기하는 사람들도 있다. 아마 여러 요인이 겹쳐졌을 것이다. 내가 생각하기에는 묘수를 너무나 좋아하는, 자연스러운 흐름을 체질적으로 싫어하는 도박꾼의 생리도 한몫하지 않았나 싶다. 독립협회 활동을 하던 23세 때 이래 그의 행동은 꾸준한 노력이 아니라 도박적 선택의 연속이었다.

독촉은 이승만이 임정, 인공과 경쟁할 전국적 조직으로 만든 것이었다. '독립촉성'이라는 기능적 목표를 내세우는 겸손한 자세였지만, 임정과 인공이 군정청과의 긴장관계로 발전에 한계를 가진 반면 자신은 군정청의 도움을 받아 독촉의 위상을 키워갈 수 있다는 자신감을 그는 갖고 있었다. 임정, 인공 어느 쪽에서도 존중은 받지만 실세를 못 가진 그는 자신의 세력을 키울 근거지로 독촉을 만든 것이었다.

안재홍(安在鴻, 1891~1965), 여운형, 박헌영(朴憲永, 1900~55) 등 주요 정당 지도자들이 독촉 결성에 적극 협력한 것은 이승만의 역할에 각자 나름대로의 기대가 있었기 때문일 것이다. 이들 중 제일 먼저 등을 돌린 것이 박헌영이었다. (조선)공산당은 이튿날인 3일 독촉 비판

성명을 냈다. 이런 내용이 들어 있었다.

금일에 있어 조선문제를 해결함에는 반드시 아래와 같은 원칙적 조건이 있어야 한다. 그것은 첫째로 우리 민족의 완전독립을 달성하기 위하여 일본제국주의 세력과 친일파 및 민족반역자를 철저히 조선으로부터 구축 숙청할 것. 이것은 조선민족 전체의 요망이며 절대 명령이다. 둘째는 진보적 민주주의 강령을 내걸고 이 원칙 밑에서 모든 민주주의 요소(각 당. 각 파. 각 계급을 물론하고)의 집결로서 전조선 민족통일전선을 결성하고 진보적 민주주의 강령을 선포할 것이다. 셋째는 이 통일전선을 기초로 하고 통일정권을 수립할 것이요, 이 통일정부는 진보적 민주주의 기본과업을 실시할 것이며 특히 조선 근로인민의 이익을 존중할 줄 알아야 한다. 넷째는 전조선 민족통일전선은 통일정부를 지지하되 이것이 민주주의적 원칙을 밟아나가는가를 항상 검토하여 자기 의견을 세상에 발표할 것이다. 조선공산당에서는 적어도 이러한 의미의 원칙적 통일을 주장하는 것이다. 그런데 지난 2일에 이승만 박사를 중심으로 모인 조선독립촉성중앙협의회는 이상과 같은 진실한 의미의 통일전선과는 퍽 멀리 떨어져 있음을 아래와 같이 지적한다.

1) 일본제국주의 잔존세력 구축과 친일파 민족반역자 숙청 문제를 우리가 원칙으로 내세움에도 불구하고 이것을 묵살 불응한 것(특히 2일 회의에서)

2) 2일에 모인 소위 각 정당 대표는 엄밀한 심사도 없이 모 당 간부 몇 개인의 독단적 의사로 무질서할 뿐만 아니라 2일 회의중 다수투표의 권력강탈을 목적하고 단체 대표자가 아닌 자기 단체 소속 군중을 회장 안에 끌어들이고 다수를 점령하는 동시에 정말로 참가자

격이 있는 여러 단체의 대표자는 접대위원(모 당원)과 순사 및 미군 헌병의 공동 탄압으로 입장하지 못한 것

　3) 회의중의 의사진행이 민주주의적 동포애적 입장에서 서로 의견 발표할 기회를 주지 않을 뿐 아니라 우익단체의 의사만을 강력히 내세우고 그들의 주장만으로 전체 문제를 해결한 것

　4) 4대 연합국에 보낸다는 소위 결의서도 그 내용에 있어서 조선 민족 전체 의사라 볼 수 없는 문제를 취급하여 가지고 연합국의 그릇되지 않은 처치에 대하여서까지 질무 혹 논란하는 성질의 문구를 적어도 3천만 민족의 전언(傳言)이라고 보낸다는 것은 경솔하기 짝이 없는 일이다.

(「조공, 독촉중협 비판성명」 중에서, 『매일신보』 1945년 11월 4일)

제2항의 지적이 눈길을 끈다. 이승만은 주최자와 사회자의 역할을 이용해 자기가 원하는 결론을 얻도록 회의를 이끌었고, 이것이 회의 진행방법에 나름 일가견을 가진 공산주의자들에게 적발된 것이다. 독촉 같은 성격의 조직을 만들면서 중앙집행위원회 인선을 이승만 한 사람에게 맡긴다는 희한한 결정만으로도 이 회의의 성격은 가히 알아볼 만한 것이다.

1945. 11. 3.

냉전의 길에 앞장선 맥아더와 하지

10월 30일 '국가적 비상시기 선언'이 미군정 법령 19호로 나온 것은 군정 당국자들이 군정 시행의 어려움을 날이 갈수록 심각하게 인식하게 되었기 때문이다. 시간이 지남에 따라 어려움을 느끼게 된 이유는 간단하다. 애초에 너무 쉽게 생각했던 것이다.

중대한 방송을 하겠다고 일반의 긴장과 주의를 환기시켜 오던 민정장관 프레스콧 대좌의 방송은 30일 오후 7시 20분부터 10분 동안 서울중앙방송국으로부터 방송되었는데 일반이 다대한 호기심과 기대를 가지고 라디오 앞에 귀를 기울였던 우리들에게 결국 들려온 것은 이날부로 발표되는 일반법령 제19호의 설명이었다. 이 법령을 발표하게 된 이유는 조선이 경제상으로 치안상으로 매우 위기에 있다는 것을 이유로 하여

(1) 노동자의 보호 (2) 야미물가의 취체(암거래 단속) (3) 공중의 안녕질서 (4) 언론자유 출판자유를 위한 각 신문기관의 등록 등의 조항을 내세운 것이다.

(…) 미국은 조선에 주둔하자마자 즉시 일본이 전쟁 수행을 위하여 조선이 기근 쇠약해지기까지 조선에서 식량 기타 생활필수품을 고갈

시킨 사실을 발견하였다. 조선 안의 소비품 생산은 거의 정지되었다. 관청 공금은 전반적으로 사소(私消)되어 있다. 통화는 고의적으로 팽창시켰다. 미군은 즉시 치안을 유지하고 조선인의 복리를 위하여 사용할 수 있는 모든 압수한 재산은 조선을 위하여 보관하고 있고 기근이 있는 지방에는 식량을 운반 보급하였다. (…) 조선의 재원은 다년간 일본의 착취를 당했고 조선인은 압박을 받아 부유하고 진취적인 민족이 향락하는 행복한 생활을 못해 왔다. 그리고 이 겨울에 당면할 광범위한 영양부족 질병 기타 고난을 방지할 만한 물품을 조선인의 손으로 산출할 수가 없게 되었다. 그러함에도 불구하고 어떤 단체에서는 조선인의 부를 독점하자는 생각을 갖고 노동자로 하여금 직장에 돌아가지 못하게 하며 학동으로 하여금 복교치 못하게 하며 농부로 하여금 자기네의 소출을 팔지 못하게 하는 일이 있다. 이러한 형편이 조선 안에 비상사태를 불러오게 되었다. 조선인의 복리를 보장하고 조선인을 보호하기 위하여 비상조치를 하지 않으면 안 되게 되었다. (…) 국내에 있는 공장과 원료와 노무자를 적당히 이용한다면 이러한 곤란은 극복하리라고 믿는다. 그런고로 대중에게 유해한 모든 조건을 배제하기 위하여 긴급사태를 선언하고 비상조치를 취하게 되었다. 이것은 오직 잠정적 수단으로 이 필요를 느끼지 않는 때는 원상회복을 시키려 한다.

(「법령 19호에 대한 소개」 중에서, 『매일신보』 1945년 11월 1일)

하지의 아이큐를 비롯해 미군정 당국자들의 자질과 태도에서 여러 가지 문제를 느끼기는 하지만, 사실 개인적이고 우발적인 문제로만 볼 일이 아니다. 도쿄의 맥아더는 하지와 비교할 수 없는 넓은 교양과 뛰어난 능력을 가진 사람이었지만, 그가 극동에서 일으킨 문제는 하지가 한반도에서 일으킨 문제와 근본적으로 같은 틀이었다. 미국 군부의 일반적 특성에서 생각할 점이 있다.

제2차 세계대전 이래 미국의 군인정신을 가장 강렬하게 표현한 구호의 하나가 "하면 된다"(Can Do)이다. 좀 어설프게나마 한국 군대도 배워온 구호다. 맥아더, 하지, 아놀드(Archibald V. Arnold, 1889~1973)의 행적 중 기막힌 대목마다 '하면 된다' 정신이 느껴진다. 20세기 초에 맹위를 떨친 테일러리즘, 즉 기술만능주의는 다른 어느 나라보다 미국에서 번창했는데, 미국에서도 다른 어떤 분야보다 군부에 가장 큰 영향을 끼쳤다.

냉전이 미국의 군국주의를 불러온 것이 아니라 그 반대로 미국 군국주의가 냉전을 불러왔다는 주장을 본 일이 있다. 마이클 셰리(Michael S. Sherry)의 『전쟁의 그림자 속에』(In the Shadow of War)에서였다. 1996년에 나온 이 책에서 셰리는 냉전의 종식이 미국의 군비축소로 이어지지 않을 것을 예견했다. 서방진영 결속의 구심점으로서의 역할이 퇴화하는 데 대한 반작용으로 미국이 더더욱 군사력 과시의 필요를 느끼게 되리라는 전망이었다. 지금 돌이켜보아도 미국의 국가 성격을 꿰뚫어본 탁견이다.

미국의 군국주의를 꽃피운 것은 원자탄 투하로 절정에 이른 제2차 세계대전 승리였다. 그 직후의 미국 군부는 국제관계의 해결능력에 대해 국무성을 업신여길 정도의 자신감을 가지고 있었다. 전쟁 전의 다변주의(국제주의)를 지키고 있던 국무성 외교노선을 이적행위로 몰아붙이고 국무성 관리들에게 공산주의자의 딱지를 붙인 매카시즘의 동력도 군부의 자신감과 일방주의(국가주의) 분위기에 힘입은 바 컸다.

정병준의 『우남 이승만 연구』(역사비평사 2006) 10~12장에서 1945년 8월부터 이듬해 10월까지 이승만의 활동을 개관함에 있어서 미국 국무성과 극동지역 점령군 사이의 정책갈등이 하나의 기조로 제시되어 있다. 이 갈등은 1947년 4월 '트루먼 독트린'으로 미국이 다변주의를 공식 폐기하고 냉전체제를 선포하기까지의 과정을 밝혀주는 사례로서 한국사만이 아니라 미국사 연구에도 하나의 중요한 요소가 될 것이다.

10월 중순 이승만이 귀국길에 도쿄에서 맥아더, 하지, 애치슨과 만난 시점부터 12월 중순 모스크바 3상회담이 열릴 때까지 맥아더와 하지 측이 국무성의 신탁통치안에 대항한 흔적은 분명하다. 정병쥰은 회의록과 편지 등 이승만 자신의 발언과 기록을 통해 이 그림을 더욱 생생하게 만들었다.

1945년 11월 초의 현장으로 돌아가 보자.

두 달 전 서울에 들어올 때 하지는 독립에 대한 조선인의 의지와 역량을 과소평가하고 있었다. 조선인들이 일본에 복종한 것처럼 미군에게도 당연히 복종할 것으로 생각하고 있었다. 일본군보다 더 강한 미군에게 조선인이 저항한다는 것은 있을 수 없는 일이었다. 그리고 일본제국 체제보다 우월한 미국의 '민주주의' 체제로 전환하는 데 조선인이 불만을 가진다는 것도 상상할 수 없는 일이었다.

일본의 식민통치체제에서 상부구조를 이루고 있던 집단이 하지식 '민주주의', 즉 자본주의에 친연성을 보이면서 한민당이란 이름으로 접근해 온 것이 하지의 구상에 딱 맞는 호재였다. 이 집단은 물러가는 일본인 통치자들을 대체할 인적 자원으로 보였다. 그래서 이 집단을 고문단으로 받아들여 군정청과 지속적 접점을 만들고 경찰 등 통치기구를 이 집단에게 맡겼다.

그런데 한민당의 득세가 곧바로 여러 방면에서 문제를 드러내기 시작했다. 10월 10일의 아놀드 망언은 한민당의 극단적 선전에 군정 당

1945년 11월 3일, 중경을 떠나며 찍은 임정 요인들의 기념사진. 그들의 귀국이 11월 23일과 12월 1일까지 늦춰진 이유에는 의문이 남아 있다.

국자들이 말려든 결과였다. 중도파를 배제함으로써 스스로 고립을 자초한 문제점을 이 망언에 대한 각계의 논평을 통해서도 바로 확인하지 않을 수 없었다. 그리고 이북에서 소련군과 인민위원회의 협조가 어떤 성과를 내고 있는지 알려지면서 초조한 마음이 들지 않을 수 없었을 것이다.

　정치적 측면보다 더 심각한 문제들이 경제적 측면에서 자라나고 있었다. 한민당을 간판으로 한 재산가 집단은 미군정에 대한 영향력을 두 방향으로 활용했다. 하나는 친일파 처단의 압력을 면하는 것이었고, 또 하나는 일본인이 남긴 권력의 공백을 차지하는 것, 특히 재산권을 넘겨받는 것이었다. '적산' 취득에 매달린 조선인들을 '친일파'로 몰아붙이는 이야기를 송진우에게 하면서 그들이 송진우와 어떤 관계의 사람들인지 하지가 알고 있었을까?

조선노동조합전국평의회(이하 '전평'으로 줄임)가 결성되고 있었다. 전평은 상향식 조직이었다. 공산당의 지도력이 구석구석까지 미치지 못한 단계에서 현장 노동자들의 조직 욕구가 분출된 것이었다. 재산가들의 탐욕을 비호하는 미군정 정책이 조직 욕구를 불러일으켰다. 일본인에게서 경영권을 넘겨받아 노동자위원회를 통해 운영하고 있던 많은 공장의 노동자들을 미군정이 탄압함으로써 조직운동의 필요성을 촉발한 것이다.

"어떤 단체에서는 조선인의 부를 독점하자는 생각을 갖고 노동자로 하여금 직장에 돌아가지 못하게 하며 학동으로 하여금 복교치 못하게 하며 농부로 하여금 자기네의 소출을 팔지 못하게 하는 일이 있다." 이것이 이 시점에서 미군정 당국자들의 상황인식이었다.

1945. 11. 4.

식민지체제의 보존을 획책한 한민당

한민당은 9월 8일의 발기인 성명서에서 건준과 인공에 극렬한 비난과 비방을 퍼부은 이래 인공 타도를 지상과제로 삼았다. 한민당의 당시 총무 조병옥(趙炳玉, 1894~1960)이 1959년에 낸 회고록에서도 건준과 인공을 거세하는 것이 한민당의 첫 사업이었다고 밝혔다 한다(서중석, 『한국현대민족운동연구』, 역사비평사 1992, 267쪽). 서중석은 10월 10일의 아놀드 망언이 미군 진주 1개월 만에 한민당이 쟁취한 최초의 개가였으며, 이 망언의 문투가 9월 8일 한민당 성명서와 흡사한 점으로 보아 양자간의 관계를 생각해 볼 수 있다고 했다(같은 책, 259쪽).

한민당의 건준·인공 비난에는 애매모호한 도덕적 내용들도 있지만, 비교적 구체적인 것은 일본인의 사주에 따른 친일파의 획책이라는 주장과 소련의 지령에 따른 공산주의자의 망동이라는 주장이다. 친일파와 공산주의자는 물과 기름 같은 존재인데도 이런 모순된 주장을 한 것은 "논리고 나발이고" 하는 남한 극우파의 선구자답기도 하고, 자본가 집단답게 노이즈마케팅 기법을 선진적으로 도입한 것 같기도 하다.

소련 지령까지는 아니더라도 건준과 인공의 주도권을 좌익이 장악한 것은 사실이니 공산주의자의 망동이란 주장은 그렇다 치고, 일본인의 사주 운운은 8월 15일 아침 여운형이 엔도 류사쿠(遠藤柳作, 1886~

1963) 정무총감에게 치안유지 부탁을 받은 사실을 빌미로 삼은 것이다. 한민당의 이 주장을 아놀드 등 군정 당국자들이 받아들인 흔적이 많이 보이는데, 서중석은 그들이 정말로 곧이들은 것이 아니라 정략적 의도에 따라 곧이들은 척한 것으로 해석했다(같은 책, 268쪽).

건준과 인공을 적대하는 명분을 한민당은 임정 추대로 내세웠다. 임정 추대는 한민당만이 아니라 국민당을 이끌던 안재홍도 마찬가지였다. 그러나 임정을 대하는 한민당과 국민당의 태도에는 근본적인 차이가 있었다.

한민당은 '임정 절대주의'였다. 10월 5일 여러 정당 사람들이 모여 대동단결 방안을 논의한 모임이 있었는데, 한민당 총무 백관수(白寬洙, 1889~?)는 그날 중에 성명을 내 인공 해소를 전제로 참석했을 뿐이며 그 전제가 충족되지 않았으므로 그 회의는 무효라고 주장했다. 10월 19일에도 정당통일운동 모임의 초청에 한민당만이 불응하면서 수석 총무 송진우가 임정을 절대 지지한다는 전제 없는 회담에는 참석할 이유가 없다고 했다. 임정 절대 지지를 핑계로 대화를 거부한 것이다.

안재홍은 임정을 그렇게 절대화하지 않았다. 그는 8월 16일 건준 부위원장으로 활동을 시작하면서도 임정 추대 의사를 분명히 밝혔다. 건준과 임정의 관계를 서로 협력할 수 있는 관계로 본 것이다. 임정을 뼈대로 과도정부를 세우더라도 중경의 임정 그대로는 안 될 것이니, 이를 보완하는 역할을 건준이 맡을 수 있다는 것이었다. 그래서 9월 초 건준이 단독으로 인공을 수립하려 하자 건준을 떠난 것이다.

아무리 좋은 가치라도 절대화해서 다른 가치들을 억누르고 배제한다면 좋은 길이 될 수 없다. 흔히 '-주의'라는 말이 이런 현상을 보여준다. '권위'는 사회질서를 위해 좋은 가치이지만 '권위주의'는 곤란하다. '국가'와 '국가주의'도 그렇다. 인간관계에서도 상대방의 좋은 점을 기리는 것은 괜찮은 일이지만, 완전무결한 사람인 것처럼 무조건 떠받드는 데는 상대방을 이용하려는 의도가 깔려 있는 것이 보통이다.

한민당이 임정을 떠받드는 데 불순한 의도가 있었다는 것은 명백한 사실이다. 한민당에게는 돈이 있었고, 미군정을 구워삶을 재간이 있었다. 그러나 인민의 지지를 모을 명분이 없었다. 한민당 주류는 식민지시대의 사회경제구조가 그대로 보존되고, 그 안에서 자기들이 일본인들이 비운 자리를 채우며 자기네 위치만 상향조정되기를 바랐다. 당시의 일반 조선인들에게는 인기를 끌 수 없는 노선이었다.

식민지시대의 조선인은 전체적으로 일본인보다 열악한 위치에 있었지만 개중에는 상대적으로 우월한 위치를 누린 소수의 계층이 있었다. 이 계층은 현상유지를 바라는 이해관계를 가지고 있으면서도, 교육수준이 높기 때문에 개인적 이해관계를 넘어 사회체제의 공정성과 지속 가능성을 고려하는 경향도 있었다.

그들은 민족주의와 민주주의, 사회주의의 여러 원리에 입각한 안정된 민족국가 건설을 원했다. 도입하고 싶어하는 사회주의 원리의 범위와 비중에 다소 편차가 있었지만, 합의범위에 비해 작은 편차였기에 대다수가 만족할 만한 조정이 어려운 일이 아니었다. 이것이 중도파의 기반이었고, 재산의 수준과 교육수준이 낮은 대다수 민중도 더 혁명적인 변화보다는 이 정도의 체제변화에 만족할 만한 상황이었다.

그런데 일체의 사회주의 원리에 반대하는 반동집단이 있었다. 식민지 상황에서 상대적 우위 정도가 아니라 특혜와 특권을 누린 친일파 집단이다. 제대로 된 민족국가가 이루어진다면 특혜와 특권의 유지는 커녕 처벌과 탄압의 위험에 처할 이 집단은 개인적 이해관계를 위해 민족주의와 민주주의도 등질 용의가 있었다. 이 집단이 극우파의 모태였다.

'중산층'이라고 부를 만한 상대적 우위 계층과 친일파 집단 사이의 경계는 명확한 것이 아니었다. 중산층은 개인적 이해관계에 집착하면 극우파에 동조할 수 있었고, 사회적 책임을 중시하면 중도파를 지지할 수 있었다. 일본의 억압에서 벗어난 기쁨이 사회를 휩쓴 해방 직후 상황에서는 중산층도 상당한 폭의 체제변화를 기대하며 중도파 입장에서 민족국가 건설을 지지했다. 친일파 중심의 극우파에 동조할 사람은 거의 없었다.

한민당 주류는 사회주의 원리를 포함하는 정강·정책을 내세워 민심에 영합하는 시늉을 하면서 임정 절대 지지를 표방했다. 온건한 민족주의자들이 이에 현혹되어 한민당에 합류했다. 그들은 친일파 배제와 처단을 주장하되, 그 범위를 최소화함으로써 민족의 통합역량을 최대화하고 싶었기 때문에 일제시대의 특권층이 주류를 이룬 한민당에 참여한 것이다.

1년 후 토지정책 등을 놓고 한민당 주류가 애초 표방한 노선을 팽개치며 극우 본색을 드러내자 당의 와해에 가까운 대거 탈당사태가 일어난다. 그러나 그동안에 상당한 범위의 중산층이 극심한 혼란에 불안감을 느끼고 한민당에 동조하는 변화가 일어났다. 기반을 확장할 시간을 번 셈이다.

11월 말 임정 요인들이 귀국한 뒤에는 한민당의 '절대 지지'에도 진정성이 없었다는 사실이 곧 밝혀지게 된다. 임정 요인들의 귀국이 늦어진 데서도 한민당은 시간을 번 셈이다. 임정 요인들의 귀국은 왜 그렇게 늦어졌던 것인가?

11월 4일 임정 요인들은 중경 출발을 앞두고 장개석(蔣介石, 1887~1975)의 송별연을 받고 있었다.

과거 8년간 중경에서 독립운동을 계속하여 온 한국임시정부는 5일 중경을 출발해 귀국하기로 되었는데 장개석 주석은 4일 임시정부 주석 김구 이하 수뇌부를 초청하여 송별회를 개최하고 다음과 같은 격려 연설을 하였다.

"조선이 독립치 못하게 되면 중국의 독립도 완성치 못하며 동아 및 세계의 평화도 확보치 못할 것이다. 전 동아민족의 독립과 자유를 획득하기 위하여 우리들은 우선 조선의 자유와 독립을 완성하지 않으면 안 된다. 전조선의 혁명가는 이 역사적 사명 완수에 전력을 다할 것을 우리들은 희망한다. 또 우리 국민당도 역시 조선독립에 전력을 다하여 원조할 터이다."

그런데 김구, 외무부장 조소앙(趙素昻), 선전부장 엄항섭(嚴恒燮) 외 30명의 임시정부 요인은 5일 상오 7시 수송기 2기에 분승하고 중경을 출발하여 상해로 가서 다시 미국기에 바꾸어 탄 후 경성으로 향할 예정이다.

(「장개석, 임정 요인 송별회서 '조선독립원조' 언명」, 『자유신문』 1945년 11월 6일)

임정 일행은 11월 5일 중경을 떠나 상해로 가지만, 거기서도 보름 이상 지체하다가 김구(金九, 1876~1949) 등 1진이 11월 23일에, 그리고 김원봉(金元鳳, 1898~1958) 등 2진이 12월 2일에 귀국하게 된다. 임정 요인들의 귀국 지연이 미군의 비협조 때문이라고 설명되는데, 석연치 않은 점이 있다. 광복군 확장 시도, 장개석과의 협력관계 강화 등 임정이 중요시한 사업을 위해 스스로 귀국을 늦춘 측면도 꽤 있었다.

1945. 11. 5.

극우의 눈에는 모두가 빨갱이

하지는 여러 차례 발언과 성명에서 '민주주의'를 미국식 자본주의라는 뜻으로 썼다. '민주주의'란 그에게 정의와 진리를 뜻하는 말이었으며, 그것이 미국식 자본주의로만 실현될 수 있다고 믿었던 것으로 보인다.

10월 31일 송진우에게 하지가 이렇게 말했다고 한다. "나는 첫 번 왔을 때 조선인이 전부 반민주주의화한 줄 알고 당황하였다. 그러나 진상을 알고 보니 전민중은 모두 민족주의 민주주의를 찬성하더라."

일본인 관리와 군인들은 진주 전후의 하지 사령부에게 좌익의 위협을 강조했던 것으로 알려져 있다. 미군과 조선인 사이가 불편해야만 입장이 편해질 일본인들이 미 군부의 좌익혐오증을 겨냥해 이간질을 시도한 동기는 충분히 이해할 수 있는 것이다.

서울에 도착한 하지에게는 모든 조선인이 빨갱이로 보였을 것이다. 가장 덜 빨간 한민당조차 8대 정책노선 중에 "주요 산업의 국영 또는 통제관리"와 "토지제도의 합리적 재편성"이 들어 있었으니 정말 믿을 놈 없다는 심정이었을 것이다. 그래도 한민당 사람들과 접해 보니 괜찮은 사람들이었고, 그들 말에 따르면 소수 "무뢰한, 허무주의자, 파괴주의자"만 배제하면 '민주주의'를 조선땅에 옮겨심을 수도 있을 것 같았던 모양이다.

극우파의 눈에 다른 모든 사람이 좌파로 보인다는 것은 오늘날에도 확인되고 있는 사실이다. 미국인, 그것도 군인들 사이에서만 여러 해 살아온 하지에게는 정의와 진리를 알지 못하는 조선인이 싫기도 하고 불쌍하기도 했을 것이다. 정의와 진리를 가르쳐줄 사명감을 느꼈을 것이다. 점령 초기 하지의 조선 상황 파악을 커밍스(Bruce Cumings)는 이렇게 그렸다.

> 9월에는 인민공화국이 사소한 문제 정도로 보일 수 있었다. 서울에 있는 그 보수적 반대파를 미군이 지원해 주기만 하면 해결될 문제로 보였을 것이다. 그러나 점령군이 지방으로 퍼져나가 보고를 보내기 시작하자 군정 당국자들의 눈에 인민공화국의 영향력 범위가 드러나게 되었다. 인민공화국은 전국을 채우는 강력한 조직으로 그들 앞에 나타났다. 서울에서 말다툼으로 소일하는 '돈에 밝은' 노인네들과는 전혀 다른 존재였다.
>
> 하지는 서울의 위태로운 상황을 낭떠러지 앞에 서 있는 것 같다느니, 연기가 피어오르는 활화산을 깔고 앉은 것 같다느니 하는 여러 가지 표현으로 묘사했다. 인민공화국이 "모든 층위에서 정부로 조직된" 반면 한민당은 "대부분 지역에서 조직을 못 갖췄거나 갖췄더라도 빈약한" 상태이며, 민중에게 환영받지 못한다는 정보를 하지는 받고 있었다. "군정청의 개입 없이는 (인민공화국 외의) 어떤 정당도 세력을 키울 수 없다"는 이야기도 듣고 있었다. (Bruce Cumings, 『The Origins of the Korean War』, Princeton University Press 1981, 193쪽)

민주주의란 주민들이 원하는 정책을 선택하는 것이다. 하지만 하지의 '민주주의'는 정의와 진리를 따라야 하는 것이었다. 자기가 생각하

는 정의와 진리, 즉 미국식 자본주의를. 그래서 그는 대다수 조선인을
상대로 투쟁에 나서야 했다.

커밍스가 인민공화국의 "영향력"이라 한 의미를 조심해서 이해할
필요가 있다. 인공 중앙이 지방을 향해 발휘하는 힘은 크지 않았다. 자
치조직 결성을 촉구하는 지침을 내보낼 뿐이지, 조직의 운영노선은커
녕 표준적 조직방법조차 정해 주지 않았다. 인민위원회 활동이 자유롭
던 이북에서는 10월 8~10일에 5도 인민위원회 연합회의를 열어 조직
방법을 표준화했으나 이남 각지의 인민위원회는 나양한 형태로 존재
했고, 도단위 인민위원회도 제대로 결성되지 못하고 있었다.

미군 전술부대와 군정팀 배치가 완료되기까지 몇 달 동안 이남 대부
분 지역은 권력의 공백상태에 있었다. 각 도 도지사와 경찰부장 자리
에 일본인들이 그대로 앉아 있든 미군 장교로 대치되었든, 식민지시대
같은 강력한 통제력이 없는 상태에서 식민통치기구 말단부와 주민자
치조직이 다양한 형태의 관계로 어울려 있었다. 주민자치조직이 중앙
과 연결을 바라볼 수 있는 대상이 인공일 뿐이었고, 그것이 인공의 '영
향력'이었다. 키밍스도 11월 20~22일이 전국인민위원회 대표자대회
때까지 "서울에 있는 인공 지도자들은 지방에서의 운동범위를 정확히
알지 못하고 있었던 것 같다"고 했다(같은 책, 196쪽).

밑으로부터의 조직 분위기는 노동분야도 마찬가지였다. 조선노동
조합전국평의회(전평)가 11월 5~6일 결성대회를 열었다. 해방 직후부
터 일본인이 경영하던 공장의 노동자들이 노동자위원회를 만들어 경
영권을 넘겨받고 있었다. 이 위원회들이 그동안 노동조합 형태로 체제
를 정비한 결과 전국조직을 만들기에 이른 것이다.

전평 결성 직후인 11월 16일의 군정청 광공국 비망록을 보면 실무
자들은 상황을 꽤 정확하게 파악하고 있었던 것 같다.

많은 곳에서 일본인 소유자들을 축출하고 경영권을 장악한 노동자위원회는 일방적 탄압보다는 제대로 된 노동조합을 통해 통제하는 편이 나을 것이다. 진정한 대표성을 가진 조합을 함양함으로써 그저 이전 주인들을 쫓아내려는 막연한 생각만 갖고 공장 재개를 위한 확고한 계획을 가지지 못한 무책임한 선동분자들을 솎아내는 방향의 군정청 정책(이 바람직하다.) (…) 미군은 모든 노동자위원회가 공산주의자들로 이루어졌다는 결론으로 비약해서는 안 된다. 이른바 공산주의 집단이란 것이 대부분 알고 보면 상당히 온건한 것이었다. (같은 책, 199쪽)

그런데도 하지는 '무뢰한' '파괴주의자'라는 이름으로 조선인의 모든 자치적 노력을 매도했다. 그의 상황인식에 문제가 있을 뿐 아니라, 미군정 성과가 미흡한 책임을 뒤집어씌우기 위해 공산주의의 위협을 계속 과장한 것도 같다.

위에 인용한 비망록의 작성자는 "모든 노동자위원회가 공산주의자들로 이루어졌다는 결론"으로 비약하는 군정 간부들의 경향을 의식하고 있었다. 그러나 그의 권유대로 노동조합을 함양하는 노력을 미군정이 기울이지 않은 것을 보면 그 비약된 결론에 대한 간부들의 집착이 흔들리지 않은 모양이다. 그동안 전평은 좌익의 지도하에 조직작업과 활동을 펼쳐나갔고, 머지않아 좌익의 가장 강력한 대중조직으로 활약하게 된다.

1945. 11. 8.

"20만을 넘는 우리 광복군", 뻥이야!

11월 5일 임정 요인들이 중경을 떠나 상해로 나올 때는 미군정이 그들
의 귀국을 주선한다는 사실이 국내에 알려졌고, 며칠 내로 도착할 것
을 모두들 기대했다. 김구의 특사 5인이 5일에 이승만을 방문해 메시
지를 전달했다는 사실이 7일자 『중앙신문』에 보도되었고, 임정 요인
30여명의 "10일 내 귀국"을 이승만이 기자단에게 언명했다는 사실이
6일자 『매일신보』에 보도되었다. 11월 10일 이전이라는 뜻인지, 그 시
점부터 10일 이내라는 뜻인지는 기사 문면으로 판단할 수 없다. 귀국
을 앞둔 김구의 담화도 7일자 『자유신문』에 실렸다.

〔중경 5일발 중앙사 국제〕한국임시정부 주석 김구는 5일 귀국에 앞
서서 다음과 같은 담화를 발표하였다.
"조선이 당면한 가장 중요한 문제는 중국 및 미, 영, 소 제국과의
우호관계를 긴밀히 할 것과 선거에 의한 민주정부를 수립하여 세계
평화에 적극적으로 기여하는 데 있다. 또 나는 조선의 여하한 분할에
대하여도 허용할 수 없다."
(「임정 주석 김구, 환국에 앞서 담화 발표」, 『자유신문』 1945년 11월 7일)

6일자『중앙신문』에는 임정 환국에 대한 이승만, 송진우, 이관술(李
觀述, 1902~50)의 소감이 실렸다.

● 이승만
금월 10일 이전에 귀국하기로 된 것만은 사실인데 임시정부가 정식
승인을 받지 않은 관계상 김구씨도 물론 개인 자격으로 귀국하는 것
일 것이다. 또 그들이 금후 독립촉성중앙협의회와 어떠한 관계를 가
지게 될까 하는 것도 나로서는 단언할 수 없으나 물론 그 취지에는
찬성할 줄 믿는다.

● 한국민주당 송진우
오랫동안 기대하던 임시정부 주석 김구 선생을 위시하여 정부요인
34인이 중경을 떠나 금일 상해에 도착하여 잠시 체재한 후 불일내로
귀국하게 되었다는 정보를 접하고 새삼스럽게 감회가 깊은 바이다.
해외에서 수십년간 꾸준히 광복의 날을 찾고자 악전고투해 온 위대
한 혁명가를 맞이한 우리 태도는 간단히 말하면 허심탄회하게 그이
들을 영접해야 할 것이다. 환국하는 그분들은 내 생각 같아서는 여러
가지 사정도 있어 정식 정부로서가 아니라 개인의 자격으로 오는 것
으로 보는데 결국은 개인이라 할지라도 정부의 수뇌부가 오게 되는
만큼 이를 맞이하는 우리는 정부를 맞이하는 심경이어야 할 것이다.
우리 당으로서는 원래가 임시정부를 절대 지지하고 있으므로 환국한
후에도 그 방침에 변화는 없다. 따라서 모든 행동은 절대 지지 이외
엔 아무것도 없다. 즉 임시정부의 지시에 따라 그 명령에 복종할 따
름이다. 현재 양성되고 있는 민족통일전선 결성운동은 매우 반가운
일이나 임시정부에 대하여 여하한 형식이건 무엇을 요구하고 싶지

않다. 다만 우리 당으로서는 적당한 기회에 국내 사정에 감(鑑)하여 수시로 진언할 일은 있을 것이다. 우리 당의 거취에 대하여서는 임시정부의 명령이 없는 한 자진하여 해산할 의사는 없다.

● 조선공산당 이관술

수십개 성상을 두고 해외에서 조국해방전선에 투쟁해 온 선배 제씨의 귀국을 맞아 최대의 경의를 표하여 마지않는 바이다. 앞으로 우리 당이 이들을 여하히 맞이하느냐 하는 점에 대하여는 누차 성명한 바와 같이 해외에 기존한 정권을 무조건하고 맞아 받드는 것이 아니다. 혁명가로서의 그들을 개인의 자격으로 맞아들이려 하며 그들에 대한 요망은 조선의 현실을 파악하고 진보적인 민주주의정권 수립을 위하여 달관적 협조를 바라 마지않는다.

(「이승만, 송진우, 이관술, 임정 요인의 환국에 대한 견해 발표」 중에서,

『중앙신문』 1945년 11월 6일)

공산당의 이관술이 임정 요인들에 대한 개인 차원의 경의를 표하면서도 "무조건하고 맞아 받드는" 것이 아님을 분명히 한 것은 좌익의 일반적 입장이었다. 사회주의 원리를 중시하는 좌익으로서는 김구가 좌익을 적대해 온 경력도 마음에 걸렸을 것이고, 해외의 독립운동보다 국내의 노농운동이 더 존중받기를 바라고 있었다.

이승만이 짤막한 논평에서 임정 요인들의 "개인 자격"을 강조한 것은 그의 상투 수법이다. 독립운동가로서 그의 권위는 임정에 근거를 둔 것이었다. 그러니까 임정의 권위를 지켜야 하는 입장이었다. 그러면서도 자기보다 더 확실한 근거를 임정에 두고 있던 김구 등 요인들의 우위를 인정하고 싶지 않았다. 그래서 개인 자격을 강조함으로써

임정의 권위로부터의 혜택을 자신보다 더 많이 받는 사람이 없도록 애쓴 것이었다.

송진우의 '절대 지지' 논평은 한민당의 기존 노선 그대로다. 그런데 "다만 우리 당으로서는 적당한 기회에 국내 사정에 감하여 수시로 진언할 일은 있을 것"이라는 한마디가 그 속셈을 보여준다. 임정 중심으로 전개될 것이 예상되던 '민족통일전선'을 한민당은 드러내 반대하지는 못하면서도 실제로는 반대하는 입장이었다. 송진우는 한민당이 어떤 수단으로든 임정에 영향을 끼치게 하여 민족통일전선을 가로막고 싶었던 것이다.

임박한 임정의 귀국에 모두들 긴장하고 있었다. 많은 사람들이 임정의 지도력에 큰 기대를 가지고 있었고, 임정이 과연 어떤 역량과 노선을 가지고 나타날지 예의주시하고 있었다. 10일자 『자유신문』의 아래 기사는 긴장감을 크게 증폭시켰을 것이다.

대한민국임시정부 특파사무국 발표

1) 중경에 외교판사처 설치

우리 임시정부는 김구 주석을 수반으로 목하 환국의 도정에 있는바 중경에는 정부 환국 후의 사무처리를 위하여 특히 대한민국임시정부 외교판사처를 설치하고 박찬익(朴贊翊)을 책임자로 임명하였다.

2) 광복군의 확대편성

제국주의 일본에 선전을 포고하고 세계대전에 당당히 싸워 그 위훈을 세계에 알려 금번 우리 민족해방독립의 길을 연 우리 광복군이 불원 환국하게 되었다. 환국을 앞두고 우리 정부에서는 이청천(李靑天) 장군의 지휘하에 다음의 확대편성과 맹훈련이 진행중에 있다. 이미 대전에 출전하였던 광복군은 그 규모를 확장하여 대륙 방면, 남양

비루마(버마) 방면 등 태평양전에 피박(被迫) 출전한 학병, 지원병, 징병 등 한적(韓籍) 군인들을 흡수하기로 되어 특히 장개석 장군의 일본 총사령부에 대하여 일본군의 무장해제와 동시에 전부 광복군으로 편입하라는 명령을 좇아 한적 군인은 전부 이미 광복군 편입을 완료하였다. 이리하여 총세 20만을 넘는 우리 정부 정규군은 다음과 같다.

제1지대(중경) 지대장 이집중(李集中)

제2지대(서안) 지대장 이범석(李範奭)

제3지대(개봉) 지대상 심학규(金學奎)

제4지대(남경) 편성중

국내지대(경성) 사령 오광성(吳光成)

그리고 우리 광복군의 간부를 양성하기 위하여 남경(南京·난징), 상해(上海, 상하이), 서안(西安, 시안), 개봉(開封, 카이펑) 4개처에 광복군훈련소를 설치하고 목하 귀국을 앞두고 주야 맹훈련을 계속하고 있다.

「임정 특파사무국, 중경에 외교판사처 설치와 광복군 확대편성 발표」 중에서,

『자유신문』 1945년 11월 10일)

"총세 20만을 넘는 우리 정부 정규군"이란다! "이미 대전에 출전하였던 광복군"이란다! 한반도를 점령하고 있던 미·소 양군을 합친 것보다 더 큰 병력을 임정이 몰고 들어온단다!

그런데 임정 선전부장 엄항섭(嚴恒燮, 1898~?)은 귀국 다음날인 24일 기자회견에서 이렇게 말했다.

(문) 광복군은 언제 귀국하나?

(답) 시기가 상조하다고 생각한다. 중국에 있는 일본군의 처리가 아

직 끝나지 않았으므로 이것이 끝나기를 기다리면서 규합하여 조직과 훈련을 하고 있다. 따라서 총사령부도 중경에 있다. 총세는 약 1만이 된다.

(「임정 선전부장 엄항섭, 환국 후 임정의 활동발표 기자회견」 중에서,

『중앙신문』 1945년 11월 25일)

10일자 보도에서 "이미 대전에 출전"했다는 것은 일본군으로 출전했다는 말인가?

임정이 5일 상해로 나올 때 미군정은 이미 임정 요인들의 귀국을 도와주기로 결정하고 있었다. 그후 보름 남짓 귀국이 늦어진 것이 정부 자격의 귀국을 주장했기 때문이라 하는데, 정부 자격이 인정될 수 없다는 사실은 임정의 누구도 다 알고 있었던 것이다. 그런데도 통할 수 없는 주장에 매달려 귀국을 늦춘 것은 임정 쪽 사정 때문이었다. 그 사정이 광복군의 확장 시도에 있었던 것으로 보인다.

중국 국민당 정부의 전폭적 후원과 지지를 받아온 임정은 마지막 큰 선물을 바라고 있었다. 만주를 제외한 중국 전역(대만 포함)과 동남아 상당 지역에서 일본군 항복 접수를 맡은 장개석 군대가 조선인 포로들을 임정에 넘겨주기를 바란 것이다. 조선인 포로의 수가 20만 가량으로 추정되고 있었다. "총세 20만을 넘는 우리 정부 정규군"이란 이 의도를 담은 희망사항이었다.

11월 5일 상해 도착 후 김구 등 임정 요인들은 새로 편성된 '광복군' 병력을 시찰하기 바빴다. 그러나 포로를 그렇게 대거 빼돌리는 것은 장개석이 마음대로 할 수 있는 일이 아니었다. 포로를 면하기 위해 일본군에서 빠져나와 광복군에 접선한 일부 장병(박정희도 그런 경우로 보인다)이 형식적으로 편입되었을 뿐, 부대를 따라 정식으로 항복한

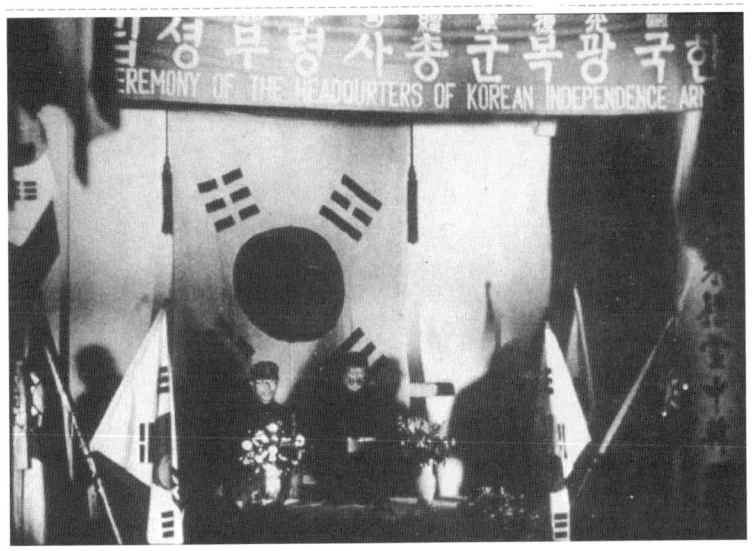

1940년 중경에서 한국광복군 총사령부 성립을 선포하는 김구. 상해·중경 임정은 군사활동을 경시해 왔기 때문에 이 시점에서 광복군은 이름뿐이었다. 나중에 김원봉이 조선의열단 일부를 끌고 들어옴으로써 비로소 광복군이 실체를 갖게 된다.

포로들은 건드릴 수 없었다. 장개석은 장래 조선과의 관계에서 임정에 큰 기대를 걸고 있었고, 그래서 20만 달러라는 거금을 제공하기도 했지만, 20만 포로를 빼돌려줄 수는 없었다.

그래서 임정은 지청천(池青天, 1888~1957. 일명 이청천), 이범석(李範奭, 1900~72) 등 광복군 요인들에게 포로 획득 사업을 맡겨 중국에 남겨두고 돌아왔다. 26년간 지키고 쌓아온 임정의 권위와 가치는 민족주의의 깃발로서 도덕적인 것이었다. 그런데 종전(終戰)에 따른 급격한 변화 속에서 도덕적 권위를 넘는 현실적 힘을 확보하려고 애쓰다가 실패했다. 그 도덕적 권위에 손상이 되는 일이었다.

1945. 11. 9.

조병옥, "식당도 미국식으로!"

일본 항복 당시 연합국들은 조선에 신탁통치를 행한다는 합의가 되어 있었다. 그 계획이 구체화되기 전에 일본이 항복했기 때문에 잠정적으로 미군과 소련군이 분할점령하게 된 것이었다. 따라서 점령은 신탁통치를 준비하는 단계였다.

분할점령 단계에서 지역별로 정부조직을 만드는 것은 점령군의 권한을 넘어서는 일이며, 분할을 분단으로 고착시키는 길이었다. 한국 분단의 책임을 놓고 미국과 소련 어느 쪽이 점령지역의 단독정부 수립에 앞장섰느냐를 따지는 것도 그 때문이다.

그런데 단독정부 못지않게 분단고착을 지향하는 조치가 단독군대 설립이다. 미군정은 '경비대'라는 이름으로 남한의 군사조직을 만들었다. 1946년 초 하지가 김석원(金錫源, 1893~1978)에게 경비대 참여를 권하면서 "경비대는 미국식 훈련으로 잘 진행되고 있으며 정부가 수립될 경우 국군이 될 것이다"라고 했다(『The Origins of the Korean War』, 176쪽). 이 "국군"이 통일국가의 국군을 말한 것인지 분단국가의 국군을 말한 것인지 분명하지 않지만, 일본군 장교 출신을 주축으로 경비대를 만든 것을 보면 민족국가의 국군을 지향한 것이 아님은 분명하다.

　분단 건국 후 이 경비대에서 출발한 대한민국 군대는 미국이 한국에 영향력을 행사하는 중요한 통로가 되었다. 그러나 미군정이 경비대를 만들 때는 그런 의미로 중시한 것이 아니었다. 경찰력만으로는 남한 사회의 통제가 충분치 못해서 그 보조수단으로 만들었을 뿐이다.

　이북에서 소련군이 질서유지의 일선 책임을 인민위원회에 맡긴 반면 이남의 미군정은 경찰력에 의지했다. 경찰을 지휘해 온 일본인들의 역할을 미군이 넘겨받으면 해방 전과 같은 통제력을 확보할 수 있으리라고 상상한 것이다. 그러나 현실은 그렇지 못했다. 해방 전 경찰간부직을 채우고 있던 수천명 일본인의 역할을 대신할 능력이 미군에게는 없었다.

　뿐만 아니라 경찰의 권위가 땅에 떨어져 있었다. 경찰의 과거 역할에 대한 주민들의 반감 때문에 미군 진주 당시 조선인 경찰관의 80% 가 출근도 못하고 몸을 숨기고 있었다. 억지로 불러내고도 웬만한 자리에는 경찰관들을 보호하기 위해 미군이 동행해야 할 지경이었다. 미군시설 보호에 한국 경찰이 동원되는 요즈음과는 반대상황이었다.

　미군 배치가 끝나지 않은 해방 후 몇 달 동안의 권력 공백상태에서 자생적으로 나타난 치안조직 중에는 군사적 성격을 가진 것도 있었다. 가장 대표적인 것이 9월 17일 이혁기(李赫基)가 앞장서 만든 국군준비대였다. 10월 15일 경찰과 미군이 남원 인민위원회를 탄압할 때 국군준비대 지부가 항쟁 주체로 나선 일을 보면 국군준비대는 지방조직을 갖추고 인공과 연결되어 있었던 것으로 보인다.

　11월 9일에는 기존 군사조직을 통합하는 '전국군사준비위원회' 결성 발표가 있었다. 이름의 '준비'라는 말이나 부위원장 임시대리 이혁기의 이름으로 보아 국군준비대가 중심이 된 움직임 같다. 이 위원회의 이름은 다시 보이지 않고, 12월 26~27일 국군준비대 대회에는 재

국군준비대를 좌익단체로 보는 후세의 관점은 너무 편향된 것 같다. 미군정과 경찰의 탄압을 받았다는 사실이 그런 편향된 관점을 낳은 것이다.

경 대원 약 300명과 지방 대표 161명이 참석했다고 한다(한국사데이터베이스의 『매일신보』 1945년 9월 17일과 11월 9일자 기사, 『서울신문』 1945년 12월 26일자 기사 참조).

미군정에게는 이런 군사조직이 당연히 눈엣가시였다. 10월 하순 하지는 경찰총수로 내정되어 있던 조병옥에게 군사조직 해체를 지시했다. 그러나 조병옥은 이 지시를 거부하며 미군정에서 공식적 군사기구를 만들어 기존 군사조직들을 흡수하도록 건의했다. 11월 13일 제28호 법령으로 군사국을 설치한 것은 조병옥의 건의가 받아들여진 데 따른 것으로 보인다.

법령 제28호

국방사령부 설치 (…)

제1조 국방사령부의 설치

조선의 종국의 독립을 준비하며 세계국가에 의하여 조선의 주권과 대권의 보호, 안전에 필요한 병력을 급속히 준비하며, 민관안녕의 유지와 민간의 무질서에 대하여 민권을 옹호하는 민간경찰기관의 보조 및 종교 언론의 자유, 재산권을 유지하는 데 필요한 육해군의 소집, 조직, 훈련, 준비를 시작하며, 국민의 정부혁명을 보호키 위하여 이에 소선군정청 국방사령부를 설치함.

제2조 군무국의 창설 및 육해군부의 설치

조선정부 군무국을 정부의 국으로서 창설함. 군무국 내에 육군부 해군부를 설치함. 현존 경무국, 군무국은 국방사령부의 감독지휘하에 둠.

제3조 경찰군사기관의 금지

여하한 자와 단체라도 여하한 종류의 경찰, 육해군 군사활동의 소집, 훈련, 조직, 준비 및 경무, 군무국의 관할에 속하는 행동을 행사치 못함.

단 국방사령관 혹은 국방사령관이 인정한 기(其) 권리부여 대행기관의 서면인가를 득할 시는 제외함.

제4조 벌칙

본령의 조규에 위반한 자는 군정재판에 의하여 처벌함.

제5조 시행기일

본령은 1945년 11월 13일 오전 0시부터 유효함.

1945년 11월 13일

재조선미군육군사령관의 지령에 의하여

조선군정장관 미군육군소장 A. B. 아놀드

조병옥은 당대의 대표적 친미파였다. 천안 출생으로 선교사 학교인 공주영명학교와 평양숭실학교·배재전문학교·연희전문을 거쳐 1914 ~25년 미국에 유학, 컬럼비아대학에서 박사학위를 취득했다. 귀국 후 연희전문과 조선일보에 재직했고 두 차례 옥고를 겪었으며, 1940년대 에는 광산업을 경영하며 창씨개명을 거부하는 등 일본제국주의에 비 협조의 길을 지켰다.

한민당 주류 세력으로는 비교적 깨끗한 이력을 가진데다 미국을 잘 알고, 마침 어린시절 영명학교에서 함께 놀던 선교사 아들 윌리엄스 (George Williams) 소령이 하지 사령관의 고문으로 있던 덕분에 미군 정-한민당 유착관계의 핵심인물이 되었다. 그가 군정청 경무국장으 로 정식 임명된 것은 이듬해 1월 13일의 일이지만, 10월 20일경부터 실질적으로 경무국장 역할을 맡은 것으로 보인다.

경무국장으로서 조병옥은 극단적 좌익탄압을 주도했을 뿐 아니라 극도의 권위주의적 기행(奇行)으로 많은 일화를 남겼다. 11월 14일 성 북경찰서 서장을 불러다 놓고 이승만이 머물던 돈암장 경호를 충실히 하지 않는다고 "공산당원인 까닭에 이박사의 사저를 경호하지 않았 다"며 질책, 유치장에 넣으라고 호령해서 물의를 일으킨 것이 단적인 예의 하나다.

같은 날 더 재미있는 일도 하나 벌였다. 좌익과 싸우기도 바쁜 판에 식당 주인들에게까지 달려들었다가 성북서장 질책 사건까지 겹쳐 일 시 군정청에서 파면까지 당했다.

경기도 조(趙) 경찰부장은 지난 14일 오후 1시 명월관, 국일관, 송죽

원, 동명관의 각 경영자를 불러놓고

1) 온돌을 마루방으로 고치고 탁자와 의자를 사용하여 조선식을 폐지하고 서양식으로 할 것

2) 요리 또한 재래식을 폐지하고 서양식으로 하되 고기 닭 수프 등 몇 종으로 간단히 할 것

3) 이상 두 가지를 3일 이내로 실시하라고 명령하여 요리업계에 큰 파문을 일으키고 있는데 이에 대하여 국일관 주인 김정훈(金政勳) 은 다음과 같이 말한다.

"우리는 경찰부장으로부터 (…) 군들은 이상의 두 가지 명령에 절대복종치 않으면 안 된다고 엄명을 받은 후 서로 협의하였으나 도저히 이행할 수 없는 고로 다음과 같은 결의문을 첨부하여 16일 정오경 경찰부장에게 제출하였다.

가) 10여년간 장식 기구 기타 제반 설비를 조선식 본위로 구성한 것이므로 급속한 개조는 도저히 불가능하다.

나) 요리도 조선식 본위로 하여 제반 기구와 요리사 종업원까지 모두 이에 의하여 조직된 것이므로 시급히 서양요리를 만들 수 없다.

다) 손익을 고려하지 않을 수 없다. 따라서 대중의 요망과 경향에 순응치 않을 수 없다.

라) 조선식 요리는 민족적 역사적 특징이다. 따라서 이를 발달시키는 데 우리의 사명도 있다.

마) 적당한 장소와 건물에서 새로이 서양식 요리를 만들라면 이 명령에 성심으로 응하겠다."

(「조선요리업자들, 경기도 경찰부장 지시 거부 결의문 제출」,

『자유신문』 1945년 11월 17일)

군정기 극우파의 총아 조병옥이 이승만 경호를 위해 어떤 정성을 쏟았는지, 당대 최고의 요정들이 어떤 식으로 영업을 해야 한다고 믿고 있었는지 살펴봄으로써 당시 극우파의 속성에 대해 약간의 이해를 얻을 수 있는 것 같다.

1945. 11. 10.

미군정식의 '언론자유'

하지가 '민주주의'를 미국식 민주주의 내지 자본주의 정도로 이해하고 있었던 사실은 여러 차례 발언에 나타나지만, 그래도 언론자유가 민주주의의 기본 요소라는 점은 어렴풋이나마 알고 있었던 모양이다. 그래서 도착 직후인 9월 11일의 기자회견에서 "(맥아더의) 포고를 명기(銘記)하라"는 고압적 메시지에 붙여 언론자유를 언급했을 것이다.

> 미군이 진주해 온 후인 현재 조선에는 문자 그대로의 절대한 언론자유가 있는 것이다. 미군은 조선사람의 사상과 의사발표에 간섭도 안 하고 방해도 안 할 것이며 출판에 대하여 검열 같은 것을 하려 하지도 않는다. 언론과 신문의 자유는 여러분들을 위하여서 대중의 논(論)을 제기하고 또한 여론을 소소하게 알리는 데 그 직능을 다해야할 것이다. (…) 미국의 제 신문과 같이 신문의 역할을 다하는 데 있어서는 대중을 지도하고 여론을 일으키는 지대한 역할을 하여야 할 것이다.
>
> (「하지, 기자회견에서 미군 시정방침을 발표」 중에서,
>
> 『매일신보』 1945년 9월 12일)

신문이 몇 개 안 될 때였다. 해방 전 간행되던 신문은 국문의『매일신보』와 일본어의『경성일보』뿐이었다. 둘 다 총독부 기관지였다. 그리고 미군 진주에 임박해 엉성하나마 영자신문『코리아타임스』와『서울타임스』, 그리고『조선인민보』가 나오기 시작했다. 10월 23~24일 전조선신문기자대회에 24개사 대표가 모이고 연말까지 40종 이상의 신문이 나오기에 이른 데는 미군정의 언론자유 보장 정책도 한몫했을 것이 분명하다.

해방 전에 비해서는 확실히 언론자유가 보장되었다. 그러나 해방 전이라도 말기의 전쟁기를 말하는 것이지, 1930년대 이전과 비교한다면 우열을 가리기 힘들다. 미군정의 '언론자유 보장'이 허울뿐이었다는 사실을 드러낸 것이 11월 10일의『매일신보』정간 조치였다.

총독부나 일본인이 경영하던 공장과 기업체의 운영권을 조선인 종업원들이 '노동자위원회' 같은 것을 구성해 넘겨받는 '자주관리운동'이 널리 펼쳐지고 있었다. 매일신보사는 자주관리운동의 대표적이고 모범적인 사례라 할 수 있다.『매일신보』는 해방 직후부터 총독부 기관지의 구태에서 벗어나 국내 최대의 신문으로서 '정론지'의 위상을 추구하고 있었다.『매일신보』가 건준·인공을 지지한 점이나 기자들 중에 좌익이 많았다는 점으로『매일신보』자체의 좌경화를 말하는 이들도 있지만, 극단적 편향성을 보인 일이 없었다.

동업 매일신보는 돌연히 10일 오후 아놀드 군정장관의 명령으로 정간 처분을 받게 되었다. 매일신보는 통신망으로나 또 인원구성으로나 해방해서 자주독립국가 건설로 매진하고 있는 오늘 조선의 권위 있는 보도기관으로서 큰 역할을 다해야만 하고 무거운 책임이 있는 터이므로 이 기관의 존재와 금후의 발전에 대하여는 일반민중이 큰 관심을 가지고 그 동향을 주시하고 있는 만큼 이번 정간된 것은 사회 각층에 상당한 충격을 준 것이다. (…) 11일 오후 4시 조선신문기자회에서는 종로2정목의 조선통신사에서 긴급상임위원회를 열고 이 문제에 대한 대책을 강구한 결과 언론자유의 확보라는 언론계 전체의 과제로 이 문제를 취급하기로 하고 대표 5명을 군정청에 파견하여 그 진상을 조사하는 동시에 강력한 진언을 하기로 되었다. 이에 따라 대표위원들은 12일 오전 군정청 보도부로 뉴맨 대좌와 녹 소좌를 방문하고 이 사건에 관한 전말을 듣는 동시에 하루빨리 신문이 발행될 수 있도록 노력해 달라는 것을 요구하였다. 이날의 회견에서 판명된 것은 10일에 아무 이유도 없이 정간을 명령했다는 것이다. 사실은 매일신보사의 곤란한 현하의 재정상태를 조사하기 위하여 임시로 정간을 시켰다는 것이다. 지난 9월 이후 매일신보의 재정상태가 넉넉지 못하리라는 것은 누구나 다 예상할 수 있다. 그러나 재정상태를 조사하는 것 때문에 정간을 시킨다는 것은 양해하기 어려운 일이다. 군정당국에서는 언론을 탄압함은 결코 아니라고 언명했다. (…)

(문) 매신 정간의 이유는?

(답) 신문사의 서류부록을 조사할 필요가 있기 때문이다.

(문) 정간명령을 내릴 때 이유 설명도 없고 또 구두로 전달한 것은 일본 정치 시대에도 없었던 일인데.

(답) 출판자유를 압제함이 아니다. 회사조직을 정비시킨 다음 출판시키려고 한 것이다.

(문) 이 문제는 군정에 대한 민중의 오해를 살 염려도 있다. 조사하면서 신문도 그대로 발행시키는 것이 온당치 않은가.

(답) 먼저도 말했지만 언론의 자유를 탄압함은 아니다. 경영 방면으로부터 재정상태를 조사하기 위함이다.

(문) 지난 10월 25일에 열린 주주총회에서 사장 이하 중역진이 결정된 것은 주주의 의사가 아니요 군정청의 마음대로 되었다는데.

(답) 종래 운영해 오던 진용보다는 적임자가 아니었는가.

(문) 재정문제가 아니라면 정간시키지 말고 금후 주주총회를 열어 주주의 총의에 따라 돈도 내게 하여 경영시키는 것이 옳지 않는가.

(답) 광공국에서 재정상태를 조사한 다음 선후책을 강구하겠다.

(문) 재정조사라는 이유로 정간하는 것은 아무리 변명해도 일반독자는 그 이유를 양해할 수 없을 것이다.

(답) 이 문제를 각 신문사에서는 어떻게 취급했나?

(문) 종래 일본의 탄압으로 신경이 날카로운 우리는 큰 충동을 느끼고 각 신문사에서는 동일한 보조로 정간시킴이 온당치 못한 것을 보도했는데 재정조사는 좋으나 하루빨리 신문을 발행하도록 하라. 각 사에서는 금후에도 보조를 같이할 것이다. 또 이런 문제는 법무국이나 광공국에서 취급하지 말고 신문을 이해하는 정보부에서 취급함이 어떤가.

(답) 여러분의 의견을 각 사에 전달하여 최대의 성의를 가지고 해결하도록 노력하겠다.

「군정청, 매일신보에 대해 정간명령」 중에서, 『중앙신문』 1945년 11월 13일)

당시 사람들은 『매일신보』가 군정청에게 '미운털'이 박혀 있음을 모두 알고 있었다. 결정적 사례가 10월 10일의 아놀드 망언 보도였다. 아놀드 군정장관은 "명령의 성질을 가진 요구"라며 자신의 인공 비난 발언의 보도를 요구했다. 모든 신문이 이 발언에 비판을 곁들이더라도 1면에 보도했는데, 『매일신보』만 보도하지 않았다. 오히려 이 발언을 비판하는 사설만 내보냈다.

'요구'가 어떻게 '명령'의 성질을 가질 수 있을까? '명령'이 아니니까 언론자유 침해는 아니면서 실제로는 자기 '요구'가 받아들여질 것을 아놀드는 원했다. 우리가 군대에서 익힌 "박으라면 박아!" 정신은 한국 군대만의 것이 아니었다.

11월 10일이라는 날짜가 말해 주는 것이 또 있다. 아놀드 망언으로부터 꼭 한 달이다. 미군 간부의 명예회복을 위한 인내는 한 달을 넘길 수 없다는 것이다. "군자의 복수는 10년을 기다려도 늦지 않다"는 말이 있는데, 아놀드는 군자가 아니었던 모양이다.

물론 『매일신보』 정간이 아놀드 일개인의 명예와 복수를 위한 것만은 아니었을 것이다. 10월 초순 미군정이 매일신보사 접수를 시도하다가 자치위원회에게 거부당한 일이 있었다. 뭐든 어떻게 해야 할 신문이라는 공감대가 있던 터에 아놀드의 분노가 지렛대가 되었을 것이다.

며칠 후 아놀드는 신문기자회 위원장과의 회견에서 『매일신보』에 대한 태도를 밝혔다.

> 13일 신문기자회 위원장 이종모(李鍾模)가 아놀드 군정장관과 회견하고 한 시간 반이나 기탄없는 의견을 교환한 결과 아놀드 군정장관은 (…) 시급히 매신을 계속 발행할 수 있도록 힘쓸 것과 일 당파나 일 개인에게 이 기관을 주지 않겠다는 것을 공약했다. 여기서 매신의 재출발은 불일중 실현될 것으로 믿어졌다. 그런데 14일에 이르러 재건 도중에 있는 조선일보가 군정청의 명령으로 매일신보의 관리를 맡게 되었고 동시에 조선일보를 매신 공장에서 인쇄하기로 되었다 한다. 그런데 15일의 군정청 발표로 보면 조선일보는 매일신보 공장에서 인쇄하지만 매신 공장을 접수하는 것은 아니요, 한편 매일신보는 재조직하려고 당분간 정간하고 있다는 것과 한 신문사 공장에서 두

1945년 11월 어느 날 열린 연합군 환영대회.

신문을 발행 인쇄할 수 있다는 것을 아놀드 장관이 언명하였다. 이로써 보면 매일신보는 금후에 반드시 속간될 것이요 또 그렇게 되면 매신 공장에서는 매일신보와 조선일보의 두 가지 신문이 인쇄될 것으로 볼 수 있다. (…) 이번에 군정청에서는 조선일보는 현재 매일신보 공장을 이용하여 신문을 발간하게 하고 동아일보는 현재 경성일보 공장을 이용하도록 결정 발표하였다. 아놀드 군정장관은 이러한 조치를 하고서 그 이유를 다음과 같이 말하고 매일신보의 정간은 동사를 재조직하기 위하여 당분간 발간을 정지시킨 것이라고 언명하였다.

(「군정장관, 매일신보 속간과 조선일보 발간에 대한 담화 발표」 중에서,

『중앙신문』 1945년 11월 16일)

『조선일보』와 『동아일보』는 최고의 인쇄시설을 쓰며 11월 23일과

12월 1일 재창간되었고, 『매일신보』는 11월 23일 『서울신문』으로 제호를 바꿔 속간되었다. 『매일신보』의 정간과 제호 변경은 재창간하는 두 신문의 경쟁자를 약화시키는 효과도 가져왔다.

당시 수많은 신문들이 쏟아져 나오면서 정치색을 강하게 드러낸 것을 놓고 "언론은 정치투쟁의 격렬함을 완화시키기보다는 오히려 그 선봉에 서는 당파지로서 갈등을 극화시키는 역할을 했다"는 강준만의 논평은 미디어학자답게 예리함을 보여준다(강준만, 『한국 현대사 산책: 1940년대편 1』, 인물과사상사 2004, 158쪽). 그러나 해방 직후 대중성이 강한 『매일신보』는 중도적 입장을 지켰다. 『매일신보』가 제호를 바꾸며 영향력이 줄어든 대신 『동아일보』 같은 극우 신문이 영향력을 늘리면서 당파지 성향이 강화된 것이니, 미군정 언론정책의 결과로 보아야 할 것이다.

10월 23일 전조선신문기자대회 선언문에서 표명한, 정치색을 회피하지 않겠다는 신문기자들의 의지는 언론의 본령에서 벗어나지 않은 것으로 보인다. 사회주의 원리의 적용범위와 적용방법에 관해 활발한 논의가 필요하던 상황이었다. '색깔론'은 괜찮지만 '흑백론'이 문제였다고 나는 생각한다.

> 신문이 흔히 불편부당을 말하나 이것은 흑백을 흑백으로써 가리어 추호도 왜곡치 않는 것만이 진정한 불편부당인 것을 확신한다. 엄정 중립이라는 기회주의적 이념이 적어도 이러한 전민족적 격동기에 있어서 존재할 수 없음을 우리는 확인한다.
>
> 우리는 용감한 전투적 언론진을 구축하기에 분투함을 선언한다.
>
> (「전조선신문기자대회 개최, 조선신문기자회 결성」 중에서,
>
> 『자유신문』 1945년 10월 25일)

1945. 11. 11.

'동양척식' 간판만 바꾼 미군정

사십년이란 긴 동안 우리 농민의 피를 빼앗고 살을 깎아오던 동양척
식회사도 해방과 함께 착취기관으로서의 기능과 성격을 완전히 씻어
버리고 명칭도 신조선회사(新朝鮮會社)라고 변경하여 조선 농촌의
재건과 조선을 복리시키는 기관으로 새 출발을 시작하게 되었다. 이
회사의 전재산은 군정청 관리로 되어 일본인 직원 967명도 전부 파
면하고 조선사람의 손으로 강력하고 자유로운 독립 신조선을 건설하
는 데 전력을 경주할 터이라고 한다.

(「동양척식주식회사, 신조선회사로 개칭」,

『중앙신문』, 『매일신보』 1945년 11월 11일, 12일)

1908년 설립된 동양척식주식회사(이하 '동척'으로 줄임)를 식민지배
의 '첨병'이라고 흔히 말하지만, 사실은 첨병보다 '주체'로 볼 측면이
많다. 총독부에 버금가는 대지주로서 동척의 경제적 역할은 엄청난 것
이었거니와, 더 중요한 것은 조선의 사회구조 변화에 대한 동척의 영
향력이었다.

식민지시대를 통해 조금 줄어들기는 했어도 농업은 해방 때까지 조
선의 산업에서 압도적 비중을 지키고 있었고, 주민 대다수는 농촌에서

농민으로 살고 있었다. 왕조시대부터 계속된 일이지만, 식민통치는 그
실제 양상에 큰 변화를 일으켰다.

식민지시대 농업과 농촌의 변화에 관해 많은 연구가 있음에도 이를
충분히 섭렵하지 못한 나로서는 깊은 이야기를 할 수 없으나 한 가지
강조하고 싶은 점이 있다. '착취'의 양적 고찰보다 '소유' 개념의 질적
변화가 더 부각되기 바란다는 점이다. 근대적 '사유권' 도입이 일으킨
변화를 매우 중요하게 보는 것이다.

소선 후기에도 사유권은 확장되고 있었다. '중세시회 헤체' 현상의
핵심 요소로 볼 수 있는 것이다. 그러나 사유권의 대상이 아무리 늘어
나도 농지의 '왕토(王土)' 관념만은 사유권의 적용을 거부하며 전통적
농업사회의 마지막 보루로 버티고 있었다. 산과 강을 경계로 삼는 대
지주라 할지라도 그 땅을 경작하는 '소민(小民)'의 권익을 묵살할 수
없었기 때문에 소작인을 마음대로 바꿀 수도 없었고, 관행 이상으로
지대율을 높일 수도 없었다.

지주의 소유권은 소작인의 경작권을 배제할 수 없다는 점에서 절대
적인 것이 아니었다. 그리고 소유권과 경작권이 이렇게 어울리는 관계
를 통해 지주 역시 '농업공동체'의 일원으로서 위치를 가지고 있었다.
동척을 앞세운 식민통치는 농업공동체를 깨뜨리고 농지 소유권을 절
대화했다.

동척 출범 당시 대한제국 정부가 1만 7천여 정보의 농지를 출자했
는데, 토지조사사업이 끝난 1920년대에는 전국 경작지의 3분의 1인 9
만 7천여 정보로 늘어났다. 이같은 증가의 대부분은 매입으로 이루어
진 것이지만 여기에도 소유권 개념의 변화가 크게 작용했을 것으로 보
인다. 새로운 절대적 소유권이 전통적 지주 소유권보다 더 높은 수익
을 보장해 주었기 때문에 동척은 농지의 경제적 가치를 높이 쳐주고라

1945년 10월 서울 수색 부근에서 지나던 노인이 미군의 지프차에 타고 있다.

도 농지를 매입하려 했고, 이에 종래의 지주들이 동척에 땅을 파는 추세를 일으킨 것으로 보는 것이다.

1931년생으로 익산 농촌에서 살았던 윤성남의 회고는 이런 추세가 일제 말기까지 계속된 상황을 보여준다.

조선사람들끼리 거래를 했지 일본사람에게는 안 팔았어요. 그러니까 일본놈들이 조선사람들끼리 거래하는 경우보다 가격을 더 쳐줬어요. 어떤 경우에는 30퍼센트까지 더 줬다고 들었어요. 거기다 그 논을 사서 일본 농장에 합친 다음에도 원래 주인이 필요할 때까지 농사를 그냥 지어먹으라고 했어요. 그러니까 지주들은 조선사람한테 논을 팔면 제값도 못 받는 반면 일본사람한테 팔면 돈을 더 받고 나서도 2, 3년이고 무료로 지어먹으니까 일본사람들한테 팔기 시작했지요. 그래서 다들 일본놈들한테 논을 팔다 보니까 어느 정도 자기들 계획한 양이 찼어요. 그 다음부터는 조선사람들끼리 거래하는 금액보다도 더 낮은 가격에 땅을 사들였어요. 파는 사람도 낮게 팔았어요. 왜? 그냥 지어먹을 수 있으니까. (문제안 외, 『8·15의 기억: 해방공간의 풍경, 40인의 역사체험』, 한길사 2005, 209~210쪽)

절대적 소유권은 어떻게 수익성을 높일 수 있었나? 경작권을 인정하지 않으니까 소작인을 마음대로 갈라가며 지대율을 마음껏 올릴 수 있었다. 자유시장 원리가 도입된 것이다.

왕조시대 지주의 횡포가 많이 전해지지만, 이것과는 차원이 달랐다. 왕조시대는 적어도 원칙적으로는 경작권이 존중되던 시절이었다. 그래서 지주의 '이윤 극대화'에 적합한 수준보다 훨씬 더 많은 수의 소작인들이 경작권에 매달려 최소한의 생계를 유지하고 있었다. 이런 상황에 갑자기 자유시장 원리를 도입하니 노동력 공급이 넘칠 수밖에 없고, 수확의 절반을 마지노선으로 지키고 있던 지대율은 7할을 넘어 8할까지 치솟았다. 이 과정에서 다수 소작인들이 경작권을 잃고 유랑의 길에 올랐다.

1921년생으로 김제 동진농장 소작인으로 있었던 최재순은 '근대화'된 농장의 상황을 이렇게 증언했다.

소작료가 얼마라고 규정되어 있지는 않았어요. 모심을 때부터 가꾸고 베어서 타작할 때까지 전부 공동작업을 했기 때문에 수확을 끝내고 똑같이 나눴어요. 거기서 소작료 빼고, 농사짓는 동안에 생활용품이니 비료니 사다 쓴 빚을 모두 제하고, 또 '수세'라는 물값도 걷어갔어요. 그렇게 딱딱 계산하고 나면 논 한 자락에서 나는 쌀만치도 남는 게 없이 다 가져갔지요.

그럼 농민들은 뭘 먹고 살겠어요? 죽어라고 농사지어 봤자 한 가마도 가져오지 못하는데. 그러니까 이제 모두 다같이 농사를 짓는 사람들이니까, 타작할 때 슬슬 돌아다니면서 땅을 훑고 다니는 겁니다. 그리고 그 위를 지푸라기로 살짝 덮어놓았다가 타작을 끝내고 다 거둬간 뒤에 바닥에 있는 낟알들을 쓸어담아 말려서 1년 내내 두고 먹었어요. 물론 감독하는 사람들도 농사짓는 사람들의 그런 행동을 뻔히 알고 있었지만, 다 굶어죽게 할 수는 없으니까 모른 척하지 않을 수가 없었지요. (같은 책, 216쪽)

해방 후 신조선회사로 개편될 때(몇 달 후 '신한공사'로 이름을 바꾼다) 동척의 소유 경지는 전체 농지의 12.3%에 달했으며, 이를 경작하는 농가는 58만 7974호로 전체 농가 217만 2435호의 27.1%였다(위키백과 '동양척식'조). 1920년대 이후에는 불하를 통해 소유 경지를 줄여왔는데, 불하받은 개인과 회사들 역시 절대적 소유권에 입각한 농장 형태로 경영했다. 뿐만 아니라 김성수(金性洙, 1891~1955) 집안 같은 기존 지주들도 농장 형태를 채용해 부를 늘렸으니 해방 당시 조선 농지의 절반가량은 동척식 농장으로 경영되고 있었던 것이다. 그리고 경작권을 묵살하는 자유시장 원리는 그밖의 지주들에게도 널리 파급되었다.

해방 후 대다수 조선인이 사회주의 원리의 도입을 바라고, 그중에서도 토지소유제도의 변화에 대한 공감대가 넓고 깊었던 것은 이런 사정 때문이었다. 인구의 근 80%가 농촌에 거주하는 상황에서 도시 중산층이라도 모두 농촌에 배경을 가지고 있었다.

농촌에 배경을 가진 것은 자본가 집단도 마찬가지였다. 해방 당시 조선인 자본의 대부분이 지주자본으로 존재하고 있었다. 상공업 분야

자본가들도 지주자본에 기반을 둔 것이 보통이었다. 어떤 형태의 토지 개혁이든 해방과 토지개혁을 직결시키는 일반 민심이 그들에게는 자본가 위상에 대한 위협이었다. 구체적 친일경력에 관계없이 구체제에 집착하는 반동적 경향을 그들은 가지고 있었고, 이 경향이 한민당의 배경이 되었다.

'동양척식회사'를 '신조선회사'로 이름을 바꾸고 일본인 직원들을 파면한 것은 간판과 외장을 바꾼 것일 뿐 동척의 구조와 기능은 그대로 남긴 것이었다. 한민당조차 민심을 외면하지 못해 9월 6일의 발기회에서 정책 8개조의 하나로 "토지제도의 합리적 재편성"을 내세웠던 것인데, 미군정은 민심을 직시할 뜻을 보이지 않았다.

베트남 이야기(1)

베트남 해방과 조선 해방의 차이

베트남은 한국과 마찬가지로 중국 중심의 천하체제에 들어 있다가 서세동점(西勢東漸)의 물결에 휩쓸린 나라다. 19세기 후반부터 프랑스 지배를 받다가 1940~45년 일본 지배를 받았다. 제2차 세계대전 종결 후 한국이 북위 38도선을 사이에 두고 소련군과 미군의 점령을 받은 것처럼 베트남은 북위 16도선 양쪽으로 중국군과 영국군의 점령을 받았다. 두 나라의 분할점령은 모두 연합군사령부의 '일반명령 제1호'에 의한 것이었다(1945년 8월 11일자 일기 참조). 그후 한국에는 1948년에 두 개의 국가가 세워졌고, 베트남은 1954년에 두 개의 국가로 쪼개졌다.

일본 항복 직후의 상황에서 베트남은 한국과 많은 조건을 공유한 나라였다. 두 나라의 남쪽에서 이승만과 응오딘지엠(Ngo Dinh Diem, 吳廷琰, 1901~63)의 정권이 무너진 후 군사정권이 들어서는 상황까지 닮았다. 1960년대부터 70년대 초반까지 베트남이 참혹한 전쟁을 겪고 통일을 이루는 데 와서야 길이 크게 갈라진다.

많은 조건을 공유했던 나라이기에 두 나라 역사의 비교를 통해 입체적 시각을 얻을 수 있는 지점이 많이 있다. 한반도에서 일어났던 일들을 돌아보는 틈틈이 베트남 사정도 알아보려 한다. 우선 1945년 이전 베트남의 역사를 위키피디아의 'History of Vietnam' 조에서 훑어보며 우리 역사와 '달랐던 점'을 살펴보겠다. 정밀한 비교를 위해서는 상이한 조건을 염두에 둘 필요가 있기 때문이다.

베트남은 한국처럼 오래된 민족국가가 아니었다. 한국이 적어도 고려조 이래 한반도의 민족국가로 존재해 온 것과 달리 지금의 베트남 영역이 단일권력의 지배 아래 들어온 것은 15세기 후반의 일이었고, 그때도 고려나 조선 수준의 통합성을 이룬 것은 아니었다. 19세기 들어 응우옌(阮)왕조(1802~1945)가 세워지면서 비로소 '베트남'이란 국사가 뚜렷한 모습을 가지게 된다.

응우옌왕조의 창시자 응우옌 푹아인(Nguyen Phuoc Anh, 阮福暎, 1762~1820)이 취한 제호(帝號) '자롱(嘉隆, Gia Long)'은 사이공을 뜻하는 '자'와 하노이를 뜻하는 '롱'을 합친 것이다. 두 지역을 함께 다스리게 된 것이 큰 의미를 가진 일이었기에 이런 제호를 붙인 것이다. 우월한 문명조건을 가진 북방이 개발이 늦은 남방을 정복하고 지배해 온 중세 이래의 베트남 역사에 비추어 사이공을 거점으로 하여 출발한 응우옌왕조가 북방을 정복한 것은 대단히 특별한 일이었다.

16세기 초반에 이 지역에 진출한 유럽인들은 베트남 지역을 두 개의 나라로 파악했다. 북쪽의 통킹(Tonking)과 남쪽의 코친차이나 (Cochinchina)였다. 1527년 막(莫)왕조가 일어나 레(黎)왕조를 남쪽으로 몰아낸 이후 18세기 말까지 정치적 통합을 보지 못했던 때문이다.

1471년 '참파(Champa, 占城) 정복'으로부터 1527년 왕조 분립까지 반세기 동안 레왕조가 지금의 베트남 대부분을 지배했지만 통합된 국가체제를 이루지는 못했다. 참파는 7세기 이래 인도문명을 받아들여 베트남 중부지역을 지배하던 나라였다. 일찍부터 중국문명을 받아들인 북부지역이 15세기 들어 급격한 발전을 이루고 남쪽으로 발전해 나가는 과정에서 참파 정복이 이루어진 것이다. 참파 정복으로 확대된 레왕조의 지배지역도 지금 베트남의 3분의 2에 불과했다. 사이공을 포함한 남쪽의 메콩강 삼각주 일대는 미개한 상태에서 크메르의 영향권 안에 남아 있었다.

15세기 초부터 베트남 지역의 변화는 '북세남점(北勢南漸)'의 양상으로 진행되었다. 중국문명의 우세를 배경으로 한 '남티엔(南進)'은 11세기부터 일어난 현상이었지만, 참파왕국의 저항력이 무너짐으로써 크게 가속된 것이다. 레왕조 출현 직전 명나라가 다이베트(大越)를 점령(1407~28)한 일이 있는데, 이것이 이 지역에서 중국문명 도입을 가속시킨 계기가 된 것으로 생각된다. 13~14세기 몽골의 고려 지배가 한반도의 중국화를 촉진한 것과 비슷한 계기가 아니었을지.

1527년 왕조 분립 이후 '남북대결' 상태가 300년 가까이 계속되었는데, 남쪽의 대결주체가 남쪽의 토착세력이 아니었다는 점을 주목할 필요가 있다. 북쪽의 권력투쟁에서 밀려난 세력이 남쪽으로 내려와 남쪽의 자원을 동원해서 북쪽에 대항하는 양상이었다.

1527~92년 기간은 북쪽의 막왕조와 남쪽의 레왕조가 대립한 '남북조'시대였다. 그러나 실상 레왕조가 자리잡은 탄호아는 하노이에서 그리 멀지 않은 곳이었다. 중국화된 북부지역 내의 분열이었고, 새로 정복된 참파 지역은 대결의 주체가 아니었다. 1592년 레왕조의 실력자 트린 퉁(Trinh Tung)이 하노이를 함락해 남북조시대를 끝낼 때부터 진정한 남북대결이 시작되었다고 할 수 있다.

레왕조가 탄호아로 밀려날 때 왕조를 지탱한 실력자는 응우옌 킴(Nguyen Kim, 阮淦)이었다. 1545년 응우옌 킴이 죽고 그의 사위 트린 키엠(Trinh Khiem, 鄭檢)이 실권을 장악하는 과정에서 응우옌 킴의 아들 한명을 죽였다. 또 한명의 아들 응우옌 호앙(Nguyen Hoang, 阮潢)은 위험을 피하기 위해 1558년에 자청해서 남쪽의 지방관으로 나갔다.

응우옌 호앙은 1613년까지 55년간 남방을 개발하며 응우옌왕조의 기초를 닦았고, 1600년부터는 후에에 근거를 두고 트린 키엠의 아들 트린 뚱의 명령을 거부, 독립된 위치를 차지했다.

하노이의 트린 가문과 후에의 응우옌 가문은 모두 명목상 레왕조를 받들면서 실질적인 권력을 장악하고 있었다. 두 가문은 1627~72년 기간중 전쟁상태에 있었고, 휴전이 이루어진 뒤에도 치열한 경쟁을 다각적으로 벌였다. 이 기간에 응우옌 가문이 약화되고 있던 크메르로부터 메콩강 삼각주 지대를 넘겨받아 개발했다.

남방 토착세력이 베트남 역사상 처음으로 두각을 나타낸 것은 1771년 후에보다 훨씬 남쪽에 위치한 퀴논에서 일어난 타이손(西山) 봉기였다. 농민에 기반을 둔 봉기세력은 1776년 응우옌 가문을 축출했고, 1786년에는 하노이를 점령해 트린 가문까지 무너뜨렸다. 봉기 지도자 응우옌 후에(Nguyen Hue, 阮惠, 1753~92. 후에의 응우옌 가문과는 혈연이 없음)는 쿠앙트룽(光中) 황제를 선포하고 청나라 건륭제가 보낸 20만 대군을 격파했다. 응우옌 가문의 반격으로 1802년 무너진 이 왕조를 '타이손 왕조'라 한다.

응우옌 가문의 잔여세력이 반격에 나서는 과정에서 사이공이 베트남 역사에서 처음으로 각광을 받게 되었다. 궁지에 몰린 응우옌 푹아인은 타이손 세력에 대항하기 위해 외부세력을 끌어들이는 데 몰두했다. 1785년에 샴 군대를 끌어들였다가 패퇴한 후 프랑스 선교사 피뇨 주교의 도움을 받았다. 피뇨 주교는 본국에 지원을 요청하다 여의치 않자 인도의 프랑스 식민지 퐁디셰리에서 인도인 부대를 동원해 프랑스인 자원부대와 함께 응우옌 푹아인을 지원하게 했다. 이 혼성부대의 도움으로 1788년에 탈취한 사이공을 거점으로 삼아 응우옌 푹아인은 프랑스식으로 군대를 조직해서 북벌에 나섰다.

재미있는 현상이다. 근 300년에 걸친 남북대결에서 북방세력의 거점은 변함없이 하노이였다. 그런데 이에 대항하는 남방세력의 거점은 탄호아에서 시작해 후에로, 퀴논으로, 사이공으로, 계속 남쪽으로 내려왔다. 하노이는 몇 차례 남방세력에게 유린당했다. 그러나 하노이를 장악함으로써 남북대결에 승리한 세력에게는 더 남쪽에서 도전세력이 나타났다.

남북대결의 마지막 단계에서 사이공을 거점으로 삼은 응우옌 푹아인 세력은 바다로부터 온 유럽세력의 지원을 받았다. 근 1천년간 중국 문명의 힘을 배경으로 한 '북세남점' 현상이 뒤집힌 것이다. 해양세력의 힘은 응우옌왕조를 세워주는 데 그치지 않았다. 1788년 이후 베트남에 영향력을 늘려가던 프랑스는 1858년부터 나폴레옹 3세의 팽창주의 정책에 따라 베트남 정복을 시작해 1884~85년의 청불전쟁을 치른 후 1887년까지 베트남 전체를 '프랑스령 인도지나'로 만들었다.

프랑스령 인도지나는 세 개 구역으로 나뉘어 서로 다른 방식으로 프랑스의 지배를 받았다. 제일 먼저 1859~67년 기간중에 점령당한 남부지방은 '코친차이나'란 이름으로 완전한 식민지가 되었다. 1893년에는 라오스와 크메르가 코친차이나에 합쳐졌다. 북부의 '통킹'에는 총독부를 두고 약간의 자치를 허용했다. 그리고 중부지역은 '안남'이란 이름을 붙여 응우옌왕조가 명목상의 통치권을 가진 보호국으로 만들었다.

'베트남'이란 나라 이름은 1802년 응우옌왕조와 함께 태어난 것이다. 조선이 건국할 때 명나라 황제에게 국호를 하사받는 형식을 취한 것처럼, 응우옌 푹아인도 새 왕조를 세우면서 청나라 황제에게 국호 하사를 청했다. 하노이의 왕조들은 오랫동안 '다이베트(大越)'란 국호를 칭해 왔는데, 응우옌 푹아인은 국호를 바꿔 받고 싶어서 '남베트(南

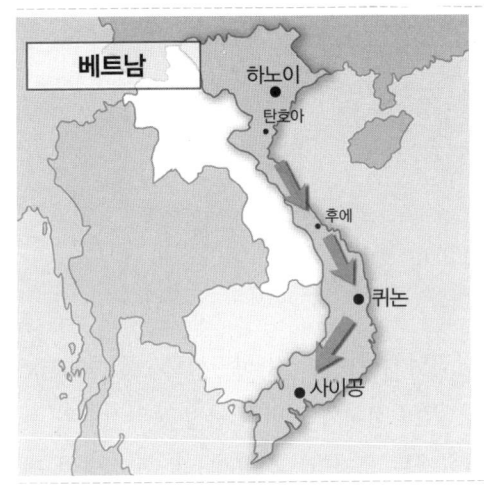

16세기에서 18세기에 걸친 베트남의 '남북 대결'에서 하노이는 언제나 '디펜딩 챔피언'의 자리였다. 도전자는 탄호아에서 후에, 퀴논을 거쳐 사이공에 이르기까지 계속 남쪽으로 자리를 옮겨갔다. 국토의 개발도 도전자의 이동에 따라 남쪽으로 확장된 것이다.

越)'란 이름을 청했다. 그런데 이것이 한나라 때 광둥성 지역에 있던 나라 이름과 혼동된다 해서 글자를 뒤집어 보내온 바람에 '베트남'이 되었다.

이 국호와 함께 남북을 아우르는 국가의 실체도 나타났다. 그리고는 몇십년 후 베트남은 세 개의 토막으로 나뉘어 서로 다른 방식으로 프랑스의 지배를 받게 되었다. 제2차 세계대전이 끝나 베트민(越盟)을 중심으로 건국사업이 벌어질 때 북쪽 지역과 남쪽 지역 사람들의 반응에 상당한 차이가 있었다. 16도선의 분할만이 아니라 남북 사람들의 국가 인식 편차가 이후 역사의 진행에 적지 않은 작용을 한 것으로 보인다.

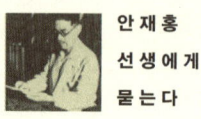안 재 홍
선 생 에 게
묻 는 다

투쟁보다 포용, 선명성보다 유연성을

김기협 │ 선생님이 이끄는 국민당에서 며칠 전 성명서로 '해당(解黨)'
          │ 용의를 밝혔습니다. "민족전선의 전면적 완전 통일정당의 결
성이 진취된다면"이란 조건이기는 하지만, 국민당처럼 큰 정당이 해
당 용의를 밝힌다는 데서 결연한 의지를 느낍니다. 정당 난립을 걱정
하는 시민들도 큰 감명을 받았을 것입니다.

그런데 오늘 여운형 선생을 위원장으로 인민당이 결성되었지요. 해
방 당일부터 건준을 두 분이 함께 이끌던 것이 석 달도 안 된 일입니
다. 그사이에 선생님은 인공 수립을 앞두고 건준을 떠나 국민당을 이
끌어왔고, 여선생은 건준과 인공을 계속 대표해 오다가 이제 정당을
결성하기에 이르렀습니다.

건준에서 두 분 선생님은 깊은 신뢰를 나눴고, 선생님이 건준을 떠
나면서도 그 신뢰는 변함없다고 하셨죠. 지금은 어떻습니까? 여선생
이 이끄는 좌익정당 인민당에 대해 우익정당 국민당 지도자로서 기대
하시는 바가 있는지요?

안재홍 │ 세간에서는 좌익과 우익을 가리기에 바쁘지만, 여선생과 나
          │ 사이에는 좌우의 차이가 없습니다. 설령 취향의 차이가 조금
있더라도 막중한 건국 대업 앞에서는 그 차이에 아무 의미가 없습니

다. 여선생이 말하는 사회민주주의와 내가 말하는 신민주주의가 근본적으로 같은 것이고, 우리가 그것을 말하는 것은 각자의 취향을 좇아서가 아니라 지금 이 나라에 필요한 것이기 때문입니다.

여선생과 나만이 아니라 지금 이 나라의 생각 있는 사람들은 모두 같은 마음입니다. '해방'의 의미가 무엇입니까? 사람답게 살 수 있는 세상을 만드는 것입니다. 일본인의 억압 대신 조선인의 억압을 받는다고 해방이 됩니까? 일본인을 몰아내는 것보다 더 중요한 일이 억압체제의 철폐입니다. 무엇보다 필요한 것이 인권을 받드는 민주주의이고, 민주주의를 충실히 하기 위해 사회주의를 적용해야 합니다.

모두 같은 마음인데도 이런저런 오해 때문에 힘을 제대로 합치기 힘든 문제가 있습니다. 가장 큰 문제가 좌익과 우익 사이의 불신이죠. 초년부터 사회주의운동을 해온 여선생은 좌익에서 성망이 있는 분이고, 나는 신간회와 물산장려운동 등을 우익인사들과 함께하면서 꽤 많은 신뢰를 나눠온 사람입니다. 그래서 건준을 함께할 때 좌우익을 둘이 분담해서 건준 참여를 설득하기로 한 것이었죠.

지금은 자주 만나 서로 확인하지는 않지만 그 역할분담은 끝없이 계속되는 일입니다. 전에는 건준 안에서 하던 일을 이제 그 밖에서 하게 된 것일 뿐이죠. 사소한 이해관계나 오해 때문에 민족의 대의를 등지는 사람이 없도록 살피는 것이 여선생과 내가 하는 일입니다. 건준의 이름으로든, 인민당과 국민당의 이름으로든.

김기협 | 지금 인민당 만드는 사람들은 오래전부터 여선생을 지도자로 모셔온 이들이죠. 그들이 해방 전부터 '건국동맹'이란 조직을 만들어놓고 있었다고 들었습니다. 선생님도 여선생과 뜻을 함께해 왔는데, 왜 건국동맹에는 가입하지 않았었나요?

안재홍 │ 그런 조직이 있는 줄 알았으면 진즉 가입했을 텐데, 난 몰랐
　　　　│ 어요. 나는 여선생과 의기투합하는 줄 알았는데, 내 짝사랑이
었나?

　해방 전 몇 해 동안 여선생과 자주 만나며 거리낌없이 흉금을 털어
놓고 지냈어요. 지하조직을 해보지 않겠나 하는 이야기를 1944년 초
였던가, 꼭 한번 한 적이 있지만 다시 아무 이야기가 없었습니다. 그분
이 내게 그런 일을 감췄다는 것은 생각할 수 없는 일이고, 아마 해방
후 활동을 하려니까 주변 분들이 이런저런 작은 모임들을 묶어서 과대
포장한 게 아닐까 짐작합니다.

김기협 │ 선생님께서는 인민당에 있는 어느 분 못지않게 여선생의 마
　　　　│ 음을 잘 아는 분입니다. 인민당을 통해 여선생이 하고자 하는
일이 무엇일까요?

안재홍 │ 아까도 말했듯이 좌익의 설득입니다. 민족의 깃발을 등지는
　　　　│ 일이 없도록 하는 설득이지요.

　좌익사상에는 민족을 소홀히 할 요소가 있습니다. 계급관계를 극단
적으로 중시해서 민족, 가족 등 다른 인간관계를 배제하는 사례를 각
국 공산주의운동에서 흔히 볼 수 있죠.

　여선생과 나는 그 관점을 아주 틀린 것으로 여기지는 않지만, 시의
성과 균형감각이 필요하다고 봅니다. 그들의 용어를 써서, 지금은 계
급모순보다 민족모순이 중시되는 상황입니다. 민족주의의 기준을 명
확히 세우는 것이 당면의 지상과제이고, 계급문제는 일단 최소한의 조
치만 취해 놓은 다음 서서히 처리해 나갈 장기적 과제로 삼아야 할 것
입니다. 역시 그들의 용어로, 지금은 부르주아 민주주의 혁명이 필요

한 단계입니다.

김기협 | 선생님의 '신민족주의' 담론이 바로 민족주의의 기준을 명확히 세우기 위한 노력이군요. 기존의 민족주의가 어떻게 달라져야 한다고 생각하시는지요?

안재홍 | 내게 민족주의의 의미를 깊이 일깨워준 단재 선생께서 역사란 "아(我)와 비아(非我)의 투쟁"이라고 말씀하셨죠. 외람되지만 나는 이것이 식민지 상태 민족주의의 역사관이고, 독립민족의 민족주의는 이와 달라야 할 것이라고 생각합니다.

6년 전 출옥 후 대외활동을 아예 없애다시피 줄여버리고 역사공부에 매달려 지냈습니다. 중일전쟁의 양상을 보며 일본의 패망을 필지(必至)의 일로 믿게 되었기 때문입니다. 일본이 패망하면 민족이 독립할 텐데, 그때를 위해 민족주의 사상을 발전시킬 필요가 있다고 본 것입니다.

단재 선생의 민족주의는 지배민족과 피지배민족의 관계만을 본 것입니다. 우리 민족과 전체 인류 사이의 관계가 없습니다. 지배민족인 일본이 가로막고 있었기 때문이죠. 그런데 독립이 되면 우리 민족이 전체 인류, 다른 모든 민족과 직접 관계를 맺게 됩니다. 그리고 투쟁만이 아니라 협조의 관계, 경쟁의 관계도 맺게 됩니다. 그런 단계에서는 다양한 대외관계 속에서 민족의 입장을 적절히 세우기 위해 역사를 더 넓게, 그리고 더 유연하게 바라볼 필요가 있습니다.

김기협 | 독립민족의 민족주의가 식민지시대보다 포용성과 유연성을 가져야 한다는 것은 당연한 일이지요. 그런데 바로 해방 시점

에서는 어땠을지요. 당시 민족정기 수립의 실패를 지금까지 사람들이 아쉬워하면서 무엇보다 친일파에 대한 단호한 처단이 안 된 사실을 통탄합니다. 그 시점에서는 포용성과 유연성보다 추상같은 민족주의가 필요하지 않았습니까?

안재홍 그렇게들 볼 수도 있겠군요. 하지만 나는 이 나라에서 민족주의가 실패한다면 투쟁성과 선명성의 부족이 아니라 포용성과 유연성의 부족 때문이리라 생각합니다.

모든 흑백론에는 회색지대를 용납하지 못하는 한계가 있습니다. 조선인과 일본인만을 구분하는 흑백론적 민족주의 관점에서 양심적인 일본인과 비양심적인 조선인에게 어떤 자리가 주어집니까? 매국적 친일파까지 우리 민족이라고 끌어안으면서 선량한 일본인까지 적이라고 박해할 수는 없지 않습니까.

친일파를 어느 범위로 규정해서 어떻게 대해야 할지, 정말 큰 문제입니다. 표나게 심한 친일행위는 별문제가 아니지만, 수십년 지속된 식민지 상태에서 나름대로 선량한 자세를 지켜온 사람들도 모르는 사이에 식민통치에 협조한 측면이 있습니다. 고등교육을 받고 고급직종에 종사한 사람, 재산이 많은 사람들에게 보편적인 문제입니다.

이 애매한 문제 때문에 불신이 생깁니다. 좌익에서는 친일파를 넓게 규정하고 싶어하는 경향이 있어요. 교육수준과 재산수준이 높은 사람들을 최대한 배제하면 진정한 인민주권의 낙토가 앞당겨 이루어질 것으로 믿으니까요. 이로 인해 유산계층 사람들은 피해의식을 갖게 됩니다. 좌익이 주도권을 쥐면 죄없는 사람들까지 계급투쟁의 대상이 되지 않을까 두려워하는 것입니다.

내가 존경하는 몇몇 선배, 동지들을 포함해 식자층의 많은 사람들이 한민당에 몰리는 것도 이 의구심 때문입니다. 원칙은 국민당의 것이 옳지만 현실에 대처하는 힘이 한민당에 있다고 생각하는 것이죠. 덕분에 한민당은 군정청과의 유착관계에 더 힘을 가지게 되고, 좌익은 좌익대로 불안감과 적개심을 더욱 키우게 되는 것입니다.

김구 주석 이하 임정 요인들의 귀국을 목마르게 기다려온 것도 이 까닭입니다. 민족주의의 최고권위인 임정과 김주석이 민족주의의 기준, 친일파 처리의 기준을 명확히 제시해 주면 불필요한 불신을 해소하고 적대감의 악순환을 막는 데 큰 힘이 될 것입니다.

그러나 임정과 김주석의 권위를 빌리더라도, 궁극적으로는 사람들이 지금의 현실을 받아들이는 자세를 통해 이 문제가 해결되어야 합니다. 교육과 재산을 많이 누린 사람들은 적극적 친일을 하지 않은 사람이더라도 식민통치의 혜택을 누린 사실을 인정하고 특권을 양보하는 자세를 취해야지요. 또, 구체적 친일행위가 있는 사람이더라도 충분히 반성하고 민족사회를 위해 봉사할 자세를 보인다면 용납해야지요. 과거의 행적보다 현재의 자세를 중시하며 화합의 폭을 최대한 늘리는 길, 이것이 여선생과 내가 함께 찾는 길이고, 내 '신민족주의'도 여기에 보탬이 되기 바랍니다.

2

기다리고 기다린
임정의 귀국

1945년 11월 15 ~ 30일

김구는 해방 조선에서 잠재적 영향력이 가장 큰 인물이었다. 그의 실패와 비극이 조선의 실패와 비극을 가장 집약적으로 상징했다.

1945. 11. 15.

공산당, 임시정부와 대결태세를 갖추다

조선공산당 총비서 박헌영은 13일 아놀드 군정장관과 만나고 15일 하지 사령관과 회견했다. 하지와는 10월 27일 첫 만남 이후 두번째 회견이었다. 박헌영은 15일의 회견 내용을 이튿날 기자회견에서 밝혔다.

조선공산당 대표 박헌영은 15일 하지 중장, 아놀드 군정장관과 회견하고 중요 협의를 거듭한 바 있는데 일반이 궁금히 여기는 이 회의의 내용을 16일 박헌영은 신문기자단에게 다음과 같이 발표하였다.

"하지 중장과 아놀드 장관은 나에게 두 가지 요구를 제출하였다.

1) 남부조선에 있는 미국 군정의 목적은 무엇보다도 건전한 경제 기초 위에서 조선독립을 보장하려는 데 있다. 이러한 본의를 양해하고 앞으로 더욱 군정에 협력해 주기를 바란다.

2) 조선독립은 연합국의 호의 특히 미국의 지원이 필요한 줄 안다. 미국은 모든 방면으로 더욱 경제적으로 조선을 협조할 만한 힘과 지위에 있으니 조선은 기쁨으로 친선관계를 맺어나가야 하며 앞으로 독립국가로 완성되는 때에는 미국과 통상관계를 가지는 것이 필요할 줄 안다.

이상 두 가지 점에 대하여 박헌영은 찬성의 의사를 표명하고 '조선공산당은 군정에 협력을 아끼지 않는다'는 뜻을 밝혀 말한 뒤에 그러나 '협력은 하되 군정이 잘못되는 방향으로 나가는 경우에는 공산당에서는 비판할 자유를 가졌고 또한 우리의 의견을 건의하겠다'고 말하니 이 점에 대하여 하지 중장은 찬성의 뜻을 표하고 회담을 마치었다."

(「조선공산당 박헌영, 군정에 협력하고 비판건의할 것을 표명」,

『자유신문』 1945년 11월 17일)

9월 11일 재건된 조선공산당(이하 '공산당'으로 줄임) 총비서로 선임되고 9월 20일 중앙위원회에서 8월 테제가 채택됨으로써 박헌영은 공산당의 조직과 노선을 장악했다. 그가 공산당의 장악력을 자신에게 더욱 집중시키려 애쓴 사실은 10월 8일 김일성(金日成, 1912~94)과의 개성회담에서 북조선분국의 설치를 승인하지 않으려 한 데서도 알아볼 수 있다. 이를 결국 승인한 것은 동석했던 소련군 민정사령관 로마넨코(Andrei A. Romanenko)의 권유 때문이었다.

공산당의 성세는 11월 5일 전평 결성으로 크게 떨치기 시작한다. 사실 전평은 현장 노동자들의 자발적 운동으로 이루어진 것이지, 그 조직과정에 공산당의 개입은 많지 않았다. 10월 초 박헌영이 노동조합운동 지도자 7명과 회견했을 때 이렇게 당부했다고 한다.

당으로서는 노조운동에 대한 아직 구체안을 갖지 못했다. 지금 직접 노동운동에 관계한 동무와 종래에 그 경험을 가진 동무만을 초청하여 이 사업을 부탁하니, 허성택·김대봉·박세영 3동지를 중심으로 가급적 빠른 기간 내에 운동을 성공시켜 주기 바란다. (임경석, 『이정 박헌영 일대기』, 역사비평사 2004, 220쪽)

가장 많은 비밀을 가졌던 정치인 박헌영의 모습은 아직도 많은 부분이 그림자 속에 감춰져 있다.

비록 공산당의 지도로 조직된 것은 아니지만 전평 간부 중에는 공산주의자가 많이 있었다. 노동조합 전국조직으로서 전평이 유일한 좌익 정당인 공산당에서 정치적 배경을 찾은 것은 자연스러운 일이었다. 전평 결성대회에서 박헌영은 레온치오(세계노동회의 대표), 모택동(毛澤東, 1893~1976), 김일성과 함께 명예의장으로 추대되었다. 이후 전평은 공산당을 지지하는 가장 강력한 전국조직이 되었다.

11월 12일 여운형의 인민당이 결성됨으로써 수십개 정당 가운데 4개 당이 메이저리그를 형성하게 되었다. 중도 좌우익의 인민당과 국민당, 그리고 좌익의 공산당과 우익의 한민당이다. 중도파 정당과 극단파 정당의 차이가 이제 분명해지는 것 같다. 중도파 정당의 무기는 말과 글 뿐인 데 반해 극단파 정당들은 더 현실적인 힘을 키워가고 있었다. 한민당은 돈과 경찰력을, 그리고 공산당은 조직력을.

11월 2일 독립촉성중앙협의회 회의에서 박헌영은 친일파 배격을 강력히 주장했다. 그 이튿날 따로 기자회견을 열어 이에 관한 이견을 강조하기까지 했다. 공산당의 실력에 자신감을 가지고 다른 정당과 보조 맞추는 데 신경쓸 필요 없이 나의 길을 가겠다는 것이었다.

박헌영의 자신감은 11월 17일 중국 언론 중앙사 특파원 청언보(曾恩波)와의 인터뷰에서 유감없이 표출되었다. 이 인터뷰에서 그는 조선 전체 인구의 6분의 1인 400만명이 공산당의 영향 아래 있다고 주장했다.

조선공산당은 8월 15일 이후로는 표면에 나타난 대중운동으로 발전하게 되어 그 세력이 급격히 발전하게 된 것이다. 그래서 현재는 조선을 통하여 당원 및 공산청년동맹원의 수효는 1만 5천명에 달하였으며, 노동조합전국평의회에 망라된 노조원의 수는 50만명이나 된다. 그리고 농민조합원의 수효는 300만명이고, 기타 민주주의적 청년단체는 그 중앙기관만은 준비중이나 이미 그 조직된 인원은 70만명으로 추정되는 것이다. (같은 책, 242쪽에서 재인용)

11월 20일에는 반도호텔의 하지 사령관 접견실에서 『뉴욕타임스』 존스턴(Richard Johnston) 기자와 인터뷰를 했다. 이듬해 1월 5일 그의 기자회견을 취재해서 "박헌영은 소련의 일국 신탁통치를 지지하며 언젠가 한국이 소련연방에 편입되기를 바란다"고 보도해 물의를 일으킨 그 존스턴이다. 이 인터뷰에서 존스턴이 박헌영에게 중경 임시정부에 대한 조선공산당의 태도를 묻자 박헌영은 "임시정부가 조선민중과 아무런 실제 연관도 갖고 있지 못하기 때문에 정부로 인정할 수 없다"고 대답했다(같은 책, 243쪽).

20일은 김구 일행의 귀국을 사흘 앞둔 날로, 인공의 전국인민위원회 대표자대회가 3일간의 회의를 개회한 날이었다. 박헌영은 임시정부와의 정면대결 태세가 되어 있었던 것이다. 바로 사흘 전 청언보가 김구에 대한 생각을 물었을 때의 대답보다도 더 직설적인 답변이었다. 청언보에게는 이렇게 대답했다.

그가 진보주의자이기를 바란다. 국내 민중은 사상적으로 몹시 진보
되어 있으므로 보수적 방법론만으로 수습할 수 없기 때문이다. 대체
로 해외 민족주의자의 결함이란 보수적이요 반소·반공적이어서 진
보적 민주주의의 실천자로서는 부족한 점이 적지 않다. (같은 책, 243쪽)

1945. 11. 16.

'친미 내셔널리스트'의 탄생

1945년 7월 26일에서 8월 2일까지 열린 포츠담회담은 제2차 세계대전 뒤처리를 위한 연합국 정상회담이었다. 유엔에서 안보리 상임이사국 자리를 차지할 5대 연합국 가운데 프랑스와 중국은 남의 힘으로 해방되는 입장이었고, 연합국의 실세는 포츠담회담에 참가한 미국, 소련, 영국의 3개국이었다.

3개국은 일본이 항복해 전쟁이 완전히 끝난 후 외상회담을 열어 전쟁처리의 나머지 사안들, 특히 일본과 관련된 사안들을 결정하기로 했다. 이 계획에 따라 12월 16일부터 25일까지 모스크바 3상회의가 열리게 된다.

포츠담회담이 독일 항복 후 80여일 후 열린 데 비해 3상회의는 일본 항복 후 130여일 후에야 열린다. 두 가지 이유 때문에 시간이 많이 걸렸던 것으로 보인다. 첫째는 일본의 항복이 예상보다 빨랐기 때문에 각국의 입장이 덜 준비되어 있었다는 점이고, 둘째는 미국과 소련 사이의 긴장관계 심화로 각국간의 입장 조정이 더 어려워졌다는 점이다.

11월 16일 미국무성이 조선 상황에 관한 성명을 발표한 것은 일본 항복 후 3개월이 지난 시점에서 3상회의를 앞두고 점령국의 입장을 밝힐 필요를 느껴서인 것으로 보인다. 대체로 원론적인 내용인데, 해외 망명자들의 역할을 부각시킨 점이 눈에 띈다. 미국무성 입장에서 중국이나 소련 망명자보다 미국 망명자를 중시한 것은 당연한 일이다. 미국 망명자를 대표하던 이승만이 국무성으로서는 별로 달가운 존재가 아니었지만, 그래도 역시 미국 망명자라는 점에서는 최소한의 옹호를 받는 위치에 있었던 것 같다.

〔워싱턴 16일발 SF국제〕 미국무성은 16일 조선문제에 대한 다음과 같은 성명을 공표하여 북위 38도선 분할 및 진주 이래의 정치행정 등 제반 정세를 설명하였다.

연합군 병력을 배치하는 데 있어서 맥아더 대장을 통하여 일본정부에 지시한 연합군 일반명령 제1호는 북위 38도 이북의 재조선 일본군은 소련군에, 이남의 일본군은 미군에게 항복하도록 명령하였다. 이 분할선은 일시적인 것으로서 단지 일반명령의 목적을 수행하기 위하여 책임을 명확히 하는 데 필요하도록 결정하였음에 불과하였으나 조선의 근본적 통일을 기함에 있어서는 그 영향하는 바 있을 것이 인정되게 되었다.

(…) 허다한 명사 또는 다수한 조선인 중에는 일본에 의한 점령의 결과로 그 고국으로부터 자발적으로 망명하든지 그렇지 않으면 국외에 추방되어 그 일부는 미국으로 갔다. 그들이 떠난 뒤에는 강력 혹은 보편적인 지방운동자가 남아 있었는데 일본은 이를 절멸시킬 수 없었다. 이들 망명가는 조선의 민주주의적 이상을 대표하는 것으로 재조선 미군당국은 교통의 곤란을 극복하여 될 수 있는 대로 속히 그들이 귀국하여 조선 국내 지도자와 함께 정치적 통일에 협력할 것을 권장하고 있다.

일본의 압박이 별안간에 소멸되었기 때문에 새로 부여된 언론의 자유를 이용하여 다수한 정당의 발생을 보았다. 신국가 건설에 당하여 이들 정당 등에는 허다한 의견의 차이가 있고 일부 정당에서는 당파와 정치활동뿐만 아니라 재조직된 정부정책에 대하여도 비난하는 자가 있다. 미국정부는 소련과 협의하여 조선 사태를 개선하기 위해서 온갖 노력을 다하고 있다.

남북 조선간의 교통교역과 개인의 통행은 머지않은 장래에 재개될 것이며 독립 내지 통일된 조선국의 종국적 건설이 용이하게 되도록 할 것을 기대하고 있다.

(「미국무성, 조선문제 성명 발표」, 『자유신문』 1945년 11월 19일)

같은 날 미군정 군정장관실에서도 "미군정의 현재와 장래에 대한 제반 문제"에 대한 상세한 논평이 나왔다. 국무성의 성명과 보조를 맞추도록 조율된 듯, 원고지 40매가 넘는 분량의 논평이 『중앙신문』 11월 17일자와 18일자에 나누어 게재되었다(「군정장관실, 미군정의 현재와 장래에 대한 제반 문제에 관해 발표」). 이런 서문으로 시작된다.

민주주의의 근본적 요건의 하나는 국가의 인민이 그 정부가 어떠한 일을 하고 있는지를 항상 알아야 한다는 것이다. 조선을 점령하는 데 있어서 일본정권을 가급적으로 속히 교체시킬 필요가 있었다. 오랜 기간에 걸친 조선민족의 압박과 전반적으로 조선인을 정부의 고급지위에 배치하지 않은 결과로 미국 점령군은 정부운영에 참여할 조선인의 재능에 관하여 전연 알지 못하였다. 그러기 때문에 미국 조선주둔군 정부는 단기간이나마 조선을 점령하고 조선인과 접촉하는 경험을 얻기까지는 확정한 정책과 정부조직에 관한 방법을 세울 수가 없었다. 과거 6순(旬, 한 달을 셋으로 나눈 열흘 동안)에 걸쳐 조선민족과 접촉한 결과 우리는 조선인이 정직하고 성실하고 평화를 애호하며 재질 있는 민족임을 알았지만 그들이 정치의 경험 또는 훈련이 없었던 것을 발견하였다. 이러한 사정으로 조선인의 인내심에 응보(應報)하고 조선군정의 현재 기구와 장래계획을 발표하여 모든 사람이 신생한 민주주의 조선을 건설하고 있는 정부를 알고 그와 협력하여 주게 한 시기가 온 것이다. 이에 우리는 신중하게 그 해결책에 관하여 검토를 하려고 한다.

이하 8개항 논평 내용에서 그 시점의 미군정 당국자들의 상황인식을 살펴볼 수 있다. 어느 지역, 어떤 상황에나 적용될 원론적 내용은 제쳐놓고, 인식의 특이점을 보여주는 부분을 발췌하여 그에 대한 내 논평을 붙인다(자료 출처는 모두 위와 같음).

1) 조선군정의 일반원칙과 정책

일본의 제국주의적 압박하에 다년 신음한 조선민족은 자유행사의 책임과 자제와 관련한 경험과 훈련을 얻을 기회가 없었고 그런고로 그들은 민주주의적 행동과 현명하게 자유를 행사할 모든 남녀의 필연 심각한 개인적 책임에 관한 교육을 받아야 한다. 진실한 민주주의 행사와 책임은 학교에서 또는 경험 있는 미국인의 지도하에 대중에게 가르쳐야 한다.

> 하지 개인의 민주주의관은 미국식 자본주의를 뜻한다는 사실이 여러 번 확인되었다. "일반원칙"으로 받드는 '민주주의'가 하지의 민주주의관에 입각한 것이기 쉽다는 사실을 "경험 있는 미국인의 지도"라는 말에서 알아볼 수 있다.

2) 조선정부 수립에 관한 일반문제

유능하고 충실한 인원을 발견하는 것은 극도로 곤란하다. 그리고 가장 중대한 문제의 하나는 일본정부와 협력한 조선인의 임용이다. (…) 생존하고 있는 전 조선인이 어느 정도까지 일본인과 협력한 이상 일본과의 협동협력은 정도 문제라고 인정한다. (…) 각 부문에 봉사할 유능하고 우수한 사람이 극히 부족한 고로 조선인은 이러한 협력자로 하여금 그 국가에 봉사하고 전민족의 이익을 위하여 그들이 일본인에게서 습득한 지식과 기능을 이제 조선에 반납시킬 적당한 방도를 강구하여야 할 것이다.

'협력' 또는 '친일'에 대한 관점으로, 일면의 타당성을 가지고 있다. 그러나 이 문제에 대한 민심이 극도로 민감했던 당시 상황에서 이 일면의 타당성에 지나치게 비중을 둔 감이 있다. 미군정의 자본주의 편향성과 친일에 대한 무감각에 가까운 관용은 민족정기의 확립과 사회주의 원리의 일부 적용을 원하는 일반 민심에 정면으로 역행하는 것이었고, 그에 대한 반감을 극좌세력이 이용하는 조건을 만들어주었다.

3) 전반적 정부교체 계획

일본정부에 필적할 수 있는 군정을 조직하여 미국군 장교로서 고급 일본인 관리를 즉시 완전히 교체할 수 있도록 준비를 하였다. 이 계획은 총독부에 실시된 것이다. 그러나 교체방법은 이전 조선인 관리와 특수지식과 경험이 많은 일본인 관리를 그들이 군정 관리와 신임된 조선인에게 각 국(局) 부(部) 기능의 세목과 기타 귀중한 정보를 전달하기까지 직무에 유임할 것을 요하였다. (…) 이 계획은 또다시 정부의 모든 활동에 충분히 조선인이 참여할 정책을 수립 유지하여 군정장관과 각 국장에 대한 조선인 고문위원의 임명함을 요구하였다.

"일본정부에 필적할 수 있는" 길을 미군정은 추구했던 것이다! 이 점에서 미군정은 일본인과 견주어도 전혀 손색없는 제국주의자들이었다. 11월 3일자 일기에서 언급한 마이클 셰리의 책 『전쟁의 그림자 속에』가 생각난다. 제2차 세계대전을 통해 힘을 키운 미국 군부가 정책노선을 끌고 간다는 의미에서 '군국주의' 국가가 되었다는 얘기다. 해방공간의 한국은 미국의 군국화가 진행된 하나의 중요한 현장이었다.

4) 중앙정부

책임 있는 관직에 있는 모든 미국장교는 임시적으로 임명된 충실한 조선인의 보조를 받고 있다. 이러한 조선인 보좌원은 조선인의 지도자가 선택하고 추천한 바이다. (…) 모든 임명은 신중히 조사하고 15명 내지 20명의 덕망 있는 지도자와 상의한 후에 된 것이다. 최초에 군정장관 고문과 각 국(局) 고문을 선출한 후에는 모든 임명을 이 조선인 고문의 의견을 기초로 해서 된 것이다.

한민당 위주의 고문단을 누가 어떤 기준에 따라 "덕망 있는 지도자"로 정의해 주었는가? 10월 10일 '아놀드 망언'에서 여운형을 표적으로 한 비열한 언사는 바로 이 "덕망 있는 지도자"들에게 배운 것이 분명하다. 그로부터 한 달 남짓 지나는 동안 그 언사가 적절한 것이 아니었음은 군정 당국자들도 깨우치고 있었다. 그런 파시스트 선전의 허구를 깨닫고도 "덕망 있는 지도자"들에 대한 존경심이 변하지 않았다면 그들 자신이 파시스트 성향이었을 것이다.

5) 도청

이상과 같이 전 일본인 및 협력자 관리를 충실 유능한 조선인으로 점차 교체시키는 계획은 각 도청을 보유하기 위하여 채용되고 있다. (…) 조선인 임명은 가장 신중히 선출하고 임명 전에 각자를 조사하여 덕망이 있고 충실 유능한 시민인 것을 발견하여야 될 것이므로 즉시 실행할 수는 없는 것이다.

> 미군정의 목표가 '판갈이' 아닌 '물갈이'에 있었다는 사실은 지방 행정 방침에서도 나타난다. 판갈이만이 정의로운 길이었다고 주장하는 것이 아니다. 현실적으로 타당한 길이었다고 보는 것이다. 식민통치가 종식되는 상황에서 통치체제를 그대로 두고 사람만 바꾼다는 것은 누구를 위해서도(이해관계가 직접 걸린 극히 일부 사람들 외에) 바람직하지 않고, 또한 현실적으로도 무리한 방침이었다.

6) 조선 경제상태

현재의 비상사태는 중대한 통화팽창, 물품원료 부족과 이기적이고 개인적 야심가이고 조선의 행복에 대하여 충실치 못한 일부 조선인이 새로 획득한 자유를 불분별(不分別)하고 때로는 고의로 악용하는 것으로 인하여 생기는 것이다. 다수 무책임한 조선인단체가 치안의 명의하에 일본인이 파괴치 못하고 지출하지 않는 재산을 보호한다는 이유로 가옥, 공장, 물자, 기타 재산을 비합법적으로 무리하게 관리하고 있다. 이러한 단체는 물자 및 일본인 재산을 약탈하고 이렇게 획득한 물품을 암시장에서 판매하는 일도 드물지 않는 것이다.

(…) 도기공(陶器工), 은공(銀工), 진유공(眞鍮工), 목공(木工), 농편공(籠編工)과 같은 가내공업의 모든 숙련공은 즉시 재료획득과 시장에 판매하기 위하여 위와 같은 물품 제조에 착수하는 것이 가장 필요

하다. 가내공업 재료를 구하지 못하는 때에는 숙련공은 농상국 또는 지방장관으로부터 이 재료의 공급을 신청할 수 있다.

> 산업에 대한 인식이 몇몇 공예분야에 한정되어 있는 반면 경제불안의 책임을 "무책임한 조선인단체"에 뒤집어씌운 것을 보며 당시의 미국무성 관리들도 한숨을 쉬었을 것이다. 미군정 당국자들이 이 "무책임한 조선인단체"를 좌익으로 보고 적대시하는 기색이 역력한데, 원래의 '자주관리운동'은 노동조합운동의 폭넓은 가능성을 품고 있는 것이었다. 미군정이 이 운동을 섣불리 배척해 합법적 발전의 길을 가로막았기 때문에 전평이 공산당 쪽으로 기울게 된 것이었다.

7) 장래의 계획

군정청 지도하에 우수하고 안정된 조선정부가 수립된 후에는 두 가지 중요한 시책을 쓸 것이다. 조선 지도자의 유력한 단체가 현재 이러한 시책을 완성하기 위하여 필요한 재료와 방법을 연구기획하고 있다. 그 하나는 미국의 원조를 받을 목적으로 조선과 미국 간에 긴밀한 민간관계를 형성할 것이다. (…) 제2는 또 최후의 단계는 군정하의 조선정부를 어떻게 하여서 참된 조선의 민주주의 정부로 발전시키느냐는 문제가 남았다. 이 계획은 조선의 민주주의 구성을 위한 조선사람의 계획이라야 하고 또 조선의 지도자는 여사한 목적을 위하여 이미 활동을 개시하고 있다.

> 아직 조선의 분단을 확실한 목표로 명언하고 있지는 않지만, 이 '계획'의 두 가지 방향은 모두 실질적으로 그 길을 가리키고 있다. '미국의 원조'에 의지하는, 그리고 '참된 민주주의' 즉 미국식 자본주의를 받아들이는 국가에 소련군이 점령하고 있던 이북 지역까지

끌어들인다는 것은 현실적으로 바라볼 수 없는 길이었으니까.

위에서 말한 "조선 지도자의 유력한 단체"가 한민당을 가리키고, 이미 활동을 개시했다고 밑에서 말한 "조선의 지도자"가 이승만을 가리키는 것임은 굳이 설명이 필요 없다. 그들에 대한 미군정의 의존도는 그들의 도덕성과 별개로, 치우치는 정도 자체가 너무심했다.

8) 각자가 자기의 정부를 위하여 할 수 있는 사항

자격이 있는 사람이라면 조선에 봉사할 기회가 없다고 우려할 필요가 없다. 정부와 학교와 일반 직장의 모든 중요한 지위가 이전에는 일본인들이 차지하고 있었다는 것을 우리는 기억하여야 한다. 일본인이 나가고 빈자리를 조선사람으로 채우면 여러분에게 기회는 너무나 많을 것이다.

"일본인이 나가고 빈자리를 조선사람으로 채운다." 이것이 당시 조선인의 민족주의에 부응하는 길이라고 미군정 당국자들은 생각하고 있었던 모양이다. 식민통치체제가 어떤 문제를 가진 것이었는지 아무 인식이 없고, 그 지배자가 미국인이 아니라 일본인이었다는 사실만이 잘못된 것이었다고 생각한 것이다. 일본인 대신 미국인이 지배하면서 높은 자리를 과거보다 많이 주기만 하면 조선인들이 만족할 것이라고 생각한 것이다.

조관자의 논문 「'민족의 힘'을 욕망한 '친일 내셔널리스트' 이광수」에서 '친미 내셔널리스트'의 탄생을 그린 대목이 떠오른다.

이광수는 미군정이 친일 내셔널리즘을 배제하지 않고 반공주의 국가

청년기의 이광수. 이광수의 변신을 이해하기 힘들어하는 사람이 많은데, 어느 연구자가 '친일 내셔널리스트'라는 말로 그 정체를 꿰뚫었다. 해방 후 이광수는 '친미 내셔널리스트'의 길도 모색했다.

를 준비하는 것에 안도한다. 미국을 적대시하던 '친일'에서 '친미'로 돌변한 모습을 보고 그를 '변절의 천재'인 것처럼 비난하는 것은 오히려 어리석다. 적어도 이광수는 거짓말을 하지 않고 자기의 신념에 충실했다. 강자의 문명과 패권을 욕망하는 '친일 내셔널리즘'이 '민족주의적'인가, '친일적'인가, '친미적'인가 하는 문제는 상황 변수에 불과하다. (조관자, 「'민족의 힘'을 욕망한 '친일 내셔널리스트' 이광수」, 박지향 외 엮음, 『해방 전후사의 재인식 1』, 책세상 2006, 554쪽)

1945. 11. 18.

토지개혁 과제가 절실했던 이유

전남 나주군 영산포읍과 왕곡면 세목면 소재지 4만 5,000두락과 벼 28만 9,000석과 양도지대(地代) 45만 8,500원을 동척에서 반환해 달라는 소위 궁삼면 사건이 요즈음 군정청에 호소되었는데 그 내용은 구한국시대로 돌아가 서력 1887년 이곳에 심한 한재로 인하여 비참한 상태로 면민은 유리걸식의 비운을 면치 못하는 참경인데도 불구하고 당시 폭리(暴吏)들은 세금을 성화같이 재촉하였으나 낼 길이 막연한 주민은 속수무책이었다. 이것을 기화로 한 모리배들은 세금을 대납해 준다고 감언이설로 주민을 속이고 이 토지를 전부 탈취하고 말았다가 문제가 다대함을 보자 이것을 동척에다 내어주고 만 것이다. 이래 60년간에 끊임없이 이곳 주민은 반환운동을 하여 적지 않은 희생을 당하고 일본인들의 압박으로 여지없이 짓밟히고 말았으나 이에 굽히지 않고 궁3면 농민회에서는 나재기(羅在基)와 노문석(盧文錫)이 상경하여 군정당국에 이 사실을 폭로하고 일반의 여론을 환기시키고 있다는바 금후 이 사건의 전개는 일반의 주목을 끌고 있다.

「전남 나주군 궁삼면 농민회, 군정청에 동척으로부터의 토지반환 진정」,
『자유신문』 1945년 11월 19일)

문순태의 『타오르는 강』(전7권, 창작과비평사 펴냄)의 배경인 '궁삼면 농민운동'은 식민지 농업정책의 폭압성을 단적으로 드러낸 사례의 하나다. 식민지 후기의 삼엄한 통치체제 아래에서도 농민의 조직적 저항이 끈질기게 계속된 것은 일본 식민정책의 폭압성이 농업부문에 가장 집약되었기 때문이고, 해방 후 한국사회에서 사회주의 원리 도입에 대한 넓은 공감대가 이루어진 이유도 무엇보다 농업분야의 부조리함에 있었다.

궁삼면 토지문제의 뿌리는 임오군란과 갑신정변 직후인 1887년으로 거슬러 올라간다. 소민(小民)보호라는 유교국가 기능이 파탄지경에 이른 때였고, 일본으로의 쌀수출이 크게 늘어남에 따라 농지의 경제적 가치가 새로운 차원에서 부각되고 있을 때였다. 크고 작은 권력자들이 농지 집적에 광분하고 나섰고, 이를 억제해야 할 왕권이 오히려 농지 쟁탈전에 앞장서고 있었다. 일본이 러일전쟁 승리로 조선 통치권을 획득하기 전에 조선의 농지 소유구조는 이미 극심한 집중상태에 이르러 있었다.

조선을 식민지로 확보한 일본은 구한말의 농지 소유 집중구조를 물려받았을 뿐 아니라 더욱 심화시켰다. 앞서(11월 11일) 언급한 것처럼 동양척식은 1920년대까지 전국 농지의 3분의 1을 끌어모으며 집중구조의 심화에 앞장섰다. 이에 따라 자작농 비율은 1914년 35.2%, 1919년 39.3%에서 1929년 18.0%, 1945년 13.8%로 떨어졌다(『한국현대민족운동연구』, 48쪽).

명목상의 소유관계보다 더 심각한 집중 현상이 소유권 개념의 변화에 있었다. '소작'이란 이름은 그대로였지만 그 실질적 의미가 바뀌었다. 왕조시대의 지주-소작인 관계에는 공동체 내의 공생관계라는 의미가 남아 있었으나, 절대화된 소유권 앞에서 지주와 소작인의 관계는 고용주와 고용인의 관계가 되었고, 노동력 과잉의 농촌 현실 앞에서

1945년 가을걷이가 끝난 서울 동쪽 어느 마을의 풍경. 농지 소유의 집중 현상은 조선 말기부터 시작되어 식민지시대 내내 계속 심화되었다.

소작인은 사실상 '농노'의 처지로 떨어졌다.

　유교국가건 무슨 국가건 국가의 기본 기능은 대다수 국민을 행복하게까지는 못하더라도 안정된 생활조건을 보장해 주는 데 있다. 박애나 인권에 앞서 국가유지를 위해 필요한 기능이다. 말기의 조선왕조가 인구의 대다수를 곤경에 빠트리는 농지 소유 집중 현상을 막지 못한 것은 국가유지를 포기한 셈이다. 그리고 일본 식민통치자들이 이 문제를 더욱 심화시킨 것은 식민정책의 기조가 식민지 사회의 발전을 도외시하고 일방적 착취만을 행하는 '종속주의'에 있었음을 보여준다. 식민지 주민의 주체성을 인정하는 자주주의, 식민지 주민을 자국민과 동일시하는 동화주의에 비해 식민지 주민을 억압의 대상으로만 보는 종속주의는 식민지 정책 중 가장 난폭한 노선이었다(같은 책, 36~37쪽).

　일본 식민통치의 종속주의적 속성은 농업정책 중에서도 쌀생산과 관련해 두드러지게 나타난다. 조선 쌀의 일본 공급은 식민지시대 이전부터 한일간 경제관계의 중심축으로 떠올라 있었다. 식민지시대 말기까지 쌀은 식민지 조선의 경제적 가치에서 중심적 위치를 지켰다. 따라서 조선에 대한 일본의 착취정책은 쌀에 초점을 두고 있었다.

쌀생산 지역에서 농지 소유 집중 현상이 특히 심했던 것은 각종 착취정책의 효과가 누적된 결과로 이해된다. 1929년에 전국 소작농 비율이 45.6%였음에 비해 1928년 삼남지방의 소작 및 자소작농 비율은 84%에 달했으며, 전북의 평야지대에서는 1~2%의 지주가 94~97%의 소작농과 자소작농을 지배했다(같은 책, 48쪽).

동양척식 주도하에 도입된 '근대적' 농장체제는 쌀생산에 주로 적용되었다. 노동원가를 최소화하는 '합리적' 경영으로 쌀 반출을 최대화하는 체제였다. 1921년생으로 김제 동진농장에서 일한 최재순은 농장생활을 이렇게 회고했다.

당시 광활에 생긴 게 '동진농업주식회사'라고 일제 때 아주 모범적인 농장이 있었어요. 모범적이라고 하는 것이 순전히 국가 입장에서 봤을 때 그렇다는 얘기고, 입주한 농민들에게는 착취기관이나 다름없었어요. 또 이 동진농장의 권리가 얼마나 센지 이웃한 농장에서 물길을 빼가기라도 하면 총을 쏴버려요. 당시 동진은 섬진제를 수원지로 해서 수백지로 물길을 끌어서 농사짓는 데 전용했어요.

농장 직원들은 모두 러일전쟁 후 제대한 사람들이었고 지배인으로 후쿠이라는 육군대좌가 왔는데, 농장을 만들기 위해서 보냈던 거죠. 그러니 모든 경영과 운영방식이 군대식이었어요. 나중에는 농업박사가 지배인으로 와서 운영했어요. 그래도 어쨌거나 제대군인들이 사무실 관리자나 직원들이다 보니까 군대처럼 구획을 딱딱 나누었어요. 전체 아홉 개 부락으로 나누고, 그걸 아홉 '답구(畓區)'라고 했어요. 말하자면 1답구가 1부락이었던 거죠. 거기에 약 70명 정도가 살았어요. 그리고 논을 2정보씩 주고 농사를 짓게 했죠. 집도 많이 짓는 게 아니라 논에 가깝게 6가구씩만 딱 지어 살게 했어요. (『8·15의 기억』, 213~214쪽)

왕조 말기에 이미 국가체제 유지가 어려운 수준에 이르렀음을 보여준 농민 억압구조가 식민지시대에 더욱 강화될 수 있었던 것이 '근대적' 무력 덕분이었음을 알아볼 수 있다. 동진과 같은 '모범적' 농장에서는 최소한의 인력을 최소한의 임금으로 고용함으로써 최대한의 쌀을 반출했고, 그 능률성은 일반 지주들에게 모범이 되었다.

소작료율이 8할에 육박하게 되었다는 것은 쌀 생산원가 중 노동력의 비중이 2할 수준으로 떨어졌다는 뜻이다. 전통시대에 5할을 넘던 노동력의 원가 비중이 이렇게 줄어든 데는 근대기술의 활용으로 인한 비료값, 수리(水利)비용 등 다른 원가 요인의 증가도 약간의 몫을 했겠지만, 압도적인 원인은 노동력의 착취 강화에 있었다. 종래의 소작농은 미약하나마 농업경영의 주체로서 역할을 지키고 있었는데, 식민지시대 농장체제에서는 단순한 착취대상으로 전락한 것이다.

유럽의 사회주의운동이 농민이 아닌 공장 노동자에게 대중적 기반을 둔 것은 근대적 착취체제가 농촌보다 공장에서 먼저 발달했기 때문이다. 식민지 조선에서는 공장보다 농촌에서 근대적 착취체제가 더 널리 자리잡았다. 그 때문에 식민지 후기를 통해 민중저항이 농촌에서 더 활발했던 것이고, 해방 시점에서도 토지소유제도의 개혁이 무엇보다 절실한 변혁의 과제로 부각되었던 것이다.

1945. 11. 19.

임정을 갖고 놀려는 이승만

군정청 정치고문 윌리엄 랭던(William Langdon)은 11월 20일 국무장관에게 보낸 전문에서 조선 신탁통치에 대한 반대의사를 밝혔다. 조선을 국제관리에 맡기는 신탁통치보다 미국의 직접적인 영향력을 지키고 키우기 바라는 맥아더 사령부와 주한 군정청의 분위기가 공식적으로 제기된 것이다. 요점은 이러하다.

(1) 사령관은 김구로 하여금 군정 내에 몇몇 정치그룹을 대표하는 회의(council)를 조직하게 해서 조선의 정부형태를 연구·준비하게 하며, 정무위원회(Governing Commission)를 조직하라고 지시한다. 군정은 이 위원회에 시설과 조언, 활동자금을 제공한다.

(2) 정무위원회는 군정(현재 전한국의 조직으로 급속히 수립되고 있음)과 통합한다.

(3) 정무위원회는 과도정부로 군정을 승계하며, 사령관은 자신이 필요하다고 생각되는 미국인 감독관과 고문들에 대한 임명권과 거부권을 보유한다.

(4) 정무위원회는 국가의 수반을 선거한다. 〔주〕위 계획에 앞서 소련측에 통보해야만 하며, 회의(council)는 정무위원회의 구성원으로 지명한 소련지역 내 인사들이 서울에 오게 해 정무위원회를 강화할 수 있도록 소련

측을 초청해야 한다. 그러나 소련측의 참여가 준비되지 않는다면, 계획은 38
도 이남의 한국에서만 실행되어야 한다. (『우남 이승만 연구』, 480~481쪽에서
재인용)

미국의 대외정책 분위기는 국제주의에서 국가주의로 옮겨가고 있
었다. 국제주의 원리에 입각한 신탁통치를 반대하는 이 '랭던 제안'은
분명한 일방주의적 국가주의 기조를 보여준다. (4)항의 〔주〕에서 소련
측에 "통보"한다고 한 점에서 특히 두드러진다.

원칙적으로 조선의 국가건설 방침은 점령군의 소관이 아니라 연합
국 회의에서 결정할 일이었다. 일찍이 포츠담회담에서 일본 항복 후의
사태 처리를 위해 3국의 외상회담을 열기로 결정했고, 이에 따라 12월
16일 모스크바 3상회담이 열릴 참이었다. 설령 어느 정도 준비사항은
점령군이 결정한다 하더라도 두 나라 점령군이 '협의'할 일이지, 한쪽
에서 결정해 다른 쪽에 '통보'할 일이 아니었다.

그런데 랭던 제안은 과도정부 수립 방법을 미국이 일방적으로 결정
하고 소련에 통보해서, 받아들여지지 않을 경우 미군 점령지역 안에서
실행하자고 주장한 것이다. 이치에 안 맞는 제안을 하고, 상대가 이것
을 받아들이지 않는다는 핑계로 제멋대로 하겠다는 것이다. 실질적
'분단 건국'의 기본 방침이 공식적으로 제기된 것이다.

(1)항에서 임정 아닌 김구 개인을 명시한 뜻은 무엇일까. 미군정은
군정청 외의 조선 내 정부조직을 인정하지 않는다는 방침을 밝혀왔다.
그러나 임정 환국이 박두한 이 시점에서 미군정이 원하는 과도정부 수
립에 임정을 활용하고는 싶었던 것이다. 그러면서도 임정의 조직이 과
도정부의 조직으로 연결되는 것은 바라지 않은 것이다.

여기에서도 이승만의 냄새를 맡는 것은 내가 그를 너무 용하게 보는

탓일까? 임정에 대한 이승만의 태도에는 모순되는 면이 있었다. 그는 독립운동가로서의 명망을 임정에 의지하고 있으면서도 임정 활동을 계속하지 못한 데 대한 콤플렉스가 있었다. 그래서 임정의 권위는 이용하되 임정의 실력이 살아나는 것은 바라지 않았다.

며칠 후 입국한 김구를 제일 먼저 찾아간 사람이 이승만이었다는 사실에서도 그가 군정청과 임정 사이에서 지렛대 역할을 하고 있었음을 알아볼 수 있다. 군정청은 임정 요인들의 귀국을 일체 비밀로 했기 때문에 그들이 경교장에 들어가 앉을 때까지 기자들도 그 사실을 모르고 있었다. 알고 있었던 것은 군정 당국자들과 이승만뿐, 아마 한민당 요인들도 모르고 있었던 것 같다. 한민당은 이승만보다 임정에 더 큰 기대를 걸고 있었으므로 알았다면 바로 뛰어왔을 것이다.

이승만은 11월 19일 기자회견에서 이런 담화를 발표했다.

> 중경 임시정부의 환국 문제로 소란한 모양이나 하지 중장에게 반드시 연락이 있을 터이고 나도 알게 될 터이므로 책임 있는 발표가 있을 때까지 환영 소동은 그만두어야 할 것이다.
>
> 독립촉성중앙협의회는 착착 진행되어 가는 중으로 지방적으로(예를 들면 경남과 부평) 지방조직이 점차 결성되어 감으로 관(觀)하고 있다. 국제적으로 문제가 되었던 소위 신탁통치 문제는 점차로 식어가는 모양으로 조선에 대하여 신탁통치 운운은 아마 꼬리를 감추는 것 같다. 38도 문제도 조만간 해결될 것으로 볼 수 있다. 미소 양국의 진주군 사령관 사이의 협의가 진행되든지 그렇지 않으면 관계국 정부 사이에 해결책이 진행되든지 좌우간 협의를 진행시켜 해결을 하려고 그들이 노력하고 있는 것은 사실이다. 이때에 우리는 더욱 힘을 합치고 일을 모을 필요가 있다고 생각한다.

한마디 부탁할 것은 유교, 불교 등의 종교단체가 활발히 움직이는 데 기독교만이 소극적인 태도를 취하는 것은 알 수 없다. 3·1운동 당시보다도 더 활발한 움직임이 있기를 바란다.

(「이승만, 임정 환국과 독촉 지방조직 등에 관해 언급」 중에서,

『자유신문』 1945년 11월 20일)

"환영 소동은 그만두어야 할 것"이라고 그가 말했고, 군정청은 환영 소동이 없도록 조치를 취했다. 23일 김구가 상해에서 비행기를 타기까지 이승만이 미군정에 대한 자신의 영향력을 얼마나 과시했는지 모르지만, 도착 후 경교장에 들어앉아 이승만의 방문을 맞을 때까지 누구도 자신이 도착한 사실을 알지 못하고 있는 것을 보며 김구는 무슨 생각을 했을까. 이승만과의 협조 없이는 아무 일도 해나가기 어렵겠다는 인상을 받지 않았을까.

랭던 제안이 나오기 전날 이승만은 "신탁통치 운운은 아마 꼬리를 감추는 것 같다"며 연합국 회담보다 점령군의 역할을 더 기대하는 태도를 보였다. 형식적으로는 소련군도 포함하는 점령군이지만, 실제로 그가 역할을 기대한 것은 물론 미군이었다. 10월 중순 귀국길에 도쿄에 들러 맥아더, 하지, 애치슨과 만났을 때부터 일방주의 노선은 설정되어 있었고, 이 노선이 랭던 제안으로 표출되기까지의 과정에서 이승만의 역할은 이 담화문으로도 짐작이 된다.

미국의 임정 불인정은 전쟁이 시작된 이래 계속되어 온 방침이었다. 그 중요한 이유의 하나는 소련과의 관계에서 균형을 유지하려는 데 있었다. "1942년 4월 헐 미국무장관은 루스벨트 미대통령에게 제출한 각서에서 임시정부를 승인할 겨우, 소련은 이데올로기적으로 밀접한 관계가 있는 한국의 여타 독립운동단체를 지원할 가능성이 있음을 지

적하였다"(『한국현대민족운동연구』, 181쪽).

1945년 11월 시점에서 일방주의 정책노선을 제안하는 미군정 입장에서는 이 이유를 더 이상 고려할 필요가 없었다. 당시의 임정이 1942년 이래 어느 정도 좌우합작을 이루어 좌익을 포용하고 있다는 사실이 군정 당국자들의 마음에 다소 걸렸을 수 있지만, 진주 이래 접해 온 한민당 인사들의 보장으로 그런 의혹은 충분히 불식되었을 것이다. 귀국 자체는 개인 자격으로 하더라도, 과도정부 수립 과정에서 임정 조직을 일부 활용하는 것은 미군정 입장에서 꺼릴 이유가 없는 방안이었다.

그럼에도 랭던의 전문에 임정 아닌 김구 개인이 명시된 것은 첫단계에 만들 회의체로 이승만이 주도하는 독촉을 고려하고 있었기 때문일 것이다. 10월 중순 맥아더와 함께 하지를 만난 이래 군정 당국자들의 이승만 존중은 극진하기 짝이 없었다. 12월 중순 모스크바 3상회담 전까지 독촉을 통해 이 회의체를 만들려는 이승만의 노력은 군정청의 전폭적 지지를 받았다. 신탁통치의 대안으로 자치조직을 서둘러 만들려는 군정 당국자들의 욕심과 김구를 제치고 주역을 맡으려는 이승만의 의도가 맞아떨어졌기 때문이다.

1945. 11. 22.

일본 군국주의 뒤를 이은 미국 군국주의

1945년 8월 15일까지 수십년 동안 조선은 일본의 절대적 영향 아래 있었다. 그러나 일본의 항복으로 사정이 갑자기 달라졌다. 미국과 소련의 점령군이 큰 영향을 끼치기 시작했으나 일본의 영향력을 대체할 만한 수준에는 미치지 못했고, 조선인 자신의 노력이 조선의 장래를 스스로 결정할 여지가 식민지시대와는 비교할 수 없을 정도로 커졌다.

해방공간에서 조선의 진로가 결정되어 가는 데에는 미국과 소련의 작용, 그리고 조선인들의 행위가 주된 변수로 인식되어 왔다. 이 인식에는 이론의 여지가 별로 없는 듯하다. 하지만 일본의 영향력이 완전히 사라진 것일까? 오랫동안 절대적 영향력을 가졌던 일본의 존재가 주변적 요소로라도 작용했을 듯한데, 지금까지 한국인의 인식에서는 너무 무시되어 온 감이 있다.

일본정부는 1945년 9월부터 1952년 4월까지 맥아더가 이끄는 연합군사령부(GHQ)의 통제 아래 있었다. 그 기간 동안 대외적으로는 GHQ가 일본정부 역할을 맡고 있었다. GHQ의 역할과 그에 뒷받침된 일본의 변화에 대한 고찰은 냉전적 사고에 제약받아 오다가 냉전 해소 후 새로운 차원에서 전개되기 시작했다.

그런 작업의 성과인 존 다우어(John W. Dower)의 『패배를 껴안고』

(1999. 최은석 옮김, 민음사 2009)와 허버트 빅스(Herbert P. Bix)의 『히로히토 평전』(2000. 오현숙 옮김, 삼인 2010)을 보며, 우리 해방공간의 고찰에도 같은 시기 일본의 사정을 감안할 여지가 꽤 많다는 생각을 한다.

일차적으로 GHQ의 일본 점령정책이 조선 미군정에 끼친 영향을 생각할 필요가 있다. GHQ는 원래 미국 한 나라가 아니라 여러 연합국을 대리하는 기관이었지만 실제로는 '미국의, 미국에 의한, 미국을 위한' 기관으로 기능했다. 그러면서도 현실적으로는 일본의 필요에 부응하는 '일본정부'의 역할도 겸했다. GHQ의 정책결정은 기본적으로 일본의 필요와 미국의 이익을 맞추는 과정이었다.

그런데 38선 이남 지역을 점령한 미육군 24군단은 GHQ의 예하부대였다. 그리고 24군단 하지 사령관은 맥아더와의 관계를 연합군이 아닌 미군 지휘계통 내의 상하관계로 인식하고 있었다. 맥아더는 남부조선에 관한 정책과 조치에 대한 하지의 지시 요청에 일률적으로 "귀관의 판단을 믿고 맡긴다"며 일임했지만, 하지는 맥아더의 의중에 맞추는 것을 언제나 판단의 첫째 기준으로 삼았다. GHQ와 남한 군정청의 관계는 일본정부와 조선총독부 사이의 관계를 이어받은 것이었다.

GHQ가 일본정부를 그대로 두고 '지령'으로 통제하는 간접통치 방식을 취한 반면 조선 점령군은 직접 군정을 시행했다. 정병준은 "군정 실시가 당연시되었던 일본에는 기존의 통치조직을 활용하는 간접통치 방식이 적용된 반면, 준우호국민으로 간주하던 남한에만 철두철미한 군정이 실시된 정확한 이유는 분명치 않다"고 의문을 표했다(정병준, 『한국전쟁』, 돌베개 2006, 134쪽).

편의에 따른 결정으로밖에 생각할 길이 없다. 일본을 어떤 방향으로 어떻게 끌고 가느냐 하는 것이 맥아더에게 중요한 문제였고, 조선의 진로는 훨씬 부차적이었다. 미육군 군정학교는 1944년 6월부터 1945

1946년 초 일본 도쿄 니혼바시 부근의 풍경. 오른쪽 위쪽 지역은 폭격으로 폐허가 된 상태 그대로다.

년 10월까지 총 1,650명의 장교를 훈련시켰는데, 훈련생들은 7개월 반에 걸쳐 일본어와 지역 사정을 집중적으로 학습했다. 그러나 일본 진주 후 군정 불실시 방침이 결정되자 필요 없게 된 많은 요원들이 남한 군정 요원으로 배치되었다(같은 책, 135~137쪽). 군정학교의 성과를 무위로 돌리지 않기 위해서라도 남한의 군정 실시가 필요했던 것 같다.

기존의 조치를 정당화하려는 동기는 관료주의화된 조직에서 흔히 나타난다. 군정학교 성과의 활용보다 훨씬 더 심각한 사례를 빅스는 일본의 전후 처리 과정에서 지적한다.

펠러스는 일본인 전쟁지도자 약 40명을 개인적으로 신문했다. 이중 여러 명이 나중에 핵심 A급 전범으로 고발되었다. 신문은 주로 도쿄의 스가모구치소에서 1945년 9월 22일부터 1946년 3월 6일까지 5개월 넘게, 통역 두 명을 두고 이루어졌다. 펠러스의 활동은 주요 전범 용의자들 모두가 GHQ의 특별한 관심사에 촉각을 곤두세우게 했고, 그들은 천황이 기소를 면하도록 협심하여 각본을 짜게 되었다. 검찰관들이 이들을 재판할 때 사용할 증거를 수집하고 있을 때, 펠러스는 무심결에 용의자들을 도운 셈이었다. 검찰관들은 곧 기소된 전쟁지도자들이 하나같이 사실상 똑같은 내용을 진술하는 것을 알았다. 곧 천황이 전쟁을 끝내려고 몸소 영단을 내리셨다는 것이다. 이러한 이야기야말로 (검찰관들은 몰랐으나) 대일 선전활동의 효과를 실증해 보이려는 펠러스의 목적과 일치했다. (『히로히토 평전』, 645쪽)

펠러스(Bonner Fellers) 준장은 맥아더의 참모로서 종전 직전에 전단 살포를 통한 심리전을 주도했던 사람이다. 전범 신문의 기회를 가진 그는 심리전의 효과를 뒷받침하는 증언을 유도하려 애썼다. 그 의도를 알아챈 전범들은 이에 편승해 천황의 무죄를 주장하는 증언을 엮어냈다. 심리전의 목적대로 항복을 원하는 민심이 일어났고, 천황이 이 민심에 입각해 전쟁을 끝내는 '성단(聖斷)'을 내렸다는 것이다. 전범들은 일본제국의 최후의 보루로 천황을 보호하고 싶었고, 펠러스의 도움으로 엮어낸 증언을 통해 그 뜻을 이루었다.

GHQ의 일본 통치는 군국주의 근절을 최고 목표로 한 것이었다. '평화헌법'은 그 목적으로 만들어졌다. 그러나 '과거청산' 작업은 최소한의 형식도 갖추지 못했다. 전범재판은 엉망이 되었고, 군국주의의 알맹이 중의 알맹이인 천황제와 히로히토는 자리를 지켰다. 제국주의의 본산 일본에서 과거와의 타협은 주변부인 조선에서 식민지 통치체제의 존속을 위한 배경이 되었다.

다우어는 GHQ 통치의 기본 속성이 조선의 미군정에서도 똑같이 나타났다고 보았다.

1930년대 초부터 1952년에 이르기까지 일본은 여전히 기본적으로는 군부통치 아래 놓여 있었다는 것 또한 사실이다. 그 정신이 아무리 고상했을지라도 맥아더 장군을 비롯한 휘하 사령부는 새로이 손에 넣은 영토를 신식민지 군주 같은 태도로 지배했고, 어떠한 도전이나 비판도 용납하지 않았다. 이런 행태는 예전에 천황과 그 휘하 관리들이 보이던 것과 다를 바 없었다. 미 점령군은 위계질서의 화신이었다. 이 위계질서는 단지 패전국 일본에 대해서만 적용된 것이 아니라 백인이 지배한다는 원칙과 더불어 계급으로 세분된 그들 조직 내부에도 엄연히 존재했던 것이다.

하지만 점령의 가장 악질적인 유산은 일본제국주의의 최대 희생자인 아시아인들의 존재가 패전한 일본땅에서 철저히 무시되었다는데 있다. 중국인, 조선인, 인도네시아인, 필리핀인들은 종전 후 일본에서 제대로 된 역할도, 제대로 된 영향력도 갖지 못한 채 그저 투명인간 취급을 받았다. 제국 육해군을 패퇴시키는 데 아시아인들이 수행한 역할은 '태평양전쟁'에서의 승리의 영광을 독차지한 미국의 그늘 아래 감추어져 버렸다. 아시아인들에게 돌아갈 영광이 공기 속으로 사라져 버린 것처럼, 식민지화와 전쟁을 통해 그들에게 저질러진 갖가지 범죄들은 더더욱 쉽사리 기억 속에서 사라져 버렸다. (『패배를 껴안고』, 21쪽)

5월에 독일이 항복할 때 미국은 자신을 연합국 중 하나로 여겼고, 혼자 힘으로 얻은 승리가 아님을 인정했다. 그러나 그로부터 3개월 후인 8월, 일본의 항복은 다른 연합국들에게 공로를 나눠주고 싶지 않았다. 진주만 기습 이후 44개월에 걸친 '태평양전쟁'에서 일본 군사력을 꺾은 것이 미군이었고, 최후의 항복을 받아낸 것도 미국 원자탄이라고 맥아더와 휘하 장병들, 그리고 많은 미국인들이 생각했다.

그들에게는 승자의 아량도 승자의 오만도 미국만의 것으로 여겨졌다. 다른 연합국들은 미국의 실력과 공로를 존중하고 주역인 미국을 거들어주는 한도 내에서 의례적 대접을 받을 조연일 뿐이었다. 이 태도가 일본에서 통했다. 일본처럼 강한 적에게도 통하는 태도가 조선처럼 약한 나라에서 통하지 않을 리 없다고 믿었기 때문에 조선의 사정을 세심하게 살필 필요도 느끼지 못한 채 군정에 임했다.

1945. 11. 23.

임시정부의 환국, 격리된 하룻밤

김구는 임시정부의 스포크스맨인 엄항섭을 통하여 다음과 같은 스테이트먼트를 발표하였다.

"27년간 꿈에도 잊지 못하던 조국강산을 다시 밟을 때 나의 흥분되는 정서는 형용해서 말할 수 없습니다. 나는 먼저 경건한 마음으로 우리 조국의 독립을 전취하기 위하여 희생되신 유명 무명의 무수한 선열과 아울러 우리 조국의 해방을 위하여 피를 흘린 허다한 동맹국 용사에게 조의를 표합니다.

다음으로는 충성을 다하여 3천만 부모 형제 자매와 우리나라에 주둔해 있는 미·소 등 동맹군에게 위로의 뜻을 보냅니다. 나와 나의 동료들은 과거 2·30년간을 중국의 원조하에서 생명을 부지하고 우리의 공작을 전개해 왔습니다. 더욱이 금번의 귀국에는 중국의 장개석 장군 이하 각계각층의 덕택을 입었습니다. 그리고 또 한국에 있는 미군당국의 융중(隆重)한 성의를 입은 것입니다. 그러므로 나와 나의 동료는 중·미 양군에 대하여 최대의 경의를 표하는 바입니다.

또 우리는 우리 조국의 북부를 해방해 준 소련에 대하여도 마찬가지로 경의를 표합니다.

금번 전쟁은 민주를 옹호하기 위하여 파시스트를 타도하는 전쟁이었습니다. 그런데 이 전쟁의 승리의 유일한 원인은 동맹이라는 약속을 통하여 상호단결 협조함에 있었던 것입니다.

그러므로 금번 전쟁을 영도하였으며 따라서 큰 전공을 세운 미국으로서도 승리의 공로를 독점하려 하지 아니하고 동맹국 전체에 돌리고 있는 것입니다. 우리는 미국의 겸허한 미덕을 찬양하거니와 동심육력(同心戮力)한 동맹국에 대하여도 일치하게 사의를 가지고 있습니다. 그들의 작풍은 다 우리에게 주는 큰 교훈이라고 확신합니다. 나와 나의 동료는 가가 일개의 시민 자격으로서 귀국하였습니다. 동포 여러분의 부탁을 받아가지고 노력한 결국에 이와 같이 여러분과 대면하게 되니 대단히 죄송합니다. 그러나 여러분은 나에게 벌을 주지 아니하시고 도리어 열렬하게 환영해 주시니 감격한 눈물이 흐를 뿐입니다.

나와 나의 동료는 오직 완전히 통일된 독립자주의 민주국가를 완성하기 위하여 여생을 바칠 결심을 가지고 귀국했습니다. 여러분은 조금이라도 가림 없이 심부름을 시켜주시기 바랍니다. 조국의 통일과 독립을 위하여 유익한 일이라면 불속이나 물속에라도 들어가겠습니다. 우리는 미국과 중국의 도움으로 말미암아 여러분과 기쁘게 대면하게 되었습니다. 그러나 우리는 미구에는 또 소비에트의 도움으로 말미암아 북쪽의 동포도 기쁘게 대면할 것을 확신합니다.

여러분도 우리와 함께 이날을 기다리십시다. 그리고 완전히 독립자주할 통일된 신민주국가를 건설하기 위하여 공동분투합시다.”

(「엄항섭, 임정 환국 성명 발표」, 『자유신문』 1945년 11월 24일)

비행기는 오후 4시경 김포비행장에 도착했고, 김구 이하 15인 일행은 5시 조금 지나 경교장에 도착했다. 서대문 바로 안쪽, 지금의 강북

삼성병원 본관 건물이다. 당시의 도로 사정에 비추어 참 빨리도 들어 왔다. 환영행사도 없었고 인파도 없었다.

이튿날 신문에는 이런 기사도 나왔다.

> 김구 일행의 숙사로 되어 있는 죽첨정 최창학댁은 수일 전부터 말끔히 치워져 먼지 하나 없이 청결하였다. 숙사 안팎에는 미리 들어와 있는 광복군의 일소대 가량이 삼엄한 경계를 하고 있었다. 지난 5일 일행이 중경을 떠나 상해로 왔다는 소식을 들은 후 오늘인가 내일인가 하고 기다리기에 가슴을 졸이던 환영준비위원회에서도 23일 오후까지도 전연 알 도리가 없었던 것이다. 마침내 오후 다섯시 다섯대의 자동차가 갑자기 최창학댁 정문 안으로 미끄러져 들어갔다. 순간 이 주위는 조심스러운 가운데도 몹시 바쁘고 당황해졌다. 여섯시 방송에 뜻하지 않게 하지 중장의 발표에 의한 김구의 귀국을 전하자 서울 시민들은 적이 놀래었고 또 반가웠다. 행인들은 일부러 죽첨정 동양극장 앞을 지나다가 발을 멈추고 숙사의 대문 안을 들여다보았다. 대문 앞에는 엠피와 광복군이 삼엄하게 경계하고 있었다. 이날 밤은 일체 어떠한 사람도 면회를 시키지 않기로 하고 여로의 피곤한 몸을 쉬기로 되었다. (…)
>
> (「중경 임정 요인 환국과 군정청 발표」, 『서울신문』 1945년 11월 24일)

'경교장'은 김구가 나중에 붙인 이름이고, 당시에는 이 저택이 죽첨정(竹添町)에 있다 해서 '죽첨장'이라 흔히 불렸다. '죽첨'은 갑신정변 당시 일본공사 다케조에 신이치로(竹添進一郎)를 기념한 이름이다. 저택 소유자 최창학(崔昌學, 1891~1959)은 식민지시대에 많은 금광을 보유해 '금광왕'이라 불렸던 거부로, 돈으로 할 수 있는 친일행위는 빠트

김구와 임정 일행이 묵었던 경교장. 자신의 상징과도 같았던 이 건물이 재벌병원 사무실로 쓰이고 있는 데 대한 김구의 소감은 어떨지.

리지 않고 한 사람이다. 경교장 제공뿐 아니라 당시의 우익에 많은 자금을 내놓은 덕분인지, 김구가 죽은 직후인 1949년 8월 반민특위의 불구속 조사를 받고 쉽게 풀려났다.

정각 6시에 하지 중장의 짧은 성명이 라디오로 방송되었다. "오늘 오후 김구 선생 일행 15명이 서울에 도착하였다. 오랫동안 망명하였던 애국자 김구 선생은 개인 자격으로 서울에 돌아온 것이다."

6시 조금 지나 이승만이 찾아왔고, 뒤이어 기자들이 몰려들기 시작했다. 김구도 기자들과 몇 마디 문답을 주고받았지만 말을 몹시 아꼈고, 8시에 선전부장 엄항섭의 기자회견이 있었다.

미군 헌병들과 함께 삼엄한 경계를 폈던 '광복군'은 과연 김구의 명령을 받는 광복군이었을까? "여로의 피곤한 몸을 쉬기 위해" 이날 중 어떠한 사람의 면회도(이승만 빼고) 시키지 않기로 한 것은 누구의 결정이었을까? 임정측 결정이 아닌 것은 분명하다.

기자들은 몇몇 요인의 소감을 받아적었지만 모두 조심스러운 태도였다. 아무리 '개인 자격'이라지만 해방된 조국에 돌아오자마자 시민들로부터 격리된 상황에 긴장해 있었을 것이다.

● 이시영(李始榮) 담

(…) 36년 만에 고국에 돌아와 보니 오직 감개무량하다. 그러나 감상이라든지 의견은 앞으로 조용히 이야기할 기회가 있을 터이므로 아직은 말할 수 없다. 그것을 양해해 주기 바란다.

● 김규식(金奎植) 담

(…) 정치적인 이야기는 이미 주석과 엄 선전부장이 말하였다. 따라서 나로서는 새삼스럽게 할 말이 없고 또 아직은 말할 수도 없다. 고국에 돌아온 감상은 감개무량하지만 그것을 이 자리에서 말하면 무엇하겠는가. 여러분들이 알고자 원하는 것은 사사로운 개인의 감상이 아니고 좀더 무게 있는 정치문제일 줄 안다. 나는 우리 민중을 믿는다는 것만 말한다.

● 유동열(柳東說) 담

정치에 대한 것은 나는 모른다. 또 이야기한다고 하여도 통일을 가져야 한다는 뜻에서 정치문제는 모두 김규식 박사와 불일간 환국할 조소앙(趙素昻)씨가 대표로 말하기로 되어 있다. 이번에 우리가 개인 자격으로 온 것은 서울에 이미 미군의 군정부가 있기 때문이다. 우리가 정부를 조직하고 있는 것은 비록 적은 사람이 모였다고는 하나 무조직 상태로 있을 수 없으므로 만든 것이므로 장차 새로 생길 정부에 우리들은 문서라도 전할 뜻이다. 우리 광복군은 그다지 많은 수효는 못 된다. 지금 중국 각지에서 편성하여 훈련하기에 바쁜데 총수는 수천명 정도이다. 또 연안에 있는 우리 청년들까지도 연락하여 광복군에 편입하게 되었다. 지금 광복군의 판사처는 상해에 있고 총사령부는 중경에 있다. 그리고 그 훈련에는 이청천 장군이 당하고 있는 터이다. 끝으로 직접 정치문제는 아니다. 나는 근본에 있어서는 정치라는 것은 민중을 위한 것이어야 한다고 믿는다. 그러나 그 민중이 나쁘면 큰일이고 또 지도자만 좋아도 안 될 것이다. 좋은 민중과 좋은 지도자가 일체가 되어 옳은 정책을 써야 정치는 비로소 성공한다. 이 점을 민중과 정치가는 함께 생각해야 할 것이다.

● 김상덕(金尙德) 담

감상은 물어주지 말기를 바란다. 그것은 감상이 없어서 하는 말이 아니다. 아직은 감상을 말할 계제가 아니라고 생각함으로써이다. 나는 그저 몸을 바쳐 민중을 위하여 조국을 위하여 힘쓰겠다는 것뿐이다.

(「임정 요인들의 환국 성명」, 『서울신문』 1945년 11월 25일)

미군정 당국자들이 설마 임정 요인들을 영구히 격리해서 관리할 수 있으리라고 생각지는 않았을 것이다. 기를 꺾어놓으려고 했던 것일까? 그러나 하지의 짤막한 성명이 방송을 타자마자 서대문 방면으로 몰려드는 인파를 보며 그들도 놀랐을 것이다.

임정의 실제 모습과 상황을 소상히 아는 사람은 당시 조선에 많지 않았다. 그러나 임정의 존재는 모두 알고 있었다. 갑자기 펼쳐진 해방의 상황 앞에 이 사회가 어떻게 움직여갈지, 기쁜 마음의 한편에는 불안감도 있었고 막막함도 있었다. 100일이 지나도록 갈피가 잡히지 않고 있었다.

이 불안감과 막막함에서 벗어날 길을 임정이 찾아주리라고 사람들이 기대한 것은 자연스러운 일이었다. 일본의 식민지배가 언제나 끝이 날지, 과연 끝이 나기나 할지, 내다볼 길 없이 살아온 수십년 동안 한결같이 해방과 독립을 바라보며 객고를 견뎌온 사람들이 있다. 이 사람들 말고 누구에게 독립의 길을 묻는단 말인가?

도착 이튿날 오후가 되어서야 김구의 방송연설을 군정청이 허가하기로 결정한 것은 여론에 눌린 셈이다. 그러나 주어진 시간은 단 2분. 주례 방송시간을 갖고 있던 이승만의 대우와 대비된다. 국민은 듣고 싶어하고 본인은 말하고 싶어하는데, 방송을 이렇게 운영하는 것이 미군정의 '언론자유'였다.

300자 길이의 연설이 이렇게 해서 나오게 되었다.

> 친애하는 동포들이여,
> 27년간이나 꿈에도 잊지 못하고 있던 조국강산에 발을 들여놓게 되니 감개무량합니다. 나는 지난 5일 중경을 떠나 상해로 와서 22일까지 머무르다가 23일 상해를 떠나 당일 경성에 도착되었습니다. 나와 나의 각원(閣員) 일동은 한갓 평민의 자격을 가지고 들어왔습니다. 앞으로는 여러분과 같이 우리의 독립완성을 위하여 진력하겠습니다. 앞으로 전국 동포가 하나로 되어 우리의 국가 독립의 시간을 최소한도로 단축시킵시다. 앞으로 여러분과 접촉할 기회도 많을 것이고 말할 기회도 많겠기에 오늘은 다만 나와 나의 동료 일동이 무사히 이곳에 도착되었다는 소식을 전합니다.
>
> (「김구, 귀국인사 방송」 중에서, 『자유신문』 1945년 11월 26일)

이 글 맨 위에 옮겨놓은 성명서도, 이 연설문도 장준하(張俊河, 1918 ~75)가 기초한 것이다. 하루를 사이에 둔 두 글 사이의 차이에 음미할 점이 많다.

1945. 11. 24.

김구 선생님, 친일파 처단을 늦춰도 된다고요?

오후 1시에 임정 선전부장 엄항섭의 기자회견이 있었고, 거의 같은 시간에 군정청을 예방한 김구가 군정청 출입기자들과 회견을 가졌다. 임정의 공식 대변인 엄항섭의 회견 내용은 임정이 귀국 전에 준비해 온 공식 입장을 정식으로 밝힌 것인데, 김구 주석의 기자회견은 우발적으로 이루어진 것으로, 그 당시 그의 소감이 얼마간 드러나 있다.

엄항섭은 임정 법통성을 일관되게 강조했다. 9월 13일 발표한 14개조 당면정책에서도 나타났던 자세다. 그런데 김구의 회견 내용 중에는 그 자세와 맞지 않는 점들이 있다. 엄항섭과 김구의 회견을 보도한 기사를 비교해 본다.

> 임시정부 선전부장 엄항섭은 24일 오후 1시 기자단과 회견하고 대략 다음과 같은 일문일답을 하여 임시정부의 환국 후 활동방향을 표명하였다.
>
> (문) 임시정부는 개인 자격으로 환국하였는데.
>
> (답) 군정청과의 관계도 있어서 공식적으로는 개인 자격이나 인민에 대한 태도는 좀 다를 것이다. 왜 그러냐 하면 임시정부라는 것은 3·1운동 때에 전인민의 피로 생긴 것이다.

(문) 금후 조선에 완전한 독립정권이 수립될 터인데 임시정부가 발전적 해체할 의견은 없는가?

(답) 임시정부를 해체하고 안 하는 것은 인민이 결정할 바이다. 그러나 해체를 강제할 성질의 것은 아니다.

(문) 임시정부는 중국과 프랑스가 승인을 하였다는데.

(답) 국제법상으로는 미비하나 사실상 국제간의 교섭대상으로 되어 있었던 것이니 이것을 우리는 사실상 승인으로 인정하는 것이다.

(문) 일본에 대하여 선전포고를 한 것은 언제인가?

(답) 우리는 3·1운동과 동시에 선전을 포고하였다. 1941년 12월 7일 일본이 대미전을 개시하자 동년 12월 12일에 우리는 과거의 선전포고를 재확인한 것이다.

(문) 중경에 있는 대한독립당은 임시정부의 유일한 여당이라고 하는데.

(답) 대한독립당과 임시정부의 관계는 깊다. 김구씨도 당원의 한 사람이다. 그러나 정부가 전부 당원으로만 구성되어 있는 것은 아니다.

(문) 대한독립당은 정당으로서 귀국할 예정인가? 그렇다면 그 시기는 언제쯤 되나?

(답) 본국 내에도 정당이 많다는 말은 들었는데 외국에서 또다시 정당을 가져오지 않아도 좋을 것으로 생각된다.

(문) 연안에는 독립동맹이라는 것이 있다는데 이제까지 밀접한 연락을 가지고 있는가?

(답) 대체로 좋은 상태에서 연락과 협조가 되어 있다. 국가를 독립하자는 동일한 목적에 노력하였으므로 의견이 상위하다는 것은 생각할 수 없다. 연안에서도 환국의 도정에 올랐다는 말을 들었으므로 하루라도 속히 고토에서 상봉할 날이 오기를 기다리고 있다.

(문) 국내에는 인민공화국이 정부같이 되어 있는데 이와의 관계는 어떻게 생각하나?

(답) 그것은 나에게 물을 것이 아니다. 여러분이 나에게 가르쳐주기 바란다. 내가 보기에는 국내에는 우선 미국 군정이 존재해 있고 북방에는 소련의 군정이 있다. 그러므로 우리의 목적은 3천만 동포가 굳게 결속함이 급선무다. 나는 신문에 나타나는 정도의 지식밖에는 모를 정당이 많다는 것은 이미 들었으나 책임자가 누구인지도 모르고 따라서 대면도 아직 다 못하고 있다. 그러나 우리가 목적하고 있는 것은 지난 9월 13일에 발표한 14개조의 당면정책에 포함되어 있으니까 이것을 원칙으로 하여 행동하게 될 것이다.

(문) 이승만 박사가 귀국한 후 정계의 움직임은 여전히 복잡하여서 상해로부터 김구 선생을 비롯한 여러분의 귀국에 인민은 대단 기대하였는데?

(답) 어떻게 해야 할는지 얼떨떨할 뿐이다. 나는 어디까지든지 여론을 존중하고 또 여론을 통하여 우리의 뜻이 알려지기를 바란다. 나는 아직 당도 모르고 사람도 모른다. 지금은 다만 환희에 포위되어 있을 뿐이다. 3천만 동포를 일시에 만날 수도 없는 일이니까 차차 방책이 서질 것이다.

(문) 광복군은 언제 귀국하나?

(답) 시기가 상조하다고 생각한다. 중국에 있는 일군(日軍)의 처리가 아직 끝나지 않았으므로 이것이 끝나기를 기다리면서 규합하여 조직과 훈련을 하고 있다. 따라서 총사령부도 중경에 있다. 총세는 약 1만이 된다.

(「임정 선전부장 엄항섭, 환국 후 임정의 활동발표 기자회견」,

『중앙신문』 1945년 11월 25일)

대한민국 임시정부 주석 김구, 동 부주석 김규식 이하 요인 4명과 수행원 등 15명은 23일에 귀국하였거니와 고국의 제1야(夜)를 보낸 일행은 24일 역시 허다한 내객(來客)으로 바빴다.

입경 제2일인 24일 오전 중에는 정식으로 미주둔군 최고지휘관과 미군정장관 아놀드 소장을 각각 방문하는 등 다망한 일정으로 오전과 오후를 보내었는데 특히 오후 1시 반에는 군정청 출입기자단을 인견하고 다음과 같은 문답을 시(試)한바 당분간 현하 정세를 신중히 관망할 것으로 보이고 있다.

(문) 3천만 동포가 한가지로 선생과 요인 일행의 귀국을 학수고대했으나 착경(着京)하시는 시간을 몰라 비행장에까지 출영도 못해 드려 대단히 죄송합니다. 입경 제1야를 보내시고 다망하신 제2일을 맞이하셨는데 소감을 말씀해 주시면?

(답) 피차에 시간의 여유가 없는 것은 유감으로 생각할 뿐이다.

(문) 그간 국내정세는 자못 다단한 중에도 시급한 것은 정치의 통일전선을 획득하는 것인데 주석 선생 역시 이 문제에 관해서는 완전한 자주독립을 위하여 필요한 것이라고 생각할 줄 아나 그 통일전선 결성에 대한 포부를 말씀해 주십시오.

(답) 오늘은 시간관계로 말을 못하겠다. 이박사 역시 그에 대한 방침이 계실 줄 알지만 나에게 이박사 이상의 수완이 있다고는 신빙하지 말아주기 바란다. 나는 제군이 아는 바와 같이 국내와 연락이 없었고 국내 사정에 어두운 만큼 현실에 대해서 자세한 것을, 모두 30년간 해외에 나가 있었던 만큼 현하 정세에 대해서 정확한 판단을 내릴 수 없다.

오늘은 다만 국사를 위해서 노력해 오는 신문기자 제군에게 감사를 드리고자 이 시간을 만들었을 뿐이다.

(문) 통일전선에 있어 친일파와 민족반역자에 대한 문제는?

(답) 통일전선을 결성하는 데 있어 불량한 분자가 섞이는 것을 누가 원하랴. 그러나 여기에는 두 가지 일이 있을 줄 안다. 우선 통일하고 불량분자를 배제하는 것과 배제해 놓고 통일하는 것의 두 가지가 있을 것이므로 결과에 있어 전후가 동일할 것이다.

(문) 그러나 악질분자가 중요한 자리를 차지한다면 통일 후의 배제는 혼란하지 않은가?

(답) 하여간 정세를 모르니 대답할 수 없다. 그러나 이것은 중대한 문제인 만큼 경솔히 말할 수는 없겠다. 전민족에 관한 것인 만큼 신중히 해야만 하겠다.

(문) 국내정세를 어떻게 정확히 파악하시렵니까?

(답) 눈과 귀가 있으니까 이 두 가지 기관을 통하면 될 것이다.

(문) 정계의 요인은 언제 어떻게 만나보시려는지요?

(답) 그렇게 급히 할 것은 없다.

(문) 맥아더 장군과는 어떠한 연락이 있었나요?

(답) 현하 조선에 군정이 있는 이상 완전한 우리의 정부가 있을 수 없다는 것은 이해한다고 말하였다. 다만 우리의 일행이 온 만큼 해외임시정부도 입국한 것이요, 이것을 외국에서 인정한다는 것은 시간문제이다.

(문) 인민공화국과 군정의 관계에 대하여 어떻게 생각하시나요?

(답) 그것은 말하지 않겠다.

(문) 독립촉성중앙협의회에 대해서는?

(답) 그 역시 말할 수 없다. 모르는 것은 말할 수 없다는 것이 원칙이니까.

「김구, 실정을 직접 견문한 후 책임 있는 발언을 할 것임을 언명」.

김구의 회견 내용 중 두 군데에 밑줄을 쳤다. 김포공항에 비행기가 닿기 전까지 김구가 가지고 있었으리라고 추정되는 생각과 다른 것이다.

"국내와 연락이 없었고 국내 사정에 어둡다"고 했다. 국내에 있지 않았으니 국내 사정 인식에 한계가 물론 있었겠지만, 국내 사정을 파악하기 위해 최선의 노력을 다해 왔다. 미군 OSS부대와 협조해 광복군 병력을 국내에 진입시키려는 노력을 해방 당일까지 하고 있었다. 9월 13일 발표한 14개조 임정 당면정책은 이를 결정하기에 충분한 파악을 하고 있다는 자부심이 있었기에 나올 수 있었던 것이다.

그런데 주석 김구가 도착 이튿날 임정의 상황파악에 한계가 있다는 이야기를 앞장세운다는 것은 뜻밖의 일이다. 이것은 겸손이나 신중 차원의 이야기일 수 없다. 임정의 기능과 역할을 근본적으로 제한하는 이야기였다.

불량분자 배제를 먼저 하나 나중에 하나 결과는 마찬가지라고 했다. 임정, 특히 김구의 도덕적 권위는 '항일정신'에 있었다. 친일파 제재는 해방 당시 조선인의 가장 큰 합의점이었지만, 그 범위와 방법을 결정해 나가는 데 많은 현실적 문제를 앞두고 있었다. 이 문제의 해결을 위해 필요한 것이 임정과 김구의 도덕적 권위였고, 그것이 김구에게는 최대의 정치적 자산이었다.

친일파의 범위를 극단적으로 넓게 잡고 그 제재를 극단적으로 가혹하게 하는 것도, 반대로 너무 좁게 잡고 너무 관대하게 처리하는 것도 현실적으로 바람직하지 않은 길이었고, 어느 정도로 하느냐 하는 것은 절대적인 정답이 없는 문제였다. 합리적인 범위에서 적당한 기준을 임정과 김구가 정해 주는 것이 국민적 합의를 쉽게 확보할 수 있는 길이었다.

이런 일은 우선 엄격한 태도를 보이다가 서서히 적정선까지 풀어주는 것이 상식이다. 권위의 존재를 일단 분명히 한 다음 권위의 실현과정에서 현실을 받아들이는 것이다. 그런데 김구는 도착하자마자 그 권위를 포기해 버린 것이다.

연말 이후의 극단적 반탁운동을 김구의 정치적 자살행위로 보는 이들이 있는데, 나는 그의 정치적 자살이 귀국 직후부터 시작된 사실을 이 대목에서 읽는다. 친일파 처단은 좌익의 구호가 되는데, 임정과 김구가 친일파 문제에 대해 '합리적 범위에서' 엄격한 태도를 보였다면 좌익이 그 구호를 써먹을 여지가 없었을 것이다. 김구는 친일파 문제를 너무 쉽게 풀어줌으로써 임정의 정치적 자산을 잃어버리고 좌우대립의 극단화를 유발하고 말았다.

친일파 처단을 건국 후로 미룬다는 것은 이승만의 지론이었다. 그 지론에 따라 건국 후에 반민특위를 만든 결과가 어떻게 되었는지 우리는 안다. 그런 결과가 나올 조건은 건국 전에 형성된 것이었다. 그런 조건이 형성되어 갈 상황에 김구는 귀국 이틀날 이에 동의한 것이다.

김구가 도착한 날 저녁 이승만이 찾아와 만난 자리에서 어떤 얘기가 오갔는지 밝혀져 있지 않지만, 이승만이 주로 떠들고 김구는 듣고 있었으리라는 사실과 함께 몇 가지 내용은 짐작이 간다. 좌익의 의도가 나쁘고 힘이 세니 이제 일본 대신 좌익을 적으로 삼아야 한다는 주장. 그러니 미군과 대결하면 안 되고, 자기가 미군과의 좋은 사이를 알선해 줄 수 있다는 권유. 그리고 좌익과의 대결을 앞둔 상황에서 친일파 처단을 절대 서둘러서는 안 된다는 의견.

김구는 뛰어난 지혜와 용기를 가진 사람이었다. 그러나 30여년 만의 귀국이 대중으로부터 철저히 격리당한 상황에서 이승만의 목소리가 그의 귀에 매우 크게 들렸던 것 같다.

1945. 11. 25.

인민공화국, 어찌하오리까?

청년단체의 움직임 두 가지가 눈에 띈다. 그 하나는 11월 15일에 결성된 독립촉성청년연합회 19개 단체 대표 60여명이 25일 1시에 국민당 회의실에서 합동위원회를 열어 독립촉성중앙위원회로 명칭을 고치고 독립 장애물 제거에 합동체가 되어 적극적으로 활동할 것을 결의한 것이다. 19개 단체는 아래와 같다.

조선청년동맹단결본부, 상록회, 유학생동맹, 조선청년회, 조선청년 건의단, 조선군인동맹, 건설청년동맹, 정의청년회, 무궁회, 만주동지 회, 자유청년동맹, 동북청년회, 남화조선인청년연맹, 조선청년동지 회, 고려청년당, 양호단, 애국동지회, 국민당청년부, 북선청년회.

이 모임의 대표위원 60명은 며칠 후 김구 주석을 방문하고 주석의 열렬한 훈시에 대하여 임시정부를 절대 지지하여서 신민주국가 건설에 이바지하고자 청년운동을 전국적으로 전개하겠다는 결의문을 낭독했다(『서울신문』 1945년 11월 30일).

회의를 국민당 당사에서 열었다는 것으로 보아 국민당 안재홍 위원장의 노선에 동조하는 단체들인 것 같다. '독립촉성'이란 이름도 안재

1945년 11월 27일 경교장에서 열린 김구 주석과 국내 정치지도자들의 연쇄 면담이 보도된 11월 28일자 『자유신문』 기사. 김구 주석의 캐리커처 아래로 국민당 안재홍, 한민당 송진우, 인공을 대표한 허헌, 그리고 인민당 여운형의 사진이 보인다.

홍의 영향을 보여준다. 독립촉성중앙협의회(독촉)는 이승만의 조직 확보를 위해 만들어진 것이지만, 그 이름은 안재홍이 제안한 것이었다. 건준의 '건국준비'도 안재홍이 제안한 이름이다. 임정이 건국의 주체가 되기 바라면서도 보강이 필요하다고 생각한 안재홍은 건준과 독촉의 결성을 모두 지지하면서도 그 역할이 기능적 수준에 머물기 바랐기 때문에 그에 적합한 이름을 제안한 것이다.

27일 안재홍이 김구를 만났을 때 이 모임 대표들과의 만남을 주선했으리라는 것은 설명이 없어도 짐작할 수 있다. 안재홍은 임정에 대한 국민의 지지를 확인해 주고 싶었고, 또한 자기 노선에 동조하는 범위를 과시하고도 싶었을 것이다.

그런데 25일에 청년단체 연명의 임정 지지 성명서가 또 하나 나왔다. 22개 단체 중 독립촉성중앙위원회 19개 단체와 겹치는 것은 양호단과 국민당청년부 둘이다. 그밖에 '전국청년건의단'과 '조선청년건의단', '자유청년동맹무궁회'와 '무궁회'도 같은 것이었을 것 같다.

조선건국청년회, 이청천장군동기급후배장교, 전국청년동지회, 국풍회, 양호단, 학도별동대, 광복청년회, 철권단, 한국청년단, 흥국청년회, 백악청년동맹, 조선청년회, 국민당청년부, 유학생동맹총본부, 전국청년건의단, 고려청년단, 자유청년동맹무궁회, 불교청년당, 중국유학생회, 징진청년회, 의열단, 전조선순국학생동맹.

도합 37개 내지 39개 단체가 같은 날 이름을 내걸고 있으니, 그중에 명확한 실체를 가진 것이 몇 개나 되었을지 의문스럽다. 후자의 22개 단체에서는 '국풍회' '철권단' 등 호전적 느낌의 이름들이 더 많이 눈에 띈다. 또한 '이청천장군동기급후배장교'란 것이 어떤 단체였을지 궁금하다. 일본군 장교 출신들이 조직을 만들고 광복군 이청천(지청천) 장군을 간판으로 내건다? 초급장교 때 탈출, 독립운동에 투신한 이청천의 길을 받들 만한 일본육사 동기와 후배들이 누가 있었을까? 중요한 것은 친일파로 몰릴 위치에 있던 일본육사 출신들이 간판이야 무엇이건 뭉쳐서 이름을 내걸고 움직이기 시작했다는 사실이다.

22개 단체 성명서는 임정 지지 못지않게 인공 배척에 중점을 둔 내용이었다. 그 일부를 인용한다.

우리 임시정부는 우리 민족 유일의 정통정부이다. 27년간 민족해방을 위하여 혈투를 계속하여 왔으며 국제무대상 우리 민족의 유일한 대변자로 사실상 승인정부로서 활약하여 온 사실은 누구나 부인치 못할 것이다. 그간 국내의 혼란을 이용하여 국호를 참칭한 자 있으나 그것은 대한임시정부의 건국사상 위대한 공적과 오랫동안 이 정부에 귀의 지지하여 온 국민적 충의심을 이용하여 이 정부 요인의 명의를 임의도용하여 호가호위격으로 일시적 국민을 기만한 데 불과하다. (…)

이승만 박사가 그들 참칭국의 주석이 아니심을 성명하였고 또한 우리가 현실적으로 우리 임시정부를 국내에 맞이한 오늘, 임시정부는 우리 국민의 유일한 정통정부이다. 우리는 민족적 양심에 비추어 우리 임시정부에 수립하는 일체의 조직을 해체하지 않으면 안 된다.

「조선건국청년회 등 22개 단체, 임정 환국에 대한 지지성명 발표」 중에서,

『자유신문』 1945년 11월 25일)

같은 22개 단체가 23일에도 전단으로 성명서를 발표한 것이 있다. (똑같은 순서로 이름이 배열되어 있는데, '자유청년동맹'과 '무궁회' 사이가 떨어져 있다. 이 둘이 별개의 단체라면 23개 단체다.) 20~22일의 전국인민위원회 대표자대회를 취재한 '악덕기자'들을 경고한 것이다.

악덕기자에게 경고함

우리가 사기적인 소위 인민공화국을 배격하고 우리 혁명열사들의 혈투로써 수립된 대한민국 임시정부만을 유일의 우리 정통정부로서 지지하여 하루바삐 귀국하기를 고대한다는 것은 이미 성명한 바다. 그런데 자칭 인민공화국은 소위 인민대표회의라는 것을 소집하고 인민공화국을 적법화하려 하며 민심을 더욱 현혹케 하려 한다.

우리는 이 간악한 태도를 바로잡고 소위 대표자들의 숙청을 기하는 의미에서 지난 20일, 21일, 22일, 3일에 걸쳐 그들의 회합을 방해하고 만일 불성(不成)하면 폭력으로라도 그것을 저지하려 하였었다.

그런데 불행히 우리의 계획은 MP의 제지로 성공치 못하고 원한을 후일에 남겼거니와 일부 악덕기자와 신문사는 우리의 행동을 폭력단이니 모 정당으로부터 금전에 매수되었으니 하여 우리의 의거를 매도하고 자칭 인민대표회의를 3천만 민중의 총의에서 나온 회합이라 한 것은 신문기자의 정의를 옹호하는 양심을 잃어버렸을 뿐 아니라 인민공화국에 매수된 추악한 행동이 틀림없다.

우리는 신문기자 중에 과거 일본제국주의의 주구로서 황도주의를 신진하고 총독부 권리들의 공시(公私) 충견이던 자로서 소위 공산주의를 찬양하고 인민공화국을 지지하는 자가 있음을 숙지한다. 너희가 전날의 잘못을 회개한다는 의미에서 인민공화국을 지지한다면 속등(贖等)의 죄악은 일층 심할 것이다. 그러므로 너희는 속죄의 의미로서 공정한 필봉을 들어야 할 것이다. 그렇지 아니하면 정의의 쾌도(快刀)가 너희를 분쇄할 것이다.

타도 인민공화국

대한민국 임시정부 만세

단기 4278년 11월 23일

대한민국 임시정부 지지 조선청년단체(전단)

임정의 절대 지지와 인공의 극한적 배척은 출범하던 9월 초순부터 한민당의 일관된 입장이었다. 같은 주장의 22개(또는 23개) 단체 성명서는 한민당의 사주에 의한 것일 개연성이 있다. '독촉' 이름의 19개 단체가 당당히 김구와 접견한 반면 22개 단체가 성명서 한 장 외에 모습을 나타내지 않은 것도 주도세력이 정체를 드러내지 못하는 '암중공작'이었기 때문일 것이다. 22개 단체 중에는 '국민당청년부' 등 명의를 도용당한 경우도 있을 것 같다.

　인공의 노선에는 많은 사람들이 용납할 수 없는 문제가 있었다. 안재홍은 임정의 권위에 도전하는 의미를 가진 '공화국'이란 이름에 반발해서 자신이 산파역을 맡았던 건준을 떠났다. 여운형은 안재홍처럼 임정을 중시하지 않았지만, 인공의 조직과 부서 결정을 반대한 것은 역시 임정의 상대적 우위를 인정한 뜻으로 이해된다. 그런데 허헌(許憲, 1885~1951)을 앞세운 박헌영 세력은 인공을 임정과 대항하는 위치에 올려놓기 위해 온갖 무리한 짓을 다했다.

　인공 노선에 대해서는 좌익 내에서도 광범한 비판이 있었다.

　　장안파 공산당은 정권 획득이라는 결정적 투쟁을 극소수의 전위만으로 결행하는 '극좌적' 경향에 빠져, 9월 6일의 인민대표회의에서 민족 대중의 총의를 완전히 무시한 종파적 구성을 했다고 재건파 공산당을 비판하고, 인민대표회의와 인민공화국 수립을 전후하여 민족문제 해결에서 범한 극좌적 경향을 급속히 청산하여 민족통일전선 형성을 실현하자고 주장했다.

　　북한의 공산당은 1945년 10월 13일 채택한 '정치노선과 조직 확대 강화에 관한 결정서'에서, "앞으로 수립되어야 할 정권은 친일 반동분자를 제외한 모든 계층을 망라한 정권"이어야 하고, "통일된 유일한 인민의 의지를 대표하는 조선인민공화국을 수립함으로써 우리의 과제는 완전히 해결될 수 있다"라고 천명하여 사실상 서울에 있는 기존의 인민공화국을 부정하였다. (『한국현대민족운동연구』, 226쪽)

　많은 비판을 모았음에도 인공에는 큰 정치적 가치가 잠재해 있었다. 그 상부조직은 박헌영 일파의 '극좌' 노선에 휘말려 생산적 기능을 잃고 있었지만, 지방 하부조직인 인민위원회는 인민의 독립의지를 수렴하는 역할을 키워가고 있었다. 미군정 당국자 중에도 이 가치를 직시한 사람들이 있었다.

(군정사령관의 노동고문) 미첨은 미군이 인민공화국을 승인했어야 한다고 말했지만 하지는 인공을 "소련군이 북한에 세운 공산주의 인민위원회 정부의 남한지부"라 불렀고, 서울의 소련영사관을 통해 조종되는 것이라고 보았다. 미첨은 여운형을 자유주의자로 보았지만 하지는 "철저히 의식화된 코민테른 공산주의자"로 보았다. (…) 하지는 한국인들이 군정하에서 참으로 "너무 많은 자유"를 누린다고 생각했다.
"남한에서 반동세력이 판을 치고 있다는 사실을 (하지) 장군이 부정하지 않는 것은 기묘한 일이다. 우리가 한국을 떠난 뒤에도 살아남을 만한 민주주의 개혁이 자리잡았다고 그가 주장하지도 않는다" 하는 것이 미첨의 반응이었다. 그는 이어 철저한 토지개혁과 경찰의 혁파, 정부로부터 '극우파'의 추방과 공정한 선거과정의 필요성을 다시 한번 강조하며, 이 모든 것이 조속히 이루어지지 않는다면 대다수 한국인들에게 공산주의 이외의 선택이 없게 될 것이라고 경고했다.

(『The Origins of the Korean War』, 440쪽)

안재홍은 전심전력을 쏟던 건준 사업을 인공 때문에 포기했으니 인공과 가장 정면으로 대립되는 사람이라고 할 수 있다. 그러나 그는 인공을 비판하면서도 인공을 전면적으로 부정하지는 않았다. 인공이 노선을 수정해 건국 대열에 동참할 것을 계속해서 촉구했다.
11월 23일 22개 단체 성명서에서 '악덕기자'들을 친일파로 몰아붙인 것은 9월 8일 한민당 발기인 성명서에서 건준·인공 인사들을 친일파로 매도한 것과 궤를 같이한다. 아무 근거 없는 맹목적 비난이라는 점이 두 성명서가 같은 뿌리에서 나온 것이라는 사실을 보여준다. "증거고 나발이고"의 뿌리다.

11월 26일 인민위원회 도대표 몇 사람이 경교장을 방문했으나 김구를 만나지 못했다. 이를 보도한 아래 기사에서 "개인의 자격"이란 말이 마음에 걸린다. 임정 요인들의 귀국이 '개인 자격'이라고 하지와 이승만이 기회 있을 때마다 강조했는데, 이제 그들을 찾아온 사람들의 '개인 자격'을 강조하고 있으니, 안 좋은 것일수록 배우기 쉬운 모양이다.

> 전국인민위원회 대표자대회에 참가하였던 위원 가운데 서울, 경기, 충북, 충남, 전북, 경남, 함남, 황해 등 각 도 대표는 개인의 자격으로 26일 오전 11시 김구의 숙사를 방문하고 그 일행의 환국을 환영하는 동시에 여러 가지로 의견을 바꾸려 하였는데 이때 김구는 외출하고 없어 김규식, 유동열, 엄항섭과 회견하였다.
>
> 그리하여 대표들로부터 "선생 일행의 귀국을 충심으로 환영하는 동시에 선생들의 고투에 경의를 표한다. 현하 긴급한 문제는 우리 민족의 총역량을 집결통일하는 데 있다. 민족통일을 확립함에는 우선 친일파와 민족반역자를 제외할 것을 원칙적으로 해야 된다. 그리고 통일정부는 반드시 전국 각지의 인민대중의 요망을 토대로 출발되어야 한다"는 것을 역설하였다. 특히 이 자리에서 38도 이북의 실정 보고는 요인측에 커다란 관심을 갖게 하였고 각 대표의 성의에 감사하는 동시에 장차 국내실정 조사에 있어서 지방 인민대표와 긴밀한 연락을 취하자고 약속을 한 다음 극히 원만한 가운데 회담은 끝났다. 이날 방문한 대표는 다음과 같다.
>
> 서울 서중석(徐重錫) 김광수(金光洙), 경기 박형병(朴衡秉), 충북 장준(張埈), 충남 권영민(權寧珉), 전북 최홍렬(崔鴻烈), 경남 윤일(尹

一), 함남 황홍정(黃鴻霆), 황해 송언필(宋彦弼)

(「각 도 대표인민위원이 개인 자격으로 임정 요인과 회견」,

『서울신문』 1945년 11월 27일)

임정 요인들의 관심을 끌 만한 것이 "38도 이북의 실정"뿐이었겠는가? 이남의 지방 실정도 이 사람들보다 더 잘 전해 줄 다른 조직이 없었다. 박헌영 일파가 주무르고 있던 인공 중앙이라면 몰라도, 진정한 정치적 가치를 갖고 있던 지방조직 대표자들이 자발적으로 찾아온 것을 제대로 포용하지 못하다니, 안타까운 일이다.

1945. 11. 26.

김구가 국내에 있었다면 '사회주의 우파'였을 텐데

도착 후 하루하루 지남에 따라 경교장에서는 의례적 일정보다 실질적 활동이 늘어났다. 27일 송진우, 안재홍, 여운형, 허헌과의 연이은 회담이 김구의 국내 정치활동의 본격적 시작이라고 할 수 있다. 비서 장준하는 네 사람의 프로필을 작성하라는 엄항섭의 지시를 26일 저녁 때 받았다.

당시 27세 청년이던 장준하는 1941년 일본에 유학해 신학교에 다니던 중 1944년 초 학도병으로 징집되었고, 반년 후 중국 서주 부근에서 탈영, 광복군에 입대해 OSS(미국 전략첩보대) 훈련을 받고 공작활동을 위한 국내 진입을 준비하고 있다가 종전이 되자 김구의 비서로 함께 귀국했다.

장준하는 1941년 초까지 국내에, 그리고 1943년 말까지 일본에 있었기 때문에 국내 사정과 민심을 잘 알고 있었다. 그리고 후의 『사상계』 활동에서 보여주는 것처럼 뛰어난 저널리스트의 자질을 가지고 있었다. 장준하에게 프로필 작성을 맡긴 것은 네 사람이 어떤 사람인지 김구가 전혀 몰라서가 아니라 장준하의 도움을 통해 보다 객관적이고 안정된 시각을 얻고자 한 것으로 나는 이해한다.

장준하가 작성한 프로필을 보면 역시 김구가 필요로 하는 객관적이고도 적절한 시각을 확보하려는 노력이 두드러져 보인다. 따라서 장준하 개인의 시각만이 아니라 그 시점에서 김구가 국내 상황을 바라보는 시각이 이 프로필에 함께 나타난 것으로 볼 수 있다.

'송진우' 거구장신의 인. 사회주의에 반대하는 강한 민족주의자. 명분·전통을 존중하고 굽히지 않는 강인한 의지의 소유자. 『동아일보』를 중심으로 집결한 인물 중의 하나로 실무 수장 격. (…)

고하(송진우)는 인공 수립 다음날인 9월 7일 그에 대결키 위하여 동아일보사 강당에서 '국민대회수립준비위원회'를 결성하고 그 위원장이 된다. 이 자리에서 고하는 다음과 같은 연설을 한다. "하루속히 겨레의 총의를 결집시켜 대한민국 임시정부를 절대 지지하며 맞아들여 이 정부가 직접 활동을 개시하는 날까지 당면한 모든 문제를 해결하며 대기하기로 합시다." (…) 9월 16일 천도교 강당에서 한민당이 결성되어 고하는 그 위원장에 취임하는데 그 이전에 한민당 발기인 명의로 '인민공화국 타도와 임시정부 지지' 성명을 발표하였다.

'여운형' 이미 우리가 학생 시절부터, 그리고 중국에서 입국한 이래 가장 많은 정보를 들어온 인물. 학생·체육인에게 인기가 높으며 풍채 좋고 말 잘하고 활동적인 사람으로 널리 알려짐. 그의 정치노선은 사회주의 좌파 경향일 뿐 공산주의자는 아닌 것으로 분석되나 극렬 공산주의자들에게 포위되어 있다. 해방되기 훨씬 전에 일본에게 정권을 이양하라고 투쟁을 벌인 일도 있다. (…) 김성수의 말을 빌리면 "밥상은 몽양이 차려놓고 그걸 먹는 사람은 공산주의자"라는 말이 정설.

그의 대(對)임정 태도는 다음의 11월 8일자 신문 담화에 그대로 나

장준하(1918~1975). 해방의 모순을 가장 처절하게 그리고 가장 오래 겪은 사람의 하나다.

타냄. "나의 선배로서도 환영해야겠지만 혁명전선의 선배로서 나는 공손한 마음으로 (김구) 선생의 귀국을 고대하고 있다. 선생이 귀국하여 조선을 보시는 눈과 민중의 소리를 듣는 귀가 누구보다도 현명하고 공정하실 줄 믿는 마음에서다."

'안재홍' 사회주의 우파 경향의 인물. 일반 지식층과 언론계에 상당한 기반을 갖고 있다. 경교장에 인사차 왔을 때 본 인상은 걸음걸이가 우리의 전통적 선비걸음이고 큰 키에 체구는 가는 편의 신사. 건준의 부위원장으로 있었지만 여운형과는 의견차가 컸다. 특히 건준의 실권이 공산주의자들에게 장악되어 있는 데 대한 불만으로 (…) 대임정 태도는 11월 9일자 신문에 발표한 그의 성명에 나타난다.

"쌍수를 들어 김구 선생 일행의 환국을 환영한다. 그러나 우리는 환영한다는 것만으로는 부족하다. 김구 선생에게 기대하는 바 간절하다. 혹 세평에는 중국 임시정부가 민족 파쇼적 경향을 갖지 않았나 하고 말하는 사람이 없지 않으나 나는 그렇지 않으리라고 믿는다. 김구 선생은 나이가 많으시나 열렬한 민족주의자이시다. 동지 제씨의 의견을 경청하여 만사를 결정하고 독단으로 가는 길을 피하는 분이라고 들었다. 그러므로 그분이 조선에 오시어도 결코 과오는 없으리라고 믿는다."

그의 이같은 대임정 태도는 그후 11월 15일자 신문보도에서 좀더 명확한 친임정 태도로 바뀐다. "3천만 내중이 민족통일 강화와 정식 정부 확립을 갈망하는 이즈음 임시정부 중진 제씨가 당당하게 광복 국가의 새 수도가 될 서울에 들어오게 된 것은 분명히 세기적인 감격이라 하겠다." 앞서의 성명에서와 같은 '민족적 파쇼'니 '독단으로 가는 길을 피하는' 등의 경고적인 어투가 일언반구 없는 기대와 환영 일변도이다.

'허헌' 건준의 확대위원회에서 부위원장으로 선출된 인물. 사회주의 좌파 경향의 변호사 출신으로 날카롭고 강한 의기의 소유자라는 중평. 부위원장 당선으로 안재홍은 저절로 물러나고 여운형과 좋은 콤비가 되었지만 그 역시 공산주의자들에게 포위된 상태. 9월 6일 경기여고 강당에서의 '인민대표회의'에서 '임시정부 조직 법안'을 통과시키고 그 법에 의한 '인민공화국'을 탄생시킴. 그들이 발표한 조각은 주석에 이승만, 부주석 여운형, 국무총리 허헌, 내무부장 김구, 외무부장 김규식 등으로 되어 있다. 그러나 11월 7일 이승만이 정식으로 그 주석 취임을 거부하고 미군정에서도 이를 정당이나 사회단체로 인정할 수 있으나 정부 표방은 불가라 하였다. (박경수, 『장준하, 민족주의자의 길』, 돌베개 2003, 209~213쪽)

무엇보다 눈에 띄는 것이 사회주의자와 공산주의자의 구분이다. 이 구분의 기준은 표면적으로는 '공산당'을 표방하느냐 여부에 있었겠지만 실질적으로는 아마 지금 우리가 생각하는 좌익과 극좌의 구분과 비슷했을 것 같다.

김구가 임시정부를 지켜온 과정에서 가장 두드러진 양상의 하나가 좌익과의 투쟁이었다. 중국의 국민당 정권에 의지해야 했던 상황에도 원인의 일부가 있겠지만, 실제 독립운동의 흐름에서 사회주의가 민족주의와 경쟁하는 측면이 있었다. 민족혁명의 동력만으로 식민지배 극복이 어렵다는 인식 위에서는 계급혁명이 자연스럽게 대안으로 떠오르게 되기 때문이다.

민족주의, 즉 우익의 의미가 국내와 국외 사이에 차이가 있었던 것 같다. 국외에서는 민족주의가 곧 '항일'이었다. 그런데 국내에는 '친일 민족주의'의 설 자리가 있었다. 조관자의 논문 「'민족의 힘'을 욕망한 '친일 내셔널리스트' 이광수」가 보여주는 것처럼 민족주의 자체가 본질적으로 '항일'을 전제로 하는 것이 아니었고, 일본 식민지배가 현실적 힘을 가진 국내 상황에서는 '민족의 힘'과 '민족의 영광'을 추구하는 민족주의가 식민지배와 타협하는 길이 있었다.

그래서 '비타협적 민족주의자'라는 말도 널리 쓰이게 된 것인데, 여운형, 안재홍, 허헌이 모두 여기에 해당한다. 이들은 사회주의 원리를 긍정한다는 점에서 '사회주의자'이기도 했다. 넷 중 송진우 하나가 '타협적 민족주의자'인 셈인데, 이것은 우리의 '친일파' 개념에 가까운 것으로, 보다 중립적 표현으로는 '협력자'라 할 수 있다. 원론적 의미에서는 민족주의자로 볼 여지가 있어도 현실적으로는 민족주의자로 보기 힘들 만큼 왜곡된 형태였다. 따라서 국내에서는 비타협적 민족주의자가 이론의 여지 없는 진정한 민족주의자였고, 그들은 대개 사회주의자로도 인식된 사람들이었다. (천도교와 기독교 등 종교계 인사로 비타협적 태도를 지킨 사람들만이 사회주의와 관계없는 '비타협적 민족주의자'였다.)

장준하의 프로필에서는 여운형을 '사회주의 좌파'로, 안재홍을 '사회주의 우파'로 구분했다. 당시 국내의 사회주의자라면 민족주의와 사회주의를 겸비한 사람인데, 어느 쪽을 기조로 삼느냐에 따라 좌파와 우파를 구분한 것으로 이해된다. 김구 등 임정 주류의 '사회주의자'를 바라보는 시각이 넓혀지기 바라는 장준하의 노력이었을 것이나.

김구 등 임정의 민족주의자들은 1930년대 국내에서 민족주의 일부가 민족개량주의와 자치운동 등 식민지배에 협력적 태도로 항일운동을 저해하고, 나아가 1940년대 들어서는 전쟁 노력에까지 참여한 사정을 깊이 이해하지 못하고 있었던 것 같다. 민족주의의 정통을 지켜온 그들에게 민족주의의 문호 정리가 해방 후의 첫번째 과업이었다. 입으로만 '민족주의'를 내세우는 과거의 식민지배 협력자들을 배제하든가, 적어도 철저히 순화시켜서 '민족주의'의 깃발을 깨끗하게 지켜야 했다. 소위 좌익 또는 사회주의자들 중에서 진정한 동지들을 찾아야 했다. 김구 자신이 국내에 있었다면 '사회주의 우파'가 되었으리라고 나는 생각한다.

장준하의 예리한 관찰에도 임정 중심의 편의주의적 태도가 다소 묻어 있는 것 같아 안타깝다. 네 사람이 임정을 대하는 태도의 분석에 비중을 둔 것은 당연한 일이다. 그런데 안재홍의 프로필 속에서는 그 분석이 흑백론에 그치고 깊이를 갖추지 못한 감이 있다.

안재홍의 11월 9일과 15일 성명이 인용되어 있는데, 9일 성명에는 임정에 대한 비판적 관점이 포함되어 있다. 물론 본인은 세간의 그런 비평에 동의하지 않는다고 명언하기는 했지만, 그런 비평에 유의할 점이 있다고 여겨서 언급한 것이다. 요즘말로 '비판적 지지'에 가까운 그의 임정 '영입보강론'이 반영된 것이다.

15일 성명에서 그런 비평이 언급되지 않은 것은 엿새 사이에 생각이 바뀐 것이 아니라 표현의 차이일 뿐이다. 임정의 환국이 자꾸만 늦어지고 있는 데 대한 안타까운 마음을 앞세워 표현한 것이다. 이것을 놓고 "경고적인 어투가 일언반구 없는 기대와 환영 일변도"라는 데 방점을 찍는다는 것은 얼마나 열렬히 환영하느냐 하는 한 가지 기준에만 매달려 실질적 의미를 놓치는 피상적 관점으로 보인다.

이 한 가지 기준으로 보면 한민당이 임정 민족주의자들에게 가장 믿음직한 동지요, 우군이었다. 게다가 한민당은 미군정과의 관계, 경찰력, 자금 등 임정 인사들이 국내 활동을 위해 필요로 하는 조건들을 쥐고 있었다. "불량분자 배제를 먼저 하나 나중에 하나 결과는 마찬가지"라는 편의주의적 자세에 강한 유혹을 느낄 만한 상황이었다.

1945. 11. 30.

한반도 분단을 향한 미군정의 '복안'

11월 30일 오전 9시부터 1시간 반 동안이나 하지 중장과 여운형의 요담이 있었다는 것은 어제 보도한 바와 같거니와 그 회담 내용이 매우 주목시되고 있던 차 이에 관하여 여(呂)는 왕방(往訪)한 기자에게 다음과 같이 말하였다.

"자세한 내용은 아직 발표하기 어렵다. 그러나 하지 중장은 현하 조선민중의 최대관심사인 민족통일결성 문제에 관하여 비상한 열의와 성의를 보여주었음은 우리로서 감사하여 마지않는 바이다. 중장은 말하기를 임시정부 영수 일행이 환국한 이때 귀국의 민족통일 문제는 결정적 단계로 들어갔다 할 수 있을 것이다. 여기에 있어 우리로서는 최대의 성의를 가지고 임하고 싶다. 그리고 지금에는 우리도 조선의 실정을 어느 정도로 정확히 파악하였다 할 수 있으나 절대 공평한 입장에 입각하여 통일결성을 이 기회에 완성시키고 싶다고 말하며 나에게 협력을 요청하였다. 동 중장은 더욱 나아가서 어느 쪽이라도 납득할 수 있는 공정한 복안을 가지고 있다 하며 그 복안을 말하는데 우리로서 생각하건대 그와 같은 복안 같으면 민족통일의 앞길에는 서광이 비칠 것을 믿는 바이다. 그러므로 우리로서도 그 복안에 대하여 적극 협력할 것을 약속하였다. 그 복안이라는 것은 중장과의 언약도 있어 아직 발표할 수 없다."

(「여운형, 민족통일 문제에 대하여 하지와 요담」, 『서울신문』 1945년 12월 2일)

10월 4일 처음 만났을 때 하지는 여운형에게 군정장관 고문직을 권했고, 여운형은 일단 응낙했으나 한민당 인사들로 채워진 고문단의 들러리 역할임을 알고 사퇴한 바 있다. 하지는 애초 한민당측의 악선전에 따라 여운형을 적대시하다가 그 시점에 인식을 바꾼 것이지만, 여운형의 역할을 그리 중시하지는 않았다.

그런데 두 달이 지난 이제 하지가 여운형을 불러 '복안'을 밝혔고, 그 복안이 여운형도 큰 기대를 걸 만큼 그럴싸한 것이었다. 과연 무엇이 하지로 하여금 중대한 비밀복안을 털어놓을 정도로 여운형을 중시하게 만들었고, 그 복안이란 어떤 것이었을까? 10월 이후 미군정 당국자들의 움직임을 한차례 점검해 하지의 '복안'에 접근해 본다.

군정 한 달 만에 나온 아놀드 군정장관의 10월 10일 망언이 아무 방침도 없던 최초 단계 군정을 대표하는 것으로 나는 본다. 조선에 관해 아무것도 모르는 채로, 과제에 대한 아무런 의식도 없이 들어와 힘만 믿고 날뛰던 단계다. 점령을 하나의 군사작전으로만 본 것이다.

10월 13~14일 맥아더·이승만·하지·애치슨의 '도쿄 회합'을 계기로 군정청이 '임시 한국 행정부' 설립이라는 과제를 뚜렷이 추구하게 되었다는 정병준의 관점에 나는 동의한다(『우남 이승만 연구』, 440~453, 474~508쪽). 미국무부의 다변주의적 신탁통치안에 대한 맥아더 사령부의 도전에 남한 군정청이 참여하게 된 것이다.

태평양지역 종전처리 방침 결정을 위한 미·영·소 외상회담이 다가오고 있었다. 연합 3국의 조선에 대한 기본 방침은 신탁통치였다. 10월 20일 미국무부 빈센트(John C. Vincent) 극동국장이 이 방침을 재확인

1945년 가을 어느 체육인의 장례식에 참석하여 연설하는 여운형. 다재다능한 인물 여운형은 안정된 사회일수록 더 큰 역량을 발휘했을 것 같다.

한 것은 맥아더 사령부의 이상한 기류를 감지했기 때문일지도 모른다.

이에 대응하기 위해 맥아더와 입을 맞출 필요가 있었던지, 하지가 도쿄로 날아가 10월 25일 맥아더와 만났다. 돌아와서는 군정 당국자들이 연이어 빈센트 발언을 '개인 의견'으로 몰아붙이며 미군이 조선을 임의로 독립시켜 줄 수 있다는 주장을 내놓았다. 10월 30일 아놀드 군정장관이 기자회견에서 이런 주장을 했고, 이튿날 하지는 송진우를 불러 같은 주장을 조선인들에게 전해 달라고 부탁했다.

군정 권한을 넘어서는 본국 정책의 부정이기 때문에 책임이 가벼운 군정장관이 표면에 나서고, 사령관은 뒤에서 바람을 잡은 셈이다. 외상회의 직전인 12월 10일 미육군성이 아놀드를 군정장관에서 해임한 것은 여기에 원인이 있었던 것으로 보인다.

11월 5일 임정 요인들이 귀국을 위해 중경에서 상해로 나온 것은 이 시점에서 군정청이 귀국을 보장했기 때문이다. '맥아더 노선'에 따라 '임시 한국 행정부'를 만드는 데 임정을 활용할 것을 이승만이 주장한 결과일 것이다. 상해에서 18일간이나 체류한 것은 군정청의 임정 활용 의도를 감지한 임정측이 유리한 조건을 위해 흥정을 벌이며 상황파악에 노력을 기울인 것으로 추측된다.

11월 초 시점에서 외상회담 일정은 결정되어 있지 않았지만, 12월 중 열릴 것으로 예상되고 있었다. (실제로 12월 16~27일에 열렸다.) 그 회담에서 조선 신탁통치 결정을 피하기 위해 회담 전까지 '임시 한국 행정부'를 만드는 것이 맥아더 노선의 1차 과제였다. 이렇게 자발적으로 정치조직을 잘하고 있으니 신탁통치 필요 없다는 주장을 하기 위해서였다.

미군정이 임정을 이용하고 싶었다면 왜 임정의 위상을 인정하는 데 인색했을까? 정식 정부로 인정하지는 못하더라도 '임시정부' 간판을 들고 들어오게 하는 것은 가능했다. 미군 입장에서 엇갈리는 득실이 있었겠지만, 당시 상황을 아무리 살펴봐도 '개인 자격'을 그렇게 고집하기보다 일개 정당보다는 격이 높은 단체로 인정하는 편이 미군의 당면과제를 위해 유리한 면이 컸던 것 같다.

여기에서 '외교의 귀신' 이승만의 작용을 본다. 이승만은 임정 요인들의 '개인 자격'을 기회 있을 때마다 강조했고, 귀국 직전인 11월 19일 기자회견에서는 "환영 소동은 그만두어야 할 것"이라는 말까지 했다. 그는 임정이 아니라 자기가 만든 독촉이 주도권을 쥐기 바란 것이다. 임정은 독촉에 인적 자원만 공급하고 임정 자체로 기능하지 않기를 바란 것이다. 그래야 군정청의 통제력이 위협받지 않을 것이라고 하지를 설득했을 것이다.

11월 2일 각 정당 대표를 모아 독촉 결성을 결정하고 이승만이 조직을 위임받았으나 한 달이 되도록 전형위원회조차 구성하지 못하고 있었다. 넓은 범위의 승인을 받을 만한 인적 구성이 어려웠기 때문이다. 임정 요인들이 큰 비중을 맡아줘야만 여론의 지지를 배경으로 웬만한 불만을 잠재울 수 있을 텐데, 외상회담이 하루하루 다가오는 상황에서 임정 귀국의 지연으로 이승만은 애가 탔을 것이다.

23일 김구 도착 직후에 이승만이 제일 먼저 찾아가 만났어도 깊은 얘기를 나눌 상황은 되지 못했을 것 같다. 25일 오후 김구가 돈암장으로 찾아가 "2시 20분부터 저녁이 되도록 단 두 분이 흉금을 풀어놓고 당면문제에 관하여 요담을 하였다는데"(『중앙신문』 1945년 11월 26일) 요담 내용은 밝혀지지 않았지만, 이승만이 독촉 협력을 설득하려 애썼으리라는 것은 불을 보듯 빤한 일이다.

정병준은 이 설득이 잘 안 되었다고 본다(『우남 이승만 연구』, 489~490쪽). 내 생각에도 텅 빈 비행장으로부터 시작해 온갖 잔꾀를 부리고 있다는 사실을 산전수전 다 겪은 김구가 알아채지 못했을 것 같지 않다. 25일 요담 시간이 길었던 것도 설득이 쉽게 먹혀들지 않았기 때문일 것이다. 이승만은 임정 제2진의 도착 다음날인 12월 3일에 개최된 임정의 '비공식 국무회의'까지 참석해 설득에 진력했지만 성과를 거둘 수 없었다. 임정의 환국이 너무 늦어져 외상회담 전까지 진도를 나가기가 어렵게 되었다.

그래서 하지가 나선 것이다. 11월 30일 여운형을 시작으로 며칠 동안에 이승만, 김구, 안재홍, 송진우와 연거푸 회견을 가졌다. 외상회담 일정은 잡혔는데 이승만의 독촉은 전형위원회조차 구성하지 못하고 있으니 다급해서 직접 나서게 된 것이다.

11월 말에서 12월 초순에 걸친 일련의 회견 내용을 비밀로 한 것은 신탁통치라는 미국의 공식 정책과 어긋난 정책을 주둔군 사령관 입장에서 공개적으로 추구할 수 없었기 때문이었다. 여운형을 가장 먼저 만난 것은 가장 껄끄러운 상대여서일 텐데, 여운형도 하지의 '복안'에 만족하고 비밀유지에 동의한 것은 신탁통치 정책을 뒤집어 독립을 앞당긴다는 목적을 반겼기 때문일 것이다.

신탁통치를 반대하는 '맥아더 노선'은 점령군으로서 미군의 위상을 강화하는 데 목적이 있었다. 미군의 위상이 강화되면 소련군의 위상도 강화되는 것이 자연스러운 반작용이고, 따라서 한반도의 분단을 지향하는 노선이었다. 분단을 확고한 목표로 한 것은 아니라도, 분단의 위험을 늘리는 노선이었고, 분단이 되어도 상관없다는 노선이었다.

1945년 12월 초순에 하지와 비밀회견을 가진 인물 중 하지의 '복안'에 분단위험을 늘릴 소지가 있다는 사실을 알고 있던 사람이 누가 있었을까? 그런 위험을 알고도 그 복안을 지지할 사람이 누가 있었을까?

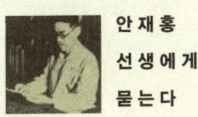

'적대적 공생관계'는 시작되었다

김기협 | 그저께(27일) 김구 선생을 만나셨죠. 김구 선생께서 국민당의 선생님, 한민당의 송진우 선생, 인민당의 여운형 선생, 인공의 허헌 선생, 네 분 국내 지도자를 차례로 만나 얘기를 나누는 자리였습니다. 선생님은 24일에도 찾아가 잠깐 인사드렸지만, 그저께는 단독으로 모시고 앉아서 많은 이야기를 나눌 수 있었겠습니다. 민족의 지도자로 그리워해 온 분과 회포를 충분히 푸셨는지요.

안재홍 | 백범 선생과 이야기 나눈 섯은 백여일 전 해방의 기쁨에 이어 내 생애 두번째로 기쁜 일입니다. 임시정부를 이끌어온 그분의 용기와 지혜가 우리 민족의 앞길을 밝히는 등불이 되기를 바라왔는데, 막상 뵈니 과연 생각이 깊고 마음이 넓은 분이시더군요. 이런 지도자가 계시다는 것은 우리 민족의 복입니다.

그러나 그저께 뵌 것을 "회포를 푼다"고 하는 것은 어폐가 있습니다. 나는 국민당 위원장 자격으로 초대를 받아 당원 동지들의 뜻을 받들어 그분의 지도를 바라는 국민의 마음을 전할 사명을 가지고 그분을 뵌 것입니다. 개인적으로 회포를 풀 기회도 앞으로 있기를 간절히 바라지만, 이번 회담에서는 그분께 도움이 될 상황설명을 드리기에 바빴습니다.

김기협 | 선생님은 여운형 선생을 높이 평가해 건준 부위원장으로 그
분을 도왔고, 이승만 박사의 영도력에 큰 기대를 가지고 독촉
중심의 민족통일전선을 위해 국민당을 해산할 용의까지 밝혔습니다.
김구 선생을 받드는 자세는 말할 나위도 없고요. 보는 사람들은 선생
님이 욕심 없고 겸손함을 칭송하기도 하지만, 노선과 성향이 서로 다
른 분들을 두루 받드는 것을 이해하기 힘들어하는 이들도 있습니다.

안재홍 | 내가 좀 바보라서 이분 저분 모두 우러러보이는 것은 어쩔 수
없는 일이죠. 그런데 나는 더욱더 바보가 되고 싶은 마음입니
다. 스스로 똑똑하다고 여기는 사람들은 일을 너무 쉽게 여기는 경향
이 있어요.

일본의 압제가 우리 사회의 가장 큰 문제였다는 것은 사실입니다.
그러나 그것만이 모든 문제였던 것은 아닙니다. 예를 들어 빈곤 문제.
일본의 착취 때문에 더 심하게 느껴진 것이기도 하지만, 일본의 압제
가 사라진다고 해서 저절로 풀릴 문제가 아닙니다. 일본의 압제가 다
른 문제들을 가리고 있었던 셈이지요. 수많은 문제들을 이제부터 우리
손으로 해결하고 극복해 가야 합니다. 해방은 이 문제들을 해결해 준
것이 아니라 문제해결 작업에 우리가 나설 출발점을 만들어준 기회일
뿐입니다.

몽양 선생은 몽양 선생대로, 이박사는 이박사대로, 그리고 백범 선
생은 백범 선생대로 큰 능력과 장점을 가진 분들입니다. 그것이 모두
어울려 잘 발휘되어야 당면한 문제들에 대한 최상의 해결책을 얻을 수
있습니다. 나는 그분들과 비교할 수 없이 무능한 사람이지만, 그분들

에게 국민의 여망을 알려드리며 힘껏 도와드리는 것을 내 몫으로 압니다. 국민당 당원 동지들이 나를 위원장으로 앞세우는 것도 바로 그런 뜻입니다.

세 분 모두 사람들에게 비방을 받기도 합니다. 나무가 크면 바람을 맞죠. 기대가 큰 만큼 무슨 약점이라도 있을까 사람들이 걱정스럽게 바라보는 면이 있습니다. 나도 그분들이 인간인 이상 나름대로 약점이 있을 수 있다고 생각합니다. 그러나 온 국민의 기대를 생각한다면 자기 약점을 충분히 극복할 분들이라고 믿습니다. 나는 많은 사람들이 그분들의 능력과 장점을 최대한 잘 인식할 수 있기 바랍니다.

김기협 │ 한민당의 임정 절대 지지에 비해 국민당의 영입보강론이 유보적인 지지라서 임정 분들이 선생님을 꺼린다는 말도 있습니다. 회담 뒤 선생님이 중앙신문 기자에게 "김구 선생은 시종 열심히 보고를 청취하였을 뿐으로 그에 대한 의사발표는 별로 없었다"고 말씀하셨다는데, 김구 선생도 불만을 느끼셨기에 말씀이 적었던 것 아닌가요?

안재홍 │ 백범 선생은 이제 막 귀국해서 국내 사정을 파악해야 할 것이 많습니다. 몽양도 고하도 긍인(허헌)도 나도 각자의 관점에서 상황을 설명해 드리는 것이 그저께 회담의 목적이었지요. 이 단계에서는 설령 그분에게 어떤 복안이 있다 하더라도 상황을 먼저 충분히 파악하시는 것이 필요하다고 생각합니다.

한민당의 절대 지지와 비교해서 내가 생각하는 임정의 보강 필요에 관해 주로 말씀드렸습니다. '절대 지지'가 지지의 뜻을 강하게 표현한 것뿐이라면 좋지만, 글자 그대로 임정을 '절대화'하는 것이라면 오히려 임정을 고립시키는 결과가 될 것이라는 생각을 말씀드렸죠. 그러니 한민당의 지지를 받아들이시더라도 한민당의 입장이 독단에 빠지지 않도록 선생님께서 지도해 주시면 좋겠다고 권해 드리기도 했습니다.

한민당의 독단적 성향이 갈수록 걱정됩니다. 고하에게 그렇게 간곡히 권했는데도 건준을 외면했죠. 인공 수립은 내가 누구보다 반대한 일인데, 바로 고하 같은 사람들이 건준에 참여했어야 그런 일을 막을 수 있었던 것입니다. 그리고 지금의 인공도 쓸데없는 문제를 많이 일으키고는 있지만, 아낄 만한 점도 많이 있습니다. 그것을 마치 원수처럼 여기고 있으니…… 한민당이 임정을 진심으로 지지해서가 아니라 인공과 사회주의를 배척하기 위해 '절대 지지'를 내세우는 게 아닌가 하는 생각까지 듭니다.

이런 이야기들을 백범 선생께서는 아무 말 없이 듣고만 계셨습니다. 간간이 짤막한 말씀이나 표정에서 그분 생각을 짐작할 만한 것이 있기는 해도 그것을 서둘러 확대해석할 필요는 없다고 생각합니다. 상황을 확실히 파악하신 뒤에 중요한 말씀을 스스로 분명하게 해주실 때를 기다리고 있습니다.

김기협 | 여선생도 송선생도 선생님과 같이 김구 선생의 적극적인 말씀이 별로 없었다고 기자에게 말했습니다. 그런데 유독 허선생은 "전국적으로 지방조직까지 완료했다는 것은 훌륭한 성과라고 찬양해 주셨다"느니, "국외 국내에서 서로 해방을 위해 싸워온 우리가 굳게 제휴하여 나아가자고 말씀하셨다"느니, "전폭적으로 협력해 나가자고 자못 열렬하게 부탁하셨다"느니 하며, 김구 선생이 인공에 적극 협력할 뜻을 보였다고 열심히 전했습니다.

그 기사를 보고 이상하다 했는데, 아니나 다를까, 어제 임정 기자회견에서 김구 주석과 김규식 부주석이 인공 입각을 부정하는 발표를 했더군요. 회담 기사를 보고 경교장에서 허선생을 불러 따졌는데 태도가 시원찮으니 입각 부정으로 대응한 모양입니다.

안재홍 안타까운 일입니다. 긍인이 참 깨끗하고 착한 사람인데, 너무 외골수예요. 인공 수립을 앞두고 건준을 떠날 때, 부위원장 자리를 넘겨받아 준 긍인에게 기대가 컸어요. 나는 무능해서 견디지 못하고 떠나지만, 긍인은 좌익인사들에게 영향력이 큰 사람이니 건준이 너무 극단으로 가지 않도록 잘 막아줄 것이라 생각했지요. 그런데 그 사람이 앞장서서 건준과 인공을 극단으로 끌고 갈 줄이야…….

"천하의 걱정을 앞장서서 걱정하고 천하의 기쁨을 뒷전에서 기뻐하는 것, 그것이 선비"라는 송나라 정치가 범중엄(范仲淹)의 말을 나는 늘 생각합니다. 사람의 일이란 앞뒷면이 있는 것이니, 아무리 기쁜 일에도 걱정거리가 따르게 되어 있으며 그 걱정을 맡을 사람이 필요합니다. 해방이라는 이 큰 기쁨이 자칫하면 이 민족에게 더 큰 위기를 가져올 수 있다는 사실을 생각하며 소심익익(小心翼翼)하는 것이 배운 사람의 도리입니다.

아무리 좋은 이념이라 하더라도 실천하는 길에서 인간적 도리를 지켜야 한다는 것은 다 마찬가지입니다. 공산주의를 받드는 사람도 자본주의를 받드는 사람도 공유해야 할 도리가 있기 때문에 내가 대동단결을 말하는 것입니다. 수십년간 억압받아 온 이 민족이 우선 제 발로 선 뒤라야 평등이든 자유든 마음껏 추구할 수 있다는 도리입니다. 민족과 국가들이 부단한 경쟁을 벌이는 이 세상에서 민족국가를 제대로 세워놓지 못하고서는 제대로 된 자유와 평등을 온 백성이 두루 누릴 길이 없습니다.

지금처럼 민족의 앞길이 막연한 상황에서는 서로 다른 이념은 접어 놓고 공유하는 도리를 앞세워야 합니다. 지도적 위치에 있는 사람들 사이에 신뢰를 최대한 키우는 것이 무엇보다 당장 중요한 일입니다. 긍인처럼 자기 길만 옳다고 여겨 신뢰를 함부로 해치는 짓은 누구에게 도 도움이 되지 않습니다. 자기 자신에게도 도움이 되지 않고 공산주 의 실현에도 도움이 되지 않습니다. 나는 한민당의 극단적 인공 배척 을 못마땅하게 생각하지만, 인공의 행적이 그런 빌미를 열심히 만들어 준 사실은 부정할 수 없습니다.

김기협 | 선생님 세상 떠나신 후에 나온 말로 '적대적 공생'이란 말이 있습니다. 남북의 분단국가들이 상호 적대관계를 핑계로 극 단적 독재체제를 오랫동안 유지한 사실을 말하는 것이죠. 1945년 상 황에서도 극좌와 극우 사이의 관계를 '적대적 공생'으로 볼 만한 점이 있는 것 같습니다.

안재홍 | '적대적 공생'! 내가 걱정하는 것이 바로 그겁니다. 신뢰 파괴 를 목표로 하는 전략이 그런 데서 나올 수 있죠.
지금 인민의 대다수는 '민족'이라는 '대아(大我)'를 바라보고 있습니 다. 이 대다수 인민의 뜻에 따라 민족국가를 세워 독립하는 것이 역사 의 순리라고 나는 믿습니다. 그런데 민족이 아니라 자기가 속한 집단 을 더 중시하는 사람들이 있습니다. 공산당에는 혁명의 영광에 도취된 영웅주의자들이 있고, 한민당에는 기득권에 집착하는 수구파가 있습 니다. 그들 중에는 민족의 대의를 등질 만큼 '소아(小我)'에 대한 집착 이 강한 극좌와 극우도 있지요.
극좌건 극우건 민족보다도 더 큰 '대아'를 내세우기는 합니다. 전세계적 노동계급 해방. 인간의 정체성을 노동자로 세운다는 것, 좋은 얘기입니다. 전세계적 자본질서 확립. 이것도 대다수 인류의 행복을 증진하는 길이 될 수 있습니다. 그러나 그런 이념의 실현에 앞서 필요한 기본과제가 지금의 현실에서는 민족의 독립입니다. 이 과제를 외면하면서 각자의 이상을 앞세우는 것은 지나친 책략이 아니면 지나친 우둔입니다.

공산주의자들은 밤낮으로 전술과 전략만 논하고 있습니다. 철학은 마르크스와 레닌이 다 완성해 놨다고 생각해서인지 신경도 쓰시 않습니다. 한민당 일각에도 권모술수에만 매달리는 사람들이 있습니다. 친일파로 몰릴 사람들이 자기네 곤경을 면하기 위해 민족국가 건설이 어려운 쪽으로 부추기는 것입니다. 이 나라가 올바른 사상이 아니라 돈과 주먹, 현실의 힘에 의해 움직여지기 바란다는 점에서 그들 사이에는 좌우의 차이가 없습니다.

인공과 한민당의 관계는 정말 적대적 공생관계가 되어왔습니다. 9월 8일 인공을 극렬히 비난하는 한민당 발기인 성명서가 나왔을 때 왜 저렇게까지 해야 하는지 나는 영문을 몰랐습니다. 인공이 부서를 만들고 말도 안 되는 '조각'을 하는 것도 이해할 수 없었습니다. 그러나 그 후에 보니 그 대립을 통해 한민당은 군정청의 환심을 사고 친일파를 결속시켰으며, 공산당은 좌익 속에서 주도권을 쥐게 되었습니다. 적대적 공생관계가 시작된 것입니다.

 일지로 보는 1945년 11월

- **1일** 이승만 박헌영 회담
- **2일** 건국동맹, '조선인민당'으로 개칭 결의. 독립촉성중앙협의회 결성 위한 각 정당 각 단체 대표 회합
- **3일** 조만식, 조선민주당 창당
- **4일** 장개석, 임정 요인 송별회서 '조선독립원조' 언명
- **5일** 이승만, 독촉 결의서에 대한 조공과의 차이점 등에 관해 기자회견. 김구, 환국에 앞서 담화 발표
- **7일** 이승만, 인공 주석 수락거부 성명 발표
- **10일** 군정청, 매일신보에 대해 정간명령
- **12일** 조선인민당(위원장 여운형) 결성
- **13일** 군정장관, 김구의 개인 자격 입국과 남북한의 물자교류 등 기자회견
- **14일** 조선 진주 미 제24군단 병력 7만으로 발표
- **16일** 미국무성, 조선문제 성명 발표
- **20일** 군정청 고문 윌리엄 랜던, 조선 신탁통치 반대의사 피력
- **23일** 김구 등 중경 임시정부 요인 귀국. 엄항섭, 임정 환국성명 발표
- **24일** 김구, 귀국인사 방송
- **25일** 김구, 이승만 방문 당면문제 요담
- **27일** 김구, 각 정당 수뇌와 요담. 미군정청, 38선 이남 각 도지사회의 개최
- **28일** 김구와 김규식, 인공 입각설 부인
- **29일** 독립촉성중앙청년회 결성
- **30일** 전국인민위원회대표자회의, 인공 명칭변경 및 해체 문제에 관한 결의서 발표

| 우익 정치의 요람, 경교장·이화장·삼청장 |

1938년 최창학의 저택이었던 죽첨정의 전경.

이화장의 전경

김구의 경교장, 이승만의 돈암장과 이화장, 김규식의 삼청장 등은 해방 직후 우익 거두의 주요 거점이었다. 경교장은 백범이 1945년 11월 23일 임정 요인들과 귀국하면서 집무실 겸 숙소로 사용했던 공간으로, 금광업자 최창학이 1938년에 지은 양옥집이었다. 대지 1,584평에 2층 건물로 지어진 이 집은 당시만 해도 당구대와 이발실, 온수난방시설까지 갖춘 초호화 저택이었다. 이승만의 본거지는 700평의 정원에 뛰어난 미관을 지녔던 돈암장이었다가 나중에 이화장(종로구 이화동 1번지)으로 옮겼다. 미망인 프란체스카 여사가 이곳에서 1992년까지 여생을 보냈다. 삼청장은 민영휘의 아들인 민규식이 소유, 거주하던 넓은 저택으로 김규식은 이중에 한옥 한 채와 양옥 한 채에 머문 것으로 전해진다.

3

좌우대립의 선봉장
이승만과 박헌영

1945년 12월 1 ~ 10일

1945년 12월 1일에 열린 임시정부 귀국 환영대회 전경. 수십명 임정 요원을 함께 태우지 못하는 작은 비행기가 배정된 것은 무슨 까닭이었을까? 두 차례 비행기편 사이에 8일이나 간격이 있었던 까닭은 무엇이었을까? '개인' 자격을 분명히 하느라고? 임정 제2진 요인들은 환영대회 이튿날에야 서울에 도착했다.

1945. 12. 1.

'인민공화국', 왜 그 이름에 집착했나?

9월 8일 남한에 진주한 미군은 막 설립된 조선인민공화국(인공)에 대해 적대적인 태도를 취했다. 가장 두드러진 사례가 10월 10일 아놀드 군정장관의 인공 비난성명이다. 이 성명은 내용의 옳고 그름에 앞서 난폭하고 저열한 표현으로 당시 군정 당국자들의 몰지각을 드러내 보여준 '망언'이었다.

한 달 후 『매일신보』 정간과 제호 변경도 아놀드의 망언 게재 거부에 직접적 원인이 있었던 것으로 이해된다. 인공에 대한 적대감이 언론자유까지 침해할 정도로 강했던 것이다. 이 적대감을 커밍스는 이렇게 설명했다.

> 1945년 가을 미군 정책 형성의 배경과 근거는 강력한 좌익의 존재에 있었다. 군정 아래 몇 주일이 지나도 좌익은 약화되기는커녕 더욱 번성하는 것으로 보였다. 9월 중에는 인공이 하나의 사소한 문제로 보였다. 그 반대파 보수주의자들을 미군이 북돋워주기만 하면 쉽게 해소될 문제로 보였던 것이다. 그러나 군정이 지방으로 펼쳐져 나가면서 보고서가 들어오기 시작하자 인공 영향력의 범위가 군정 당국자들의 눈앞에 드러났다. (…) 하지는 나중에 이름이 밝혀지지 않은 한

친구에게 이렇게 고백했다. "솔직히 말해서 우리 임무의 하나는 합참과 국무부의 지시나 지원 없이 이 공산정부를 파괴하는 것이었소."

(『The Origins of the Korean War』, 193~194쪽)

'위키리크스'의 폭로 문건을 통해 대다수 미국 관리들이 국제관계에 얼마나 극심한 일방주의 태도로 임해 왔는지 밝혀지고 있다. '미국예외주의'(American exceptionalism)는 미국의 뿌리 깊은 전통이었고, 제2차 세계대전 후 이것이 일방주의 외교노선으로 형태를 빚어가면서 냉전체제의 핵심 요소가 되어가고 있었다. 미국식 자본주의 이외의 모든 것을 공산주의로 몰아붙이는 극우적 관점이 여기에서 나왔다.

조선에는 미군에 앞서 일방주의의 선구자가 있었다. 일본제국주의였다. 일제는 1920년대 이후 식민지 항일운동가들에게 거의 예외 없이 '좌익' 딱지를 붙였다. 많은 항일운동가들이 사회주의 이념을 포용한 것은 사실이다. 그러나 대다수는 사회주의 이념을 활용한다는 입장정도였으므로 '사회주의자'로 부르기도 어색한 사람들이었다. 그럼에도 일제가 이들을 '좌익'이라 부른 것은 민족문제가 겉으로 드러나는 것을 꺼렸기 때문이다.

일제가 '좌익'으로 보던 사람들은 미군에게도 대개 '좌익'으로 보였다. 식민통치의 협력자 집단이 미군정에도 협력자가 된 것과 짝을 이루는 현상이었다. 너무 넓은 범위를 '공산주의자'로 부르던 당시 상황을 커밍스는 이렇게 언급했다.

이런 꼬리표에는 진짜 문제가 있다. 공산주의자를 자칭한 이강국이나 현준혁 같은 사람들도 (넓은 의미의) 좌파 내지 (공산주의) 동조자 정도로 보아야 할 것이다. 그들은 공산주의 이념에 대한 깊은 이해를 보여주지 않았다. 대다수 인공 지도자들이 마찬가지다. 1945년 9월 인공의 극단적 공산주의 비평가들도 설익은 수준의 마르크스-레닌주의 이해밖에 보여주지 않았다. 차라리 김규식 같은 박식한 인물이 그와 맞서고 있던 '공산주의자'들보다 유물론을 더 잘 설명할 수 있었을 것이다. (같은 책, 85쪽)

이강국(李康國, 1906~55)은 나중에 또 등장하겠지만, 9월에 암살당한 현준혁(玄俊爀, 1906·45)에 대해 한마디. 해방 후 조선공산당 평안남도 지방위원회를 이끌던 현준혁을 찰스 암스트롱(Charles K. Armstrong)은 오기섭과 함께 "가장 뛰어난 이북 출신 국내파 공산주의자 두 명"의 하나로 꼽았다(찰스 암스트롱, 『북조선 탄생』, 김연철·이정우 옮김, 서해문집 2006, 147쪽). 그러나 실제 그의 경력을 보면 대구사범학교 재직중 독서회 사건으로 1930년대 초 6년간 복역했고, 그후에는 협동조합운동에 종사한 것으로 보아 사상적으로 투철한 공산주의자는 아니었던 것으로 보인다.

식민지시대 항일운동가 중 일부 투철한 종교인 외에는 거의 모두가 사회주의 이념에 호감을 보였다. '사회민주주의' 깃발이 있다면 포섭될 사람이 대부분이었고, 계급혁명을 신봉하는 투철한 '공산주의자'는 몇 되지 않았다. 이것을 일제는 모두 '좌익'이라 불렀고, 미군정은 그 뒤를 따랐다.

서울에는 미군이 '보수적 민주주의자'로 보는, 일제 협력자 집단 사람들이 지방에 비해 많이 모여 있었다. 교육과 재산 수준이 높은 계층이 서울에 몰려 있었기 때문이다. 식민지시대의 특권층이 지방에는 훨씬 적었고, 따라서 지방에서는 민족주의·민주주의·사회주의를 결합한 당시 조선인의 '민심'이 자연스럽게 펼쳐지고 있었다. 지방의 인민위원회 활동은 이 민심의 표출이었고, 그것을 중앙에서 수렴할 수 있는 것이 인공이었다.

아놀드 망언 이후 군정 당국자들이 인공을 점점 더 조심스럽게 대하게 된 것은 이런 현실을 인식하게 되었기 때문이다. 무조건 파괴하려 들기보다 '공화국'이라는 호칭을 거두고 국가나 정부 아닌 정당의 형태를 취할 것을 권유했다. 인공 당국자들은 자기네가 임의로 결정할 수 없는 일이라며 그 사안을 11월 20~22일의 전국인민위원회 대표자대회에 떠넘겼다. 그래서 군정청은 대표자대회에 헌병을 동원해 우익 청년단체의 습격을 막아주고, 아놀드 군정장관이 참석하기까지 했다.

전국인민위원회 대표자대회는 인공 명칭변경 또는 해체 문제에 관한 결의서를 11월 30일 발표했다.

> 조선 전국인민위원회 대표자대회는 중앙인민위원회가 보고하여 토의에 부친 조선인민공화국 국호 변경 또는 해체의 문제 및 군정과의 관계에 관하여 아래와 같이 결의한다.
>
> 1) 조선인민공화국은 조선 전인민의 총의에 의하여 성립되었고 지지되고 있다. 그것은 조선인민공화국은 조선인민과 함께 존재할 정당성이 있다고 주장하며 변경이나 해체는 조선인민의 죽음을 의미하는 것이라고 확언한다.
>
> 2) 조선인민공화국은 조선의 남북을 통일한 단체이므로 남북에 진주한 미소 양국이 공동으로 해결할 문제라고 믿는다. 그렇거늘 소련으로부터 여하한 통지도 없음에도 불구하고 38도 이남에만 권력을 가진 미국 군정이 단독으로 해체를 요구할 때 이것을 그대로 수락하는 것은 조선인민 스스로가 조선을 남북으로 분열시키고 대립시키는 중대한 과오이며 치명적 자기모독이다. 따라서 우리는 이것을 수락

할 수 없다.

3) 대회에 모인 대표들은 각지 인민으로부터 조선인민공화국을 지지 육성하기 위한 건안(建案)과 토의의 임무만을 받았다. 따라서 근본적으로 별개 문제인 본 문제는 언급할 하등의 권한이 없으며 그것은 오로지 전국인민대회의 민주주의적 투표에 의하여서만 결정될 성질인 것이다.

4) 미국 군정은 조선민족의 완전독립을 원조하기 위하여 조선에 존재한다고 우리는 이해하고 있다. 전국인민위원회는 조선민족의 완전독립을 그 시종일관한 사명으로 하고 있다. 따라서 양자는 본격적으로 일치하며 사실에 있어 각 인민위원회는 처음부터 미국 군정에 협력하는 것을 자기의 업무로 알고 이에 협력 실행하여 왔다. 또 우리를 잘 이해하는 미군 장관들이 우리와 완전히 일치하여 원만하게 모든 문제를 진척시키고 있다는 사실을 우리는 잘 알고 이에 대한 만강의 경의를 표하고 있다.

5) 그러나 일부 모략분자의 농간으로 인하여 우리를 이해할 총명을 잃어버려 미군 장관이 우리의 적극적 협력을 거부한 사실(전북 경북의 일부 지방)이 있다는 것을 우리는 심히 유감으로 생각한다. 실로 국호 변경 또는 해체 문제로 우리가 군정에 대립한다고 모략한 반역자의 이간에 인한다는 것을 재삼 지적하며 군정당국의 현명한 재인식을 절망한다.

6) 그러나 그럼에도 불구하고 우리는 끝까지 미군정의 가장 친한 벗이라는 것을 공언하고 모든 모략을 배제하고서 조선인민에 이익되는 정책의 실시를 위하여 군정에 적극적으로 협력하고 군정으로 하여금 유종의 미를 맺게 할 것을 대회의 이름으로서 다시금 확약하는 바이다.

(「전국인민위원회 대표자대회, '인공' 국호 변경 또는 해체 문제 결의문」,

『중앙신문』 1945년 12월 1일)

4~6항에서 인공의 입장을 밝힌 것은 그렇다 치고, 인공 해체 또는 명칭변경 거부의 이유를 밝힌 1~3항은 억지스럽고 치사스럽게 느껴진다.

첫째, 9월 6일에 몇 명이 어떤 식으로 모여서 인공 설립을 결정했기에 "조선 전인민의 총의에 의해" 성립된 것이라고 주장하는가? 인공의 "변경이나 해체가 조선인민의 죽음을 의미하는 것이라고 확언"하는 근거가 무엇인가? 정권에 대한 도발을 온 국민에 대한 도발처럼 뒤집어씌우는 후세 정권의 행태보다도 더 치졸하다.

둘째, "미소 양국이 공동으로 해결할 문제라고 믿는" 까닭이 무엇인가? 모든 연합국(실제로는 미·영·소 3국)이 함께 의논한다면 몰라도, 두 점령국이 별개의 협의체를 구성할 근거는 아무것도 없었다. 각각의 점령군은 자기 구역을 관할할 뿐이다. 미군의 관할방법에 불만이 있으면 미군에게 항의하든 투쟁하든 할 일이지, 소련을 끌어들일 이유가 없다.

셋째, 해체나 명칭변경이 싫으면 싫다고 말하면 됐지, 왜 이것을 '전국인민대회'에 미루나? 수십명이 부랴부랴 모여서 만든 조직의 해체나 명칭변경을 700여명이 체계적으로 모여서도 결정할 수 없다면, 국민투표라도 해야 된단 말인가? 인공 당국자들은 대표자대회에 미루고, 대표자대회는 존재하지도 않는 '전국인민대회'에 미루다니, 군정 당국자들을 한심하게 생각하는 나도 그들이 뒤통수 까였다고 열받은 데 충분히 공감이 간다.

'인민공화국' 명칭에 대한 집착은 대립의 격화에 목적을 둔 것이었다고 나는 생각한다. 인공 설립 당시에 여운형측은 '조선민주공화국' 또는 '조선공화국'이란 이름을 염두에 두고 있었는데, 회의장에서 공산주의자들이 '인민'이란 말을 넣도록 몰고 갔다. 원래는 정치적 편향성이 없는 말이기 때문에 여운형측도 극단적으로 반대하지 않았지만, 공산혁명과 관련해 널리 쓰이고 있던 이 말을 넣은 것은, 용의자로 보려는 미군에게 나 범인이라고 우기고 나선 꼴이다. '인민'이란 이름이 인공에 대한 미군의 적대감을 키워주었기 때문에 중도파의 입지가 줄어들고 극좌파가 인공과 좌익의 주도권을 쥐게 되었다.

11월 20~22일 대표자대회 시점에서 인공은 '공화국'의 이름을 접더라도 민심을 수렴하는 기능에 별 지장이 없었다고 나는 본다. 지난 100일 동안 민심을 기반으로 형성된 지방 자치조직을 뒷받침해 온 역할을 계속해서 성실하게 수행한다면 '공화국' 간판이 없다 해서 '인민'들이 민심을 수렴해 달라고 군정청에 매달리겠는가? 38선 이북에서는 인민공화국 없이도 인민위원회들이 민심을 잘만 수렴하고 있었다.

극좌파가 '공화국' 간판을 필요로 한 것은 임정과의 대결을 위해서였다. 중도파는 임정과의 협력을 원했다. 임정이 귀국을 앞두고 발표한 정강정책에는 중도파가 원하는 만큼 사회주의 원리가 반영되어 있었고, 임정의 인적 구성도 극우로 쏠린 것이 아니었다.

임정의 지명도가 높고 국민의 여망이 컸기 때문에 임정이 국내에 있었다면 민심 수렴의 주체가 되었을 것이다. 임정이 들어오지 못하고 있는 동안 그 역할을 인공이 대신하고 있었던 것이라고 볼 수 있다. 임정이 환국한 이제 임정과 인공이 힘을 합쳐 그 역할을 더 잘해 나가기를 많은 사람들이 원했다. 그러나 인공을 장악한 극좌파는 임정과의 합작을 가로막기 위해 임정에 대항하는 '공화국' 간판에 집착했다.

극좌파의 이런 의도는 9월 14일 인공 부서 결정에서부터 드러났던 터였다. 주석 이승만, 부주석 여운형, 국무총리 허헌, 내무부장 김구, 외교부장 김규식, 군사부장 김원봉……. 임정 최고지도자들을 허헌 국무총리 밑에 부장(장관)급으로 배치한 것은 무례한 정도를 넘어 노골적인 모욕이었다. 이 결정에 대한 항의로 여운형은 일시 직무를 거부하기까지 했다.

건준을 함께했던 안재홍에 비해 여운형은 임정에 대한 기대가 적었지만, 임정을 경쟁의 상대로 여겼지 타도대상으로 보지는 않았다. 임정과 건준—인공의 협력·합작을 바란다는 점에서 여운형은 안재홍과 같은 중도파였다. 그런데 극좌파가 장악한 인공은 독선적 노선에 빠져 극우파 결집의 빌미를 만들어주며 '적대적 공생관계'의 도구로 전락하고 말았다.

1945. 12. 2.

잔치 이튿날 집에 돌아온 임정 제2진

임정 요인 제2진이 입국했다. 의정원 홍진(洪震, 1877~1946) 의장과 외무부장 조소앙(趙素昻, 1887~1958), 군무부장 김원봉, 재무부장 조완구(趙琓九, 1881~1952?), 법무부장 최동오(崔東旿, 1892~1963), 내무부장 신익희(申翼熙, 1894~1956), 국무위원 조성환(曹成煥, 1875~1948), 황학수(黃學秀, 1879~1953), 장건상(張建相, 1882~1974), 김붕준(金朋濬, 1888~?), 성주식(成周寔, 1891~1959), 유림(柳林, 1894~1961), 김성숙(金星淑, 1889~1969), 조경한(趙擎韓, 1900~93) 등이었다. 제1진으로 입국한 요인은 김구 주석과 김규식(金奎植, 1881~1950) 부주석, 국무위원 이시영(李始榮, 1869~1953), 문화부장 김상덕(金尙德, 1892~1956), 선전부장 엄항섭, 참모총장 유동열(柳東說, 1879~1950)이었다.

두 팀으로 나눠 9일이나 사이를 두고 서울에 도착한 이유가 비행기 사정이라고 하는데, 납득하기 어려운 설명이다. 뭔가 특별한 이유가 없다면 수십명 인원 수송을 그렇게 복잡하게 할 리가 없다. 당시의 남한 점령군이 비행기 보내는 데 그렇게까지 힘들었을까? 그럴 리가 없다.

분리 귀국을 바라는 동기가 누구에게 있었나? 미군정 입장은 아니다. 임정을 손쉽게 다루기 위해 분리 귀국시켰다는 추측이 있지만, 당시 하지 사령관은 연합국 외상회담 전에 뭔가를 만들려고 일정에 쫓기는 입장이었다.

내가 이승만에게 너무 많이 혐의를 건다고 불평하는 독자가 있더라도 할 수 없다. 여기에서도 그 사람 냄새밖에 안 난다. 임정을 분리 귀국시켜 자기 노선에 따르도록 설득하기 쉬운 상황을 그는 만들고 싶었다. 1진, 2진 구분 과정에서 임정 내에 의심과 불만이 일어나는 것도 그는 바랐다. 그리고 하지의 '임시 한국 행정부' 프로젝트를 그가 맡고 있었으므로 비행기 일정 결정에 충분한 영향력을 가지고 있었을 것이다.

제2진 요인들은 기분이 많이 상했을 것이다. 귀국이 늦었을 뿐 아니라 날씨를 이유로 비행기가 목포에 내렸다. 대규모 환영회는 그들이 목포에서 자동차로 북상하는 동안 열렸고, 그들은 이튿날에야 서울에 도착했다. 뒤처진 동지들의 도착을 코앞에 두고 김구는 이승만과 나란히 조선생명 발코니에 서서 군중의 환호를 받았다. 그때 그 속마음은 어떤 것이었을까? 이해하기 힘든 일이다.

임시정부 및 연합군 환영회본부 주최의 임시정부 봉영회(奉迎會)는 1일 오후 1시부터 서울운동장에서 거행되었다. 이날 참가단체는 경성대학을 필두로 전문, 중학, 소학 등 100여교와 기타 500여 단체에 달하였는데, 식은 윤보선(尹潽善)의 사회로 개막하여 먼저 오세창(吳世昌)으로부터 갈망하던 임시정부 간부가 환도하였으니 이 지도자의 명령에 절대 복종하자는 개회사가 있고 이인(李仁)의 봉영문 낭독이 있은 후 권동진(權東鎭) 선창으로 만세삼창을 하고 조선초등학교 생도를 선두로 기행렬(旗行列)에 옮기어 행렬은 안국정 네거리에 이르러 조선생명보험회사 2층에서 축하를 받는 김구, 이승만 앞에서 대한임시정부 만세와 김구 만세, 이승만 만세를 부르고 경성역 앞에 이

1945년 12월 1일에 열린 임시정부 환영대회에 등장한 꽃으로 장식한 전차. 제2진 인사들은 이날 상해를 떠났으나 날씨 때문에 목포에 착륙, 환영회 이튿날에야 서울에 도착했다.

르러 해산하였다.

(「임시정부 및 연합군 환영회본부 임정 환국 봉영회 거행」,

『자유신문』 1945년 12월 2일)

환영회 이튿날에야 서울에 도착한 제2진 요인들이 기분은 안 좋았겠지만, 큰 갈등을 일으키지 않은 것은 김구 등 제1진 요인들이 그사이에 입장 표명을 최대한 아끼며 조심스럽게 처신한 덕분이었다. 그러나 이 9일간의 차이가 요인들의 심리나 외부와의 관계, 그리고 상호관계에 영향을 끼친 것이 전혀 없을 수는 없었을 것이다.

조소앙, 김붕준, 김성숙, 최동오, 장건상, 유림, 김원봉. 12월 25일 통일전선 결성을 위해 임정 안에 만들어진 특별정치위원회의 면면이다. 모두 제2진 귀국자다. 이들을 서중석은 "좌파와 합작파 국무위원"

이라 불렀는데(『한국현대민족운동연구』, 280쪽), 무슨 '파'라는 이름을 너무 서둘러 붙인 것이 아닌가 의구심이 든다. '좌파'라는 것도 당시에는 매우 막연한 규정인데, 하물며 '합작파'란 것을 하나의 '파'로 이름 붙일 의미가 있는 것인지? 그들이 어떤 '파'에 속해 있었기 때문에 그 시점에서 그런 행동을 취한 것이라는 인상을 지나치게 강하게 주는 것 같다.

11월 23일을 앞두고 제1진과 제2진을 가르는 데는 많은 고심이 있었을 것이다. 여러 가지 기준을 고려하여 결정을 내렸겠지만, 결국은 제1진의 즉시 활동을 위한 '기동성'과 임정의 결속력을 지키는 '안정성'이라는 두 가지 기준이 중심이었으리라. 제1진에 주석, 부주석과 비서진을 넣어 국내의 어떤 상황에도 최소한의 대응을 할 수 있는 기동성을 갖추면서 두 그룹 사이의 위화감을 최소화하는 안정성을 기하려 했을 것이다.

안정성을 위해서는 두 그룹을 지나치게 기존 정치성향에 따라 가르지 않도록 조심했을 것이다. 제1진 요인 6인 중 확실한 '김구의 사람'은 엄항섭 선전부장뿐이었다. 그런데 몇 주일 후 좌익과의 합작에 주력하는 특별정치위원회가 제2진 인물로만 구성된 것을 어떻게 이해할 것인가?

11월 23일에서 12월 2일까지, 한 그룹은 상해에서 비행기를 기다리고 있고 한 그룹은 서울에 들어와 있는 동안, 두 그룹의 경험 차이가 좌익을 대하는 태도에 상당한 작용을 일으킨 것이 아닐까? 예컨대 공산당과 인공이 상대 못할 존재라는 이야기만 해도 제2진 인사들보다 제1진 인사들이 훨씬 더 많이 들었을 것은 분명한 일이다.

장준하가 중경에서 임정의 분파적 양상에 분개, "임정을 폭파하고 싶다"는 극언까지 했지만(이 책 1권의 10월 1일자 일기 참조), 전쟁 중 중경의 제한된 조건 속에서 임정 요인들이 서로 다른 행동을 선택할 여지는 크지 않았다. 내무부장 신익희가 '경위대'란 이름으로 젊은이들을 자기 사람으로 끌어들이려 한 획책 정도가 장준하를 격분시킨 일이었다. 그런데 이제 국내에 들어와서는 많은 사람들의 주목 속에 노선을 선택해 나가야 하는 상황이 되었다.

3·1운동부터 해방까지 26년간 민족독립의 깃발을 지켜온 것, 그것이 해방 당시 온 국민이 임정에 기대감을 가지는 결정적 근거였다. 임정의 정치적 가치는 능동적 정책보다 흔들리지 않는 '지킴'의 자세에 있었다. 그런데 이제 지키는 데 그치지 않고 움직여야 할 상황에 왔다. 움직이면서도 '지킴이'로서 근본적 가치를 최대한 지켜내는 것이 귀국 후 임정의 최대 과제가 되었다.

1945. 12. 3.

4천7백리 길을 걸어 귀국한 '독립동맹'

12월 8일자 『해방일보』에 김태준(金台俊, 1905~49)의 회견기사가 실렸다. 『조선가요집성』(1934), 『청구영언』(1939), 『고려가사』(1939) 등 뛰어난 업적을 남긴 국문학자 김태준은 경성제대 강사로 있다가 1941년 경성콤그룹 사건으로 옥고를 치른 후 1944년 11월 연안으로 탈출, 항일운동에 참가했다. 그런 그가 이제 막 귀국한 것이다. 김태준은 후에 남로당 문화부장으로 활동하다가 지리산 유격전에 연루, 체포되어 1949년 11월 총살당한다. 학술계와 문화계에서는 걸출한 소장 학자인 그를 살리기 위해 이례적인 구명운동을 벌이기도 했다.

김태준의 회견을 통해 독립동맹의 존재가 널리 알려지게 되었다(강영주, 『벽초 홍명희 연구』, 창작과비평사 1999, 417~418쪽). 독립동맹은 중국 공산당의 본거지 연안을 중심으로 활동하다가 11월에서 12월에 걸쳐 입국한, 중경 임정 다음으로 중요한 해외 독립운동 세력이었지만 역사가 짧아 국내에는 잘 알려져 있지 않았다.

식민지시대 해외 독립운동을 펼치기에 중국은 가장 적당한 장소였다. 가까운 이웃나라로서 인적·물적 자원을 제공할 거대한 교민사회가 존재했고, 무엇보다 일본의 침략에 함께 저항하는 입장이었다. 상당한 규모의 교민사회가 있던 러시아나 미국이 일본의 조선 침략에 무관심한 것과 대비되는 조건이었다.

그러나 조선인의 독립운동은 중국의 정치적 사정으로 여러 가지 제약을 받았다. 독립운동의 대표 격인 상해·중경 임시정부는 국민당 정부의 보호와 지원을 받았지만 그 대가로 좌익 방면의 발전이 어려웠다. 중국 국민당과 공산당이 대결하는 상황에서는 공산주의자는커녕 웬만한 사회주의자들도 임정 참여에 어려움을 겪었다. 1937년 중일전쟁 발발 이후 국공합작이 명목상으로라도 이어지는 상황에서야 임정에도 비로소 좌익의 참여가 어느 정도 이루어질 수 있었다.

그러나 오랜 기간에 걸친 임정과 중국 국민당 사이의 밀착관계, 그리고 중국 국민당과 공산당 간의 실질적 대결상태로 인해 중국에서 조선인의 독립운동 역량이 임정으로 결집하는 데는 한계가 있었다. 임정이 수렴하지 못한 운동역량이 모이는 제2의 초점이 중국 공산당 방면에 형성되었다. 1941년 초 북중국 지역의 독립운동단체로 결성된 화북조선청년연합회를 중심으로 1942년 7월 조선독립동맹이 만들어졌다. 1938년 이래 김원봉이 조직하고 키워온 조선의용대도 1942년 봄에 갈라져서 한 갈래는 임정 휘하의 광복군에 편입되고, 한 갈래는 독립동맹에 합류했다.

독립동맹의 영도자 김두봉(金枓奉, 1889~1961?)의 거취가 임정과 독립동맹 사이의 관계를 단적으로 보여준다. 주시경(周時經, 1876~1914)의 수제자로 꼽히던 한글학자 김두봉은 김규식, 조소앙, 김원봉 등과 함께 임정 내부의 야당 위치에 있던 사람이었다. 그런 그가 1942년 초 중경을 떠나 연안으로 향했다. 임정의 포용력에 한계를 지적하며 임정 밖의 활동을 찾아나선 것이었다.

김두봉의 이탈을 당시의 임정은 '배반'으로 몰아붙이지 않았다. 개인적으로 반대한 사람은 있었을지 몰라도 공식적으로는 관용적인 태

심양에 모인 조선독립동맹 요인들. 맨 앞줄 오른쪽에서 세번째가 김두봉, 두번째가 무정. 독립동맹의 민족통일전선 분위기는 중국 공산당이 만들어준 환경 속에서 자라난 것이다. 김두봉은 비당원으로 독립동맹을 이끌다가 일본 항복 후에야 중국 공산당에 입당했다.

도였다. 김두봉의 사상과 인격에 대한 존중과 함께 임정 외의 독립운동에도 지도력이 필요하다는 인식이 임정 내에 많이 있었기 때문이다. 독립동맹의 활동내용을 아직 세밀히 살피지 못했지만, 김두봉 같은 진중한 영도자의 존재가 극단적 노선을 삼가는 데 도움이 되지 않았을까 우선 생각된다.

임정이 활동한 남중국 지역에 비해 독립동맹이 활동한 북중국(화북) 지역에는 교민이 많이 살고 있었다. 그러나 일본군이 많이 점령하고 있던 지역이었고 교민들도 일본군을 배경으로 진출한 입장이었기 때문에 독립운동은 지하활동과 유격활동의 양상을 띠었고, 임정에 비해 현실투쟁의 성격이 강했다. 당시 중국의 교민 현황에 대해 임정 재정부장 조완구는 12월 9일 기자에게 이렇게 말했다.

중국에 우리 교민이 약 400만이 있다. 그중 약 300만이 산해관 이외

즉 동삼성에 있는데 간도에 있는 100만 교민은 오랫동안 있어서 거기에서 토지소유권까지 인정을 받고 있는바 아마 이것은 소수민족으로서 해결될 줄 믿는다. 그리고 그외의 교민들은 일군(日軍)의 제1선 공작을 담당하였고 또 거기에 협력하여 왔으니 중국정부로서는 결국 방축(放逐)하게 될 줄 압니다.

(「임정 조완구, 현하 조선경제 대책 등에 관해 기자회견」 중에서,
『동아일보』 1945년 12월 9일)

이 이야기는 며칠 전 북경 지역 교민들이 중국군에게 포로로 수용되기 시작했다는 소식과 관련해 나온 것 같다.

〔북평(北平) 1일발 국제〕 제11전구 정치부주임 주(周)소장은 북평지구에 거주하는 조선인의 수용에 관하여 1일 다음과 같이 발표하였다.

제11전구 사령부는 북평지구에 거주하는 조선인 2만의 수용을 개시하였다. 조선인측에서는 "우리는 중국의 우호국민이 아니냐"라는 항의를 제출하였는데 본부 조사에 의하면 조선인의 대부분은 일본점령 후 화북에서 일본인과 협력하였던 것이다.

(「중국 제11전구 정치부주임, 북평지구 한인수용 개시를 발표」,
『자유신문』 1945년 12월 3일)

해방 전 중국으로 이주한 조선인은 크게 두 범주로 나눌 수 있다. 그 하나는 식민지시대 이전부터 농토를 찾아 국경을 넘은 사람들로, 이들은 압록강과 두만강, 특히 두만강 북쪽 일대에 정착했다. 식민지가 된 후 일제 통치를 피해 중국으로 이주한 사람들도 이 범주에 가까운 성향을 가지고 항일운동의 인적·물적 자원을 제공하는 근거가 되었다.

또 하나의 범주는 1920년대 이후 만주와 중국에 대한 일제 침략에 의지해 이주한 사람들이다. 일제 침략에 적극 협조한 사람들은 말할 것도 없고, 만주 지역에 많이 자리잡은 영세농민들의 경우에도 중국인 주민과 대립하는 상황이 흔히 형성되었다. 일제의 보호와 지원에 생존을 의지하는 입장 때문이었다. 만보산사건(1931)■이 전형적인 상황을 보여준다. 농민 비중이 적은 관내의 일본 점령지역 교민사회는 일제와의 밀착이 더욱 강했을 것이다.

화북 지역은 중일전쟁 발발 후 일제 통치 아래 들어갔다. 일본의 위협이 적은 상해에 자리잡고 있다가 전쟁이 일어나자 후방으로만 옮겨 다니는 임정에게 열혈 항일투사들이 불만을 느끼지 않을 수 없었을 것이다. 하나의 세대 문제로도 볼 수 있는 갈등이 일어났다.

중국 관내에서의 좌우충돌에는 세대간의 사상적 갭도 작용하고 있었다. 한국독립당의 지도층은 19세기 후반 또는 19세기 말경에 유년, 청년 시기를 보내고 전통적인 지적 성장을 하여 일면으로는 위정척사파적인 기질도 갖고 있는 원로들로서, 양반계급 출신이 많았으며 근대교육을 적게 받은 편이었다. 그런데 젊은 사회주의자들은 지나치게 급진적인 경우가 적지 않았고, 독립운동의 선배에 대해 어른대접을 잘 하지 않았다.

그리하여 임시정부측의 원로들은 김원봉 등이 나이가 젊고 충동적이며 환상에 차 있고 언행이 너무 편격하다고 생각하여, 그들을 중

■   1931년 7월 2일에 중국 만주 길림성(吉林省) 장춘현(長春縣) 만보산(萬寶山) 지역에서 조선인 농민과 중국인 농민 사이에 수로(水路) 문제로 일어난 충돌 및 유혈사태. 일본의 술책으로 일어나 국내에서 화교에 대한 박해 사건으로 발전하였으며, 일본은 이를 구실로 삼아 만주사변을 일으켰다.

요시하지 않았고, 젊은이들은 노인들한테 싫증을 내면서, 그들을 '봉건영수' '민족 파시스트' '신비적 국수주의자'로 간주하였고, 국수주의를 배격하자고 외쳤다. (『한국현대민족운동연구』, 174~175쪽)

중국에서 독립운동의 좌우 분열에는 이념의 차이보다 이런 자연스러운 차이가 더 많이 작용한 것으로 보인다. 운동의 입체적 조직을 통해 충분히 포용할 수 있을 뿐 아니라 오히려 상승작용을 기대할 수 있는 성격의 차이였다. 그런데 국민당과 공산당이 대립하는 중국의 상황이 독립운동의 입체적 조직을 가로막고 있었다. 그런 상황에서 보수적 성향의 임정과 진취적 성향의 독립동맹의 병존은 현실적으로 가장 바람직한 분업 형태로 볼 수 있다.

중국 공산당의 '대장정' 전통을 배운 것일까? 독립동맹은 조선의용군 4개 대대와 함께 9월 3일 연안을 출발, 4천7백리 길을 걸어 11월 말 신의주에 도착, 소련군에게 무장해제를 당하고 입국했다. 독립동맹은 조선신민당을 거쳐 노동당 연안파를 이뤘고, 김두봉은 1949년 9월 조선민주주의인민공화국의 국가주석을 맡았다. 이남 지역에서도 독립동맹의 투쟁경력을 높이 평가하는 움직임이 크게 일어나 남조선신민당이 성립되기도 했다.

독립동맹의 입국으로 해외 독립운동 주요 세력의 무대 입장이 끝났다. 가장 오랜 전통을 가진 대한민국 임시정부, 만주 유격항쟁을 대표한 김일성 집단, 그리고 중국 공산당을 배경으로 최근까지 무장항쟁을 벌여온 독립동맹. 미국 교민사회를 이승만이 제대로 대표했는지는 이론의 여지가 있지만, 더 효과적인 대표를 따로 보내지는 못했다.

1945. 12. 6.

들통나 버린 이승만의 '들러리 수법'

10월 23일 각 정당·단체 대표 두 명씩 200여명이 조선호텔에 모인 자리에서 독립촉성중앙협의회(독촉)를 만들 것을 결정하면서 회의 소집권을 회장 이승만에게 맡기기로 했다. 이승만은 이틀 후 한민당 인사들을 중심으로 10여명을 모아 독촉의 조직과 성격을 의논한 다음, 주요 세력의 참여를 청하기 위해 10월 31일 박헌영을 만나고, 11월 1일 여운형을 만났다. 그리하여 11월 2일 72개 정당·단체 대표 수백명이 참석한 회의를 천도교 강당에서 열었다.

11월 2일 회의의 중요한 결정은 두 가지였다. 독촉 명의로 연합국에 메시지를 보내는 것이 그 하나였는데, 이승만이 기초한 결의문 내용에 일부의 불만이 있어서 몇 사람의 수정위원을 위촉, 수정을 가한 뒤 보내기로 했다. 또 하나의 결정은 조직 구성을 회장 이승만에게 일임한다는 것이었다. 그런데 아래 기사에 보이는 것처럼 한 달 넘게 지난 이제까지 전형위원회조차 제대로 구성하지 못하고 있었다.

이승만을 중심으로 민족통일전선을 목표로 하고 결성된 독립촉성중앙협의회는 월여(月餘)를 두고 자체의 조직 확대와 기능 강화를 위하여 예의 노력하여 왔음에도 불구하고 여러 가지 사정으로 정돈상태에 있는 듯하더니 임시정부 영수들의 환국을 계기로 하여 다시금 활발한 동향이 전개되었다. 이승만은 동회 중앙위원 선거의 제일 전제로서 전형위원 선정을 전대회에서 위촉받은 후 신중히 인선 중이던 바 마침내 여운형(인민당), 안재홍(국민당), 허정(許政), 김동원(金東元), 백남훈(白南薰), 원세훈(元世勳), 송진우(이상 5씨 한국민주당) 등 7명을 선정하고 11월 18일에 제1회 전형위원회를 소집하였으나 동위원의 인적 구성은 1당1파에 편중되었다는 것이 주요 원인이 되어 동회가 성립되지 못하였으므로 이승만은 재차 신중한 인선에 착수하여 제2차로 김지웅(金志雄), 김석황(金錫璜), 안재홍, 김철수(金綴洙), 손재기(孫在基), 백남훈, 정노식(鄭魯湜) 등을 선정한 후 5·6 양일에 걸쳐 시내 돈암장에서 극비리에 이승만을 중심으로 무엇인지 신중히 토의중이며 특히 6일에는 오전부터 회의를 진행 중 이승만은 급히 하지, 아놀드 양 장군과 회담한 후 다시 회의에 임하여 오후 늦도록 회의는 계속되었다.

물론 토의 내용은 알 수 없으나 아마 독립촉성중앙협의회의 중앙집행부 구성과 금후 민족통일에 대한 구체적 대상이 중심 의제가 아닌가 하여 극히 주목되며 특히 종래 민족통일전선에서 독립촉성중앙협의회가 차지하는 비중과 그 독특한 위치에 비추어 그 동향은 현단계의 정국에 중대한 관련성을 갖지 않는가 하여 극히 주시되는 바이다.

(「독촉, 전형위원 선정」, 『서울신문』 1945년 12월 7일)

공산당과 박헌영은 11월 2일 회의에 큰 불만을 나타냈다. 엉터리 단체들을 내세워 한민당 사람들을 대거 참석시키면서 좌익 대표들의 참석을 극도로 제한해 놓고 다수결로 결정했으니 우익의 주장만을 대표한 회의라는 것이었다. 결의문 수정위원을 위촉한 것은 중도적 인사들도 이 비판에 많이 공감했기 때문일 것이다.

11월 28일 소집된(기사 중의 "18일"은 착오인 듯) 전형위원회는 한민당 인사들이 모든 것을 결정할 수 있게 하면서 여운형과 안재홍을 들러리 세운 것이었다. 여와 안은 10월 27일 만나 "국내 통일전선 통일은 이박사에 대한 국민적 신망이 최고조인 이 기회를 놓치면 안 된다"고 합의하고 이승만에 대한 전폭적 지지 방침을 정했다고 한다(『우남 이승만 연구』, 469쪽). 한민당이 이해관계에 따라 이승만과 결탁한 것과 달리 두 사람은 대국적 입장에서 이승만과 독촉 지지에 나선 것이다. 그러나 들러리 역할이 너무 분명한, 한민당 5인에 국민당과 인민당 각 1인의 전형위원회 구성에는 도저히 동의할 수 없었을 것이다. 안재홍은 불참했고, 여운형은 참석했다가 항의하고 퇴장했다.

11월 2일 회의에서 이승만에게 조직 구성을 "일임"한다고 했지만, 엿장수 마음대로 하라는 이야기일 수는 없었다. 웬만큼 원칙과 상식에 따라 처리했다면 다소 불만을 가진 사람들도 따라갔을 텐데, 이승만의 독단이 너무 심하니까 불신이 계속 쌓이게 되었다.

12월 5~6일의 전형위원회는 이승만과 독촉의 위축된 모습을 보여준다. 이승만은 임정과 공산당을 독촉에 끌어들이기 위해 공을 들였지만, 양쪽 모두에게 외면당했다. 대국적 입장에서 독촉을 지지하던 여운형은 돌아섰고, 안재홍은 참여하면서도 기대가 줄어들지 않을 수 없었다. 안재홍은 1948년 7월 민정장관을 사임하면서 쓴 「기로에 선 조선민족」에서 그때의 일을 이렇게 회고했다.

30수년 만에 서울에 귀착하신 이승만 박사의 정계 등장은 최대한 기대와 경의로써 전민중적 열광리에 환영되었다. 나는 그분의 거대한 정치영향력에 말미암아 다시 결합독립의 길이 열릴 것을 기원하였다.

'건준' 이래 일단 분몌(分袂)하였던 여운형씨를 그의 양주 향제에 방문하여 함께 서울에 귀래한 후 '인공'의 정·부 주석인 이박사와 여몽 양 간의 공작으로 '인공' 문제가 해결되고 민·공은 다시 협동될까 하였다. 그러나 '인공' 문제는 좌방의 집요한 고집 있어 심상치 않았다.

10월 23일 조선호텔 회합에서, 각 정당의 해체 및 합동을 단념하는 대신 현존한 그대로의 '독립촉성중앙협의회'를 결성하였고, 11월 2일 천도교당 회합에서 각 당파 관계를 충분히 고려하여 7인 전형위원을 회장 대신 이박사가 선임하여 좌우 적정한 협의기관을 만들기로 하였으나, 좌와의 절충 익지도 않았고, 전형위원은 한민당의 송진우, 김동원, 백남훈, 원세훈, 허정 등 5씨와 여운형 및 나 양인을 지명하게 되었는데, 나는 이박사의 통지하심에 의하여 돈암장에 총총 갔었으나, 저해하는 자 있어 사태 불명한 중에 퇴귀하였더니, 추후 비로소 그 시말 알았으나 추급할 수 없었고, 이로써 협동의 기운 더욱 희박하여졌다.

이 일 때문에 당시 한민당의 간부인 정노식, 장덕수 양씨의 협력도 있어 나는 공당과의 담의 빈번할 새, 박헌영 외 수씨 국민당 본부를 내방하기 3, 4차요, 내가 공당 본부인 근택빌딩에 박헌영씨를 찾기가 양차이었고, 추후 박씨의 대신 '서울 콤그룹'파가 아닌, 김철수씨를 이끌어내어 돈암장 회합이 자못 빈번하였으나, 5대5의 비율 문제로 모두 성립되지 않았다. 이 5대5 비율안은 끝끝내 협동의 암초로 되었다. 김씨는 자못 양보적이었으나 그의 설, 통치 못한 것이다. (안재홍선집간행위원회 편, 『민세 안재홍 선집 2』, 지식산업사 1983, 263~264쪽)

6일 전형위원회 회의 중에 이승만이 하지와 아놀드를 만나러 나갔다가 돌아와 밤늦게까지 회의를 계속했다고 한다. 독촉의 구성이 군정

당국자들의 요구에 따른 것임을 밝힌 것으로 보인다. 군정 당국자들은 독촉이 모스크바 외상회담 개막 전에 구성될 것을 요구하고 있었다. 그래서 전형위원회는 5~6일 회의에 이어 13~14일에 다시 회의를 열어 중앙집행위원 39인(이승만 빼고)을 선정했고, 12월 15일에 중앙집행위원회 첫 회의를 열었으나 이승만 포함 16명만이 참석했다.

독촉을 정당통합 대신의 정치통합으로 생각해서 지지하고 추진한 것이 안재홍만은 아니었을 것이다. 그러나 군정 당국자, 그리고 이승만과 한민당의 생각은 달랐다. 그들은 독촉 중앙집행위원회를 '정무위원회'로 만들려고 하였다. 11월 20일 주한 정치고문 랭던이 국무장관에게 전문으로 보낸 '랭던 제안'에서 말한 'Governing Council'을 말하는 것이다. 조선인의 정치적 요구를 효과적으로 충족시킬 조직이 만들어졌으니 신탁통치가 필요 없다는 주장을 하기 위해서였다.

그러나 이 시도는 실패했다. 좌익의 호응을 전혀 얻지 못했기 때문이다. 14일 전형위원회에서 선정된 39인 중 좌익인사는 인민당 4인, 공산당 4인 등 15인이었지만 전원 참여를 거부했다. 소수파로 끌어들여놓고 다수결로 묵살해 버리는 이승만의 '들러리 수법'이 이제 들통나 버린 것이다. 좌익의 참여가 전혀 없는 조직을 놓고 "조선인의 정치적 요구를 효과적으로 충족시킬" 수 있다고 우길 수는 없었다.

10월 13~14일 맥아더·하지·애치슨과의 '도쿄 회담' 이래 군정청에서 극도의 존대를 받던 이승만의 위신은 이 실패로 크게 추락했다. 이 무렵 군정장관이 러치(Archer L. Lerch)로 교체된 것도 남한 군정에서 '맥아더 노선'의 좌절을 의미하는 것으로 보인다. 법학을 전공하고 헌병 병과에서 근무해 온 러치로의 교체는 야전군 출신에게만 남한 군정을 맡겨놓을 수 없다는 워싱턴의 결정이었을 것이다.

1945. 12. 7.

송진우, 뭘 믿고 임정 앞에서 큰소리를?

최후로 한가지 애기하랴는 것은 일을 하랴면 돈이 있어야 돼요. 돈
있는 부자들께 돈을 많이 내도록 합시다. 그러타고 빼앗지는 마시오,
우리들이 불한당이 될 테니간, 우리가 우리의 힘으로 경제적으로도
큰돈을 모와놓으면 저네들도 우리의 실력 있다는 것을 알 것이요, 그
리고 자주독립할 실력이 있구 하면 모든 일이 다 일우워질 것이 아니
오. (「조선독립촉성중앙협의회 제1차 제2차 경과보고」, 『우남 이승만 연구』, 581쪽에
서 재인용)

11월 1일의 독촉 회의에서 이승만이 했던 이야기의 한 대목이다. 청
년시절 이후 미국에서 살아오면서 공리주의 사고방식에 길든 그이기
에 돈 애기를 스스럼없이 할 수 있었으리라는 점은 이해가 간다. 그러
나 '실력'을 숭상하는 그의 자세는 그를 민족주의 지도자로 바라보던
사람들에게 위화감을 주었을 것 같다.

'우리'가 큰돈을 모아놓으면 저네들(미국과 군정청)이 우리 실력을 알
아본다는 애기, 뒤집어보면 부자들의 실력을 우리도 존중해야 한다는
애기 아닌가. 35년 식민지시대를 거친 그 시점에서 부자라면 어떤 식으
로든 식민지배에 협력하면서 실력을 키워온 사람들이다. 그 사람들에

게 이제 식민지배 대신 '우리'에게 협력할 길을 열어주자는 것이다.

이승만이 여기서 말한 '우리'는 민족주의 진영이 아니라 실력자 집단을 말하는 것이었다. 21세기의 뉴라이트 논객들에게 숭상받는, 대한민국의 초석이 된 실력자 집단을 말하는 것이었다(김기협, 『뉴라이트 비판』, 돌베개 2008, 55~57쪽). 그들 중 친일경력이 너무 두드러져 한민당에조차 드러내 참여하지 못하는 사람들에게까지 이승만은 손을 내밀었다. 그 손을 잡고 고개를 쳐든 집단의 하나가 대한경제보국회였다.

> 서울시를 중심으로 거액의 경제력을 가지고 있는 조선사람 재벌의 움직임이 자못 주목되던 차에 서울시내 거주 재벌들이 이승만의 주선과 알선으로 대한경제보국회를 조직하고 현재 물가고로 말미암아 도시의 회출이 전연 없고 또 모리배의 관계로 천정 모르고 오르는 쌀값을 적극적으로 저락시키고자 군정청에서 보관중인 일본인 군수품을 공정가격으로 불하받아 바터제로 생활필수품을 농민에게 주고 쌀을 사들여 도시 근로대중에게 헐가로 판매할 계획이며 기타 보국기금도 모집할 계획이라고 한다. 이에 대하여 알선역을 한 이박사는 비서 이정(李淨)을 통하여 동회의 목적을 일반에게 발표하였는데 동회 역원은 다음과 같다.
>
> 위원장: 김홍량(金鴻亮)
>
> 부위원장: 민규식(閔奎植)
>
> 위원: 최창제(崔昌濟) 강익하(康益夏) 김용순(金用淳) 김서동(金瑞東) 조준호(趙俊鎬) 박기효(朴基孝) 허택(許澤) 김성권(金星權) 공탁(孔濯) 박영근(朴寧根) 김태희(金泰熙) 장진섭(張震燮) 김희준(金熙俊)
>
> 감사: 이현재(李賢在) 김순흥(金淳興) 김성준(金聖駿)
>
> 상담역: 이정(李淨) 이민(李民) 편덕렬(片德烈) 김영환(金永煥)

(「대한경제보국회 발족」, 『중앙신문』 1945년 12월 15일)

이 조직이 공식 발족한 것은 12월 12일이지만, 실제 출범은 이승만의 초청으로 12월 3일 돈암장에서 열린 모임이었다. 이 모임에서 보국기금실행위원회 설립을 결정하고 이승만의 알선으로 군정청을 통해 조선은행에서 거액을 대부받을 방침을 의논했다(계획된 대출액은 2억원으로 당시 알려졌다). 그러다가 비판적인 논설이 일어나자 당시 민생에 심각한 문제를 일으키고 있던 쌀수급 문제에 공헌하겠다는 명분으로 나선 것이었다(『우남 이승만 연구』, 580~584쪽).

이 무렵 이승만이 군정청에 대한 영향력을 이용해 돈을 엮어보려 한 시도는 여러 각도에서 펼쳐진 것으로 보인다.

산업인의 대동단결과 산업경제의 통일발전, 산업의 과학적 개혁, 대중적 산업기구의 신편성을 강령으로 국내 산업을 진흥코자 하는 건국산업연맹본부는 한탁렬(韓鐸烈)을 위원장으로 활동을 개시하였는데 그 제1 착수로 이승만의 알선으로 군정청과 양해가 성립되어 38도 이남에 있는 일본 군관사단체(軍官私團體)가 소유하고 있던 가격 약 17억원의 물자를 양수하여 양심적인 40개 지정 배급점을 통해서 소비자에게 배급 판매하게 되었다. 이것으로 필수물자가 민중에게 균점되며 고물가를 억압하게 될 것이라고 하며 또 현재 일본에 있는 현금 약 10억, 기계설비자료 약 3억, 고정시설 약 9억, 도합 28억의 자본과 1만 7,000인의 기술인을 국내에 이전해 올 계획을 진행중이어서 앞으로 활동이 기대되는 바 있다 한다.

또한 동 연맹에서는 기관지 『산업신문』을 준비중이다.

(「건국산업연맹 발족」, 『자유신문』 1945년 12월 9일)

건국산업연맹, 경제보국회, 참 좋은 이름들이다. 식민지체제에서는 2~3류 자본가였던 국내 '거부'들에게 이승만이 구세주처럼 보이지 않았을까? 일본인의 조선 내 재산의 몰수를 당연하게 여길 때였다. 아무리 사유재산이라 하더라도 식민지배 권력을 배경으로 형성된 것이므로 재산권을 보호할 필요가 없다는 논리였다. 이 논리를 조금만 연장하면 금광왕이건, 백화점왕이건, 대지주건, 몰수의 위협을 피할 수 없었다. 3·8선 이북에서는 널리 현실로 나타나고 있던 사태였다.

그런데 재산을 지키는 데 그치지 않고 일본인 재산에까지 손을 뻗쳐 1류 자본가로 도약할 기회를 이승만이 열어주고 있는 것이었다. 최대의 위협인 '친일파' 처단으로부터의 면죄부와 함께. 한민당의 득세에 생존의 유일한 희망을 걸고 있던 그들에게 이승만은 오히려 날개를 달아주겠다는 것이었다.

김학준의 『고하 송진우 평전』(동아일보사 1990)에 이런 이야기가 실려 있다고 한다. 12월 중순 어느 날 한민당 간부들이 임정 요인들을 국일관으로 초대한 자리에서 신익희가 친일파의 엄격한 숙청이 필요하다는 주장을 하매 장덕수(張德秀, 1894~1947)가 "그러면 나는 숙청이 되겠군" 하는 것을 신익희가 "설산(장덕수)뿐이겠는가" 맞받을 때 곁에 있던 송진우가 이렇게 말했다고 한다.

여보 해공(신익희), 국내에 발붙일 곳도 없이 된 임정을 누가 오게 하였기에 그런 큰소리가 나오는 거요? 인공이 했을 것 같애? 해외에서 헛고생들 했군. 더구나 일반 국민에게 모두 떠받들도록 하는 것이 3·1운동 이후 임정의 법통 관계지, 노형들 위해서인 줄 알고 있나? 여봐요, 중국에서 궁할 때 뭣들 해 먹고서 살았는지 여기서는 모르고 있는 줄 알아? 국외에서는 배는 고팠을 테지만 마음의 고통은 적었을 것 아니야. 가만히 있기나 해. 하여간 환국했으면 모든 힘을 합해서 건국에 힘쓸 생각들이나 먼저 하도록 해요. 국내 숙청 문제 같은 것은 급할 것 없으니, 임정 내부에서 이러한 말들을 삼가도록 하는 것이 현명할 거요. (『한국 현대사 산책: 1940년대편 1』, 130~131쪽에서 재인용)

김구 등 임정 요인들이 늘어앉은 면전에서 정말로 이런 말이 나왔다고는 믿고 싶지 않지만, 그럴싸하기에 이 얘기가 전해져 『고하 송진우 평전』에 자랑스럽게 자리잡고 있을 것 아니겠는가. 최창학 저택을 비롯해 임정의 경비와 요인들의 용돈에 이르기까지 이승만─한민당─재산가 사이에 이미 형성된 극우 카르텔이 제공하고 있었을 수 있다. 상해에 보낸 비행기까지 극우 카르텔은 자기네 호의로 생색내고 있었을지 모른다. 그렇다 해서 임정을 "국내에 발붙일 데 없이" 된 존재로까지 당당히 몰아붙일 수 있었을까?

이 국일관 연회에 앞서 임정에 대한 자금제공을 놓고 한차례 풍파가 있었다고 한다. 10월 20일 결성된 환국지사영접위원회에서 환국지사후원회로 이름을 바꾼 단체가 임정에 900만원을 제공했는데, 김구는 이 돈의 배경이 석연치 않다 하여 돌려보냈다. 그 과정에서 후원회의 장덕수가 임정의 누군가에게 따귀를 얻어맞는 소동까지 벌어졌는데, 송진우가 김구를 찾아가 "임시정부도 정부요. 정부가 받는 세금 가운데는 양민의 돈도 들어 있고, 죄인의 돈도 들어 있는 법이오" 운운하여 사태를 무마했다고 한다(같은 책, 129~130쪽; 김재명, 『한국현대사의 비극』, 선인 2003, 201~203쪽).

12월 8일자 『자유신문』에 실린 물가조사 결과에 따르면 백미 소두 한 말에 70원이었다. 900만원이면 쌀값을 기준으로 지금 돈 약 30억의 가치다. 임금수준이 낮던 당시에 그 실질적 가치는 그보다도 엄청나게

당시 최고급 요정이었던 명월관의 전경. 이런 요정들이 번창한 데는 총독부가 마지막 한 달 동안 찍은 30여억원의 지폐가 한몫했다.

더 컸을 것이다. 정병준은 이승만이 1945~47년 사이에 거둬들인 정치자금이 최소한 2,700만원을 넘을 것으로 파악했다(『우남 이승만 연구』, 606~609쪽).

장준하가 광복군 동지들과 함께 광복군 국내 지대(支隊)에서 열어준 환영회에 다녀온 일을 적은 것이 있다. 장소는 최고급 요정인 명월관이었고, 산해진미는 물론 손님 수에 못지않은 기녀들이 시중드는 자리였다. 귀환한 날부터 경교장을 경비했다는 것이 이 지대였을 텐데, 이런 잔치를 벌일 능력을 가진 부대가 과연 임정의 지휘를 받는 '광복군 지대'였는지 의심스럽다.

비서진인 장준하까지 이런 잔치에 불려다닐 정도였다면 임정 요인들에 대한 환대는 어떤 수준이었을까? 재산가들에게는 임정 요인들이 친일파의 면죄부를 얻을 수 있는 통로로, 정치인들에게는 정치적 권위를 얻을 수 있는 합작의 대상으로 가치가 있었다. 알아주는 사람

없이 중경에 틀어박혀 있었던 임정 요인들이 갑자기 온갖 유혹의 대상이 되었다.

그러나 12월 6일 국무회의가 성과 없이 끝난 것을 장준하가 탄식한 것은 기대가 지나쳤기 때문인 것 같다. 귀국 후의 첫 정식 국무회의에서 제2진으로 입국한 각료 한 사람이 "오늘은 보고를 듣는 것만으로 하고 우리도 국내 정정에 직접 접할 기회를 가진 다음에 다시 이야기하도록 합시다" 하고 제안하여 안건을 다루지 않은 채 산회했다고 한다. 장준하는 이렇게 탄식했다.

> 김구 주석의 말처럼 과연 '여러 파, 여러 층을 한 보따리에 싸서 그것일랑 어디에든 내던져버리고들' 들어온 것인가? 그대로 끼고 들어온 파벌 보따리들을 한층 더 크게 부풀리고자 하는 것뿐이다. 좁은 사회에서 적은 수의 지지 배경밖에는 가지지 못했던 파벌들이 국내에 들어와 좋은 여건을 맞게 되자 이제야 세상을 만났다는 듯이 각기의 세력을 좀더 확보·강화하려는 내심들이 없었다면 온 국민의 여망이 모아진 이날의 회의를 그처럼 무위로 끝내버릴 수가 있었던 것인가
>
> (『장준하, 민족주의자의 길』, 220~221쪽)

국내에서 맞닥뜨린 온갖 유혹에 대한 우려는 타당한 것이다. 그러나 12월 6일 시점에서 그로 인한 문제를 떠올리는 것은 지나치게 민감한 것 같다. 중경에서의 '폭탄' 발언과 겹쳐 생각할 때 장준하의 결벽증이 지나치거나 김구 중심의 임정 단결에 대한 집착이 너무 컸던 것이 아닌가 생각된다. 환국 직후의 임정이 "국내 정정에 직접 접할 기회"를 충분히 가질 때까지 적극적 결정을 보류한 것은 타당한 방침으로 볼 수 있다. 회의를 '무위(無爲)'로 끝내는 편이 나은 때도 있는 것이다.

1945. 12. 8.

미군보다 훨씬 얌전했던 소련군

8월 15일 이후 전국적으로 각 지방에서 자연발생적으로 조직되어 올라온 전국농민조합총연맹이 8일 서울시내 천도교 대강당에서 오전 11시 35분부터 성대히 거행되었다.

이날 대회장에는 북위 38도 이남북을 통하여 전선 13도로부터 모여온 농민조합 대표자 670명과 경향에서 달려온 방청인 약 500여명 그리고 내빈으로서 임시정부의 조소앙, 김원봉, 장건상 세 선생과 연안에서 돌아온 혁명선배 김태준을 비롯하여 홍남표(洪南杓), 안재홍, 이현상(李鉉相), 이주상(李胄相), 이강국, 하필원(河弼源), 이원조(李源朝), 허성택(許成澤) 등 제씨가 임석한 가운데 김기용(金麒鎔)의 사회로 시작되었다. 이구훈(李龜壎)의 뜻깊은 개회사가 있었다. 이어서 대의원심사로 들어가 전국 217군과 21시의 756명에게 대의원증을 발송했는데 결국 190군의 670명이 이날 참석하였다는 것이 보고되었다. (…) 이에 앞서 대의원으로부터 긴급동의가 있은 다음 세 가지 사항이 만장일치로 가결되었다.

1) 스탈린, 박헌영을 본 대회의 명예회장으로 추거한다.

2) 연합국에 감사의 메시지를 보낸다.

3) 인민공화국 중앙인민위원회에 감사의 메시지를 보낸다.

(「전국농민조합총연맹 결성」, 『서울신문』 1945년 12월 9일)

스탈린과 박헌영을 추거한다고 했지만 농민조합운동이 공산당의 기획작품은 아니었다. 일본의 식민통치가 조선의 농업구조를 심하게 기형화하고 대다수 농민을 곤경에 몰아넣었기 때문에 식민지시대부터 일제에 대한 항거에서 농민운동의 비중이 컸다.

식민지시대에도 사회주의자들이 농민운동에 많이 참여했기 때문에 '적색노조'가 농민운동의 전형적 양태로 자리잡기는 했지만 공산주의자들의 조직적 활동은 많지 않았다. 해방 후에도 공산당의 지도역량이 갖춰지지 않은 상태에서 자발적인 농민운동이 펼쳐져 농민조합총연맹이 결성되기에 이르렀다.

창립대회에 참석한 면면에서 알 수 있듯, 당시 농민의 일반적 요구에 부응하는 사회주의 원리 도입에 대해서는 '좌익'을 넘어서는 넓은 공감대가 있었다. 그러나 농민운동의 향후 발전을 위한 체계적·조직적 지원을 기대할 수 있는 상대는 역시 누구보다 공산당이었다.

1946년 3월 이북 지역에서 이루어진 토지개혁은 민심에 부응한 정치적 대성공이었다. 이를 주도한 북조선임시인민위원회가 북조선인민위원회를 거쳐 조선민주주의인민공화국으로 순조롭게 자리잡아 갈 수 있었던 것은 이 성공을 발판으로 한 것이었다. 좌우를 따지기에 앞서 해방된 민족의 정치적 염원을 실현한다는 과제가 1946년까지 이남보다 이북에서 훨씬 성공적으로 이루어졌다는 사실을 가장 확실히 보여주는 것이 토지개혁이었다.

『해방일기』 작업에 착수하면서 이북 지역에 대한 서술도 소홀히 하지 않아야겠다고 마음속으로 다짐했다. 그러나 실제로는 접할 수 있는 자료와 연구의 분량 차이에 얽매이지 않을 수 없었다. 그리고 연구 중

농민조합총연맹 창립대회가 열린 서울 경운동 천도교 대강당의 현재 모습. 당시 서울에서 가장 큰 옥내집회 장소의 하나였다.

에는 반공 선전물 성격을 띤 것이 많아 적절한 이해를 더 어렵게 하는 면도 있다. 이북 사정에 관해서는 가능한 한 차분하게 정리한 개관을 이따금 끼워넣는 정도로 진행해야겠다.

이남에서 미군정이 일으킨 문제들을 몇 가지 살펴보았는데, 이북에서 소련군은 어땠을까? 소련군의 행패 이야기를 반공 홍보용으로 많이 들으며 자라났는데, 이제 생각하면 모두 개인적 범죄 이야기다. 어느 점령군이라도 총 가진 점령군이 총 없는 주민들에게 저지를 수 있는 범죄다. 이 범죄를 잘 막느냐 여부에 따라 점령군의 능력과 도덕성이 평가되겠지만, 미군정이 의도적으로 정치구조에 작용한 것과는 차원이 다른 이야기다.

소련군은 미군처럼 군정을 실시하지 않고, '점령'의 임무를 최소한 으로 했다. 단적인 예가 군경무사령부(komendaturas) 운영방식이다. 진주 직후 일본군 무장해제를 위해 113개 군경무사령부를 만들었으나 9월 말까지 그 수가 54개로 줄어들었다. 무장해제가 완료되어 필요 없 게 되면 바로 해체한 것이다(『북조선 탄생』, 92쪽).

소련군은 정치관계 업무를 담당할 기구로 10월 3일에 민정부를 만 들었다. 일본군 무장해제가 대략 끝난 시점에 만들어진 민정부는 이남 의 군정청 같은 권력의 주체가 아니라 조선인의 정치조직 형성을 지원 하는 역할을 맡았다. 각 지방의 인민위원회가 북조선 5도 인민위원회 연합회의(10월 8~10일)와 북조선 5도 행정국(10월 28일)을 거쳐 이듬 해 2월 북조선임시인민위원회로 발전해 가는 과정을 소련군 민정부가 뒷받침해 주었다.

인민위원회의 자연발생적 성격을 김남식은 이렇게 설명했다.

첫째로, 노동자·농민을 비롯한 특정 계급의 이익을 대표하는 것이 아니며 노동자·농민·민족자본가까지를 포함하는 광범한 계층을 대 변하는 정권형태였다. 일제 식민지 잔재를 청산하고 자주독립국가를 건설해야 하는 민족적인 과제와 일제 통치체제를 청산해야 한다는 전제하에서 극소수의 친일파·민족반역자를 제외한 모든 계급·계층 의 이익을 대변하는 정권으로서 인민위원회가 탄생한 것이다. (…)

둘째로, 북한에서는 인민위원회의 조직이 공산당이라는 전위당이 창건되기 이전에, 또한 남한과 같이 건국준비위원회 단계를 거치지 않고 대부분 자연발생적으로 조직되었다는 점이다. 본래 혁명과정을 본다면 공산당이 먼저 조직되고 당을 중심으로 한 정치활동에 의해 서 인민위원회와 같은 정권형태가 구성되기 마련인데 해방 후 북한에서는 당이 조직되기 전에 정권기관이 먼저 출현하였다. (김남식, 「해방 전후 북한 현대사의 재인식」, 『해방전후사의 인식 5』, 한길사 2006, 21~22쪽)

소련군이 인민위원회에서 좌익의 입장을 지원하기는 했다. 예컨대 8월 하순 평안남도 인민위원회에 행정권을 넘겨주고 나서 조만식(曺晩植, 1883~1950) 진영이 지배적이던 인민위원회 구성을 바꿔 우익과 좌익을 같은 숫자로 한 것과 같은 일이 여러 곳에서 있었다. 그러나 그 '좌익'은 넓은 의미의 좌익이며, 인민위원회를 공산주의자의 손에 넘긴 것이라고는 할 수 없다.

1990년대 이전의 연구자 상당 범위가 요즘은 "냉전시대의 서방 학자"로 지칭되는데, 그들은 소련이 위성국가 건설의 야욕을 가지고 북한 점령에 임했다는 주장을 열심히 내놓았다. 그런 주장을 내놓는 것이 미국에서 연구비 따먹기에 좋았던 모양이다. 해방 시점에서 소련이 한반도에 큰 야심이 없었다는 사실이 냉전 종결 이후 밝혀지고 있다. 당시 소련이 동구권 경영에 집중하며 이란, 그리스, 터키 등지에서 소극적 입장을 보였던 사정을 보더라도 소련의 야욕이 너무 과장되었다는 감을 받지 않을 수 없다.

이북의 소련군은 맥아더 휘하의 미군과 같은 정치적 욕심이 없었기 때문에 무리한 점령정책을 펼 필요가 없었다. 이 무렵 소련군 점령의 폭압성을 부각시키는 반공선전 소재로 '신의주 의거'■가 있었는데, 한 청년단체가 그 사건을 선전하고 나섰다.

■ 1945년 11월 23일 신의주에서 일어난 학생들의 반소·반공 의거. 조국이 해방된 지 불과 3개월밖에 안 된 당시 북한 공산당은 주민들에게 온갖 강압정책을 썼다. 이에 학생들은 김일성 일파에 강한 반발감을 가지게 되었고, 견디다 못한 신의주 학생 5,000여 명은 마침내 이날 오후 2시 학원의 자유를 쟁취하자는 등의 구호를 외치며 궐기, 공산당 본부 등을 점거했다.

최근 항간에는 서북지방의 학생사건의 참상이 유포되어 각 방면의 주목을 끌고 있는데 대한민국독립촉성중앙청년총연맹에서는 이 사건에 대하여 대략 다음과 같은 발표를 하였다. "11월 23일의 신의주 학생사건이라 함은 신의주 7개 중학생 2,600여명이 도인민위원회 공산당 본부로 가서 과격분자가 인민을 살해하는 사건이 빈발하니 이것을 방지하라고 건의하려 하였던바 경비원과 충돌을 일으켰으며 또 학노내가 비행장 제방을 시위하며 통과하자 모국 전투기가 기총소사를 하였다고 하는데 2일 동안에 사망자 8명을 내었다는 깃이다. 그리고 11월 7일의 함흥 학생사건은 러시아혁명 기념 가두행진 때 인민위원회에서 부르자는 창가와 학교 측에서 부르자는 창가가 상위되는 점이 있어서 학교 당국과 인민위원회 간의 충돌이 있었다. 학교 교원과 상급생이 감금된 사실이라고 한다."

(「대한민국독립촉성중앙청년총연맹. 신의주 학생사건 진상 발표」,

『중앙신문』 1945년 12월 8일)

암스트롱은 사건 자체보다 사건 처리과정을 중시한다(『북조선 탄생』, 105~108쪽). 김일성이 즉각 현지로 달려가 학생대표들과 만나고 그들의 의견을 받아들여 공산당(조선공산당 북조선분국) 개혁에 나섰다. 이 사건이 오히려 국내 공산주의자들이 흔히 가진 교조주의적 경향을 극복하고 공산당의 대중적 기반을 넓히는 계기가 되었다는 것이다.

신의주 사건 규모의 갈등은 이남의 남원 등지에서도 일어나고 있었다. 점령군이 있는 곳이라면 어디서든 일어날 수 있는 일이었다. 다만 이북에서는 이런 갈등이 '대구폭동', 여순사태, 제주 4·3항쟁 같은 규모로 자라나지 않았다는 사실을 보면 암스트롱이 사건 처리과정을 중시하는 데 공감이 간다.

　　12월 8~10일의 농민조합총연맹 창립대회에는 38선 통제로 인해 이북 지역 대표들이 많이 참석하지 못했지만 농민조합운동은 이북에서 더 활발했던 것으로 나타났다. 쌀의 비중이 적은 지역 특성상 소작 비율이 낮고 지주세력이 약했다는 점이 가장 큰 이유로 생각된다. 이북 지역 농민운동은 농민조합총연맹 이북지부를 발판으로 하여 이듬해 1월 31일 북조선농민동맹을 창설, 토지개혁의 주체로 활동하기 시작한다.

1945. 12. 9.

부도덕한 자들의 '물귀신 작전'

(1) 방금 미국은 전세계를 영도하고 있다. 소련은 미국의 요청에 응하여 이미 코민테른의 해체조차 단행하였다. (…) 소련은 미국에 잘 협력할 것이요 국제적 난관은 없을 것이다. 한편 중경의 임시정부는 이미 연합 열강의 정식 승인을 얻었고, 그 배하 10만의 독립군을 옹유하였으며, 미국으로부터 10억불의 차관이 성립되어 이미 1억불의 전도금을 받고 있는 터인즉, 일제가 붕괴되는 때에 10만군을 거느리고 10억불의 거금을 들고 조선에 돌아와, 친일거두 몇 무리만 처단하고 그로써 행호시령(行號施令)하기만 하면 조선이은 원래 출입우세(出入于世)를 잘하는 터이니까 만사는 큰 문제 없이 해결될 것이다.

(『민세 안재홍 선집 2』, 261쪽)

(2) 여보 해공(신익희), 국내에 발붙일 곳도 없이 된 임정을 누가 오게 하였기에 그런 큰소리가 나오는 거요? 인공이 했을 것 같애? 해외에서 헛고생들 했군. 더구나 일반 국민에게 모두 떠받들도록 하는 것이 3·1운동 이후 임정의 법통 관계지, 노형들 위해서인 줄 알고 있나? 여봐요, 중국에서 궁할 때 뭣들 해 먹고서 살았는지 여기서는 모르고 있는 줄 알아? 국외에서는 배는 고팠을 테지만 마음의 고통은

적었을 것 아니야. 가만히 있거나 해. 하여간 환국했으면 모든 힘을 합해서 건국에 힘쓸 생각들이나 먼저 하도록 해요. 국내 숙청 문제 같은 것은 급할 것 없으니, 임정 내부에서 이러한 말들을 삼가도록 하는 것이 현명할 거요. (『한국 현대사 산책: 1940년대편 1』, 130~131쪽에서 재인용)

같은 송진우가 했다는 말이다. (1)은 1944년 가을 안재홍이 찾아가 독립 준비를 위한 활동을 함께 하자고 권했을 때 한 말이고, 그저께도 인용했던 (2)는 1945년 12월 중순 임정과 한민당 사람들이 함께한 술자리에서 한 말이라고 한다.

송진우가 일제 말기에도 국내에서 가장 정보력이 뛰어난 위치에 있었다는 사실에 비추어 (1)에서 임정의 위세를 부풀려 말한 것이 이상하게 들린다. 더구나 (2)에서 임정의 사정을 속속들이 알고 있는 것처럼 말했다는 것과 전혀 맞지 않는다. (1)의 이야기는 활동 권유를 사절하기 위해 당시 흘러다니던 불확실한 정보의 일부를 과장해서 말한 것 같다.

어쨌든 해방 후 송진우와 한민당의 임정 '절대 지지' 입장에 부합하는 것은 (1)이다. (2)에서처럼 "중국에서 궁할 때 뭣들 해 먹고서 살았는지" 따지는 것은 '절대 지지'와 잘 맞지 않는다.

(2)가 정말 송진우의 입에서 나온 이야기 그대로일까? 술자리에서 나왔다는 말이 들은 사람의 입을 통해『고하 송진우 평전』에 자리잡기까지의 과정을 확인하지 못했지만, 만들어진 이야기는 아니라도 전달 과정에 부풀리기가 꽤 있었을 것 같다. 임정 '절대 지지'를 표방하는 입장에서 막 귀국한 임정을 '꼬시기'에 바쁠 때지, '길들이기'에 나설 때가 아니었다. 설령 마음속에 그런 생각이 있다 하더라도 몇몇 사람

에게 속닥하게 할 얘기지, 김구 이하 만좌의 청중을 상대로 큰소리칠 내용이 아니었다.

발언의 진위 여부보다 이런 내용이 '평전'에 실리기까지의 상황이 더 흥미롭다. 책을 만든 사람들은 이 이야기가 송진우의 생각을 잘 드러낼 뿐 아니라 자랑스러운 면모라 생각해서 실었을 것으로 생각된다.

어느 자리에서나 할 말 당당히 하는 사람으로 송진우를 그리고 싶어 한 '평전' 관계자들의 바람은 이해할 수 있을 것 같다. 보다 더 중요한 것은 이 이야기가 임정과의 대립적 측면을 부각시킨다는 점이다. 이 술자리가 있은 보름 후 송진우가 암살당했고, 그 배후로 임정측이 구설에 올랐다. 그리고 몇 달 후에는 한민당이 이승만과의 밀착관계를 강화하면서 김구측과 거리를 두기 시작한다. (2)의 일화는 나중에 벌어진 상황에 맞춰 조작 내지 과장된 것이 아닐까 하는 생각이 든다.

(2)의 내용은 임정이 국내에 발붙일 곳도 없는 무력한 존재고, 중국에서 궁할 때 뭣들 해 먹고 살았는지도 빤한 부도덕한 존재라고 송진우기 생각했다는 것이다. 그의 생각 그대로였을지는 확실치 않아도, '평전' 관계자들을 비롯해 그의 후계자들의 생각을 반영한 것은 분명하다. 나는 일단 송진우도 그렇게 생각했다고 가정하겠다. 그렇지 않다면 그의 후계자들이 그의 발언을 자기네 생각대로 조작해 그를 팔아먹었다는 이야기가 된다.

임정에 대한 두 가지 중요한 비판이 (2)에 담겨 있다. (가) 임정은 국내에 발붙일 곳 없는 무력한 존재다. (나) 임정 요인들은 중국에서 아무거나 해 먹고 살아온 부도덕한 존재다. 송진우의 꾸짖음에 반박도 못할 만큼 임정이 꿀리는 입장이었을까?

요즘 저질 언론의 '아님 말고' 행태가 떠오른다. 송진우의 비판만 드러나 있고 임정측 반론은 소개되어 있지 않다. 후세의 우리는 (가)의 비판이 사실과 다름을 알고 있다. 임정은 국민의 큰 여망을 모으고 있었다. 그래서 한민당도 임정의 권위에 빌붙으려고 온갖 아양을 다 떨고 있었다. 점령군 외에 의지할 데가 없던 것은 한민당 사정이었다.

그러면 (나)는? 중국에서 임정 요인들의 생활이 그렇게 순결한 것이 아니었다는 말이 더러 떠돈다. 어떤 여자랑 같이 살았다는 둥, 아편 밀매에 종사했다는 둥, 누구에게 떳떳치 못한 도움을 받았다는 둥. 임정을 이용하고자 하는 한민당 사람들이 그런 흑색선전 자료를 모으는 데 부심했으리라는 것은 이해가 가는 일이고, 지금까지 떠도는 말들도 그런 자료에서 퍼져나온 것이 많지 않을까 짐작된다.

그런 말들 중에는 사실도 꽤 있으리라고 생각한다. 그러나 거기에 무슨 큰 의미가 있나? 임정 요인들이 모두 성인군자라야만 민족주의 지도자로서 자격을 가지는 것은 아니지 않은가? 지금 검찰이 한명숙 전 총리에게 흠집을 내려고 목을 매고 달려들던 꼴 그대로다. '스폰서 검사' '그랜저 검사'로 인구에 회자되는 자들의 물귀신 작전. 임정 요인들의 소소한 스캔들에 목매달던 한민당 사람들의 꼴이 그대로 겹쳐진다.

12월 6일 한민당 중앙집행위원회는 '임정 지지 국민운동'을 결의했다. 결의 내용 중 "임시정부에 대한 건의"로 "독립완성을 방해하는 참칭 조선인민공화국에 대하여 즉시 해산명령을 발할 것"이 들어 있었다(『동아일보』 1945년 12월 7일). 송진우는 그 이튿날 김구를 방문해 그 뜻을 직접 전하기까지 했다.

한민당의 임정 '절대 지지'가 어떤 속셈을 품은 것인지 드러나기 시작한 것이다. 인공은 그 중앙부가 극좌파에게 장악되어 독선적이고 편협한 태도를 보이는 경향이 있었지만 그 하부조직은 국민의 독립의지를 가장 널리 수렴하는 조직이었다. 대다수 국민은 임정과 인공을 동시에 지지하고 있었다. 인공과 임정이 국내와 국외에서 각자 제약된 여건 속에서 자라온 사실을 생각하면 두 기관이 힘을 합치는 것이 독립의 의지와 역량을 최대화하는 길이었다. 그런데 한민당은 두 기관을 '불구대천(不俱戴天)'의 사이로 만드는 일에 몰두하고 있었다.

12월 9일 송진우의 기자회견 내용에 한민당의 이러한 속셈이 여실히 드러나 보인다.

한국민주당 수석총무 송진우와의 문답 내용은 다음과 같다.

(문) 어떻게 통일되어야 할까요.

(답) 우리가 늘 주장하는 바와 같이 임시정부를 절대 지지함으로써 통일이 된다. 유일이요 또 최고인 임시정부를 전 민중이 지지 협력하면 된다.

(문) 임시정부가 유일 최고한 정부가 되고 안 되는 것은 민중 전부가 결정지을 문제이다. 최고의 심판자는 민중이 아닐까요.

(답) 그러나 8·15 이전에 민중은 임시정부 하나만을 믿고 그것을 지지하고 있었다. 실세로 정부로서 활약하는 것은 임시정부 하나뿐이었다. 그런데 인민공화국이 생기어 임시정부에 대한 역선전을 하였기 때문에 민중은 혼란에 빠졌다. 앞으로 임시정부에 대한 인식이 깊어감에 따라 전 국민이 따라올 것이다.

(문) 인민공화국을 지지하는 세력이 객관적으로 존재하므로 통일을 위하여 이와 협력 협조하여야 될 줄 아는데.

(답) 한 사람에 두 머리가 있을 수 없듯이 한 나라에 두 정부가 있을 수 없다. 27년 동안이나 피를 흘리며 싸운 우리의 정부가 엄존하는데도 불구하고 또 하나의 정부를 만드는 것은 잘못이다. 그들이 과오를 청산하고 임시정부를 지지하게 되면 협력할 수 있다. 인민공화국

은 일본세력 밑에서 그의 후원으로 생긴 것이므로 정부가 될 수 없다.

(문) 인민공화국이 일본군력이 남아 있는 동안에 생겼다 하더라도 그 본질적 성격은 반일본적이었고 조선사람의 독립의욕의 표현이었다고 생각하는데.

(답) 인민공화국이 혁명세력으로써 일본군력을 격파하고 세워진 것이라면 그대로 승인될 것이다. 그러나 사실은 그렇지 않다.

(문) 홍진(洪震, 임정 의정원 의장) 말은 인민공화국의 발생 이유를 인정한다고 하는데.

(답) 여러 요인들 가운데는 혹 그런 의견을 가진 분이 있을지 모른다.

(문) 인민공화국의 객관적 실제적 세력이 있는데 그를 무시하고 통일이 될 수 있을까.

(답) 그 힘은 일시적이고 부분적이다. 임시정부가 환국하였으므로 앞으로 민중은 이를 정확히 인식함으로써 따라올 것이다.

(문) 인민공화국의 시정방침은 어떻게 생각하나.

(답) 정책은 별문제다. 문제는 인민공화국의 구성체이다. 적색정권을 가지고는 우리는 독립할 수 없다. 객관적 정세를 보면 이 이유를 알 것이다. 우리는 먼저 민족국가를 만들어야겠다. 자주독립을 먼저 해놓고 볼 일이다. 그런데 독립할 수 있는 유일한 길은 민주주의적 민족국가를 건설하는 데 있다.

「송진우, 통일전선 결성 등에 관해 기자회견」 중에서,

『서울신문』 1945년 12월 9일)

연전에 뉴라이트측에서 '광복절'보다 '건국절'의 의미를 더 크게 봐야 한다고 요란을 떨며 '민족'보다 '국가'를 앞세워야 한다는 주장을

편 일이 있다. 민족에는 민족의 의미가 있고 국가에는 국가의 의미가 있는 것인데, 그 하나를 내세워 다른 하나를 내치자는 억지는 해방 직후 임정을 내세워 인공을 내치려 한 한민당과 닮은꼴이다. 극우파의 '이간질 수법'을 나는 이렇게 봤다.

> 뉴라이트는 민족을 부정하며 국가를 내세우지만, 사실 그들은 민족만이 아니라 국가에도 소속감을 가지지 않은 자들이다. 자본계급, 투기세력에만 소속감을 가진 자들이다. '건국질' 주정을 비롯한 그들의 대한민국 찬양은 민족과 국가 사이의 이간질일 뿐이다. 사람들의 민족 사랑과 국가 사랑을 헷갈리게 해놓고 가치관의 혼란 속에서 온 나라를 투기판으로 만들 기회를 얻으려는 교란작전일 뿐이다. (『뉴라이트 비판』, 35쪽)

1945. 12. 10.

'공산당'이라고 다 똑같은 공산당이 아니었다

12월 12일 공산당 박헌영이 민족통일전선, 즉 정치적 통합 문제와 임시정부에 관한 담화문을 발표했다. 그중 임시정부에 관한 담화 내용은 이렇다.

그들은 망명정객으로서 국내에 들어와서 벌써 여러 날을 지냈음에도 불구하고 마땅히 할 일은 안 하고 쓸데없는 일에만 몰두하고 있다. 그것은 즉 망명정부가 일종의 임시정부인 것처럼 신문지 기타 선전 운동에 전력을 경주하고 있는 것은 통일을 위한 노력이 아니라 도리어 분열을 조장하는 행동이라 아니할 수 없다. 그분들이 애국지사인 것이 틀림없다면 마땅히 국제관계와 국내 제 세력을 옳게 파악하고 결코 망명정치단을 가지고 임시정부의 행사를 하지 말 것이요 개인 자격으로 들어와 본분을 지켜야 국제 신의가 서게 될 것이고 또한 통일정부 수립을 제안하고 있는 국내의 진보적 세력과 접근하기에 노력을 아끼지 말아야 될 것임에도 불구하고 완고만을 주창함은 심히 통일을 위하여 유감스러운 것이다. 그분들은 좀 왕가적, 전제적, 군주적 생활의 분위기에서 해탈하고 나와서 조선의 인민 특히 근로대중과 친히 접촉하여 조선인의 새로운 공기를 호흡할 필요가 있다. 과거 수십년간 망명생활 중에 조선과 분리한 생활을 계속하던 분들이 또다시 국내에 와서도 그러한 비민중적 생활의 노예가 되며 장래 조선의 지배자를 꿈꾸고 있는 현상은 차마 못 볼 기현상이다. 그분들은 반일투사임은 분명하니 곧 나와서 조선민중과 접촉하되 평민의 관직을 잠시 맡겨두고서 움직임이 어떠할는지.

(「박헌영, 통일전선의 진전과 임정에 관한 담화 발표」 중에서,

『서울신문』 1945년 12월 13일)

내용의 옳고 그름에 앞서 표현의 자극성이 눈에 걸린다. 해방 이후 많은 흑색선전이 전단 형태로 난무하고 있었지만, 중요한 정치세력의 공식적 발표는 품격과 절제를 어느 정도 지키고 있었다. 이 상식을 뚜렷하게 벗어난 것이 9월 8일의 발기인 성명서에서 시작한 한민당의 건준·인공 공격, 그리고 10월 10일의 아놀드 망언 등 군정 당국자들의 일부 발언이었다. 박헌영의 이 담화문은 공산당도 그 대열에 끼기 시작한 사실을 보여준다.

정치적 담론이 극단으로 흐르는 것은 대외적 효과보다 내부적 효과를 중시하는 결과다. 다른 세력과의 정치적 절충을 바라지 않고 내부 결속에 집중하는 것이다. 한민당이 비이성적 수준의 좌익 공격을 통해 친일파와 준친일파를 결집시킨 것은 쉽게 이해되는 일이다. 그런데 대중적 기반을 중시하는 공산당에서 비슷한 행태가 나타난 것은 웬일일까?

식민지시대 공산주의운동이 남긴 유산으로 보인다. 극단적 탄압 아래 선명성만을 추구하는 경향이 일어났고, 대중운동의 길이 막힌 상황에서 헤게모니 쟁탈의 제로섬 게임에 몰두하게 된 것이다. 해방 직후 박헌영이 서울에 올라오자마자 소련영사관부터 찾아간 것도 헤게모니

획득을 위한 것으로 이해된다.

> 서울주재 소련영사관 직원 샤브쉬나 여사의 증언
> 소련영사관이 박헌영을 처음 만난 것은 해방 2~3일 후인 어느 날 오
> 후였습니다. 박헌영이 영사관에 나타나 샤브신을 찾았습니다. (…)
> 박헌영은 샤브신에게 당 재건 문제는 자기에게 맡겨달라고 요청했
> 고, 샤브신은 그의 세차례 10여년 동안의 감옥생활 등 화려한 투쟁경
> 력과 뛰어난 마르크스·레닌주의 이론들을 높이 평가해 적극 지원하
> 기로 약속했지요. (『이정 박헌영 일대기』, 211~212쪽에서 재인용)

공산당 재건과정에서 박헌영은 '8월 테제'로 이론적 헤게모니를 쥐
게 되는데, 그 내용은 6차 코민테른에서 발표한 12월 테제(1928)의 번
안 수준이라고 서중석은 본다(『한국현대민족운동연구』, 235~238쪽).
1935년 7차 코민테른에서 파시즘의 위협에 대항하기 위해 타세력과
연대하는 '인민전선'을 제창한 정책은 박헌영이 소화하지 못하고 있었
던 것이다. 그가 인민전선 정책을 파악하기 위해 노력한 사실은 같은
사람의 증언에 나타난다.

> 재건위원회에서 정치노선을 작성할 때 박헌영은 우리 영사관 도서관
> 에 자료 특히 코민테른 제7차 대회에 관련된 자료를 여러 번 의뢰하
> 곤 하였다. (『이정 박헌영 일대기』, 214~215쪽에서 재인용)

1928년 코민테른의 비타협적 노선이 박헌영이 대표하는 공산당의
이론적 기조였다. 반면 해외에서 돌아온 공산주의자들은 파시즘에 대
항하는 인민전선 노선을 체화하고 있었다. 공산주의자들이 정치적 주

화북 조선독립동맹에서 무
장투쟁을 주로 이끌었던 무
정의 모습. 남한에서는 그
의 존재가 무시되어 왔지만
해방 당시 항일무장투쟁의
가장 큰 상징이었다.

도권을 쥐는 이북 지역에서 그 차이를 쉽게 알아볼 수 있다.

이북의 '국내파' 공산주의자들은 박헌영과 비슷한 교조주의적이고 독선적인 성향을 보인 반면 만주에서 활동하다가 소련에서 몇 해 지낸 다음 돌아온 '빨치산파'는 유연하고 포용적인 태도를 보였다. 신의주 사건 처리과정에서 김일성은 공산당의 책임을 인정하면서 "가짜 공산주의자"들이 당내에 들어와 있는 것이라고 주장했다. 그리고 많은 조직 이름에서 '공산주의'라는 말을 빼게 했다(『북조선 탄생』, 110쪽). 교조주의를 극복하려는 노력으로 이해된다.

11~12월에 귀국한 독립동맹의 '연안파'도 중국 공산당의 '반파쇼 연대' 전술에 익숙했다. 해방 직전 조선의용군을 포함한 1천여 독립동맹원 중 중국 공산당원은 60여 명, 준당원이라 할 수 있는 동정소조원(同情小組員)까지 약 100명이었다. 간부층인 그들은 "조선인민은 수십 차례의 실책이라는 경험을 통해 정확한 노선을 찾아냈으며, 그것은 바로 중국 공산당의 노선" "모택동 동지의 영명한 지도태도는 조선민족 해방운동의 지표" 등 중국 공산당에 대한 믿음을 가졌다고 한다(한홍구, 「무정과 화북조선독립동맹」, 『역사비평』 1991년 가을호).

1945년 12월 17일 조선공
산당 북조선분국 제3차 확
대집행위원회 회의. 가운데
가 김일성이다. 이 무렵에
김일성은 북조선분국의 지
도력을 확립하고 있었다.

　독립동맹 주석 김두봉이 해방 때까지 비당원으로 남아 있었던 데서 중국 공산당과 독립동맹의 포용적 분위기를 단적으로 알아볼 수 있다. 김두봉은 해방 후 귀국을 앞두고 중국 공산당에 입당했다.

　같은 '공산당'이라도 박헌영이 일사불란하게 이끌던 이남 지역의 공산당과 김일성이 지도력을 점진적으로 키워가던 이북 지역의 공산당은 체질이 전혀 다른 조직이 되어갔다. 이북의 공산당은 조만식의 조선민주당, 독립동맹 출신의 신민당, 그리고 천도교에 기반을 둔 청우당과 협조적인 관계를 키우는 데 많은 노력을 기울였다. 반면 이남의 공산당은 우익과의 극단적 대립은 물론, 가장 우호적 세력인 여운형의 인민당까지 배척하는 '좌경 모험주의'의 길을 걸었다.

　박헌영과 김일성 등 지도층의 성향으로 이 노선의 차이를 설명할 수도 있다. 그러나 주어진 환경이 어떤 성향의 지도층으로 하여금 주도권을 쥐게 만드는 측면도 있다. 이북에서는 소련군이 점령군의 역할을 최소화하는 방침 덕분에 민심의 표현에 별 장애가 없었다. 따라서 공산주의자를 포함한 정치인들은 민심의 효과적 수렴에 노력을 집중할 수 있었고, 그 과정에서 중도파가 나름의 역할을 수행할 수 있었다.

반면 이남의 미군은 자기네 정치원리의 도입을 강력하게 요구했다. 군정 정책이 민심과 유리되거나 대치되는 상황이 좌익세력 성장의 온상이 되었다는 얘기를 흔히 하는데, 엄밀히 말하자면 투쟁적 좌익세력의 득세에 유리한 조건을 만들어준 것이다. 군정에 대한 반발 때문에 좌익 지지기반이 저절로 늘어났기 때문에 좌익 내에서 건전한 정책발전의 노력보다 헤게모니 쟁탈의 양상이 더 두드러지게 된 것이다. '적내직 공생관계'의 전형적 증세다.

독립동맹원 중에는 이남 출신도 많았다. 그러나 거의 고향에 돌아오지 않고 이북에 머물렀다. 공산주의자로서도 민족주의자로서도 미군 정하의 이남에서는 활동할 풍토가 좋지 않았기 때문이다. 한편 이북 지역의 친일파들은 대거 남쪽으로 내려오기 시작했고, 이듬해 3월 토지개혁이 시행되면서 지주층의 이주 물결이 커졌다. 점령군의 정책차이가 38선 남북의 인적 구성에도 영향을 끼치기 시작한 것이다.

베트남 이야기(2)

공산주의 발달에 유리했던 베트남의 조건

지난번 베트남 이야기에서 베트남의 민족국가 경험이 우리와 다른 점을 설명했다. 베트남의 민족 전통은 지금 베트남의 북쪽 끝 통킹 지역에 뿌리를 둔 것이다. 기원전 2세기 말 한무제의 남월(南越) 정벌 이래 중국문명권에 편입되어 있던 지역이다. 이 지역은 15세기까지 중국문명권의 남쪽 끝이었고, 그보다 남쪽은 중국문명보다 인도문명의 영향권에 있던 지역이었다.

한무제의 정벌 이후 통킹 지역은 중국의 느슨한 지배 아래 있다가 10세기 들어 당나라가 쇠퇴함에 따라 확실한 독립 단계에 들어섰고, 11세기 초에 안정된 리(李)왕조가 나타났다. 1009년 근위대 사령관 리 콩우안(李公蘊)이 동료들의 추대를 받고 혼란에 빠진 레(黎)왕조를 물려받아 리왕조를 열었다는 이야기는 960년 오대(五代)를 끝낸 송나라 태조의 이야기와 유사하다.

리왕조 때 수도를 산골짜기에서 지금의 하노이로 옮기고 대규모 관개사업과 조세제도 정비, 과거제 실시 등 중국을 표준으로 한 국가체제가 확립되었다. '다이베트(大越)'란 국호도 이때 만들어져 왕조 교체에 관계없이 18세기까지 사용되었다. 13세기 초 리왕조가 망할 때 왕자 한 사람이 고려로 건너와 화산 이씨의 시조가 되었다는 이야기도 전해진다.

　다이베트는 강한 군사적 전통을 가진 나라였다. 리왕조 때(1075~76) 송나라의 10만 대군을 막아낸 일이 있고, 그 뒤의 쩐(陳)왕조 때는 여러 차례(1257, 1284, 1288) 몽고군을 격퇴했다. 1407년 명나라 군대에게 점령당했지만 레로이(黎利)가 이끈 10년간의 항쟁 끝에 30만 명군을 몰아내고 1428년 레왕조를 열었다. 이 전통은 19세기 말까지 이어져 1873년과 1883년에는 하노이를 점령했던 프랑스군 사령관들이 매복에 걸려 전사했다.

　다이베트의 군사적 전통은 방어전에서만 빛을 발한 것이 아니었다. 11세기에 국가체제가 안정되면서부터 8세기에 걸친 '남티엔(南進)'이 시작되었다. 11세기 초의 다이베트는 북위 23도에서 20도에 걸친 지역을 차지하고 있었다. 11세기 중에 남쪽 경계선이 18도까지 내려갔고, 15세기 후반에 참파 정복으로 13도까지 내려갔으며 16세기 중에 11도에 이르렀다. 사이공 주변의 메콩 삼각주는 대부분 18세기 중에 다이베트에 들어왔다.

　1802년 응우옌(阮)왕조의 성립으로 '베드남'이란 국호와 함께 오늘날 그 이름으로 알려진 영토가 나타났다. 그러나 그 통합성은 고려·조선의 국호 아래 오랫동안 지켜져온 한반도의 통합성과는 비교가 되지 않는 것이었다. 한반도의 '북진'은 11세기에 평안도, 14세기에 함경도를 끌어들이고 완성된 것임에 반해 베트남의 '남진'은 18세기에야 완성된다.

　응우옌왕조의 창업자 자롱 황제의 통일과정에 이미 프랑스의 힘이 작용하고 있었다. 베트남에 작용하는 유럽의 힘은 군사력만이 아니었다. 17세기 중엽 프랑스 선교사 알렉상드르 드 로드가 알파벳을 이용한 베트남어 표기법을 창안했는데, 이것이 한자를 이용한 전통적 표기법 '놈'을 제치고 널리 보급되어 베트남의 '쿠옥구(國語)'가 되었다.

남티엔의 일차적 주체는 중국화된 통킹 지역의 다이베트 세력이었지만, 15세기에서 18세기에 걸쳐 베트남에 편입된 중부와 남부 지역의 변화에는 다른 요인들도 작용했다. 참파의 인도문명은 불교를 통해 자리를 지켰고, 17세기 이후 확대된 중국인의 이주가 새로 개척되는 중부와 남부 지역에 집중되었다. 그리고 18세기 중엽 이후로는 가톨릭으로 대표되는 프랑스의 영향이 남쪽에서부터 확장돼 올라왔다.

1880년대까지 인도차이나 지배권을 확립한 프랑스가 베트남을 북부의 통킹, 중부의 안남, 남부의 코친차이나로 3분해서 통치한 것은 한반도를 38선으로 자른 것처럼 점령자의 편의에만 따른 것이 아니라 역사적·문화적·사회적 조건도 감안한 결과였다. 1850년대에 프랑스 지배를 받기 시작한 코친차이나는 베트남에 편입된 지 한 세기도 안 되어 민족주의적 저항이 가장 약한 곳이 되었다. 중국문명의 뿌리가 깊은 통킹과 반대였다. 국수주의적 '칸부옹(勤王)', 근대화를 지향하는 '두이탄(維新)', 그리고 사회혁명을 바라보는 공산주의 등 민족주의운동의 여러 갈래가 엇갈리는 데 지역적 조건이 크게 작용했다.

중국 중심의 천하체제 안에 자리잡고 있다가 천하체제 붕괴와 함께 식민지로 전락했다는 점은 한국과 베트남이 마찬가지다. 그러나 식민지 상태의 실제 조건에는 두 나라 사이에 상당한 차이가 있었다. 이 차이들은 독립운동의 방향과 성격에도 투영된다.

프랑스의 베트남 지배는 일본의 조선 지배보다 다양한 목적을 복합적으로 가진 것이었다. 일본에게 조선 지배는 대륙진출의 교두보라는 의미가 압도적이었다. 그래서 조선의 산업구조 변화에는 등한한 편이었다. 반면 프랑스는 코친차이나에서 플랜테이션 등 전형적 식민사업을 통해 큰 경제적 변화를 이끌어냈다. 조선의 '식민지 근대화'를 논하는 이들은 베트남의 '식민지 근대화'를 한번 살펴보기 바란다. 일본의 조선 지배가 당시 상황에서 얼마나 근대화를 '억제'한 방향이었는지 바로 실감이 될 것이다. 그리고 식민지 상태의 근대화가 근본적으로 얼마나 파괴적인 현상인지도 더 잘 알아볼 수 있을 것이다.

경제적 변화가 큰 만큼 수혜자의 범위도 넓었고 안정된 왕조 지배의 경험도 얕았기 때문에 식민지배에 대한 협력현상이 조선보다 베트남에서 더 활발했다. 다른 한편으로 변화에 따른 민중의 피해도 컸기 때문에 민중의 저항이 컸다. 1930~31년의 응에틴 폭동도 체계적 이념의 지도를 받기보다 현실에 대한 단순한 불만이 터져나온 것이었다. '현실에 대한 불만'이 사회혁명에 대한 갈망으로 전환될 조건이 베트남에서는 조선보다 광범위하게 형성되어 있었다.

후에의 응우옌왕조 조정이 상당한 지역에 대한 명목상의 통치권을 유지한 것이 독립운동의 복고적 분위기를 청산하는 데 도움이 되었다. 프랑스 지배 초기에는 황제가 후에를 탈출해서 근왕운동을 이끄는 등 독립운동의 전면에 서기도 했지만, 후에의 조정은 장기간에 걸쳐 프랑스 지배에 대한 '협력'의 본산 노릇을 하며 독립운동이 극복대상이 되었다.

조선 독립운동에서 1919년 공화국을 표방한 후에도 '일본의 지배에서 벗어나기만 하면' 하는 복고적 민족주의가 주류의 자리를 지킨 것과 달리 베트남 독립운동은 전통에서 벗어나려는 추세가 강했다. 서양 알파벳을 쓰는 쿠옥구 보급이 민족운동의 중요한 사업이 된 것도, 서양에서 들여온 공산주의가 독립운동의 이념으로 널리 수용된 것도 이런 추세를 보여주는 현상들이었다.

베트남과 비교하면 조선은 역시 '은둔의 나라'였다. 조선이 개항기를 맞을 때 프랑스의 침략을 받고 있던 베트남은 이미 200년간 군사적·문화적·경제적 침식을 당한 뒤였다. 1945년까지도 조선은 베트남보다 훨씬 적은 변화를 겪고 있었다. 게다가 서세동점의 물결이 닥쳐오기 전에 심어져 있던 전통의 뿌리는 조선 쪽이 훨씬 굳건했다. 1945년 이후의 베트남에서 자본주의와 공산주의가 정면대결을 벌일 때 조선에서는 이 대결이 복고적 민족주의에 가려져 있었다.

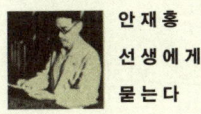
'친일'과 '협력'의 경계선은 어디?

김기협 │ 일전(12월 10일) 기자회견에서 "통일운동에서 민족반역자 제
외의 선후 문제는?" 하는 물음에 선생님은 "나는 그런 분자는
먼저 제외해야 한다고 생각한다"고 대답하셨지요. 그런데 김구 선생
은 귀국 이튿날 회견에서 "우선 통일하고 불량분자를 배제하는 것과
배제해 놓고 통일하는 것의 두 가지가 있을 것이므로 결과에 있어 전
후가 동일할 것"이라고 대답했습니다.

현실정치의 가장 큰 문제인 친일파 문제에 대한 의견차이는 정치노
선의 중대한 차이가 아닐 수 없습니다. 이 차이를 놓고도 김구 선생의
노선에 신뢰를 지킬 수 있습니까?

안재홍 │ 이 자리에서 하는 말이 지금 사람들에게 들리는 것이라면 그
질문에 대답하지 않겠습니다. 일전의 회견에서도 임시정부의
인민공화국 해체 요구에 대한 의견을 묻기에 "말할 수 없다"고 대답했
어요. 의견이 있지만 오해를 불러올 것을 꺼리기 때문입니다. 그러나
65년 후의 사람들에게라면 솔직히 대답하겠습니다.

백범 선생께서 정녕 불량분자 배제를 후일로 돌린다면 그분 노선을
따를 수 없습니다. 결과에 있어 전후가 동일할 수 없습니다.

산수에서는 A+B와 B+A가 같은 것이라고 말합니다. 그러나 인간

사회의 일은 다릅니다. 친일파 배제를 A, 건국을 B라 할 때, A를 해놓은 뒤의 B와 A를 하지 않은 채로의 B는 서로 다릅니다. 마찬가지로 B를 해놓은 뒤의 A와 B를 하지 않은 채로의 A도 서로 다릅니다. 어느 쪽을 먼저 하느냐에 따라 전혀 다른 결과가 나오게 되어 있습니다.

풀어서 얘기하죠. 친일파를 배제하지 않은 채로 건국하면 세워진 나라의 칼자루를 친일파가 쥐게 되기 쉽습니다. 친일파 속에 권력과 재력을 가진 경찰, 부자 등이 많으니까요. 그들이 칼자루를 쥐고 있는데 친일파 처리가 제대로 될 수 있겠습니까?

한편 소위 친일파도 옥석구분(玉石俱焚)을 피하고 그중의 건실한 요소를 살려내려면 나라를 먼저 제대로 세워놓아야 합니다. 친일파가 배제된 국가가 세워지면 도덕적 약점이 없는 당국자들이 악질 친일파를 철저히 숙청하면서 비교적 양심적인 인재들에게는 반성의 길을 열어줄 수 있습니다. 반면 새 국가의 당국자들 자신이 도덕적 논란에서 벗어나지 못한다면 친일파 처리 문제에 유연한 자세로 임할 수도 없을 것입니다.

백범 선생께 기회 있는 대로 이 점을 분명히 말씀드리고 있습니다. 지금 당장은 미군정과 한민당의 협조 문제가 있어 분명히 말씀하기 어려우시겠지만, 머지않아 분명한 태도를 보여주시기 바라고 있습니다.

김기협 친일파 중의 "건실한 요소"와 "비교적 양심적인 인재들"을 말씀하셨습니다. 애국자와 친일파의 흑백론적 구분에는 물론 형식적·논리적 문제가 있지요. 그런데 선생님 말씀은 친일파에 대한 보다 분석적 시각이 현실정치 측면에서도 필요하다는 것 같습니다. 어떤 분석적 시각이 바람직할지 선생님 생각을 말씀해 주시지요.

안재홍 │ 며칠 동안 장맛비가 내렸다고 합시다. 35년 일제 지배를 받고
│ 나서 친일을 했냐 안 했냐 하는 문제는 빗방울 맞은 일이 있
냐 없냐 따지는 것과 비슷해요. 비 맞고 싶어서 발가벗고 뛰쳐나간 사
람들은 얼마 안 되고, 대개는 우산 쓰고 나갔다가 부득이 튀는 빗방울
묻은 정도예요. 방 안에 꼼짝 않고 틀어박혀 비를 철저히 피한 사람은
몇 안 돼요.

　나 같은 사람이 '비타협적 민족주의자'로 인정받지만, 나도 바짓자
락에 빗물이 튄 사람이에요. 감옥 몇 번 드나들었다고 해도 감옥에서
고생한 시간보다 언론사 간부로 호의호식하며 행세한 시간이 더 길지
요. 식민지 35년간 내 존재와 활동이 민족과 사회를 위한 것이 되도록
노력하기는 했지만, 현실 속에서는 명쾌할 수 없는 측면들이 있었죠.
예를 들어 현실 속의 최선으로 여긴 물산장려운동에는 분명 타협적 성
격이 있었습니다.

　물산장려운동 함께했던 이들이 한민당에 많이 들어가 있습니다. 전
쟁 말기에 길이 갈라져 손가락질을 나보다 많이 받게 된 분들이죠. 나
는 그분들이 막바지 몇 해 동안의 행적을 반성하고 니외 같이 건국사
업을 뒷전에서 돕는 위치로 돌아오기 바랍니다. 학식과 경영능력을 가
진 그 사람들을 포용하는 것이 새 나라의 성공을 위해 필요합니다.

　포용이 이루어지려면 포용하는 측과 포용받는 측의 뜻이 어울려야
합니다. 포용하는 측에서는 "당신들은 흠이 있으니 앞에 나서지 마시
오" 제재하고, 포용받는 측에서는 "우리는 과거의 행적을 반성하며 뒷
전에서 봉사하는 자세를 지키겠소" 하고 자숙해야 포용이 이루어집니
다. 그래서 나부터 뒷전에서 봉사하는 자세를 지키고자 애쓰는 것입
니다.

김기협 │ 해방 후 지금까지 4개월간의 사태 진행을 보면 포용하는 측보
│ 다 포용받는 측의 태도에 더 문제가 있는 것 같습니다. 한민
당 사람들 말입니다. 건준이 민족주의 기준에서는 더 떳떳한 입장인
데, 한민당에서는 오히려 건준이 총독부 돈 받아먹었다고 친일파로 몰
아붙이다니, 정말 적반하장입니다. 그런데 여선생이 총독부 돈 받았다
는 것은 사실입니까?

안재홍 │ 나는 받지도 않고 묻지도 않고 듣지도 않은 사람이니 총독부
│ 돈에 관해 뭐라 말할 입장이 아닙니다. 몽양 선생이 내게 돈
이야기 안 해준 데 감사할 따름입니다.

굳이 생각을 말한다면, 건준이 총독부에서 돈을 받았어야 마땅합니
다. 총독부는 우리 백성에게 세금이란 명목으로 돈을 짜내 쓰고 싶은
데 썼고, 자기네 식의 '질서유지' 비용도 그 돈으로 썼습니다. 건준이
질서유지 사업을 저네들에게 넘겨받으려면 그 비용을 새로 백성들에
게 걷어야 합니까? 당연히 저네들이 틀어쥐고 있던 백성의 세금을 넘
겨받아야지요.

김기협 │ 한민당의 조병옥이 미군정으로부터 경찰지휘권을 받은 후 식
│ 민지시대의 악질 경찰을 대거 중용하고 있습니다. 한민당 지
도부는 다소 친일혐의가 있다 해도 반성하는 데 따라 재활용이 가능한
집단이라고 선생님은 보시는데, 이제 그들이 재활용이 도저히 불가능
한 집단과 손을 잡기 시작하는 것 아닙니까?

게다가 이승만 박사도 친일행적이 뚜렷한 사업가들을 불러모아 '경
제보국회'란 걸 만든다죠. 그들을 끌어모으는 미끼가 군정청의 도움으
로 은행에서 대규모 융자를 얻어내는 것이라고 합니다. 융자금의 절

반은 이박사의 정치자금으로 주머니에 넣고 절반은 사업가들이 나눠 가진다는데, 상환할 생각은 전혀 없이 그냥 은행돈 갈라먹기인 모양입니다.

경찰에서나 경제계에서나 친일은 고사하고 전범재판에 회부될 만한 사람들이 오히려 활개를 치기 시작하고 있습니다. 조병옥과 이승만이 관계된 일을 보면 미군정이 이 변화에 큰 작용을 하고 있습니다. 미군정의 역할을 선생님은 어떻게 보십니까?

안재홍 미군정은 우리에게 주어진 피할 수 없는 조건입니다. 우리가 우리 힘으로 해방된 것이 아니기 때문에 해방시켜 준 자의 개입을 피할 수 없습니다. 군정 조치 중에 마음에 들지 않는 것이 있다 해서 군정을 마음대로 거부할 수 있는 것이 아닙니다.

소련군은 군정을 시행하지 않고 있고, 그쪽이 건국 준비에 더 유리한 조건으로 보입니다. 미국이 왜 군정을 필요로 하는지 나는 아직도 이해 못하고 있습니다. 미국인들이 소련인들보다 이곳 사정을 잘 모르기 때문에 뭔가 오해를 한 것 같습니다. 군징 담당자들이 지금까지 취해 온 잘못된 조치도 사정을 잘 몰라서 오해를 한 결과라고 봅니다.

담당자들의 오해나 실수가 아니라 우리 독립이 미국의 국익에 어긋나기 때문에 일부러 그런 조치를 취한 것이라면 지금 당장 일본 대신 미국을 상대로 독립전쟁을 펼쳐야 하겠지요. 내가 아는 미국역사로 보아 그렇게는 생각되지 않습니다. 군정 당국자들의 태도도 몇 달 사이에 많이 바뀌었습니다.

지금 군정장관 교체도 그런 증거 아닙니까? 아놀드 소장 몇 번 만나봤는데 인간적으로 참 괜찮아요. 그런데 성격이 너무 고지식해서 불만 보면 기름 붓는 짓을 안 하고 못 배기는 사람입니다. 새로 오는 러치 소장은 법률과 정치를 잘 아는 사람이라니 기대가 갑니다.

그래도 떨치기 힘든 한 가지 걱정은 미군과 한민당 일각의 맹목적인 '반공' 분위기입니다. 우리 사회의 '좌익'은 공산주의가 아니죠. 일본 제국주의자들이 민족주의자들에게 '좌익' 딱지를 붙인 것입니다. 나만 해도 물산장려운동 같은 것 안 했으면 '좌익' 딱지 붙였겠죠. 실정 모르는 미군을 깨우쳐줘야 할 텐데, 조병옥씨 같은 이들은 오히려 미군의 오해를 더 부추기고 있으니…… 요즘 이승만 박사마저 '반공' 분위기에 휩쓸리기 시작한 것 같아서 더욱 걱정입니다.

김기협 그것 참, 물산장려운동이 좌우 구분의 기준이 되다니 착잡한 일입니다. 경제를 살리자는 것이 물산장려운동 아닙니까. 백성을 빈곤으로부터 건져낸다는 것이 기본 목적인 것을, 거기에 식민지 체제를 고착시키는 효과가 있다 해서 '개량주의'라 부르고 마치 일종의 반민족 행위처럼 보는 후세의 시각을 저는 의아하게 봅니다.

선생님은 물산장려운동에 참여했지만 그후 일제에 대한 협력행위가 없었기 때문에 '비타협적 민족주의자'의 명예를 지킬 수 있었지요. 물산장려운동에 참여한 다른 사람들은 대부분 그후 전쟁기에 다소간의 협력에 나섰기 때문에 물산장려운동 자체도 친일 의혹의 대상이 된 것 같습니다. 선생님은 물산장려운동 자체에 민족주의 입장에서 오류가 있었다고 생각하십니까?

안재홍 사람의 일이란 칼로 벤 듯 선명한 것이 아닙니다. 후세에는 어떻게 보게 되든, 지금은 물산장려운동을 친일행위로 보는 사람이 없어요. 극좌파 일부의 선동 외에는.

그런데 자치운동은 다릅니다. 나 자신도 자치운동에는 친일의 의미가 곁들이기 쉽다고 봐서 조금 관여하다가 곧 그만뒀지요. 문제는, 두 운동이 본질에 있어서 큰 차이가 없다는 사실입니다. 백성의 생활을 이쪽은 경제적으로 향상시킨다는 것이고 저쪽은 정치적으로 향상시킨다는 것입니다. 현실적 향상을 위해서는 통치권을 가진 일제와 어떤 범위에서든 협력하지 않을 수 없는 것이죠. 자치운동의 협력적 측면이 두드러지게 나타나는 것은 정치에 직접 관계되는 영역이기 때문일 뿐, 물산장려운동도 본질적으로 덜 협력적인 것이 아닙니다.

그래서 나는 '비타협적 민족주의자'라는 말이 어색하게 들립니다. 설령 그렇다 하더라도 명예롭게 생각할 일이 아닙니다. 지금이라도 같은 상황에 다시 놓인다면 '협력'을 꺼리기보다는 민생을 돕기 위해 같은 일을 할 테니까요. 지금 미군정에 대해서도 나는 할 수 있는 대로 '타협적'이고 '협력적'인 태도를 취하고자 애를 씁니다.

민생을 돕기 위해 권력과 타협하는 것은 고등교육을 받은 지식인의 의무입니다. 그것 때문에 욕을 먹는다면 그것도 자기 몫으로 받아들여야 합니다. 다만 "빈 방에 혼자 앉아서도 큰 손님을 대하는 것처럼 스스로를 가다듬는다"는 싱헌의 가르침처럼 스스로 부끄러움이 없도록 끊임없이 자신을 살필 줄 알아야 할 것입니다.

물산장려운동을 후세 사람들이 '개량주의'나 '협력'으로 보는 것은 마땅한 일입니다. 그런 운동을 좋은 뜻으로 시작했다가 민족의식이 차츰 흐려진 사람들이 많습니다. 그러나 그 자체를 '반민족 행위'의 뜻을 가진 '친일'로 볼 것은 아닙니다.

4

파국을 향해
떠내려가는 조선

1945년 12월 14 ~ 31일

신탁통치 반대집회, '절대 반대'와 '절대 지지'의 틈바구니에서 중도적 정치노선이 암살당하는 계기가 되었다.

1945. 12. 14.

독립동맹의 정치노선

독립동맹 집행위원회에서 결의한 「동맹 목적의 정치주장」이 12월 21일에야 이남 언론에 입수되어 보도되었다. 자료를 입수하고도 출처를 명확히 파악하지 못한 것 같다. "11일에" 채택한 것이 "연안으로부터" 전달되었다고 모두에 소개했는데, 자료 끝에는 "1945년 11월 ?일" "조선독립동맹 집행위원회"가 발표한 것으로 되어 있다. 한국사데이터베이스에 이 기사가 12월 11일자로 분류된 것도 "11일에" 채택된 것으로 착각한 때문인 듯하다.

본문 모두에서 "동맹 제2차 대표대회에서 작성한 강령"이 새로운 형세와 국내 사정 파악에 미흡했기 때문에 "임시로 우리 동맹의 대체적인 투쟁방향을 지시하는 테제를 작성"했다고 한다. '제2차 대표대회'란 8월 15일 종전과 9월 3일 연안 출발 사이에 열린 것이고, 지금의 테제는 11월 하순 국내에 도착해서 작성한 것이 아닐까 생각된다.

긴 글이고 대부분 빤히 짐작되는 내용이지만 그대로 옮겨놓는다. 가장 늦게 국내무대에 등장했고 특히 이남 지역에는 많이 알려지지 않은 정치세력의 주장을 원론적으로 표현한 것이기에 전체 모습을 한차례 살펴볼 의미가 있다고 생각해서다.

재연안(在延安) 조선독립동맹에서는 11일에 집행위원회의 결의로서 '동맹 목적의 정치주장'을 채택하여 국내 국외의 신정세에 적응할 투쟁방향을 구체적으로 전 맹원에 지시한 바 있었는데 연안으로부터 그 전문(全文)이 처음으로 당지에 전달되었는데 그 전문 내용은 아래와 같다.

"일본 파시스트의 무조건 투항으로 인하여 제2차 세계대전은 종결되었다. 이는 조선에도 대변화를 일으켰다. 이에 따라 동맹 제2차 대표대회에서 작성한 강령은 오늘 신형세에 합당치 못하게 되었고 새로운 강령을 요구하게 되었다. 그러나 모든 긴급한 사정은 대회의 소집을 불가능케 하고 더구나 국내 사정을 충분히 파악한 구체적 자료를 갖지 못하였다. 그래서 집행위원회로서는 과거 강령의 기본정신과 새로운 형세에 따라서 임시로 우리 동맹의 대체적인 투쟁방향을 지시하는 테제를 작성하여 전 맹원에 주기로 한다.

1. 조선의 완전한 독립을 쟁취하기 위하여 분투함

본 동맹의 기본 목적은 조선독립을 쟁취하는 데에 있다. 조선에서 일본 파시스트의 세력은 이미 기본적으로 타도되었으나 그 잔여는 아직도 조선인민의 정치, 경제, 문화, 사회생활 각 방면에 광범히 뿌리 깊이 남아 있다. 그러므로 금후 조국의 완전한 독립을 쟁취하기 위하여

(가) 일본제국주의 및 매국적들의 일체 재산(토지 기업 등)을 몰수하여 반동세력의 그 경제기초를 소멸할 것

(나) 일본제국주의의 조선에 대한 일체 노예적 통치제도의 잔여를 철저히 숙청하여 버릴 것

(다) 조선 사회생활 내부에서 아직도 그 활동을 계속하고 있는 전쟁죄범을 즉시 처벌하여 반민족분자의 일체 활동을 제지시킬 것

2. 조선민주공화국을 건립하기 위하여 분투함

새로운 조선국가 운명은 전인민의 의사와 수요에 의하여 결정되어야 할 것이다. 우리 동맹은 장차 세울 조선 단체 문제에 있어 민주공화제를 주장한다. 그 특징으로서 이하 몇 개 조건을 지적한다.

(가) 전국민의 남녀 재산 교육 등에 차별이 없이 진정하고 보편적이며 평등한 선거제에 의하여 새로운 정권이 건립되어야 할 것이다.

(나) 국민의 생명 재산을 보호하며 인권을 존중할 것

(다) 국민의 언론 출판 집회 결사 신앙 사상 및 파업의 자유를 보장할 것

3. 경제에 있어 부강한 새 조선을 세우기 위하여 분투함

과거 30여년간 일본 파시스트의 조선인민에 대한 경제적 약탈은 조선 경제생활을 완전히 파산시켰다. 우리 동맹은 조선경제를 즉시 회복 발전시켜서 누구나 다 행복스럽게 잘살 수 있는 경제정책을 주장한다. 그러기 위하여

(가) 일본 파시스트 및 매국적한테서 몰수한 대기업을 국영으로 하여 국민경제의 발전을 도모할 것

(나) 경작하는 농민에게 토지가 있어야 한다. 농업을 현대과학적 기초 위에 개량하며 농민의 부담을 감소함으로써 농민경제를 대대적으로 발전시킬 것

(다) 국가에서 사인기업(私人企業)의 발전을 보장할 것

(라) 일체 기손잡세(畸損雜稅)를 철폐하고 합리적 누진세를 실시할 것

(마) 국가의 조절에 의하여 노동대중의 생활을 개선 향상시킬 것

(바) 실업구제에 대한 적당한 방책을 세우며 사회보험제를 실시할 것

4. 조선민족의 새로운 문화를 세우기 위하여 분투함

우리 민족의 우수한 문화전통을 계승 발전하며 현대과학 지식의 광범한 보급으로써 전국민의 문화수준을 향상시키기 위하여 우리 동맹은 아래와 같은 몇 가지를 주장한다.

(가) 조선 민족문화의 역사적 유산과 현대과학에 대한 연구와 보급 사업을 대대적으로 발전시키며 학자와 예술가의 생활을 보장할 것.

(나) 의무교육제도를 실시하며 광범한 국민교육을 일으켜 문맹을 퇴치할 것

5. 전민족의 총단결을 얻기 위하여 분투함

조선민족의 완전한 독립과 자유스럽고 평화 부강한 민주공화국을 건립하려면 이는 어떤 계급이나 당파나 일개인의 사업이 아니다. 또 이렇게 하여서는 이를 실현할 수도 없다. 이것은 전민족이 힘을 합쳐서만 비로소 실현할 수 있는 것이다. 우리 동맹은 오늘 조선현실에 적합한 또 오늘 우리 동포가 수요하는 공동한 정강을 기초로 전민족이 총단결하여 새 조선을 건설할 것을 주장한다. 또 이렇게 함으로써만 우리 민족의 완전한 독립을 쟁취할 수 있을 것이며 조선민주공화국을 건립할 수 있는 것이다.

6. 서로 국가의 독립과 평등지위를 존중하며 서로 국가인민의 이익과 우의를 증진하는 기초 위에서 다른 국가와 민족 간에 우호관계를 맺음으로써 세계의 영원한 평화를 얻기 위하여 분투함."

1945년 11월 일

조선독립동맹 집행위원회

(「독립동맹, '동맹 목적의 정치주장'을 채택하고 전 맹원에게 지시」,

『중앙신문』 1945년 12월 21일)

1조에서는 (다)항에서 "아직도 그 활동을 계속하고 있는 전쟁죄범"
의 처벌을 명시한 것이 눈에 띈다. 광범위한 '친일파'가 아니라 구체적
'전쟁죄범'으로 좁혀서 표적으로 삼은 것은 해방 100일이 지난 시점에
서 친일파 중에서도 악질 친일파라 할 수 있는 전쟁죄범들이 아직도
활동을 계속하고 있는 국내 사정을 인식했기 때문일 것이다.

2조의 3개항은 당시의 어느 정치세력이나 똑같이 표방하던 것이다.
심지어 공산당과 한민당도 마찬가지였다. 다만 "조선민주공화국"을
표방한 것이 눈에 띈다. '조선인민공화국'(인공)을 회피하는 뜻이 있었
던 것으로 보인다.

인공을 장악하고 있던 박헌영 일파는 우익과의 대결 못지않게 좌익
내의 헤게모니 쟁탈에 열을 쏟고 있었다. 10월 8일 개성에서 김일성과
만났을 때 공산당 북조선분국 설치를 마지못해 승인한 것이 대표적인
사례다. 서울이 조선의 중심이라는 점을 이용해서 이북의 공산주의자
들을 자기보다 하위에 묶어놓으려고 한 것이다.

인공을 통해서도 전국의 지방 인민위원회에 대한 영향력을 확보하
려 했지만, 행정조직의 성격을 가진 인민위원회는 현실적 조건 안에서
움직일 수밖에 없었다. 그래서 북조선 5도 행정국으로 북조선 별도의
총괄조직을 만들게 되었던 것이다. 인공이 현실적 한계를 보이는 상황
에서 입국한 독립동맹은 그래서 '조선인민공화국' 아닌 '조선민주공
화국'을 지향하게 된 것이다. 공산주의를 드러나게 강조하지 않는 독
립동맹의 취향도 가미된 것이다.

3조에서는 (나)항에서 '토지국유화' 대신 '경자유전(耕者有田)'을 주
장하는 등 국가의 큰 역할을 강조하되 시장경제를 보장하는 사회민주
주의 수준의 경제정책을 내놓았다.

4조, 특히 그 (가)항의 문화정책 강조가 특이하다. 공산당 비당원인

김두봉 주석의 존재를 느끼게 하는 대목이다. 민족주의의 표현에서 어느 우익정당보다 더 적극적이다.

"전민족의 총단결"을 지향한 5조는 1935년 7차 코민테른 이후의 '인민전선' 노선 및 이를 응용한 중국 공산당의 '신민주주의' 노선과 통하는 맥락을 보여준다. "자유스럽고 평화 부강한 민주공화국"이라는 목적의식에서 해외 공산주의 노선의 단순한 모방이 아니라 국내 사정에 입각한 진지한 자세라는 인상을 받는다.

공산주의자가 주축인 독립동맹의 강령을 극우파가 주축인 한민당이 9월 6일 발기회와 9월 16일 결당식에서 거듭 발표한 강령·정책과 비교하면 놀랄 만큼 차이가 적다. 궁극적 지향이 어디에 있든 당시 조선 민심의 공통분모가 어느 쪽에나 담기지 않을 수 없었던 것으로 이해된다.

- ● 강령
- 1) 조선민족의 자주독립국가 완성을 기함
- 2) 민주주의의 정체 수립을 기함
- 3) 근로대중의 복리 증진을 기함
- 4) 민족문화를 앙양하여 세계문화에 공헌함
- 5) 국제헌장을 준수하여 세계평화의 확립을 기함
- ● 정책
- 1) 국민 기본생활의 확보
- 2) 호혜평등의 외교정책 수립
- 3) 언론 출판 집회 결사 및 신앙의 자유
- 4) 교육 및 보건의 기회균등
- 5) 중공주의(重工主義)의 경제정책 수립

6) 주요 산업의 국영 또는 통제 관리

7) 토지제도의 합리적 재편성

8) 국방군의 창설

「한국민주당 결당식」 중에서, 『매일신보』 1945년 9월 17일)

1945. 12. 15.

이승만이 조급했던 이유

제2차 세계대전 종전 후 조선의 독립 방침을 연합국이 정한 것은 1943
년 11월 하순의 카이로선언이었다. 미국, 중국, 영국의 3개국이 여기
에 참여했다. 대(對)일본 전쟁 방침을 의논하는 카이로회담에는 일본
과 불가침조약을 맺고 있던 소련이 참석할 수 없었기 때문에 며칠 사
이를 두고 대독일 전쟁 방침을 의논하는 테헤란회담을 열었다.

카이로에서 조선의 독립 방침을 정한 것은 장개석이 주장한 덕분이
었다. 미국과 영국이 이에 동의한 것은 그 전략적 의미를 인정했기 때
문이다. 일본이 유럽국들의 동남아 식민지를 침략하면서 '해방'을 내
세우는 데 대한 맞불작전으로 생각한 것이다. 카이로선언에 조선인이
작용을 가한 것은 장개석을 포섭한 것밖에 없었다. 그러나 장개석의
중국도 연합국 진영에서 발언권이 크지 않았다.

일본 항복 후 "적절한 과정을 거쳐"(in due course) 조선을 독립시킨
다는 카이로선언의 방침은 종전을 목전에 둔 1945년 7월의 포츠담회
담 때까지도 더 이상 구체화되지 않았다. 포츠담회담에서는 미·영·소
3국 외상회담을 열어 미진한 사안들을 더 다루도록 결정해 놓았다. 이
에 따라 12월 16일에 모스크바에서 3국 외상회담이 열렸다.

"적절한 과정"이란 신탁통치를 뜻하는 것이었다. 루스벨트(Franklin

1945년 12월 16일 모스크바 3국 외상회의에 참석한 연합국 외상들. 왼쪽부터 영국 어니스트 베빈, 소련의 뱌체슬라프 몰로토프, 미국의 제임스 F. 번스. 전쟁 중 루스벨트 미대통령이 주도했던 국제주의 노선에 애착을 가졌던 면면들이다.

D. Roosevelt, 1882~1945)는 신탁통치를 무척 좋아했다. 후발 강대국인 미국이 대외 영향력을 늘려가기에 종래의 식민지체제보다 다변주의(국제주의) 방식의 신탁통치가 유리하다고 판단한 것이었다. 그는 조선에 대해 필리핀 통치와 비슷한 수준의 긴 기간 신탁통치를 구상했고, 스탈린은 더 짧은 기간을 생각했다. 모스크바 회담에서도 미국과 소련의 이와 같은 입장차이는 계속되었다. 미국은 멀리 떨어진 이 지역에 안정된 영향력을 오래 유지할 수 있게 되기를 바란 것이었다.

모스크바에 모인 3국 외상은 조선의 신탁통치 방침 자체에 아무 의문이 없었다. 기간과 방법만이 토론 의제였다.

그런데 전쟁 막바지의 원자폭탄 개발로 미국이 전략적 이점을 가지게 되면서 다변주의보다 일방주의(국가주의)를 추구하는 풍조가 미국에서 일어났다. 미국의 힘이 충분하니 이제 국제적 협력이 필요 없다는 것이었다. 이 풍조의 한 중심지였던 도쿄의 맥아더 사령부는 조선의 신탁통치 방침을 뒤엎고 미국의 직접적 영향력을 키울 방법을 찾기 시작했다.

11월 20일 주한 정치고문 랭던이 국무장관에게 보낸 이른바 '랭던 제안'이 바로 신탁통치의 대안으로 남한 군정청이 만든 것이었다. '정무위원회'(Governing Council)를 만들어 조선의 국가건설을 준비시킨다는 것이다. 4개항으로 구성된 이 제안의 성격을 본문보다 더 확연하게 보여주는 '주'가 붙어 있다.

> 위 계획에 앞서 소련측에 통보해야만 하며, 회의(council)는 정무위원회의 구성원으로 지명한 소련지역 내 인사들이 서울에 오게 해 정무위원회를 강화할 수 있도록 소련측을 초청해야 한다. 그러나 소련측의 참여가 준비되지 않는다면, 계획은 38도 이남의 한국에서만 실행되어야 한다. (『우남 이승만 연구』, 481쪽에서 재인용)

소련측에 '통보'하여 협조를 얻으면 좋고, 아니면 미국 혼자 하겠다는 것이다. 이 시점에서 군정 관계자들이 분단 건국을 확고한 목표로 세워놓지는 않았더라도 분단 건국도 상관없다는 태도를 보여준 것이다. 이북보다 이남이 인구가 많고 중심도시 서울이 들어 있다는 점을 이용해 이남 점령군의 구상을 이북 점령군도 수용해 주기 바라는 희망도 약간 있었을지 모르지만, 이 '주' 내용은 이남에서 미국의 독자노선을 제창한 것이다.

랭던 제안의 '정무위원회' 역할을 맡겠다고 나선 것이 이승만의 독촉이었다. 군정청은 모스크바 회담 전에 독촉을 출범시켜 "이런 정무위원회를 만들었으니 조선에는 신탁통치가 필요 없다"는 주장으로 국무성의 신탁통치 방침 철회를 요구할 참이었다. 이 '정무위원회'를 그럴싸한 것으로 만들기 위해 임정 인사들을 참여시키고 좌익도 포용하고 싶었다.

그러나 이승만은 좌익과의 절충에도 실패하고 임정 인사들의 신뢰도 얻지 못했다. 12월 14일까지 전형위원회를 열어 중앙집행위원 39인을 선정했지만 12월 15일과 16일의 제1차 및 제2차 중앙집행위원회 모임에는 각 15인만이 참석했다. 임정 인사들은 선정 자체를 거부했고 일방적으로 선정된 좌익인사는 아무도 참석하지 않았다.

독촉은 이승만이 10월 13~14일 도쿄에서 맥아더와 하지를 만나고 귀국한 이래 가장 공들인 작품이었다. 그는 교묘한 책략을 시도했다. 군정청에 대한 영향력을 미끼로 임정 등 민족주의자들을 독촉으로 끌어들이고, 다시 그것을 근거로 자신의 군정청에 대한 정치적 권위를 강화한다는 책략이었다. 임정이 귀국하자 군정하에서는 임정 그대로 활동할 수 없으니 독촉으로 들어오라고 집요하게 설득했다. 임정 수뇌부만 포섭하면 충분한 권위를 확보할 수 있으리라는 생각으로 좌익 포용에 대해서는 진지한 생각도 없었던 것 같다.

12월 15일 중집위 첫 회의에서 이승만이 구사한 '2중화법'(double-speaking)을 정용욱이 지적한 데서도 그의 책략 스타일을 알아볼 수 있다. 아놀드 군정장관이 "이 고문제도를 군정의 부속물로 하려 하였지만 자신이 반대하여 군정부와 연락하는 국정회의로 하였다"고 주장했다는 것이다(정용욱, 『존 하지와 미군 점령통치 3년』, 중심 2003, 46~47쪽). 군정청에 대한 자기 영향력을 과시한 것이다.

중집위 회의록을 검토한 정병준은 15일 첫 회의에서 "이승만은 매우 격앙된 태도를 보였다"고 평했다. 회의록의 인용된 부분을 보면 그런 인상을 피할 수 없다. 미군측에 장담했던 성과를 이루지 못한 초조함 때문에 평정심을 잃고 속내를 마구 드러낸 것 같다.

지금 우리나라의 국운이 조석에 달려 있습니다. (…) 독촉중협은 원래 민의 대표기관을 만들려 한 것이 목적이다. 지금 모스크바 회의 같은 데 대해서 우리의 민의를 부르짖자면 이러한 합동체가 필요한 것이다. (…) 우리는 임정의 승인을 목표로 싸워나갈까, 독촉중협을 육성하여 나아갈까 어름어름하는 사이에 신탁 단체 같은 것이 음생(陰生)되면 참으로 야단이다. (…) 외교관계 신탁 문제 등에 대한 것은 나의 독단적인 의사만이 아니다. 군정당국에서도 극력으로 자기 나라의 국무성과 싸워가면서 우리를 조력해 주고 있다. (『우남 이승만 연구』, 493쪽에서 재인용)

그래서 눈가림으로라도 외국인들에게 보여주기 위해 독촉중협을 결성해야 한다는 주장까지 했다고 한다. 임정과의 관계에 대해 "김구와 말한 바가 있어 양해가 어렵지 않으나, 김구가 임정 요인들의 속박을 많이 받고 있다"고 주장하고, 몇몇 참석자들이 캐묻자 "이 말은 더 이상 묻지 마시오. 임정 각료회의 진행에 적지 않게 난색이 있는 모양"이라고 덮어버렸다(같은 책, 500~501쪽). 군정청과의 관계도 깨놓고 얘기했다.

저 군정부 하지 장군은 우리를 위하야 신이냐 넉시야 하면서 2주 내로 이 결성을 속히 보여달라고 요구했습니다. (…) 오날이 미국인 군정측이 내용으로 이 결속의 결과를 보고해 달랜 최후의 한정일이오. 적어도 1주일 전쯤 이 합동을 보여쥬엇드면 미국인이 우리에게 말하여 줄 것이 있엇슬 것인데 참으로 유감이오. (같은 책, 489쪽에서 재인용)

12월 15일과 16일 서둘러 중집위 1, 2차 회의를 열었으나 독촉은 모스크바 회담에 영향을 끼칠 규모도 되지 못했고 시간도 놓쳤다. 그 다음 회의는 1월 15일에야 열리게 된다. 묘수 일발을 놓친 이승만은 무척 아쉬웠던 모양이다. 12월 16일 회의에서 이렇게 말했다고 한다.

우리의 일이 늦어져서 군정청 하지 장군은 골이 나 있다. 공산당이
불참한 것을 들으면 또 불만스럽게 여길 것이다. 이 긴박한 시국을
볼 때 2주일 3주일이라는 기막히는 귀한 시간을 허비한 것은 참으로
애달픈 마음이다. (같은 책, 503~504쪽에서 재인용)

랭던은 12월 11일과 14일에 국무부로 전문을 보내 (1) 정무위원회
방안과 (2) 남북한에 최장 5년간 미소의 배타적 신탁통치 후 양군 완
전철수 방안의 두 가지 중 선택을 요청했다. 독촉의 부진으로 정무위
원회 방안에 대한 대안을 제출하지 않을 수 없었던 것인데, 그 대안을
보면 남한에 대한 영향력을 확보하기 위해서는 조선의 분단도 감수하
겠다는 의지가 다시 느껴진다(같은 책, 508쪽).

1945. 12. 16.

돈이 주먹을 불러오다

임시정부 군무부장 김약산(金若山)은 18일 의열단에 대하여 다음과 같이 말하였다.

"최근 조선의열단이니 의열청년회니 의열동지회니 하는 것이 있다고 들었는데 이는 옛 조선의열단과는 하등의 관계가 없는 것이다. 조선의열단은 1915년 해외에 있는 대한독립단, 조선혁명단, 신한독립단 등 여러 단체가 조직한 것으로 그후 조선민족혁명단이 되었다가 다시 1945년에 발전적으로 해소를 한 것이다. 그러므로 요새의 것은 그때의 것과 성질도 다르며 그 당시의 관계자들은 이와 관계가 없는 것이다."

(「임정 군무부장 김원봉, 의열단의 성격 천명」, 『자유신문』 1945년 12월 20일)

식민지시대의 항일투쟁 중 가장 적극적인 방법을 취한 것이 의열단의 테러전술이었다. 1919년 11월 김원봉(약산)을 단장으로 결성된 의열단은 단순한 행동대에 그치지 않고 사상적 측면에서도 항일투쟁의 첨단 역할을 맡은 중요한 조직이었다.

해방 후 미군정이 효과적 질서수립에 실패하자 조직폭력이 대두하기 시작했는데, 의열단의 명성에 의탁하는 일이 많았던 모양이다. 그래서 의열단의 원조 김원봉이 해명에 나선 것이다.

11월 20~22일의 전국인민위원회 대표자대회를 둘러싸고 조직폭력의 양상이 기사화된 것을 찾아볼 수 있다.

전국 인민위원이 모인 회장인 서울시 경운정 천도교 대강당에는 대회 첫날인 20일에 돌연히 수상한 청년 일당이 손에 장작가지를 들고 습격하였지만 미연에 경비대원에게 발견되어 미군 헌병의 제지로 그들을 놓쳐버린 사실이 있어서 이 대회의 진행을 방해하려는 단체의 폭력행위가 폭로되었다. 그런데 대회 제2일인 21일에도 또한 폭력단의 습격이 있었는데 그중 폭한 11명이 경비원과 미군 헌병대의 손에 체포되어 사건의 진상이 드러남과 동시에 그들을 배후에서 조정하고 있는 정당의 정체도 마침내 드러나게 되었다.

이날 오전 10시 반경 대회가 개최되어 진행되려 하는 때에 회장 남쪽 담을 뛰어넘어 회장에 침입하려는 괴한이 있는 것을 경비대원이 발견 체포하였는데 그자는 강원도 홍천에 원적을 둔 안동수(安東洙, 23)라는 자인 것이 판명되어 곧 미헌병에게 인도하고 취조한 결과 그자의 자백에 의하여 그 배후의 일당을 알게 되었다. 안동수는 17일에 일당 열명과 함께 원산서 상경한 것인데 그들 열명은 원산에서 해산물상을 하는 한승기(韓承基, 28)에게 인솔되어 상경하여 서울시 관수정에 있는 전 일인 경영의 화광교단(和光敎團) 안에 있는 관수부대(觀水部隊)라고 하는 청년대에 소속하게 되었다 한다.

그리고 19일에 이르러서 위 한승기의 명령으로 서울시 수송정 태고사에 가서 그곳에서 조선건국청년회본부 위원장 최홍수(崔泓銖), 부위원장 오병철(吳炳喆)에게 인사를 하게 되고 비로소 20일에 개최되는 전국인민위원회 대표자대회를 파괴하여 그 회를 진행치 못하게

11월 20~22일에 열렸던 전국인민대표자대회 제3일 동향에 대한 『서울신문』 기사. 대규모 정치 테러가 처음 등장했지만 배후가 쉽게 드러난 것을 보면 아직은 허술한 형태였다.

하여야 될 것이라는 명령을 받게 되었다 한다. 그래서 그들은 약 300명이 일단이 되어 일인당 50원씩의 돈의 배당을 받은 후 위와 같이 20일 오후 1시 대회의 첫날이 개최되는 시간을 기해서 폭력행동을 하려고 하였는데 회장의 경비가 엄중하여 성공이 되지 않겠으므로 길가에 쌓여 있던 장작더미에서 장작을 집어들고 난입하려고 하다가 제지당하였다는 것이다.

그래서 그들은 제2일인 21일에 재거할 것을 약속하고서 당일에는 보다 더 계획적으로 하기 위하여 흰 마스크와 흰 장갑으로 대원임을 표하고 미리 준비하였던 흉기를 가지고서 300명이 5, 6명씩 떼를 지어 각각 방향을 나누어서 회장을 포위 습격하게 된 것이라고 한다. 이같이 안동수는 자백하였는데 역시 이날 체포된 폭력단 중에서 일본유학생으로 중앙대학 법과생이라는 최서득(崔瑞得, 23) 한형채(韓炯采) 양인의 자백으로 더 자세한 내용을 알게 된 것이다.

그들 양인은 지난 8월 2일에 귀국 상경하여 위의 위원장 부위원장 외에 조직부장 박세동(朴世東), 조사부장 김민수(金敏洙), 외사부장 이영두(李營斗), 서기장 김희공(金熙公)인데 동회의 전체를 책임운영하기는 부위원장 오병철이며 서기장 김희공은 과거 일본제국 아래 만주국에서 토벌대에 가담하여 일본육군 대위로 있었다 한다.

그리고 동회의 산하에 유학생회가 가입하였었으므로 최서득, 한형채의 양인도 가입하게 된 것이며 서울시내에는 마포부대, 관수부대라 하여 지역적으로 나누어서 지부가 설치되었다 한다. 그리고 이번에 대표자대회를 깨트리자는 데에는 조선건국청년회를 통해서 전기(前記) 원산 출신의 한승기와 모 정당과의 사이에 밀의가 되어서 이번 운동자금으로 40만원을 모 정당에서 제공하기로 되었는데 그중 4만원을 전기 부위원장 오병철을 경유하여 한승기에게 지불하였다 한다.

체포된 11명은 보안서에 유치중이며 그 배후조사를 진행하게 될 터인데 이같은 반동의 폭력은 일반에 큰 충격을 주고 있다.

「「전국인민위원회 대표자대회 개최(11월 20일~22일)」중에서,

『자유신문』 1945년 11월 22일)

700명이 모이는 집회를 분쇄하기 위해 흉기를 준비한 300명을 동원하고 현금 50원씩을 나눠줬다고 한다. "모 정당"의 이름을 밝혀놓지 않았지만, 사실 밝혀놓을 필요도 없다. 대표자대회를 깨뜨리는 비용으로 40만원을 내놓을 세력이 따로 누가 있겠는가. 인공측의 대회개최 비용은 그 몇 분의 일도 안 되었을 것이다. 압도적인 자금력을 가진 세력이 폭력을 정치판에 도입하기 시작한 것이다.

한민당측의 파괴공작이 실패로 돌아간 것은 군정청이 예상외로 대회를 철저하게 보호하고 나섰기 때문이다. 군정 당국자들은 이 대표자

대회에서 '인민공화국' 호칭 등 몇 가지 문제가 처리된 후 좌익도 모스크바 외상회담 전에 독촉에 참여하기를 바라고 있었기 때문에 대표자대회를 극력 보호한 것이었다.

11월 25일에 인용한 바 20여개 단체 연명으로 뿌린 「악덕기자에게 경고함」삐라는 대표자대회 파괴공작이 실패하고 공작의 배후가 밝혀지는 데 대응한 것으로 보인다. '백색테러'치고는 아직 조직 수준이 낮아 보인다. 행동대 몇 명이 잡혀들어갔다 해서 위 기사에 나타난 것처럼 돈문제까지 낱낱이 드러나서야 '공작'이란 이름이 부끄럽다.

그러나 폭력의 수요는 늘어나고 있었고, 그에 따라 폭력조직의 수준도 발전하게 되어 있었다. 12월 21일 결성된 독립촉성전국청년총연맹은 몇 달 후 대한민주청년동맹(민청)으로 이름을 바꾸면서 우익 폭력의 주요 공급원이 되었다.

우익 폭력에 어떤 사람들이 동원되었는가? 1930년생으로 평양에서 자라고 1946년 8월 단신 월남한 채병률의 회고에서 그 전형적 모습을 알아볼 수 있다.

> 서울에 와서도 돈이 없으니까 막막하잖아요. 그래서 시작한 것이 찹쌀떡, 메밀묵, 아이스케키 장사, 그리고 서울역과 염천교 앞에서 담배꽁초 주워 까서 팔고, 공책장사, 연필장사, 양초장사 등 안 해본 게 없습니다. (…)
>
> 지금 장충동 부근에 그 당시 이북에서 넘어온 학생들이 많이 모이니까 이북학련 천막을 쳐줬어요. 그때부터 반공투쟁이 시작된 거예요. 이북에서 넘어온 어른들은 서북청년회, 학생들은 이북학련회. 우리의 활동은 좌익세력을 쳐부수는 행동부대로서의 역할이었어요. 예를 들어, 그 당시에는 남로당이니 뭐니 다 합법정당이었기 때문에 경

찰관들이 우리에게 지도를 갖다 주고는 어디어디 있는 놈들이 악질 빨갱이들이니까 가서 혼 좀 내주라고 했어요. 그러면 밤에 가서 숨었다가 그들을 흠씬 두들겨패는 거예요. 패다가 우리도 힘이 달리면 뒤지게 맞고요. (『8·15의 기억』, 351~352쪽)

1945. 12. 17.

누가 돈벼락을 맞았을까?

한국사데이터베이스에 일본인의 횡령과 독직에 관한 몇 가지 기사가
보였다. 12월 7일자의 기사 (3)에서 말한 30여건의 사건 중 비교적 굵
직한 것들이 보도된 것이겠지만, 간부급이 연루된 규모로 보아 평상시
의 산발적 현상으로 볼 수 있는 것이 아니다. 시스템 붕괴에 따른 모럴
해저드 현상의 확산 같기도 하지만, 구 지배체제 핵심부에 의한 전면
적 조직범죄로 볼 것인지도 모른다.

(1) 『매일신보』 1945년 10월 8일자
종로보안서에서는 6일 전 경기도지사 이쿠다(生田淸三郎)를 비롯하
여 경기도청 내의 일본인 부장과 각 과장 20명을 검속하고 취조중인
데 사건의 진상은 아직 모르나 업무횡령과 독직 사건이라고 한다.

(2) 『매일신보』 1945년 10월 16일자
전 경기도 경찰부장 오카(岡久雄) 이하 일인 경찰관과 일부 반역자들
이 결탁하여 영등포 카네보(鍾紡)창고에서 막대한 수량의 광목을 빼
앗아내어 혼란기에 있는 경제상태를 더욱 혼란시키고 사사로이 배를

불렸다는 사건은 이미 보도한 바이다. 종로보안서에서는 그동안 이들을 엄중 취조하던 중 여죄 일절도 판명되었으므로 16일 공갈 수뢰의 죄명으로 원 경기도 경제과 오노(小野寺完爾), 다니모토(谷本義國), 이카리(猪狩利喜三), 니시무라(西村復雄)를 구속하여 송국하였다. 그리고 히라바야시(平林幸一), 카와모(川面均)는 기소유예, 이영개(李英介)는 불기소로 되었고 자취를 감추고 있는 원 경기도 경제과장 시미즈(清水)는 뒤이어 그 행방을 수색중이다.

(3) 『중앙신문』 1945년 12월 7일자

군정청 법무국장 매트 테일러 소좌의 5일 발표에 의하면 전 일본인 관리가 공금을 부당하게 사용한 사건을 조사하기 위하여 법무국 내에 특별범죄수사위원회가 새로 설치되었다 한다. (…) 지금까지 조사한 결과는 전 일본인 관리의 공금횡령사건이 30여건이나 되어 동 위원회 보고에 의하여 서울지방법원에서 판결되리라고 한다.

(4) 『서울신문』 1945년 12월 16일자

전 총독부 체신국장 이토(伊藤泰吉)와 전 경무국 위생과장 아베(阿部泉) 이하 다섯명의 업무횡령사건의 공판은 어제 15일 오전 10시 서울 대법원 대법정에서 이인(李仁) 대법관 주심 아래 개정되었다.

이날 법정 방청석에서는 왜놈 관리들의 최후까지 착취를 꾀하여 사복을 채우려는 단말마의 발악의 죄를 우리들의 손으로 처단하는 광경을 보고자 아침부터 밀려든 방청객으로 초만원을 이루었는데 더욱이 배재중학교 학생 50여명이 특별방청하여 종시 이 통쾌한 광경을 보고 있음이 눈에 띄었다. 먼저 위생과장 아베의 죄상을 심리하고 아베의 증인으로서 나베타(鍋田) 외 1명에 대한 심문이 있은 후 대법관으로부터 심리는 끝났으나 무슨 할 말이 있거든 말하라는 말에 아베는 눈물을 흘려가며 관대한 처분을 내려달라고 애원하자 방청석에서는 이 가긍하고도 통쾌한 것에 웃음소리가 나오곤 하였다. 이어서 전 체신국장 이토와 체신부 회계과장 이하 4명에 대한 업무행정의 범죄를 추상같고 준열한 대법관의 질문 앞에 심리가 오후까지 계속되어 일단 심리를 마치었는데 언도는 머지않아 하리라 한다.

(5) 『동아일보』 1945년 12월 19일자
40년 동안 우리 3천만 동포를 쥐어짜 먹기에만 온갖 수단과 방법을 가리지 않던 총독부 일인 고급관리들은 한 사람의 예외도 없이 단말마적인 발악을 하다가 속속 우리 검찰의 손에 검거되어 방금 엄중한 취조를 받고 있는데 또한 전 총독부 회계과장 우에노(上野武雄)와 동 출납계장 우에야마(上山敏雄)는 6,400만원을 횡령한 사실이 발각되어 17일 특별범죄심사위원회에 검거 구속되었다. 이제 영어의 몸이 된 우에노는 우에야마와 결탁하여 가지고 일본이 항복하자마자 공금 6,400만원을 38도 이북에 있는 일인 관리에게 지불할 특별위로금이라 하고 9월 초에 야스다은행(安田銀行)을 통하여 일본에 송금한 후 아무 일도 없는 듯이 경성에 체류하고 있으면서 기회를 보아 일본으로 비밀히 탈출하려는 직전에 이 사실이 탄로되어 체포되고 만 것이다.

일본의 조선 지배는 1945년 8월 15일 정오 천황의 항복방송과 함께 끝난 것이 아니었다. 38선 이북에서도 소련군 민정부가 설치되는 9월 하순까지 일본인의 역할이 계속되었고, 이남에서는 11월 중순까지 미군과 일본인의 공동지배라 할 만한 상황이 계속되었다. 식민지배의 유산 중에는 8월 15일 이후에 만들어진 것도 적지 않았다.

식민지배가 끝나는 시점에서 일본인의 무책임한 파괴와 범죄 행위를 '나쁜 놈들이니까 끝까지 나쁜 짓을 했군' 정도로 막연히 넘어가기 쉽다. 그러나 혼란을 틈탄 범죄행위에 미군과 조선인의 몫도 있었다는 사실이 가려져서는 안 되겠다.

예컨대 경제혼란의 대표적 현상인 식량난을 놓고 일본으로의 미곡 밀수출을 문제삼는 자들이 있었다. 일본에서의 쌀값이 국내의 열배 이상 되기 때문에 모리배들이 쌀을 빼돌려 국내에 식량난을 일으켰다는 것이다. 사실이 그랬다면 그것이 어찌 모리배들만의 잘못이겠는가. 농민들에게 쌀값을 제대로 지불하지 않은 국내 시장운영에 먼저 문제가 있는 거지.

이승만은 주례 방송으로 5일 서울중앙방송국 마이크를 통하여 다음과 같은 요지의 방송을 하였다. "날은 점점 추워지고 물가는 올라가 백성은 기아와 추위에 떨게 될 것이니 이것을 장차 어떻게 하느냐 군정장관 아놀드 장군도 깊이 걱정하고 있다. 금일 제일 급한 것은 기아에 빠져 있는 백성을 구하는 것이다. 거기에는 첫째 비싼 쌀값이다.

그 원인은 농민이 쌀을 감추고 팔지 않는 것인데 이것은 농민이 먹을 것을 남기고 나머지는 시장에 내놓아야 할 것이다. 다른 물가는 모두 비싼데 곡가만을 싸게 방매하라는 것은 아니나 자기의 이익만을 채우려 하지 말고 동포를 사랑하는 마음으로서 방매하여 세금을 바치고 대중생활의 안전을 도모하는 것이 애국가의 도의라고 할 것이다. 군정의 관측으로서는 적어도 백미 2만석을 시장에 내지 않으면 금년 겨울에 백성을 구할 수 없다고 한다.

둘째는 해안에서 사는 사람들이 쌀 한 섬을 800원에 사서 일본국에 가지고 가면 2만원에 팔 수 있다고 매일같이 수천석씩을 밀수출

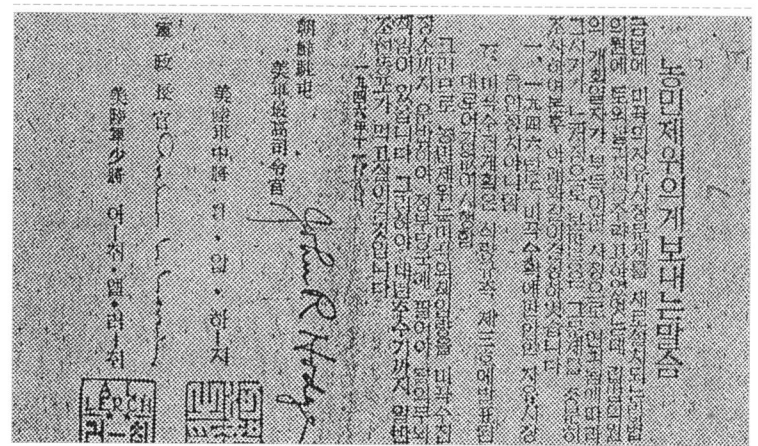

1945년 10월 미곡의 자유시장을 허용한 미군정의 전단. 미국식 자유시장 원리를 도입한다는 명분이라지만, 진주한 지 한 달도 안 되어 조선사회의 기반조건을 뒤흔드는 조치를 취한 것은 상식적으로 이해가 되지 않는 정책이었다.

하는 사실이 있다. 이것은 단연 용서치 못할 일이다. 지주와 일반농민은 곡물을 빨리 방매하여 군정당국과 협력해 주기 바란다. 국가와 동포가 어떻게 되든지 간에 자기 혼자만 좋으면 된다고 하는 사람이 있으면 신국가의 건설은 될 수 없다."

(「이승만, '기아에 빠져 있는 백성을 구하자'고 방송」, 『서울신문』 1945년 12월 7일)

식량난을 몰고 온 직접 원인은 10월 5일의 군정청 일반고시 제1호였다.

일반고시 제1호 미곡의 자유시장
1) 본 고시 제2항에 의하여 모든 법률과 아래와 같은 법률적 효력을 가진 제 규칙은 조선에 미곡의 자유시장을 실시하기 위하여 자(玆)에

이를 전부 폐지함

(가) 조선 내에서 미곡의 사매(私賣) 및 자유판매를 금하는 제 규정

(나) 농민, 소작인 또는 기타로부터 조선총독부와 일본정부 및 그 국과(局課)나 대행기관 또는 조선총독부, 일본정부 및 그 국과와 대행기관을 위한 자에게 미곡판매를 요하는 제 규정

(다) 미곡의 매입과 판매에 대하여 그 가격을 정하며 혹은 가격의 자유를 제한하는 제 규정

2) 일본국적을 가지고 개인 소유의 미곡 혹은 일본국적을 가진 개인 또는 직접 간접으로 일본정부의 지배하에 있던 회사, 연합회, 단체, 신탁회사, 기타 단체의 소유 미곡 혹은 이들의 전부 또는 그 일부와 이해관계를 보유하는 미곡은 조선생활필수품회사에 소정 가격으로 소정 기간에 매도할 사

(가) 그러한 미곡의 매도를 조선생활필수품회사가 요구할 때까지 그 소유자나 대행자는 동 회사가 지정한 창고에 인도할 사. 그 소유자를 위하여 손실이나 창고료 없이 보관할 사. 그 미곡의 인도는 동 회사가 지정한 기간과 장소에서 행할 사.

(나) 전항에 설명한 미곡은 조선생활필수품회사가 지정한 창고에 인도하기 전에 포대에 넣을 사. 해당 포대에는 그 뒷면에 대략 12인치 대소의 흑색 성표(星標)를 인(印)할 사

3) 타 명령이나 고시를 규정할 때까지는 조선 군정부는 어떠한 소유자에게서든지 정조(正租) 54킬로그램 일표(一俵)에 대하여 조선은행권이나 기타 법화(法貨)로 32원 가격으로 매입할 준비가 되어 있음

4) 타 명령을 발포할 때까지는 해(該) 협정 체결 후 1주일 후에 미곡을 인도하거나 그 인도를 수취하는 계약은 불법이며 또 여행(勵行)치 못할 것이니 여사한 계약이나 취인을 성취코자 하는 기도는 자에

이를 금지함

    5) 본 고시의 규정을 범하는 자는 군율재판에서 유죄판결을 받는
동시에 소정의 형벌에 처함

    6) 본령은 1945년 10월 5일 야반(夜半) 11시부터 유효함

1945년 10월 5일

재조선 미국육군사령관의 지령에 의하여

조선 군정장관 미국육군소장 A. B. 아놀드

일반고시 제1호 1945년 10월 5일

    조선의 식량정책은 1939년 말부터 전시체제에 들어가고 1943년 8
월 '조선식량관리령' 발포 이후로는 엄격한 배급체제이던 상태에서 해
방을 맞았다. 10월 들어 군정청은 이남 지역의 작황을 낙관하면서 미
곡의 자유시장화를 선언했다. 이것이 미곡시장의 투기화를 불러와 엄
청난 혼란을 일으킨 다음 이듬해 1월에 '미곡수집령'을 발포해야 했다.

    점령한 지 한 달이 안 된 시점에서 미곡시장 자유화처럼 민생에 영
향이 큰 사안에 섣불리 손댄 까닭이 무엇일까? 이로부터 큰 이익을 얻
을 한민당계 지주—자본가 집단의 로비 가능성을 생각지 않을 수 없
다. 미국식 자유시장의 우월성을 확인한다는 명분이 따랐을 것이다.

    자금력이 대규모 폭력을 정치에 끌어들인 문제를 어제 지적했는데,
폭력이란 인간사회 어디에나 있다. 그러나 폭력이 다른 인간관계를 압
도할 만큼 대규모로 조직되는 데는 특별한 조건이 필요하다. 해방 직
후의 조선에 엄청난 규모의 유휴자금이 존재했다는 것이 그런 조건의
하나다. 아무리 자산가 계층이라 하더라도 이 시기 한민당측에서 보여
준 현금동원 능력은 놀라운 것이었다. (12월 16일 경성방직은 임정에 700
만원을 헌납했다고 한다.) 일본인에 대한 채권이 동결되어 있을 뿐 아니

1946년 1월 미군정은 '미곡수집령'을 발포했다. 낭시의 식량 수집 포스터이다. 갈팡질팡하는 정책 아래 투기꾼이 발호하고 민생이 고통받는 상황이 펼쳐졌다.

라 모든 사업이 정체되어 있던 이 시점에서.

해방을 전후한 통화량의 급증을 면밀히 살펴볼 필요가 있다. 대략 50억원대에 머물러 있던 조선 통화량이 몇 달 사이에 30여억원 늘어났다고 한다. 강준만은 이것을 "패전한 일본인들이 미군 진주가 지연된 기간을 이용하여 재한 일본인들의 귀국자금을 마련하기 위해 돈을 마구 찍어낸 탓에 빚어진 일"로 보았다(『한국 현대사 산책: 1940년대편 1』, 184쪽).

9월 30일자 일기에서 정병욱의 논문 「해방 직후 일본인 잔류자들: 식민지배의 연속과 단절」(『역사비평』 64호, 2003년 가을)과 「8·15 이후 '융자명령'의 실시와 무책임의 체계」(『한국민족사연구』 33호, 2002. 12)를 참고하여 이 돈의 출구를 살펴보았지만 메워지지 않는 구멍이 너무나 컸다. 그런데 이 글 맨 위의 인용기사 중 (5)번에서 떠오르는 생각이 있다. 정병욱의 연구는 '합법적' 출구를 찾는 데 제한되어 있는 것 같은데, 그와 다른 차원의 '불법적' 출구도 있었던 것이 아닐까?

총독부 회계과장과 출납계장이 공모해서 6,400만원을 빼돌렸다고 한다. 전국 통화량의 1%에 육박하는 이 금액을 "38도 이북에 있는 일인 관리에게 지불할 특별위로금이라 하고 9월 초에 야스다은행을 통하여 일본에 송금"했다고 한다. 특별위로금으로 지출했으면 괜찮을 것을, 착복하려고 빼돌려서 죄가 되었다는 말이 아닌가.

회계과장과 출납계장의 개인적 착복인지, 아니면 윗사람들 시키는 대로 했다가 총대를 멘 것인지도 이 기사만으로는 판별할 수 없다. 분명한 것은 평소에 상상하기 힘든 엄청난 규모의 돈이 황당한 방식으로 움직이고 있었다는 사실이다. 개인적 착복이더라도 자금의 불법유출이 횡행하는 상황에 편승한 것이었으리라 보인다.

이 시점에서 돈의 움직임을 좌우할 수 있는 위치의 일본인 고위관리의 입장에 내가 있었다면 어떤 짓을 할 수 있었을까? 패전의 불가피성을 확인하고 나서 '그날'을 기다리는 시간은 고위급일수록 더 많았다. 몇몇 나치 거물처럼 거금을 챙겨 남아메리카로 도망갈 길도 없었다. 싸들고 고향에 돌아갈 길도 없었다.

나 같으면 내가 아는 조선인들 중 능력은 우수하되 품성이 저열한 인간들에게 돈벼락을 때려줬겠다. 그래야 일본인들이 떠난 뒤 조선 정치가 개판이 되고, 조선 백성들은 구관이 명관이었다고 생각하게 될 테니까.

정병욱의 논문 「해방 직후 일본인 잔류자들」에 따르면 초기 미군정의 재정정책은 일본인의 조언에 따라 이루어졌다고 한다. 군표 대신 조선은행권을 계속 사용함으로써 미군정의 은행권 남발로 이전의 통화 증발을 물타기한 것이다. 덕분에 고위책임자들이 모두 아무 처벌 없이 귀국할 수 있었다.

당시 미군정청 재무국 촉탁으로 통역을 담당하느라 잔류했던 한 조선식산은행원 출신자의 회고에 따르면, 자신은 재무국장 고든과 두 명의 보좌관 로빈슨, 스미스로 구성된 미국측과 미즈타(총독부 재무국장), 호시노(조선은행 부은행장), 야마구치(조선식산은행 이사)로 구성된 일본측의 통역에 전념했다고 한다. 해방 직후 이 6명 사이에서 한국 재정과 금융에 관한 지배의 인수인계가 이루어졌던 것이다.

호시노는 미군정의 군표발행 계획을 혼란만 줄 뿐이라며 반대하고 필요하다면 조선은행권을 찍으라고 권유했다. 이후 은행권 남발을 통한 미군정의 재정자금 확보가 일상화되었다. (「해방 직후 일본인 잔류자들」, 136쪽)

1945. 12. 20.

매카시의 선구자 이승만

이승만은 19일 UP통신사를 통하여 미국 국무성에 대한 장문의 권고 문을 타전하였는데 미묘한 국내 정국에 비추어 그 내용은 대략 다음 과 같아서 귀추가 주목된다. 조선에 있어서 공산주의자의 활동만 보 더라도 자유를 사랑하는 아메리카 국민의 공분을 일으키기에 충분할 것이다. 미국 국무성은 일찍이 일본인과 친일파의 영사, 대사, 선교 사의 왜곡된 보고에 의하여 극동정책을 썼기 때문에 진주만의 불상 사를 일으켰다. 그럼에도 불구하고 아직까지 그들 친일파 외교관을 외무성에 남기어둠은 부당한 일이다. 동시에 미국 국무성 중에 조선 의 공산주의자를 지원하는 자가 있음도 국무성 내에 그러한 보도기 관과 아울러 잔치(殘置)한 까닭이다. 이에 대하여 유감의 뜻을 표하 는 바이다.

「이승만, 미국무성 내 친일파, 조선공산주의 지원자 제거 전문 타전」,

『중앙신문』 1945년 12월 25일)

1950년 2월 9일 웨스트버지니아주 휠링의 한 여성 공화당원 모임에 서 조지프 매카시(Joseph R. McCarthy, 1908~57) 상원의원이 연설 도중 호주머니에서 종이 한 장을 꺼냈다. "여기에 205명의 이름이 적혀 있

매카시 선풍을 일으켰던 조지프 매카시
(Joseph R. McCarthy). 세계 최강의 나라
가 갑지기 추악한 모습에 빠진 것을 그 한
사람의 책임으로 설명할 수는 없을 것이다.

습니다. 공산당 당원이라는 사실을 국무장관이 파악하고 있음에도 불
구하고 지금 국무성 안에서 일하며 정책을 만들어내고 있는 사람들입
니다." 매카시 광풍(狂風)의 출발점이었다.

"공산당원 국무성 관리 205명!" 충격적인 발언이었기 때문에 얼마
전 의회 출입기자단에서 '최악의 현역 상원의원'으로 뽑혔던 매카시가
'가장 영향력이 큰 미국인'의 하나로 뜰 수 있었다. 그런데 이 충격적
발언은 '뻥'이었다.

205명 명단 내용을 매카시는 끝내 밝히지 않았다. 그 숫자의 유래만
이 밝혀졌다. 1946년에 번스(James F. Byrnes, 1882~1972) 당시 국무장
관이 새버스(Adolf J. Sabath) 하원의원에게 보낸 한 편지에서 국무성
의 내부감사 결과 "채용에 적절치 않다"고 판명된 사람이 284명이며
그중 79명이 해임되었다고 밝힌 일이 있었다. 그래서 205명이 해임되
지 않은 채 남아 있다는 것이었다. 그런데 4년 후 매카시가 명단을 들
먹인 시점에는 그중 65명만이 엄격한 추가 조사를 거친 후 남아 있었
다. 205명 중 140명은 이미 국무성을 떠나 있었고, 65명은 의심할 근

거가 없다는 사실이 확인되었던 것이다.

매카시는 거짓말 잘하는 사람으로 이미 알려질 만큼 알려진 사람이었다. 문제는 이런 '뻥'이 먹혀들었다는 사실에 있다. 미국 대중은 마녀사냥을 원하고 있었고, 매카시는 대중이 원하는 일을 앞장서서 한 것뿐이었다.

왜 미국 대중은 마녀사냥을 원하고 있었던가? 공산주의의 위협을 두려워했기 때문이라는 설명이 많이 통용된다. 동유럽의 공산블록 형성, 중국의 공산화, 그리고 소련의 원자폭탄 개발이 구체적 요인으로 거론된다.

나는 1949년 8월 29일 폭발 실험에 성공한 소련의 원자폭탄 개발이 결정적 계기가 되었다고 생각한다. 1945년 7월 17일 폭발 실험 성공으로 이룩한 미국의 유일한 핵무기 보유국 위상이 무너진 것이다. 그 4년간 '미국 예외주의'는 절정에 올라 있었다. 미국이 정의와 권력의 절대적 중심지라는 믿음 아래 전세계를 깔보며 냉전체제를 출범시켰다. 1947년 3월의 '트루먼 독트린'이 반세기에 걸친 냉전시대를 몰고 오리라고 생각한 미국인은 없었다. 몇 년이면 공산국가들을 모두 굴복시킬 것이라고 믿고 있었다.

그런데 소련의 원자폭탄 개발로 '지존'의 위치가 흔들리게 된 것이다. 미국 예외주의는 집단적 특권의식이다. 지금 우리 사회에서 보는 것처럼 특권에 대한 위협은 '반동'적 태도를 불러일으킨다. 미국사회가 소련의 원자폭탄 개발에 집체적으로 반동적 반응을 일으킨 것이 매카시즘이었다. '우리의 특권이 위험에 처했다! 누구 책임인가? 그놈들을 처단해서 더 이상의 위험을 막아야겠다!' 여기에는 논리고 나발이고 없다. 증거고 나발이고 없다.

이승만은 매카시보다 4년 이상 앞서서 미국무성에 직격탄을 날리고 있다. 이미 1945년부터 매카시의 선구자들이 국무성을 공격의 과녁으로 삼고 있었고, 이승만은 그 대열 속에 있었던 것이다. 왜 국무성이 당시 반공·반소주의자들의 표적이 되어 있었을까?

제임스 번스 장관의 존재 때문이었다. 루스벨트 대통령의 가장 중요한 협력자 번스는 1944년 선거에서 루스벨트의 당연한 러닝메이트로 여겨졌지만 강한 정치적 입장 때문에 반대파가 많아서 무난한 인물로 트루먼(Harry S. Truman, 1884~1972)이 선택되었다. 트루먼은 상원의원 때 번스의 추종자였고, 대통령이 된 직후에도 번스에게 무한한 존경과 신뢰를 보이며 국무장관에 임명했다. 대통령이 될 때까지 맨해튼 프로젝트(원자폭탄 개발사업)에 관해 아무것도 모르고 있던 트루먼에게 그 사업의 존재를 알려준 것도 번스였다.

1947년 3월 12일 의회 연설에서 천명된 '트루먼 독트린'은 국제협력을 중시하는 루스벨트의 다변주의 노선을 2년간에 걸쳐 꾸준히 뒤집어놓은 결과였다. 그동안 다변주의 노선 수호파의 구심점이 번스 국무장관이었고, 트루먼과 번스 사이의 관계는 꾸준히 악화되었다. 트루먼이 번스에게 노골적으로 불만을 털어놓기 시작한 것이 1945년 12월 모스크바 외상회의 때였고, 번스는 트루먼 독트린 발표를 앞둔 1947년 1월에 사임했다.

그렇다고 번스가 루스벨트 수준의 친소 노선을 고집한 것도 아니었다. 1946년 내내 진행된 이란사태와 관련해 번스는 소련에 대해 강경한 태도를 유지했다. 유럽에 대한 소련의 위협에 대응하기 위해 1946년 9월 슈투트가르트에서 '희망의 연설'로 마셜플랜의 방향을 예고하기도 했다.

다만 그리스와 터키의 반공정권을 지원하던 영국이 재정한계로 미국에게 역할 인계를 요청했을 때 적극적 태도를 보이지 않은 것이 트루먼의 불만이었다. 트루먼 독트린은 그리스와 터키 개입정책으로 출범한 것이었다.

그리스와 터키 개입정책의 논거가 '도미노 이론'이었다. "한번 무너지기 시작하면 연쇄적으로 무너진다"는 이 이론은 위기를 과장하는 수법으로 극단파에게 애용되는 이론이다. 드러난 도발에 대해서는 단호히 대응하되 국제협력의 기반을 무너뜨리는 과잉대응을 자제한다는 다변주의 노선이 이로써 폐기되었다.

일방주의 노선의 트루먼 독트린은 극도의 오만에 이른 미국 예외주의 위에 세워진 것이었다. 경제적 번영과 함께 이 오만을 뒷받침한 것이 군사적 절대우위를 보장하는 핵무기 독점이었다. 이란, 그리스, 터키에서 소련이 미국의 강경한 입장에 굴복한 것도 원자폭탄 덕분이라고 미국인들은 믿었다. 1949년 8월 그 독점이 깨어진 데 대한 히스테리 반응이 매카시즘으로 터져나온 것이었다.

매카시의 휠링 연설이 엄청난 반향을 불러일으키자 상원 외교위원회 소위원회에서 바로 청문회를 열었다. 청문회를 이끈 밀러드 타이딩스(Millard Tydings)를 비롯해 다수당인 민주당 의원들은 매카시에게 강한 반감과 경멸감을 품고 있었다. 타이딩스 청문회가 끝난 후 그 보고서에는 이런 구절이 들어 있었다. "이 주장에 담긴 허위와 악의는 미국사회를 혼란과 분열에 몰아넣고 (…) 공산주의자들 자신도 이 정도의 해악을 끼칠 수 없을 것이다." 그러나 이것은 민주당 의원들의 주장일 뿐이었고, 공화당에서는 이런 주장까지 나왔다. "(타이딩스 위원회는) 반역음모에 대한 우리 역사상 가장 뻔뻔스러운 은폐작업이다."

공화당과 민주당은 매카시를 사이에 놓고 조금의 양보도 없이 팽팽하게 맞섰다. 그러면 민심은? 압도적으로 매카시의 편이었다. 1950년 말의 상원의원 선거에서 매카시는 타이딩스를 비롯해 민주당 주요 후

보들과 맞서는 몇몇 공화당 후보들을 지원했고, 전원 승리했다. 공화당이 상원의 다수당이 되었고 매카시는 공화당의 영웅이 되었다.

트루먼 행정부는 미국 예외주의에 입각한 트루먼 독트린으로 냉전체제에 돌입했지만, 매카시를 앞세운 공화당은 이에 만족하지 않는 미국 대중의 민심을 등에 업고 정부를 공격했다. 1952년 대통령선거에서도 매카시는 '선거의 제왕' 위세를 뽐내고 있었다. 아이젠하워 (Dwight D. Eisenhower, 1890~1969)는 매카시에 대한 혐오감을 별로 감추지 않았지만 매카시와 정면충돌을 삼갔기 때문에 매카시를 겁내는 것 아니냐는 핀잔도 많이 받았다. 사석에서 그런 핀잔에 이런 말로 응수했다고 한다. "그런 놈이랑 같은 시궁창에서 뒹굴 만큼 타락하고 싶지는 않아." "대통령이 손수 비난하고 나서면 자기 격이 높아진다고 그놈이 너무 좋아하지 않을까?"

제2차 세계대전의 영웅으로 대통령이 된 아이젠하워의 군사적 모험주의 억제 노력은 많은 평론가들에게 높이 평가받았다. 마이클 셰리는 『전쟁의 그림자 속에』에서 원자폭탄의 한국전쟁 사용 제안에 "그 끔찍한 물건을? 자네들 제정신인가!" 하고 필쩍 뛴 아이젠하워를 피그만 사건[■]을 일으킨 케네디(John F. Kennedy, 1917~63)와 대비하며 직업군인이 민간인보다 전쟁의 의미를 더 잘 이해한다는 사실을 부각시키기도 했다. 군미필자들이 대북 강경책에 목청 높이는 한국 상황에도 참고가 되는 이야기다. (그러고 보니 존 케네디는 민주당 의원으로는 이례적으로 매카시와 좋은 사이였다. 그 아버지 조지프 케네디가 매카시의 가장

■ 1961년 4월 16일에 쿠바 혁명정권 카스트로가 사회주의 국가 선언을 하자 다음날인 4월 17일 미 중앙정보국(CIA)이 주축이 돼 쿠바 망명자 1,500명으로 '2506 공격여단'을 창설해 쿠바를 침공한 사건. 그러나 미 공군의 막판 지원 부족으로 실패, 1백여명이 숨지고 1천여명은 체포됐다. 이때부터 카스트로와 미국 사이의 대립이 본격화했다.

강력한 후원자의 한 사람이기도 했다.)

매카시는 1957년 5월 2일 48세의 나이로 죽을 때까지 상원의원직에 있었지만, 그 정치적 영향력은 1954년 12월 2일 상원의 징계 결의를 계기로 소멸했다. 67 대 22의 징계 결의에서 민주당은 전원 찬성했고 공화당은 반반이었다. 그후 그가 발언할 때는 다른 의원들이 퇴장하거나 듣지 않는 시늉을 하는 것이 상원의 풍속이 되었다. 아이젠하워도 속이 시원했던지, '매카시즘'(McCarthyism)이란 말을 대신할 '매카시 워즘'(McCarthywasm)이란 말까지 만들어냈다고 한다.

매카시의 몰락은 1954년 봄부터 시작되었다. 결정적 악재는 자기 보좌관의 한 사병 친구를 특별대우하도록 육군에 부당한 압력을 가한 혐의였다. 이 의혹을 조사하는 청문회가 몇 주일 동안 텔레비전 생중계되었고, 그동안 그의 지지율은 50%에서 34%로 떨어졌다.

매카시 몰락의 더 중요한 원인은 한국전쟁을 통해 군사적 모험주의의 문제점이 드러남으로써 미국 대중의 환상이 깨어졌다는 데 있다. 1954년 3월 9일 「See It Now」라는 한 다큐멘터리 프로그램의 방영을 매카시 몰락의 출발점으로 보는 사람들이 있다. 매카시의 선동적 연설 중 혐오스럽고 억지스러운 부분을 모아 방영한 다음 진행자 에드워드 머로(Edward Murrow)가 이런 논평을 붙였다고 한다.

그가 한 가장 큰일은 대중의 마음을 혼란시킨 것이다. 공산주의의 외부로부터의 위협과 내부로부터의 위협 사이의 혼란 같은 것이다. 우리는 비판과 반역을 헷갈려서는 안 된다. 비난이 곧 증거가 아니라는 사실, 그리고 판결은 증거와 정당한 법적 절차 위에 이루어진다는 사실을 잊어서는 안 된다. 우리는 서로서로를 두려워하며 살아가지 않을 것이다. 우리의 역사와 우리의 신조를 깊이 파헤쳐보고 우리가 겁쟁이 조상들의 자손이 아니라는 사실을 기억한다면 우리가 두려움에 몰려 이성 상실의 시대에 빠져들 수는 없을 것이다. (…)

우리는 세계 모든 곳에서 자유의 수호자를 자임하며, 그것은 사실이다. 그러나 우리가 자유를 밖에서 지키기 위해 안에서 버린다는 것은 있을 수 없는 일이다. 위스콘신 출신 상원의원의 행동은 해외의 우리 동맹자들에게는 경각심과 당혹감을 불러일으키고 우리 적들에게는 안도감을 심어주었다. 그것이 누구의 잘못인가? 그 한 사람의 잘못이 아니다. 그는 공포심의 상황을 만들어낸 것이 아니라 공포심의 상황을 이용한 것일 뿐이다. 상당히 잘 이용해 먹은 것이기는 하지만.

1952년 말 대통령 당선자 신분으로 주한미군을 방문한 아이젠하워는 한국 대통령을 만나지 않고 돌아가려 했다. 같은 시궁창에서 뒹굴고 싶어하지 않은 사람이 매카시 외에도 있었던 모양이다. 당시의 한국 대통령이 7년 전 미국무성에 어떤 전문을 보낸 사람인지 알고 있었는지도 모른다.

1945. 12. 21.

김구는 이승만을 '절대 신임'하였을까?

조선의 자주독립을 촉성하기 위하여 하지 중장은 지난번 재미주(在美洲) 한국민족연합회 위원 전경무(田耕武), 김호(金乎) 외 4인을 초청하여 조선의 국내 사정을 조사케 하였는데 6위원은 귀국 이래 각 방면과 절충 혹은 실지조사를 거듭하여 오던바 드디어 성안(成案)을 얻었으므로 이즈음 하지 중장에게 구체안을 건의, 군정청에 제출하는 동시에 조선독립촉성에 기여하기로 되었다.

이 건의안은 정치, 경제, 문화, 교통의 각 방면에 걸쳐 과도기에 처한 조선의 실정을 상세히 조사 보고하는 동시에 금후의 향로에 대하여 솔직 공정한 의견을 첨가 제출한 것으로 금후에 있어서의 군정시책과 조선독립촉성 방향에 다대한 공헌을 할 것으로 그 성과가 주목된다.

(「재미한족연합회, 군정청에 당면문제에 대한 건의안 제출」 중에서,

『자유신문』 1945년 12월 21일)

1903년 초부터 1905년 7월 사이에 한국인 7,226명이 65척의 이민선을 타고 하와이에 도착했다. 이로써 인접국이 아닌 나라로는 미국이 가장 큰 교민집단을 가진 나라가 되었다. 재미 교민집단은 그후 해방

때까지 크게 늘어나지 않았다. 정병준의 『우남 이승만 연구』 213쪽에 인용된 『MIS 비망록』(1943. 3. 19)에 따르면 1940년 미국에는 하와이의 6,851명을 포함해 모두 8,562명의 조선인이 거주했던 것으로 파악되고 있다.

200만에 이르던 중국(만주 포함) 교민, 수십만에 이르던 러시아 교민에 비하면 아주 작은 교민집단이었지만, 미국의 정치적·경제적 여건 때문에 민족운동의 에너지가 쉽게 발산될 수 있었다. 1908년 스티븐스 저격사건*을 계기로 국민회(대한인국민회)가 결성된 이래 미국 교민사회는 해외 민족운동의 한 중요한 기지가 되었다. 미국 교민사회의 임시정부 지지는 임정의 권위에 큰 뒷받침이 되었을 뿐 아니라 중요한 재정적 기반이 된 시기도 있었다.

미군이 남한을 점령하자 재미 교민집단은 미국과 조선 사이에서 가교 역할을 맡을 잠재적 가치를 가지게 되었다. 1941년 4월 재미 교민의 통일기관으로 설립된 재미한족연합위원회의 대표 6인이 하지 사령관의 초청으로 11월에 국내에 들어와 제반 사정을 살펴본 끝에 시정방침 건의안을 군정청에 제출하였던 것이다.

건의안 내용은 상식적인 것이어서 인용에서 생략했는데, 대표단 활동에 관한 다른 기사 중 눈에 띄는 것이 하나 있다.

재미한족연합위원회 대표단 김병환(金秉煥)은 명년 1월 10일 국민대회와 임시정부 계획인 특별정치위원회에 대한 태도를 다음과 같이 언명하였다.

■ 1908년 3월 23일 장인환(張仁煥)·전명운(田明雲)이 일제 침략의 앞잡이로서 대한제국 외교고문이었던 미국인 스티븐스를 사살한 의거. 자세한 내용은 이 책 1권의 10월 17일자 일기 참조.

"우리 대표단이 귀국 후 약 2개월간에 국내정세와 민간여론 파악에 노력하여 왔던 것이다. 우리는 일당 일파의 주의주장에는 추종할 수 없다. 따라서 명년 1월 10일 개최될 국민대회에도 우리 태도는 분명하다. 즉 한국민주당측에서 개최한다는데 우리는 이 대회에 참석할 필요를 느끼지 않는 것이다. 그리고 특별정치위원회는 임시정부에서 국내 국외 인사들과 국가독립촉성을 목표로 협의한다고 하니 우리는 미약한 힘이나마 도움이 된다면 참석할 것이다."

(「재미한족연합위원회, 국민대회 불참의 뜻 표명」, 『자유신문』 1945년 12월 27일)

한민당과 이승만이 기획하고 있던 국민대회에 불참하면서 임정 중심의 사업에는 협력하겠다는 것이었다. 이승만은 재미 교민사회를 발판으로 30여년간 활동해 온 결과 해방 후 국내에서 한 개인으로서는 최대의 정치적 권위를 가진 위치에 올라 있었지만, 교민사회를 대표하는 입장에는 한계가 있었다는 사실을 알아볼 수 있다.

대표성의 한계 정도가 아니었다. 미국의 조선인 민족주의자들 중에는 이승만을 민족반역자로 규탄하는 극단적 반대자들까지 있었다. 이승만이 임정 주미외교위원부 위원장 자격으로 미국인 업자에게 이권을 팔아넘겼다는 '광산 스캔들'을 1946년 초에 터뜨려 민주의원 의장직에서 낙마시킨 한길수(韓吉洙)가 대표적인 인물이다.

이승만 자신의 처신과 행적에 문제가 많았다. 그는 도덕적 실천으로 지도력을 키우기보다 책략을 통한 영향력 확보에 몰두해 왔고, 그 책략은 흔히 혼란과 분열의 수단을 취한 것이었기 때문이다. 초년의 행적은 차치하고, 활동이 저조했던 1930년대를 지나 외교활동을 재개하는 1938년 이후의 일을 살펴보겠다.

재미 교민사회의 민족운동은 1920년대를 지나는 동안 열기가 식었다. 지나친 분열상에서 이유를 찾기도 하지만, 더 기본적인 조건 두 가지가 있었다. 하나는 대공황에 이르는 경기침체로 교민사회의 여력이 줄어든 것이고, 또 하나는 교민집단의 고령화였다. 재미 교민집단에는 신규 이주자가 극히 적었기 때문에 시간이 갈수록 초기 이주자들은 활동력이 줄어들었고, 미국에서 태어나고 자라난 청소년층은 민족의식이 높지 않았다.

중일전쟁 개진 이후 일본의 침략전선이 확장됨에 따라 재미 조선인의 민족운동이 새로운 활기를 띠게 되었다. 일본의 패전 가능성이 구체화되었고, 미국사회에 반일 분위기가 형성되기 시작했기 때문이다.

이승만은 1939년 3월 하와이를 떠나 워싱턴으로 옮겨간 뒤 임정에 구미위원부의 부활을 요청했다. 구미위원부는 1919년 4월 이래 이승만의 활동근거였다가 1925년 봄 이승만 탄핵·면직과 함께 폐지된 기관이었다. 임정은 이 요청을 거부했다. 이후 재미 민족운동이 다시 활성화되어 1941년 4월 재미한족연합위원회(이하 '연합회'로 줄임)가 출범히면서 이승만을 대미외교위원으로 선정하자 임정은 비로소 주미외교위원부를 승인했다.

주미외교위원부(이하 '위원부'로 줄임)를 둘러싼 파란은 이승만이 위원부를 개인 조직처럼 활용하려 든 태도에서 비롯되었다. 미·일간 개전으로 조선인의 민족운동이 활기를 더함에 따라 위원부의 할 일도 많아졌는데, 이승만은 자기 계열 이외 사람의 위원부 참여를 거부했다. 1943년 1월 국민회가 항의를 제기했으나 이승만이 독단적 태도를 고치지 않아 결국 1943년 10월 연합회에서 임시정부에 이승만의 소환을 정식으로 요청하기에 이르렀다.

위원부는 형식적으로는 임시정부 산하기관이지만 실제로는 연합회의 지원으로 성립·유지되는 조직이었다. 그런데 중경 임정은 1년 이상 계속된 이 분규에서 모든 원칙을 어겨가며 이승만을 지지했고, 이로 인해 연합회가 분열을 일으키기까지 했다. 정병준은 이 상황을 이렇게 썼다.

> 재미 한인사회 전체의 의견일지라도 이승만을 배제한 조직을 인정할
> 수 없다는 김구의 태도는 이승만에 대한 전폭적인 신뢰와 후원에서
> 비롯된 것이었다. 이는 해방 후 이승만·김구의 관계를 보여주는 것
> 이기도 하다. (『우남 이승만 연구』, 231쪽)

해방 후 김구의 민족지도자로서의 역할이 이승만과의 관계로 인해 제약을 받았다는 뜻이 함축되어 있는 말이다. 나 역시 그런 인상을 갖고 있는데, 앞으로의 작업을 통해 밝히려고 애쓸 중요한 포인트의 하나다.

그러나 김구가 이승만에 대해 이 시점에서 "전폭적인 신뢰"를 갖고 있었을지는 의문이다. 신뢰가 없더라도 김구가 이승만 편을 들어야 할 이유가 있었다. OSS(Office of Strategic Services)와의 관계 때문이었다.

미국에는 집중화된 정보기관이 없었는데, 제2차 세계대전 발발 후 루스벨트 대통령이 그 필요성을 느끼고 윌리엄 도노반(William Donovan) 대령에게 설치 계획을 맡겼다. 도노반은 1941년 7월 COI(Co-ordinator of Information)를 만들었고, 이것이 1942년 6월 OSS로 확대되었다. 이후 CIG를 거쳐 CIA(Central Intelligence Agency)에 이른 것은 1946년의 일이었다.

이승만은 COI 시절부터 도노반의 이인자 프레스턴 굿펠로(Preston Goodfellow)와 친밀한 관계를 맺고 있었고, 조선인 요원 몇을 OSS 대원으로 추천하기도 했다. 1943년 들어 OSS가 특수부대 훈련 등 중국

전역에서 활동을 늘리자 이승만은 자기가 추천한 OSS 대원들과 통신 시설을 이용해 중경 임정과 긴밀한 연락을 취할 수 있었다.

임정은 유명무실한 광복군을 만들어놓고도 그 지휘권을 중국군에 맡겨놓은 상황에서 광복군 확충을 간절히 바라고 있었다. OSS에 대한 영향력을 과시하는 이승만을 김구는 긴하게 여기지 않을 수 없었다. 1945년 들어 장준하와 김준엽(金俊燁, 1920~2011) 등이 참여하는 광복 군 국내 투입 작전도 OSS에 의지해 진행시킨 것이었다.

이승만은 김구와 임정의 절대 지지를 발판으로 외교위원부를 배타 적으로 장악하고 있으면서 다른 한편으로 임정의 뒤통수를 치는 공작 을 진행하기까지 했다. 외교위원부 안에 '협찬부'라는 이름으로 내무, 경제, 교육, 정치 등 여러 부서를 설치하려 한 것이다. 1944년 5월 24 일 그는 이들 부서에 임명한 측근인사들에게 친비(親秘) 서신과 함께 사업계획서를 보냈는데, 계획서에는 이런 대목이 있었다.

> 새로 수립한 정치기관의 각 위원부는 완전히 외교위원부의 지명하는 권력범위 아래 제한되었으며 (…) 새 정치소식제는 한국의 내무와 경 제와 교육과 정치와 전쟁 노력을 현시 전쟁기간과 전쟁 후에 공히 지 배하는 것을 목적으로 하였다. (『우남 이승만 연구』, 234쪽에서 재인용)

제2의 임시정부를 만들려 한 것이었다. 요즘 한국 정치계에서 '양 파'론이 유행하는데, 이승만의 음모와 책략이야말로 까도 까도 끝이 없는 '원조 양파'라 할 것이다.

1945. 12. 22.

이승만이 '극우'를 택한 이유

해방 당시 이승만은 미국 국무성으로부터 '신뢰할 수 없는 사람'으로
취급받고 있었다. 그의 귀국에 국무성은 비협조적인 태도였지만, 맥아
더 등 군부 인사들의 호의로 쉽게 귀국할 수 있었다. 중국을 거쳐서 올
지, 마닐라나 도쿄를 거쳐서 올지, 이승만 본인이 원하는 대로 골라서
들어올 만큼 편한 입장이었다.

이승만의 미국인 지지자가 공화당과 군부의 극우파에 분포해 있었
던 것은 1945년 4~6월 샌프란시스코 회담을 둘러싸고 이승만이 반
공·반소주의 입장을 선명히 내세운 때문이었다. 이승만은 1945년 2월
의 얄타회담에서 미국이 조선을 소련의 세력권에 양도했다고 하는
'얄타 밀약설'을 주장하며, 그 증거까지 가지고 있다고 주장했다. 그
주장은 『로스앤젤레스 이그재미너』(*Los Angeles Examiner*)지 1945년 5
월 21일자에 보도되었다.

워싱턴 구미위원부는 현재 상항(샌프란시스코)에 머물러 있는 이승만
씨의 훈령에 의하여 아래와 같은 각서를 발표하였다.

1. 영국과 북미합중국은 일본과의 전쟁이 끝난 뒤까지 조선을 러
시아의 세력범위 안에 머물러 있을 것을 러시아와 동의하였다.

2. 더 나아가서 일본과의 전쟁이 끝날 때까지 북미합중국과 영국은 조선에 어떠한 서약이든지 하지 않을 것에 대하여 의견이 일치되었다.

여기 대하여 이승만의 말은 만주나 내몽고에 대하여 얄타에서 어떻게 되었는지는 알지 못하되 이 조선 문제에 대한 것만은 정확한 사실인 것을 확신한다. 이 비밀의 출처는 어떠한 비밀정탐으로부터 나온 것이다. (『우남 이승만 연구』, 262~263쪽에서 재인용)

이승만이 가지고 있다고 주장한 '증거'는 5월 8일자 『시카고 트리뷴』(Chicago Tribune)지 기사였고, 그 기사는 자신이 5월 7일에 발표한 '얄타 밀약설'을 보도한 것이었다. 전형적인 언론조작이었다. 국무성이 그를 위험시하고, 극우파가 그를 옹호한 것은 당연한 일이었다.

이승만이 '반공'이나 '반소'의 신념을 애초부터 갖고 있었던 것도 아니다. 그는 소련의 지원을 얻기 위해 1933년 모스크바를 방문한 일도 있고, 1945년 3월 28일까지도 워싱턴 주재 소련대사에게 편지를 보내 과거 조·러 우호관계를 들먹이며 조선의 독립을 도와달라고 부탁하고 있었다. 그로부터 불과 몇 주일 후 '얄타 밀약설'을 들고 나온 것은 정략적 판단에 따른 것으로 보인다.

OSS 부사령관으로 있던 프레스턴 굿펠로가 이런 책략을 권했으리라고 짐작된다. 파시즘과의 전쟁이 끝나가는 상황에서 신생 정보조직인 OSS가 공산주의와의 대결을 추구하고 있던 정황에 기초한 짐작이다. 이승만이 '비밀정탐'이라 말한 것도 굿펠로를 믿고 한 말이었을 것이다.

9월 14일 건준과 인공을 장악한 박헌영 일파가 이승만을 '인민공화국 주석'으로 추대할 때, 아마 그들은 이승만이 몇 달 전 반공·반소 전선의 소총수로 나선 사실을 모르고 있었을 것이다. 이승만을 그저 정치적 주견 없는 기회주의자로만 알고 있었을 것이다. 그래서 중경 임정에 대항하는 자리에 올려주기만 하면 신이 나서 자기네 박자에 맞춰줄 것을 기대했을 것이다. 책략에 있어서 자기네보다 한참 고수라는 사실을 모르고 있었을 것이다.

10월 16일 이승만의 귀국으로부터 12월 17일 공산당 비난 방송연설까지 두 달 동안 공산당과 이승만 사이의 관계는 한판의 게임처럼 보인다. 인공 주석 추대라는 한 수를 받아놓은 상태에서 귀국한 이승만의 첫 수는 10월 21일의 방송연설이었다.

이승만은 21일 오후 7시 20분부터 서울중앙방송국을 통하여 다음과 같은 요지의 방송을 하였다.

"오늘은 공산당에 대한 나의 감상을 간단히 설명하고자 한다. 나는 공산당에 대하여 호감을 가지고 있는 사람이다. 그 주의에 대하여도 찬성하므로 우리나라의 경제대책을 세울 때 공산주의를 채용할 점이 많이 있다. 과거 한인 공산당에 대하여 공산주의를 둘로 나누어 말하고 싶다. 공산주의가 경제방향에서 노동대중에 복리를 주자는 것과 둘째는 공산주의를 수립하기 위하여 무책임하게 각 방면으로 격동하는 것이다. 이것은 우리 한인만이 아니라 중국과 구라파의 각 해방된 나라에도 있는 일이다.

각 지방에 당파를 확장하여 민간의 재산을 강탈하는 무리[輩]가 있다. 이러한 급격한 분자가 선두에 나서서 농민이 추수를 못하게 하고 공장에서 동맹파업을 일으키는 일도 있다. 이것은 방임하면 앞으로 국제적으로 영향을 끼칠지 모른다. 그러므로 우리들은 일치협력하여 화평과 안녕의 길을 함께 나아갈 것을 희망하며 원컨대 이때는 우리들이 사정이나 사욕을 버리고 국체를 회복하여 국토를 찾자는 일점에 대동단결치 않으면 안 될 것이다."

(「이승만, 공산당에 대한 태도 방송」, 『매일신보』 1945년 10월 26일)

'좋은 공산당'과 '나쁜 공산당'을 구분해 놓고, 자기 말 잘 들으면 좋은 공산당으로 인정해서 같이 놀아주겠다는 것이다. "농민이 추수를 못하게 하고 공장에서 동맹파업을 일으키는" 것은 한민당의 공산당 비방을 미군정이 받아들이고 있던 기준이었다. 미군정에 대한 영향력에 자신감을 갖고 있던 이승만이 이를 지렛대로 좌익에 대한 영향력을 키워볼 수는 없을지 탐색하는 것이었다.

이승만을 인공 주석으로 추대하려던 박헌영 일파의 시도를 번지수를 잘못 짚은 것으로 흔히 보는데, 내게는 아주 엉뚱한 일로 보이지 않는다. 그 시도에는 상당한 합리적 근거가 있었던 것으로 생각된다.

이승만이 '봉사'는 모르고 '군림'만 아는 사람이라는 사실은 초년의 행적에서부디 드러난 것이다. 그를 조금이라도 아는 사람이라면 71세에 귀국한 그가 남을 앞세워놓고 그를 도와 착실히 일하는 역할을 맡을 생각이 전혀 없으리라는 것을 모를 수가 없었다. 박헌영은 그를 거래가 가능한 상대로 보았을 것이다.

이승만은 명성만 있을 뿐, '지도력 없는 지도자'였다. 미국에서 그가 확보한 추종자들은 이해관계가 깊이 얽매인 사람들뿐이었다. 국내에도 기독교인과 미국유학자 등 역시 '패거리'가 통하는 사람들만이 그에게 충성심을 가지고 있었을 뿐, 폭넓은 정치적 지도력은 가지고 있지 않았다.

그런 이승만이 손쉽게 정치적 영향력을 키울 수 있는 길은 특정 정치세력과 손을 잡는 것이었다. 이승만의 명성과 교섭능력을 높이 사서 그를 추대한다는 것은 현실정치의 책략을 중시하는 정치세력이라야 가능한 것이었다. 중도파는 그런 책략을 중시할 수 없다. 이승만이 손을 잡을 만한 상대는 어차피 극좌파 아니면 극우파였다.

이승만이 결국 극우파와 손잡게 된 데는 여러 가지 원인이 있었다. 가장 뚜렷한 원인은 이미 만들어놓은 미국 극우파와의 유대관계였다. 그러나 널리 인식되지 못하고 있는 또 하나 중요한 원인이 있었던 것 같다.

국내의 극좌파가 극우파만큼 그에게 절박하게 매달릴 입장이 아니었다는 사실이다. 박헌영 일파는 인공과 공산당을 발판으로 인민위원회, 전평, 전농 등 자생적 진보운동을 수렴할 수 있는 입장이었기 때문에 이승만과 결탁하더라도 그에게 큰 권력을 양보할 이유가 없었다. 반면 친일파 처단의 위협에 직면해 있던 극우파는 그에게 모든 것을 내어줄 용의가 있었다. 그래서 모든 것을 내어줬고, 이승만은 그것을 받아먹은 것이다.

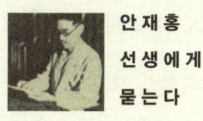
민족주의의 '임정', 민주주의의 '인공'

김기협 　1948년 7월 『신천지』지에 기고하신 「기로에 선 조선민족」 중
1945년 말경의 심경을 되짚은 대목이 있습니다.

(임정 귀국 이후) 1주일이 지나 벌써 민중은 불안을 품었고, 1개월이
되어서는 초조하였었다. '남북통일·좌우합작'이 구호처럼 들렸고,
임정 내부 좌우 세력이 포섭되어 있으니만치 좌우협상이 상당히 되
려니 하였으나, '인공'은 스스로 양보치 않고, 임정은 민족주의 진영
총지지의 기세도 있어 법통으로 굳게 지키어 스스로 걸어내려와 타
협할 수 없으매, 인공측의 주징히는 양자 동시해체, 평지재건 식의
논법과는 조화될 길 없었다. (『민세 안재홍 선집 2』, 265쪽)

'해방의 해' 1945년이 끝나가는 시점에서 독립노선의 확고한 실마
리가 잡히지 않는 데 대한 안타까운 마음을 느낄 수 있습니다. 당시 무
엇에 불안을 품었고 무엇에 초조함을 느꼈는지 더 풀어서 말씀해 주시
지요.

안재홍 　며칠 되지 않아 불안을 느낀 것은 친일파 문제에 대한 백범
선생의 태도가 석연치 않았기 때문입니다. 도착 다음날 기자

회견에서 "우선 통일하고 불량분자를 배제하는 것과 배제해 놓고 통일하는 것의 두 가지가 있을 것이므로 결과에 있어 전후가 동일할 것"이라 말씀하셨죠. 표현을 신중하게 하는 것은 좋지만, 이것은 지나쳤다고 생각합니다. 다른 어떤 것은 신중하게 하더라도 친일파 문제에 대해서는 더 명확히 할 필요가 있었습니다.

홀연히 닥친 해방 앞에서 민족의 진로에는 크나큰 혼란의 위험이 있었습니다. 일본의 강압이 갑자기 사라진 상황에서 각 개인과 집단이 서로 다른 소신과 취향, 처지에 따라 서로 다른 길을 바라볼 수 있었으니까요. 나는 '민족주의'와 '민주주의'의 기본 원리를 중심으로 온 민족이 최대한 뭉침으로써 혼란의 위험을 극복하기 바랐습니다. 그러기 위해서는 반민족적·반민주적 요소를 배격하는 것이 가장 중요한 일이었지요.

민족주의를 대표하는 것이 임정이었습니다. 임정이 국내 사정을 잘 모른다 해서 신중한 태도를 취한다 하더라도 친일파 문제 하나에 대해서만은 확고한 태도를 보여줘야 했습니다. 혼란의 위험을 줄이기 위해 가장 중요한 일이었습니다.

그후 몇 주일이 지나도록 임정이 정국 통일을 향한 지도력을 보여주지 않는 데 초조한 마음이 들었습니다. 단적인 문제가 인공과의 관계였죠. 임정이 민족주의의 대표라면 인공은 민주주의의 대표였습니다. 인공 운영방법에 미흡한 문제, 무리한 문제가 여러 가지 있기는 해도, 민중 속에서 자라나는 민주주의 풀뿌리를 수렴하고 있던 것이 인공입니다. 인공의 민주주의적 가치를 임정이 적극적으로 인정하는 것이 인공을 극좌 모험주의자들의 손아귀에서 풀어낼 수 있는 길이기도 했습니다.

몽양은 임정과 인공의 동반해체를 제의하면서도 인공 내에서는 조직과 부서를 먼저 없애자고 주장했습니다. 임정의 우선적 권위를 존중하자는 것이었지요. 임정측이 인공의 가치를 원천적으로 부정했기 때문에 몽양의 주장이 힘을 얻지 못한 것이 아쉽습니다. 이승만 박사가 인공 주석 취임을 거부한 상황에서 인공의 명목상 수반인 몽양의 부서 해체 주장은 인공 내에서도 큰 설득력이 있었습니다.

김기협 │ 선생님께서는 '민족통일전선'을 계속 중시해 왔습니다. 9월 초부터 이끌어온 국민당이 4대 정당의 하나로 당당히 자리잡고 있는데도 민족통일전선을 위해서는 해체 용의가 있다는 것을 선생님 개인 의견 차원을 넘어 국민당의 공식 방침으로 밝혀왔죠. 정당이란 특정 범위의 정치적 목적을 공유하는 사람들이 그 목적을 함께 추구하는 활동인데, 통일전선을 위해 해체한다는 것이 정당의 존재의미와 모순되는 것 아닌가요?

통일전선에 절대적 가치를 부여한다는 것 자체부터 문제가 없을까요? 정치란 인민의 다양한 요구를 절충하는 과정인데, 그 과정을 '통일'한다는 것이 요구의 다양성을 부정함으로써 '인민의 정치'나 '인민을 위한 정치' 의미를 제한하는 면도 있을 것 같습니다.

안재홍 │ 이 나라에는 '정치'라는 것이 존재하지 않다가 이제 생겨나고 있는 단계입니다. 정치가 궤도에 올라 있는 나라의 정당이 인민의 다양한 요구를 충실하게 반영하는 것이 부러운 일입니다만, 지금 우리에게는 더 시급하고 절박한 과제가 있습니다. '정치'를 만들어내는 것입니다.

정치라는 것을 너무 쉽게 생각하는 사람들이 많다는 사실이 나는 답답합니다. 각자 서로 다른 것을, 그리고 더 많은 것을 원하는 수많은 사람들의 요구를 절충한다는 것이 쉬운 일이 아닙니다. 정치가 제대로 이루어지는 나라들을 보면 오랜 기간에 걸쳐서 기술도 발전시키고 전통도 세워놓은 나라들입니다.

일본인의 압제가 없어졌다 해서 우리끼리의 정치가 저절로 되는 것이 아닙니다. 정치의 틀부터 먼저 만들어야 합니다. 그러기 위해서는 각자의 요구를 최소화해야 합니다. 각자가 꼭 필요한 최소한만을 요구한다면 모든 사람의 요구가 충족될 수 있습니다. 겸양과 절제 없이 각자 최대한을 요구하면 정치의 틀 자체가 만들어질 수 없습니다.

정치의 틀이 일단 만들어지고 나면 각자의 요구를 더 자유롭게 표현할 수 있을 것입니다. 자유를 더 중시하는 사람들과 평등을 더 중시하는 사람들이 각자 소신을 관철하기 위해 거리낌없이 경쟁할 수 있을 것입니다. 그러나 틀이 아직 만들어지지 않은 상태에서는 민족주의와 민주주의의 가장 기본적 원리에만 노력을 집중할 필요가 있습니다.

친일파를 배격하자는 민족주의 원리에도, 모든 사람이 고르게 잘살 수 있는 세상을 만들자는 민주주의 원리에도 인민의 95% 이상이 동의하고 있습니다. 우리 국민당은 바로 그런 원리들이 확실히 세워지기 바라는 동지들의 모임입니다. 더 이상의 욕심이 없습니다. 그 원리들을 세우기에 더 좋은 길이 있다면 당을 해체할 수 있다는 것도 그 까닭입니다.

김기협 │ 선생님이 특별정치위원회에 대한 기대감을 표명한 12월 23일 자 담화문을 『자유신문』이 보도하면서 선생님의 견해를 "중협의 기획은 그 방법의 졸렬로 실패하였을지 몰라도 중협이 기도하는 바 민족통일전선 결성은 특별정치위원회의 출발로 더욱 발전하였다는 견해"라고 소개했습니다. "방법의 졸렬"이란 표현이 선생님으로서는 이례적으로 강한 비판이고, 담화문 내용에는 그런 표현이 없었죠. 그래도 기자가 선생님 생각을 제멋대로 만들어낸 것 같지는 않은데, 사실 독촉중협에 대해서는 좀 비판적인 생각을 가지고 계셨죠?

안재홍 | 기대가 클수록 실망도 크다는 것은 인지상정 아니겠습니까? 이박사가 귀국 직후 초당파적 정치통합의 뜻을 표명할 때부터 나는 이것을 민족통일전선 결성의 지름길로 보고 극력 지지했습니다. "독립촉성"이란 이름도 내가 제안한 것이죠. 그때까지 지지부진하던 정당통합운동이 새로운 차원으로 발전할 기회라고 보았습니다.

수화불상용(水火不相容)의 관계이던 한민당과 공산당 양쪽이 모두 적극적 참여의사를 보인 것이 이박사의 탁월한 영도력 덕분이었습니다. 한민당측은 군정 당국자들의 극존대를 받는 이박사를 거스를 수 없었고, 공산당측은 인공 주석으로 추대할 만큼 민족지도자로서 이박사의 명망을 흠모하고 있었으니까요. 나는 두 당의 참여를 민족통일전선 결성의 가장 어려운 과제로 보고 있었기 때문에 독촉에 큰 희망을 걸었습니다.

그런데 "혹시나? 역시나!"가 되고 말았습니다. 공산당의 참여의지에 진정성이 없었다는 지적들을 많이 하지만 저는 그렇게 생각하지 않습니다. 꿍심이 있기는 공산당이나 한민당이나 마찬가지였습니다. 그 꿍심을 어느 정도는 인정해 주면서 대동단결의 큰 틀을 거부하지 못하게 하는 것이 이박사에게 내가 바란 역할이었습니다. 그런데 이박사는 한민당의 꿍심에는 맞춰주면서 공산당의 꿍심은 그냥 묵살해 버렸습니다.

독촉 추진과정에서 이박사는 한민당 대표 노릇을 한 것이나 마찬가지입니다. 일곱명 전형위원 임명에 한민당 다섯명이 말이 됩니까? 애초에 내켜하지 않던 몽양을 내가 양주 집에까지 찾아가 설득해서 참여시켰는데, 몽양 앞에서 내 낯이 화끈거리더군요.

공산당 쪽에서는 이박사 자신에게 꿍심이 있어서 일을 그렇게 끌고 왔다고 비난하는데, 나는 그렇게까지는 보지 않습니다. 군정청에서 원하는 일정에 맞추려고 무리하게 서두르다 보니 방법상에 졸렬한 점이 있었던 것이겠지요. 이런 중대한 민족사업을 놓고 군정청의 요구를 너무 앞세웠다는 점에도 문제가 없지는 않습니다. 그러나 이박사가 앞으로도 할 일이 많은 분인데, 너무 나쁜 쪽으로만 해석해서는 득보다 실이 많을 것입니다.

김기협 선생님이 이박사나 임정을 대하는 자세를 보면 해외 독립운동 세력의 역할에 기대를 크게 거시는 것 같습니다. 그런데 또 하나 독립운동 세력인 독립동맹의 환영준비회에서 국민당이 이탈하는 성명을 12월 24일 발표합니다. 국민당이 우익정당으로서 좌익세력인 독립동맹과 거리를 두는 것이라는 해석도 있는데?

안재홍 참 난처한 일입니다. 그런 오해를 피할 수 없지요. 국민당은 좌우를 가리지 않고 존경할 만한 대상을 깍듯이 존경합니다. 그리고 독립동맹의 투쟁 경력과 노선에 대해 국민당 동지들과 저는 큰 경의를 품고 있습니다. 김두봉씨 등 독립동맹 인사들의 향후 활동에도 큰 기대를 걸고 있습니다.

이탈성명에서 우리는 "환영회의 주최역인 조선공산당은 동 환영회에 정치의도를 가미하는 것 같다. 독립동맹의 혁명투사 환영이 민족적 자연의 순정인 범주를 벗어나 정략적 취미를 가하게 됨에는 아당(我黨)으로서는 차라리 그로부터 이탈하여 그 처지를 해명"한다고 했습니다. 12월 8일자 『해방일보』에 보도된 김태준씨의 회견에서 임정과 광복군을 깎아내린 것이 민족운동가의 금도를 벗어나는 것 같아서 안타까웠습니다. 그런데 12월 19일 박헌영씨 담화에서(『해방일보』 12월 21일) 이를 답습해 독립동맹을 임정 공격에 이용하는 것을 보고는 우리가 도저히 보조를 맞출 수 없는 일이라고 판단했습니다.

해외 독립운동에는 중시해야 할 가치가 있습니다. 어려운 환경에서 힘든 일을 해왔다는 도덕적 가치도 중요하지만, 보다 실제적인 가치들도 있습니다. 우선, 우리의 외교관계에 필요한 발판을 해외 독립운동에서 얻을 수 있습니다. 중국 국민당과의 관계에는 임정이, 중국 공산당과의 관계에는 독립동맹이, 미국과의 관계에는 이박사 등 재미 활동가들이, 그리고 소련과의 관계에는 김일성씨 같은 분들이 좋은 역할을 맡아주어야 합니다.

더 중요한 것은 다양한 정치환경의 경험입니다. 국내에 있던 우리는 식민지체제만을 겪어왔습니다. 앞으로 우리가 어떤 정치환경을 빚어나갈지, 여러 가지 가능성이 있습니다. 다양한 정치체제를 다양한 위치에서 겪어온 분들의 경험이 잘 활용되어야 합니다.

김기협 | 임정 귀국 한 달이 지나도록 좋은 실마리를 보여주지 않아 불안하고 초조한 가운데도 임정에서 꾸리는 '특별정치위원회'에는 큰 기대감을 보여주고 계십니다. 선생님은 건준에 기대를 걸었다가 실망을 겪었고, 이어 독촉에 기대를 걸었다가 다시 실망을 겪었습니다. 이번 특별정치위원회로 인해 또 실망을 겪게 될 걱정은 없는지요?

안재홍 | 실망은 괴로운 것이지만 그것이 두려워 희망을 버려서는 안 됩니다. 나는 변변찮은 사람이지만, 내가 희망을 걸고 기대를

거는 것이 상대방이 좋은 일을 하도록 조금이라도 도움이 된다고 믿습니다. 확실한 반증이 없는 한 나는 상대방을 믿고 기대를 걸려 합니다.

특별정치위원회에 특별한 기대감을 가지는 것은 꼭대기에서 만들어내는 하향식 기획이 아니라 바닥에서 일어나는 자연스러운 움직임이기 때문입니다. 김원봉, 조소앙, 김붕준, 김성숙, 최동오, 장건상, 유림 등 앞장서는 분들이 임정에서 '비주류'로 통하는 이들이죠. 그들이 앞장서고 백범 선생과 우사(김규식) 선생 등 지도부가 뒷받침해 준다면 임정 전체의 힘찬 움직임이 될 것이고 임정의 지도력이 극대화될 것을 믿습니다.

개인적으로 경중(조소앙)에게 특별한 믿음이 있습니다. 임정에 존경하는 분들이 많지만, 경중 그 사람에게는 한없는 믿음이 있습니다. 30년 전 도쿄 유학시절 마음을 허락한 그 친구와 함께 상해로 갈 의논을 하곤 했지요. 내가 먼저 갔다가 할 일을 못 찾고 돌아왔는데, 나중에 간 그 친구는 할 일을 찾았어요. 이번에 돌아온 것을 보니 20여년 전 그대로, 사람이 전혀 변하지 않았더군요. 그 친구와 함께 일할 수 있게 된 것은 그 자체로 큰 기쁨입니다.

1945. 12. 24.

핀란드의 독립과 명예, 누가 지켰나?

〔모스크바 25일 SF발 합동〕 미·영·소 3국 외상회담의 제1회 공동성명서가 24일 발표되었는데 그 요지는 다음과 같다.

"소·영·미 3국 정부는 평화조약 준비에 관한 이하의 수속에 대하여 의견이 일치되어 불국(佛國, 프랑스) 및 중화민국 정부에 대하여도 위 평화준비 준수를 요청하였다. 외상이사회가 기초하는 데 있어서는 외상이사회 설치에 관한 베를린회의 사항에 기하여 항복조건 조인국이라고 인정되는 동 이사국 또는 현재 항복조건에 조인한 이사국만의 참가를 허락한다.

단 피조인국인 외상이사국으로서 그 나라의 직접 관계 있는 문제에 관한 채부(採否)를 이사회 회의에 요구할 때에는 이같은 제한을 두지 않는다. 즉

A) 이탈리아에 관한 평화조약의 조건은 영·미·소·불 4국 외상간에서 기초된다.

B) 루마니아·불가리아·헝가리와의 평화조약은 소·미·영 3국 외상간에서 기초된다.

C) 핀란드와의 평화조약은 소·영 2국 외상간에서 기초된다.

각국 외상 대리자는 제1차 런던 외상이사회에서 협의된 제 문제에

관한 양해를 기초로 하여 즉시 런던에서 활동을 재개한다.

차등(此等) 평화조약 기초에 관한 준비가 완료하면 이탈리아. 루마니아, 불가리아, 헝가리 및 핀란드와의 평화조약 검토의 목적으로서 국제회의를 소집한다. 이 회의는 외상이사회 참가 5개국 외에 구미 제국에 대하여 실질적인 노력으로서 전쟁을 수행한 연합 각국 전부가 참가한다. 즉 미국, 소련, 영국, 중국, 프랑스, 호주, 벨기에, 벨라루스, 브라질, 그리스, 네덜란드, 인도, 캐나다, 뉴질랜드, 노르웨이, 폴란드, 우크라이나, 체코, 에티오피아, 유고슬라비아, 남아연방의 제국이다. 위 회의는 1946년 5월 1일 이전에 개최한다.

(「3국 외상회담의 제1회 공동성명서 발표」, 『서울신문』 1945년 12월 27일)

1943년 말의 테헤란회담, 1945년 2월의 얄타회담, 그리고 1945년 7월의 포츠담회담 등 중요한 연합국 회담은 미·영·소 3개국 사이에서 이루어졌다. 1945년 12월의 모스크바 외상회담도 그 연장선 위에서 이루어진 것이었다.

미·영·소 3국체제는 전쟁수행을 위한 비상체제라 할 수 있다. 전쟁이 끝난 이제 평화체제 수립에는 더 많은 국가들이 참여할 필요가 있었다. 이 목적을 위해 유엔도 만들어지고 있었지만, 직접적 전쟁처리를 위해서는 연합국 공조범위를 넓힐 필요가 있었고, 모스크바 외상회담에서는 각 안건의 구체적 토론에 앞서 안건의 관할범위를 먼저 결정했다.

안건 관할 결정 중 핀란드의 이름에 눈길이 머무른다. 30만㎢가 넘는 국토지만 인구 500여만에 불과한 조그마한 나라. 1809년까지 스웨덴에 속해 있다가 러시아의 통치를 받게 되었고, 1917년 러시아혁명 와중에 비로소 독립을 얻은 나라.

히틀러가 총통이 된 이래 그 앞에서 시가를 피워문 사람은 마너하임 하나뿐으로 알려져 있다. 오른쪽
은 어려운 고비마다 나라를 이끌었던 핀란드의 '국부' 마너하임.

　독립 후에 바로 좌우대립의 내전을 겪은 핀란드는 독일과 소련의 틈
바구니에서 시달리다가 제2차 세계대전이 끝날 때는 패전국으로서 연
합국의 조치를 기다리는 입장이 되었다. 험악한 주변 정세 속에서도
민주정치를 유지한 핀란드는 침략을 위해서가 아니라 자신을 지키기
위해 소련에 대항했을 뿐이었다. 그러고도 어려운 형편에 빠진 것을
보며 해방 조선이 처해 있던 국제적 상황을 음미해 본다.

　패전국이기는 하지만 핀란드는 추축국은 아니었다. 추축국들과 함
께 반(反)코민테른 동맹에는 참여했지만, 추축동맹 자체에는 참여하
지 않았기 때문이다. 테헤란회담에서도 핀란드는 연합국 전체를 적대
하는 것이 아니라 소련과 개별적인 전쟁을 벌이고 있는 것으로 인정
되었다.

　1939년 8월 하순 독일과 소련이 폴란드 분할의 밀약을 맺을 때 독
일은 발트 3국과 핀란드를 소련의 영향권으로 인정했다. 소련은 네 나
라에 군사기지 설치를 요구했고, 세 나라는 이 요구를 수용한 결과 1
년 내에 주권을 빼앗겼다. 핀란드만이 소련의 요구를 거절했고 '겨울

전쟁'으로 맞섰다.

100여일에 걸친 겨울전쟁이 1940년 3월 13일 모스크바 평화조약으로 종결될 때 핀란드는 영토 등 상당한 양보를 강요당했지만, 타격은 소련 쪽이 더 컸다. 소련의 군사력에 대한 평가가 크게 낮아져서 히틀러가 소련 공격 결정을 앞당기는 빌미가 되었다고 한다.

핀란드에 대한 소련의 야욕은 계속되었다. 겨울전쟁에서 구겨진 체면을 되살릴 필요도 있었다. 모스크바 평화조약의 이행이 소련의 무리한 요구 때문에 갈수록 어렵게 되었다. 핀란드는 영국에 무기공급을 청했지만 영국이 호응하지 않았기 때문에 독일에 도움을 청하지 않을 수 없었다. 소련과의 동맹을 파기할 계획이었던 독일은 1940년 말부터 핀란드의 요청에 응하기 시작했다.

1941년 6월 독일의 소련 침공과 함께 핀란드도 소련과 전쟁을 시작했다. 이 전쟁을 핀란드인들은 '연장전'(Continuation War)이라 불렀다. 겨울전쟁의 연장으로 본 것이다. 그런데 연장전이 원래 전쟁보다 더 길어졌다. 1944년 9월에야 휴전이 이루어졌고, 1947년 2월의 파리 평화조약으로 종결되었다.

핀란드인들은 이 전쟁에서 독일과 협력하되 전쟁 목적은 공유하지 않는다는 사실을 분명히 했다. 개전 초 몇 주일 동안 겨울전쟁에서 잃었던 영토를 탈환한 후로는 적극적 작전에 나서지 않았다. 불과 몇 십 킬로미터 떨어진 레닌그라드 포위작전도 참여를 거부했다.

독일은 바르바로사 작전˝으로 몇 달 내에 소련을 꺾을 계획이었고, 핀란드도 그런 기대를 갖고 전쟁에 뛰어들었다. 이 기대가 어긋난 뒤에는 전쟁을 확대하지 않고 방어전략에 치중했다. 소련 이외의 연합국과는 적대행위가 거의 없었다. 영국이 1941년 12월 핀란드에 선전포고를 한 것은 소련과의 유대를 강화하기 위해서였을 뿐 핀란드를 실제로 공격하지는 않았다. 또한 테헤란회담에서는 미국과 함께 소련을 설득, 핀란드를 추축국으로 규정하지 않게 했다.

1943년 2월 스탈린그라드 전투로 동부전선 전세가 역전되자 핀란드는 전쟁에서 물러날 뜻을 밝혔다. 그러나 소련은 강화회담에 응하지 않고 압도적 군세로 핀란드를 석권하려 들었다. 핀란드는 소련의 탱크부대를 막을 수단이 없었다. 독일은 단독 강화를 포기하는 조건으로 대전차 무기를 제공하기로 했고, 1944년 6월에 핀란드 대통령 리스토 리티(Risto Ryti)는 대통령직을 걸고 이 조건을 받아들였다.

1944년 8월 1일 소련의 치열한 하계공세를 물리친 뒤 휴전협상의 길이 열리자 리티는 대통령직을 사임했다. 독일과의 약속을 지키면서 단독 강화의 길을 열기 위해서였다. 의회는 카를 구스타프 마너하임 (Carl Gustaf Mannerheim, 1867~1951)을 대통령으로 선출했다. 전쟁을 끝낸 것은 '국부' 마너하임의 조국에 대한 마지막 큰 봉사였다. 그의 취임사에는 이런 말이 들어 있었다.

존경하는 의원 여러분, 국가의 운명이 어려움에 빠져 있는 이 시점에서 다시 국가원수직을 맡으면서 저는 깊은 책임감을 느낍니다. 우리의 장래를 지켜나가기 위해 우리는 거대한 난관을 극복하지 않으면 안 됩니다. 이 순간 내 마음에 가장 크게 자리잡고 있는 것은 5년째 전투에 임하고 있는 우리 군인들입니다. 전능하신 하느님에 대한 믿

■ 제2차 세계대전의 동부전선에서 나치 독일이 소비에트 연방을 기습공격한 작전명칭. 작전기간은 1941년 6월 22일부터 1941년 12월까지였으며, 작전이름은 신성 로마제국의 프리드리히 1세의 별명이었던 "바르바로사"(붉은 수염)에서 유래했다. 일설에는 붉은 수염은 스탈린을 암시하기도 한다고 한다. 바르바로사 작전의 원래 목표는 소비에트 연방의 유럽 부분의 정복이었으나 실패했다. 이 실패는 히틀러의 전체 전쟁작전에 차질이 생기게 했고 결국은 나치 독일의 패배의 원인이 되었다.

음 위에, 국민의 단합된 지지를 받는 의회와 정부의 노력으로 우리나라의 독립과 존재를 지킬 수 있기를 저는 희망하고, 또한 믿습니다.

러시아군 장군이었던 마너하임은 러시아혁명 후 독립한 핀란드에 돌아와 1918년 내전에서 적군에 대항해 백군을 지휘했다. 독일의 지원을 받은 백군이 승리하자 왕정을 실시하려 준비하던 중 독일의 패전으로 이 계획이 무너졌다. 공화정을 준비하는 동안 마너하임이 섭정의 신분으로 국가원수 역할을 맡았다. 그후 은퇴했다가 겨울전쟁이 일어나자 총사령관으로 복귀, 대통령을 대신해서 군통수권을 맡았다. 그는 군사적 영웅일 뿐 아니라 대통령을 초월하는 정치적 권위를 국내외에서 인정받는 존재였다.

1942년 6월 히틀러가 마너하임의 75회 생일을 축하하러 찾아왔을 때의 일화가 전해진다. 핀란드가 소련과의 전쟁에 적극적으로 나서줄 것을 히틀러와 독일이 간절하게 바라고 있을 때였다. 마너하임은 히틀러의 방문으로 핀란드의 부담이 늘어나는 것을 피하기 위해 이 방문이 공식 행사가 아닌 개인적 행사가 되도록 만전의 주의를 기울였다. 그는 히틀러와 함께 앉아서 이야기를 나누던 중 시가를 꺼내 물었다. 히틀러가 담배연기를 싫어하는 것은 잘 알려진 일이고, 누구도 그 앞에서 담배 꺼낼 엄두를 내지 못할 때였다. 마너하임은 히틀러가 저자세인지 고자세인지 알아보기 위해 일부러 담배를 꺼냈다고 하는데, 히틀러는 마너하임이 시가 피우는 것을 못 본 척했다고 한다.

마너하임이 대통령에 취임한 지 한 달 만에 소련과 휴전이 성립되었다. 엄청나게 가혹한 조건이었다. 그러나 당시 소련과 마주쳤던 다른 나라들과 달리 핀란드는 독립을 지켰다. 스탈린은 마너하임과의 휴전협상을 외면할 경우 핀란드의 극한 저항을 각오해야 한다는 것을 알고 있었고, 핀란드 국민도 그를 믿었기 때문에 가혹한 조건을 감수했던 것이다. 1944년 가을 시점에 소련은 서부전선 연합국들과의 진격경쟁에 쫓기고 있었기 때문에 핀란드를 '끝장'내지 못하고 휴전에 응해야 했다.

전쟁기간 중, 특히 개전 초기 소련이 밀려나고 있을 때 핀란드에서도 '대(大)핀란드'주의가 거세게 일어났다. 소련 영토를 최대한 빼앗아 북방의 대국을 이루자는 주장이었다. 그러나 마너하임이 이끄는 군지도부는 전쟁목표를 최소한의 범위로 엄격하게 지켰다. 그래서 전세가 불리하게 돌아섰을 때도 극한적 파탄을 면할 수 있었던 것이다.

1945. 12. 27.

속이는 이승만, 속는 김구

● 소련은 신탁통치 주장, 미국은 즉시 독립 주장, 소련의 구실은 38
선 분할점령

　　모스크바에서 개최된 3국 외상회담을 계기로 조선독립 문제가 표
면화하지 않는가 하는 관측이 농후해 가고 있다. 즉 번스 미국무장관
은 출발 당시에 소련의 신탁통치안에 반대하여 즉시 독립을 주장하
도록 훈령을 받았다고 하는데 삼국간에 어떠한 협정이 있었는지 없
었는지는 불명하나 미국의 태도는 '카이로선언'에 의하여 조선은 국
민투표로써 그 정부의 형태를 결정할 것을 약속한 점에 있는데 소련
은 남북 양 지역을 일괄한 일국 신탁통치를 주장하여 38선에 의한 분
할이 계속되는 한 국민투표는 불가능하다고 하고 있다. 워싱턴 25일
발 합동 지급보. (『동아일보』 1945년 12월 27일, 『존 하지와 미군 점령통치 3
년』, 54~55쪽에서 재인용)

　　『동아일보』가 아직 살아 있는 신문이라면 해마다 12월 27일에는
1945년 12월 27일에 내보낸 이 기사에 대한 사과문과 반성문을 실어
야 한다. 언론이 사회에 해악을 끼친 사례로 이 기사는 한국 언론사에
서 가장 극악한 일이라고 나는 생각한다.

정용욱의 조사에 의하면 이 기사는 조작된 것이었다(같은 책, 53~68쪽). 모스크바 회담 결정 내용이 공식 발표된 것은 한국 시간으로 28일 오후 6시였고, 정확한 결정문은 그 이튿날 군정청에 도착했다. 그보다 이틀 앞서 나온 이 기사에는 신탁통치에 관한 미국과 소련의 입장이 뒤집어져 있다. 카이로선언 이래 모스크바 회담에 이르기까지 미국은 조선에 대해 긴 기간의 신탁통치를 주장해 왔고, 소련은 가급적 신탁통치 기간을 짧게 하고 방법에 있어서도 조선인의 자결권을 최대한 보장할 것을 주장해 왔다.

기사를 조작한 목적은 분명하다. 독립을 간절히 원하는 조선인민은 신탁통치라는 말 자체에 반감을 가지고 있었다. 1905~10년의 보호조약체제를 신탁통치의 경험으로 기억하고 있었고, 루스벨트가 미국의 필리핀 지배를 신탁통치의 모범적 사례로 여겼던 사실도 어떤 식으로든 알려졌다면 신탁통치에 대한 조선인의 반감을 더 강화했을 것이다. 신탁통치를 소련이 주장했다는 거짓말은 신탁통치에 대한 반감을 소련에 대한 반감으로 전환시키기 위한 것이었다.

이 기사를 조작한 자는 누구였나? "워싱턴 25일발 합동"이라는 걸 보면 합동통신사로 거슬러 올라가서 찾아봐야 할 텐데, 워싱턴의 어느 매체에 누가 쓴 글인지도 밝혀져 있지 않다. 그렇다면 한민당 대표 송진우가 사장으로 있던 『동아일보』의 조작으로 보지 않을 수 없다.

『동아일보』가 주범이란 것은 증거가 분명한 사실인데, 범죄의 성격으로 보아 단독범행은 아니다. 공범 내지 공모자를 밝히는 것은 명확한 증거가 없으므로 쉽지 않은 일이다. 정용욱은 『태평양성조기』지 12월 27일자에 같은 기사가 실린 것으로 보아 맥아더 사령부 개입의 개연성을 밝혔고, 이 허위기사의 유포가 방치된 사실로 보아 군정청의 작용을 시사했다. 완벽한 실증적 증거는 아니라도 더할 나위 없이 명확한 개연성으로 보인다.

국제관리 형태의 신탁통치를 추구하는 미국무성 정책을 뒤집기 위해 맥아더 사령부, 군정청, 이승만, 한민당 세력이 협력해 온 사실을 정병준의 연구를 중심으로(『우남 이승만 연구』, 427~508쪽) 소개해 왔다. 정용욱의 조사를 통해 이 허위기사에도 같은 맥락에서 맥아더 사령부와 군정청, 그리고 한민당 세력이 작용한 것을 알아볼 수 있다. 그리고 이승만 역시 이 음모에 끼어 있었던 사실이 그 전날 밤의 방송 내용에 나타난다.

> 26일 밤 이승만의 방송 요지는 다음과 같다. "워싱턴에서 오는 통신에 의하면 아직도 조선의 신탁통치안을 주창하는 사람이 있다 합니다. 우리는 이러한 사람들에게 우리 조선은 이 안을 거부하고 완전독립 이외에는 아무것도 용인할 수 없음을 알리고 싶습니다. 여기에는 당당한 이유가 있습니다. 즉 트루먼 대통령, 번스 국무장관, 연합국 사령관 맥아더 대장, 하지 중장은 다 조선독립을 찬동하고 있습니다.
> 만일 우리의 결심을 무시하고 신탁관리를 강요하는 정부가 있다면 우리 3천만 민족은 차라리 나라를 위하여 싸우다 죽을지언정 이를 용납할 수 없을 것입니다. 왜적의 교묘한 선전으로 우리 한민족은 외국세력이 강요하는 것에는 무엇이나 복종하는 민족이라는 선입관념을 타민족에게 주었다는 것입니다. 이러한 그릇된 선입관으로 말미암아 워싱턴과 모스크바에서는 민족으로서의 우리의 명예를 대단히 손상하는 정책을 시행하자는 사람들이 있다 합니다. (…)"
>
> (「이승만, 방송 통해 신탁통치안을 반대」 중에서, 『동아일보』 1945년 12월 28일)

이 방송에서 소련에게 뒤집어씌우기는 아직 하지 않고 있지만, 트루

「동아일보」 1945년 12월 27일자의 이 조작 기사는 한국 언론사의 최대 범죄였다. 「동아일보」는 1945년 12월 1일 속간 이후 분단 건국을 향한 반공노선에 매진했다.

먼 대통령과 번스 장관이 "조선독립을 찬동"한다는 것은 이튿날 『동아일보』 허위기사에서 "미국은 즉시 독립 주장"을 지어낸 것과 같은 맥락이다. 27일자 기사의 허구성은 몇 주일 후 타스통신의 해명보도로 밝혀지게 되는데, 결국 밝혀지지 않을 수 없는 거짓말을 이승만이 이름 밝히고 하는 방송에서는 할 수 없었을 것이다. 그러나 '미국은 우리 편이고 소련은 우리의 적'이라는 인상을 주려는 의도는 상통하는 것이다.

이승만의 거짓말 솜씨의 일단이 이 방송에 나타난다. 트루먼과 번스가 "조선독립을 찬동"한다는 것은 이 방송의 맥락에서 '신탁통치에 반대'한다는 뜻이고, 명백한 거짓말이다. 그런데 이승만은 빠져나갈 길을 마련해 놓고 거짓말을 하고 있다. 누가 따질 경우 "그분들이 '궁극적으로는' 조선독립을 찬동하는 것 아닙니까?" 하고 잡아뗄 수 있는 것이다.

이 허위기사로 촉발된 극한적 반탁운동이 올바른 독립, 민족국가 수립의 길을 망친 가장 결정적 계기라고 나는 생각한다. 이에 대해서는 나와 다른 의견을 가진 독자들도 있으리라 생각되는데, 매우 중요한 문제이므로 최대한 신중하게 검토해 나가겠다. 검토과정을 통해 지금의 내 의견을 바꾸게 될 수도 있다는 자세로 신중하게 임하고자 하니 독자들도 허심탄회하게 이 문제를 함께 살펴보도록 청한다.

검토할 중요한 사항의 하나가 반탁운동에서 김구의 역할이다. 김구가 반탁운동에서 가장 두드러진 역할을 맡은 것은 사실이다. 그런데 반탁운동을 반공·반소운동으로 전환시키려는 음모에서는 김구의 역할이 없었던 것으로 보인다.

허위기사가 나간 그날 저녁 김구는 엄항섭 임정 선전부장을 통해 「3천만 동포에게 고함」이란 제목의 방송연설을 내보냈다. 귀국 후 한 달이 지난 시점에서 시국에 임하는 자세를 모처럼 명확히 밝힌 것이다.

> 나의 친애하는 3천만 부로자매형제(父老姉妹兄弟) 여러분 내가 입국한 지 벌써 1삭(朔)이 넘었습니다. 나는 서울에 있어서는 직접 간접으로 나의 의사를 표시한 일도 있습니다. 그러나 지방에 계신 여러분에게 말씀한 일은 거의 없습니다. 그러므로 오늘 저녁 방송은 전혀 지방에 계신 여러분을 위하여 하는 것입니다. (…)
>
> 1) 완전히 독립자주하는 통일된 조국을 건설합시다. 우리는 완전히 독립자주하는 또는 남북이 통일된 조국을 건설하기 위하여 자리적(自利的) 입장을 버리고 오직 국가지상 민족지상 독립제일의 길로 매진합시다. 네 당 내 당도 국가가 있은 뒤에야 존재할 가치가 있는 것입니다. 존재할 여지도 있는 것입니다.
>
> 2) 정치, 경제, 교육의 균등을 기초로 한 신민주국을 건설합시다. 국민 각개의 균등한 생활을 확보하지 못하면 신민주국을 건설할 수는 없는 것입니다. (…) 그 다음에는 불소(不少)한 협잡정객과 또 친

일분자 민족반역자들을 숙청하여야겠습니다. 그것은 대의명분상으로만 그럴 것이 아니라 실제에 있어서 그들이 통일을 방해하고 있는 사실이 다대한 까닭입니다. 그러므로 우리는 최소한도라도 죄악이 만만하여 용서할 수 없는 불량분자만은 엄징하지 아니하면 아니 될 것입니다.

3) 세계적 대가정을 건립합시다. 세계의 평화를 유지하고 인류의 행복을 증진하려면 단결한 세계의 대가정을 조속히 건립해야 합니다. (…) 우리는 우리나라에 대한 우방의 투자를 환영합니다. 각 방면에 있어서 기술적으로 원조하여 주는 것을 간망합니다. 또 우리 조국의 신 건설을 위하여 우리에게 차관하여 주기를 고대합니다. 그러나 이것이 절대로 우방 단독적이나 공동적으로 우리를 통치하는 것을 환영한다는 의미는 아닙니다. 한인은 마땅히 한인의 정부가 통치하여야 할 것입니다.

4) 강고한 국방군을 건립합시다. 우리는 강고한 국방군을 요합니다. 우리 국가의 질서와 세계의 평화를 지지하기 위하여 강고한 국방군을 요합니다. 이것은 과거의 망국사와 또는 세계 제2차대전에서 우리에게 주는 바 큰 교훈이니 다언(多言)을 췌술(贅述)할 필요가 없다고 생각합니다.

(「김구, '삼천만 동포에게 고함'이란 제목으로 방송」, 『동아일보』 1945년 12월 30일)

연설 끝에 붙인 4개항 제안에서 눈에 띄는 점이 몇 가지 있다. (1)항에서 건국을 우선 이룰 때까지 당파적 입장을 유보하자는 것은 중도파의 일반적 논점이다. 그리고 (2)항에서는 삼균주의 수준의 사회주의 원리 적용을 제안했다. 이 두 가지 제안은 삼균주의의 창시자 조소앙도 참여한 특별정치위원회 주장의 핵심인데, 임정 '비주류'가 주도한 특별정치위원회를 김구가 지지하고 있었다는 사실을 알아볼 수 있다.

특히 눈길을 끄는 것이 (2)항 뒷부분의 '협잡정객·친일분자·민족 반역자' 숙청 제안이다. 이 시점에서 김구는 "실제에 있어서 통일을 방해하는" 자들의 존재를 인식하고 있었던 것이다. 친일파의 실제적 위협을 인식하고 있다는 것은 '반공·반소'에 극단적으로 매달릴 수 없는 조건이다.

이 연설에서 김구는 중도적 입장의 꾸준한 노력을 내다보고 있었다. 바로 며칠 후 '반탁'을 명분으로 임정의 통치권을 주장하고 나설 만한 낌새가 전혀 보이지 않는다. 반공·반소를 주장하고 나설 기미도 느껴지지 않는다. 그는 같은 날 『동아일보』의 허위기사를 만들어낸 사람이 아니라 그 기사에 속은 사람이었다.

1945. 12. 28.

임정, '반탁'에 말려들기 시작하다

〔워싱턴 28일발 합동〕모스크바 3국 외상회의 결정문이 28일 3국 수도에서 동시에 발표되었다. 그 요점은 다음과 같다.

1) 극동자문위원회를 폐지하고 11개국의 극동위원회를 설치하여 4개국 일본관리이사회를 설치한다.

2) 미, 영, 소 3국은 미, 영 양국 군대가 그 임무와 책임이 완료하는 대로 가급적 속히 중국으로부터 철퇴할 것이다.

3) 3국 외상은 중국이 통일된 민주주의적 국가로 되어 국내 항쟁을 정지한다는 필요성에 관하여 동의되었다.

4) 원자 에네르기는 평화산업 이외에 이용되지 않을 것을 보장하는 목적으로 원자력관리위원회를 설치할 것이다. 미, 영 양국이 루마니아, 불가리아 양국을 승인하는 평화조약 체결조건이 발표되었고 원자력관리위원회의 설립에 관해서는 1월의 국제연합총회에서 안전보장이사회의 각 성원국가와 이 이사회를 가(加)한 관리위원회를 창립할 결의가 제의되었다.

5) 극동위원회는 소·영·미·중·네덜란드·캐나다·호주·뉴질랜드·인도·필리핀의 11개국으로 구성된다. 동 위원회 성원국가의 요구가 있을 경우에는 맥아더 대장이 발한 지령을 검토한다. 또 위원

회의 결정사항을 맥아더 대장에게 전달하는 것은 미국정부의 책임
으로 되었다. 또 긴급을 요하는 경우는 미국은 잠정적 지령을 발할
수 있다.

6) 조선에 주재한 미소 양국 군사령관은 2주간 이내에 회담을 개
최, 양국의 공동위원회를 설치 조선임시민주정부 수립을 원조한다.
또 미, 영, 소, 중 4국에 의한 신탁통치제를 실시하는 동시에 조선임
시정부를 수립케 하여 조선의 장래 독립에 비할 터인바 신탁통치 기
간은 최고 5년으로 한다. 미소공동위원회는 임시정부와 조선 각종
민주적 단체와 협력하여 동국의 정치적 경제적 발달을 촉진하고 독
립에 기여하는 수단을 강구한다. 이 신탁통치제에 관한 외상이사회
의 제안을 검토키 위하여 미, 소, 영, 중 각국 정부에 회부된다.

7) 미, 소, 영 3국은 이탈리아, 루마니아, 불가리아, 헝가리, 핀란
드로 더불어 1946년 5월 1일까지 평화조약을 체결하기를 준비한다.

(「3국 외상회의 협정문이 발표」, 『동아일보』 1945년 12월 29일)

모스크바 외상회담에서 조선 신탁통치안이 결정된다는 사실 자체
는 12월 28일의 공식 발표에 앞서 군정청과 조선사회 일각에 알려져
있었을 것이다. 그러나 정확한 내용이 공식적으로 알려진 것은 12월
29일의 일이었다.

신탁통치 반대운동은 28일에 일어나기 시작했다. 27일 저녁 때 엄
항섭이 대신한 김구의 방송연설에는 신탁통치를 의식한 내용이 전혀
들어 있지 않았다. 그 연설문이 방송시간보다 얼마간 미리 준비된 것
이기는 했겠지만, 27일 중에 신탁통치 문제를 예민하게 의식할 만한
상황이 발생했다면 방송 내용을 조정할 수 있었을 것이다. 26일 밤 이
승만의 "신탁통치 반대" 방송연설에 호응하는 움직임은 27일 중에 어

느 곳에서도 나타나지 않았다.

아래 기사를 보면 지방에서 28일 아침에 "국제적 보도"에 접하고 바로 반탁운동을 시작했다고 한다. 대구사람들이 접한 "국제적 보도"가 어떤 것이었을까? 27일자 『동아일보』에 "워싱턴 25일발 합동 지급보"란 바이라인을 달고 게재된 허위기사였을 것 같다.

> 신탁통치라는 국제적 보도가 대구에 전하여진 것은 28일 아침이었다. 가로를 왕래하는 사람들의 얼굴에는 결단코 배척한다는 굳은 결의가 떠돌고 있다. 소란 중 경북인민위원회와 경북독립촉진회에서는 28일 긴급회의를 열고 연합국측의 이 배신적 행위는 묵인할 수 없다는 결의안을 채택하고 우리 민족의 자유획득을 위하여 싸우기로 결정하였다.
>
> (「경북인민위원회와 독립촉진회, 탁치반대 결의」, 『서울신문』 1945년 12월 31일)

한국사데이터베이스에 실린 신문기사 중에는 위 기사처럼 뜻밖의 소식에 놀라 자연스러운 반응이 산발적으로 나타나는 상황을 보여주는 것들이 있다. 주요 정당들은 모스크바 회담 결정 내용이 금명간 확정적으로 전해질 때를 기다리고 있었다. 그런데 이례적으로 적극적이고 조직적인 움직임을 보인 단체도 있었다.

> 28일 오후 6시 기독교청년회관 강당에서 대한독립촉성전국청년연맹이 주최가 된 약 42단체 대표자 130여명이 참석하여 신탁통치 반대대회가 열리었다. 먼저 좌장으로 서정희(徐廷禧)를 선출하여 곧 별항과 같은 사항을 결의하였다.
> 一. 연합국에 임시정부 즉시 승인을 요함

一. 신탁통치 절대 반대

一. 전국 군정청 관공리는 총 사직하라

一. 특히 38선 이북에서는 행정 사법 담당자 총 이탈하라

一. 전국민 총파업. 단 신탄 미곡만 제외함(필요한 기간)

一. 극동 약소민족 해방운동 전개

一. 신탁통치 배격 국민대회 개최

一. 언론기관에서 우리의 운동에 협력치 않는 자는 우리 손으로 정간케 함

一. 신탁 배격운동에 참가치 않는 자는 민족반역자로 규정함

一. 군정청에 운동방침을 통고함

一. 라디오 유흥방송 폐지의 건

　　단 우리 운동 보고는 라디오를 통하여 방송을 요구함

● 하지 중장에게 드리는 성명서

각하와 각하와 뜻을 같이하는 분들의 조선독립을 위하여 바치신 성의와 열에 대하여서는 우리들은 충심으로 감사의 뜻을 표하는 바이다. 그러나 조선의 전민족이 희구하여 마지않는 그리고 각하 역시 바라고 애쓰신 크신 노력도 이제 수포로 돌아가려는 위기에 직면하였으니 우리는 애경하는 각하에게 피눈물을 뿌려 애통하는 바이다. 세계 약소민족 해방도 강국의 자의에 의하여 이처럼 농락되는 것임을 묵과할 것인가. 우리는 이제 각하가 조선 즉시 독립을 1월 이내에 실시하지 않으면 본직을 사퇴한다는 본국에의 통전(通電)을 알고 민족적인 감사를 올리며 동시에 우리가 생명과 피를 뿌려가면서 신탁통치 배격의 민족운동을 전개하려는 결의를 피력하오니 각하도 최후의 노력을 다하여 대한민족의 장래를 위하여 보다 더 정열을 불석(不惜)하시기를 삼가 바라는 바이다.

대한민국 27년 12월 28일

대한독립촉성전국청년총연맹 외 전국 각 단체 대표자 일동

(「대한독립촉성전국청년총연맹 등 42개 단체 대표자회의, 반탁 결의」,

『서울신문』 1945년 12월 30일)

결의사항 중 '협력치 않는 자'와 '참가치 않는 자'에 대한 적개심에서 극우 냄새가 난다. 그리고 성명서에서는 하지에게 "각하 역시 바라고 애쓰신 크신 노력" 이야기를 한다. 미국무성의 신탁통치안을 격퇴하기 위해 이승만에게 독촉을 빨리 만들라고 독촉하던 군정청의 획책을 가리키는 말일 것이다.

"조선 즉시 독립을 1월 이내에 실시하지 않으면 본직을 사퇴한다는 본국에의 통전"까지 알고 있다. 실제로 하지는 이듬해 1월 28일 사의를 표명했다. 1월 24일 타스통신이 모스크바 회담의 실제 진행과정을 밝혀 12월 27일의 『동아일보』 기사의 거짓을 밝힌 상황에 당황한 결과로 이해되는 일이지만, 12월 28일 이전에 사퇴의지를 표명한 적이 있다는 얘기는 이 기사에서 처음 봤다. 그것이 사실이라면 모스크바 회담을 대하는 하지의 태도를 이해하는 데 중요한 참고가 될 일이다.

아무튼 '대한독립촉성전국청년총연맹'을 앞세운 이 움직임은 자연발생적인 것으로 보이지 않는다. 성명서에 담긴 정보 수준으로 보거나, 결의사항에 담긴 폭력성(협조하지 않는 언론기관은 자기네 손으로 정간시키겠다고 했다)과 정략성(동조하지 않는 자는 민족반역자로 규정한다고 했다)으로 보거나, 남들보다 앞서서 "신탁통치 반대"를 외치던 이승만과의 관계를 생각하지 않을 수 없다.

임정은 28일 오후 4시에 긴급 국무회의를 열었다. 누군가가 모스크바 회담의 확실한 결정 내용을 알려주었기 때문에 긴급회의를 열었을

텐데, 회의의 결의내용은 대개 원론적인 수준으로, 임정 자체의 적극적 대응방침은 들어 있지 않다.

> 임시정부에서는 지난 28일 오후에 경교동 숙사에서 긴급히 국무회의를 개최하고 김구 주석, 김규식 부주석 이하 전원이 참집하여 신탁제에 대하여 우리 민족이 대처하는 태도와 방침을 토의하였는데 긴급안건으로써 안건 4항을 결의하였는데 그 내용은 다음과 같다.
> 　1) 본 정부는 각층 각파 및 교회 전국민으로 하여금 신탁제에 대하여 철저히 반대하고 불합작 운동을 단행할 것
> 　2) 즉시로 재경 각 정치단체를 소집하여 본 정부의 태도를 표명하고 전도(前途) 정책에 대하여 절실히 동의 합작을 요하며 각 신문기자도 열석케 할 것
> 　3) 신탁제도에 대하여 중, 미, 소, 영 4국에 대하여 반대하는 전문을 급전으로 발송할 것
> 　4) 즉시로 미소 군정당국에 향하여 질문하고 우리의 태도를 표명할 것
>
> (「임정, 긴급국무회의 열고 반탁결의문 채택」 중에서,
> 『동아일보』 1945년 12월 30일)

그런데 위 결의내용 중 (2)항이 즉각 시행되어 '탁치반대국민총동원위원회'를 중심으로 한 반탁운동의 큰 틀이 만들어졌다. "각 정당(2인), 각 종교단체(2인), 각 언론기관 대표자를 초청하여 비상대책회의를 같은 날 오후 8시 반부터 개최, 깊은 밤에 이르기까지 백척간두에 서 있는 국운을 구출하고자 백열적 논의를 거듭한 결과" 극한투쟁 노선을 결정한 것이다. '비상대책회의'의 결정 내용은 이렇게 보도되었다.

● 싱명서

우리는 피로써 건립한 독립국과 정부가 이미 존재하였음을 다시 선언한다.

5천년의 주권과 3천만의 자유를 전취하기 위하여는 자기의 정치활동을 옹호하고 외래의 탁치세력을 배격함에 있다. 우리의 혁혁한 혁명을 완성하자면 민족이 일치로써 최후까지 분투할 뿐이다.

일어나자 동포여!

● 결의문

1) 신탁통치를 반대하기 위하여 기구를 창립하되 명칭은 탁치반대국민총동원위원회라 칭함

2) 탁치반대국민총동원위원회는 각 정당 각 종교 각 사회단체 기타 유지인사로 조직함

3) 탁치반대국민총동원위원회의 기관은 중앙군면(中央郡面)에 종(從)으로 분설(分設)할 것

4) 탁치반대국민총동원위원회는 국무위원회의 지도를 받을 것

5) 탁치반대국민총동원위원회에는 탁치반대국민총동원위원회를 지도하는 위원 7인을 선출하여 해외에 대한 지도위원회를 설치함

6) 재정은 지원자의 희망과 정부의 보조로써 충용할 것

7) 탁치반대총동원위원회의 장정위원(章程委員) 9인을 김구, 조소앙, 김약산, 조경한, 유림, 김규식, 신익희, 김붕준, 엄항섭, 최동오 제씨로 선출하여 기초를 제출케 할 것

(「신탁통치반대국민총동원위원회가 설치」 중에서, 『동아일보』 1945년 12월 30일)

김구를 중심으로 한 반탁운동이 군정청에 대항한 측면이 많이 부각되어 왔다. 그런데 이 기사를 보며 실제로는 인공에 대항한 측면이 그

못지않게 중요한 것이 아니었나 하는 생각이 든다. 반탁운동을 명분으로 만들어지는 총동원위원회가 지역 차원에서 인민위원회를 대치하는 존재로 보이기 때문이다.

맨 위에 인용한 대구지역 기사처럼 인민의 탁치반대 의사는 인민위원회를 통해 표출되는 것이 자연스러운 일이었다. 반탁이 정녕 최고의 목적이라면 28일 밤 임정 중심의 비상대책회의에서 인공과 협력해 인민위원회를 활용하는 방안을 고려할 수 없었을까? 그동안 임정과 인공 사이에 불편한 관계가 있기는 했지만, 민족운동 고양이라는 거대한 과제가 관계 재정립의 기회를 던져주고 있었다. 임정이 군정청과 맞설 요량이라면 인공과의 협력이 전략적으로도 절대 바람직한 길이었다.

인공 쪽에서는 모스크바 회담 결정에 대한 반응이 29일에 처음으로 나왔다. 역시 원론적이고 수동적인 범위에 머물러 있는 반응이다. 임정이 손을 내밀었다면 적극 호응했으리라는 인상을 받는다.

> 조선 신탁통치가 3국 외상회의에서 결정되었다는 보도를 이제 막 읽고 너무나 의외임에 놀라지 않을 수 없다. 그러나 이것의 진위는 아직 공식 발표를 기다려보아야 할 것이고 또 공식 발표가 있은 후에 우리 위원회로도 긴급대책을 세울 터이다. 그러므로 나는 개인적 입장에서 말하겠다. 조선의 완전 자주독립이라는 것은 우리 인민위원회의 가장 중요한 정치적 목표이다. 따라서 어떠한 의미에서라도 조선의 자주독립이 침해를 받는다면 우리는 과거 일본제국주의에 항쟁하던 이상으로 단호히 싸워야 할 것이다. 또 우리 조선은 어떠한 이유로도 신탁통치를 실시할 근거가 없을 것이라고 생각한다. 그러므로 우리는 정당한 노선에서 더욱 시급히 민족의 총력을 결집하여 진보적 민주주의의 자주국가 달성에 단호 매진할 뿐이다.

(「인공 중앙인민위원회, 탁치 배격 담화 발표」, 『서울신문』 1945년 12월 29일)

　　임정이 민족의 정신을 대표하는 존재라면 인공은 민족의 육체를 대표하는 존재였다. 두 존재의 원만한 협력과 결합이 민족의 장래를 가장 잘 풀어가는 길이었다. 1945년 12월 28일, 해방 후 처음으로 민족의 의지를 적극적으로 표명할 기회가 왔을 때 임정은 인공과 인민위원회를 무시했을 뿐 아니라 반탁운동의 에너지를 이용해 지역 차원에서 인민위원회를 대치할 조직을 만들겠다고 나섰다. 인공에 대한 전면적 대결노선이었다.

1945. 12. 29.

'반탁'의 의미를 아는 사람들과 모르는 사람들

하지 사령관이 주요 정당 지도자들을 군정청으로 청해 모스크바 외상
회담 결정 내용을 공식 통보했다.

조선민족에 대한 일대 치욕 신탁통치제를 위요하고 3천만 동포가 동
제(同制) 폐지의 반대 봉화를 높이 들고 있는 29일 조선주둔 미군 사
령관 하지 중장은 정오 군정청으로 인민당, 공산당, 한국민주당, 국
민당, 신한민족당 등의 각 정당 영수를 초청하고 신탁통치에 관한 공
전(公電)을 피력하는 동시에 탁치제는 주권의 침해가 아니라는 것을
강조하여 다음과 같이 언명하였다.

"방금 미국으로부터 공전이 도착되었다. 미소 양 군정 대표는 2주
간 내에 모여 관리위원회를 조직하고 그 위원회는 조선 각 정당 사회
단체를 모아 임시정부를 조직한 후 그것을 4개국 공동위원회에 제안
하여 조선의 임시정부가 조선의 독립을 원조하는 4국 신탁관리가 필
요하냐 아니하냐의 결의에 의하여 4국위원회는 존폐를 결정한다. 신
탁관리는 일본제국의 통치와 같이 압박과 착취를 목적함이 아니라
정치적, 경제적 발전을 위하여 원조하는 기관이다. 주권은 임시정부
에 있고 4개국 관리위원회에 있는 것이 아니다.

국무장관 번스씨는 모스크바 출발에 앞서 나에게 내 뜻대로 해줄 것을 약속하였다. 결코 조선에 해로운 제도가 아니니 오해 말라."

(「하지, 각 정당 영수를 초청 신탁관리제 설명」, 『동아일보』 1945년 12월 30일)

인용문 끝에 번스 국무장관이 자신에게 "내 뜻대로 해줄 것을 약속"했다는 것이 무슨 뜻일까? 이승만은 26일 방송연설에서 "트루먼 대통령, 번스 국무장관, 연합국사령관 맥아더 대장, 하지 중장은 다 조선독립을 찬동"하고 있다고 주장했다. 27일 『동아일보』 기사에서 소련이 신탁통치를 주장하고 미국은 즉시 독립을 주장했다는 거짓말과 통하는 이야기다.

정용욱은 여러 가지 정황증거를 발판으로 군정청이 『동아일보』 허위기사에 연루되었을 개연성을 명확하게 보여주었는데(『존 하지와 미군 점령통치 3년』, 54~66쪽), 위 기사에서 말한 '번스 국무장관의 약속'이란 것도 소련을 모략하려는 『동아일보』 허위기사를 뒷받침하는 말이었던 것 같다.

이 신탁통치 결정과 관련해서는 하지가 유별나게 고집을 많이 세우고 빤한 거짓말도 많이 했다. 거의 정신병자로 보일 지경이다. 1월 24일 타스통신의 회담과정 폭로로 신탁통치안 제출 책임을 소련에게 뒤집어씌우려는 거짓말이 들통나자, 국무성에서 회담 전에 방침을 알려주지 않았다고 우겼다. 국무성측에서 그 주장이 거짓말임을 밝히는 자료를 들이대자 군정 사령관직을 사퇴하겠다고 뻗댔다.

하지의 행태가 너무나 황당무계해서 맥아더가 하지를 속인 것 아닌가 의심까지 든다. 그러나 주한미군 사령관에게 보내는 본국의 연락이 모두 맥아더 사령부를 거쳤을 리는 없다. 위 기사의 인용에서도 번스가 자기에게 직접 약속을 했다고 하지가 말한 것으로 나와 있지 않은가.

신탁통치 결정이 명확하게 전해졌다. 하지 사령관은 반탁운동에 동정하는 뜻을 표했다. 임정 중심의 비상대책회의는 극한투쟁을 결정했다. 반탁 결의가 각계각층에서 봇물 터지듯 쏟아져 나왔다.

정당과 사회단체들이 반탁 대열에 나서는 것은 당연한 일인데, 이 흐름이 얼마나 거센지 좀 우스운 모습도 개중에 보인다.

28일 밤 신탁통치의 비보를 접한 서울의 환락가는 일제히 문을 닫았다. 초만원을 이루었던 각 극장에는 극장지배인이 전하는 이 소식에 관객들은 구경하고 있을 때가 아니라고 일제히 일어나 집으로 돌아가 버렸고 29일에는 극장마다 신탁통치 반대 휴관이라는 패가 나붙었다. 삼월(三越)과 정자옥(丁字屋) 4층에 호화스러움을 자랑하는 댄스홀도 28일 밤 지나가는 군중들의 압력으로 문을 닫았고 29일에는 스스로 휴업한다는 간판을 내걸었으며 기타 수없이 생겨난 카페와 빠도 전부 휴업을 하여 한때 환락도시로 변한 느낌이었던 지저분한 서울거리도 숙연한 모양으로 변하였다. 환락정에서 객고를 풀던 연합군 병사들도 없어졌거니와 스스로 긴장하여 서울 환락가의 풍모도 하룻밤 사이에 변해 버렸다.

● 한성극장협회 이사장 홍찬(洪燦) 담

신탁관리란 우리 민족에게 독약을 주는 거나 다름이 없다. 국가 최고문화의 기구는 예술이다. 국치적인 신탁통치를 배격하고 완전독립이 오기 전까지는 시내 각 극장의 문을 열 수는 없다. 민중과 함께 보조를 함께하겠다. 완전독립이 지연한 곳에 오락이 있을 수 없다.

● 국일관 사장 김여백(金女伯) 담

신탁통치란 청천의 벼락이다. 해방이란 허수아비의 미명이 아니었던가 한다. 그러나 사주독립국가를 건설하기 전까지는 우리 요리업자들도 직업을 떠나 통치 배격의 일원으로 민중과 더불어 끝까지 항쟁하겠다.

● 요리업조합 결의

조선요리업조합에서도 29일 종업원총회를 개최하고 신탁통치에 대하여 다음과 같은 결의를 하였다.

삼십여년간 일본제국주의하에 압제를 받다 영광스런 자주독립에 분투 중 돌여 5개년간 신탁통치란 청천벽락이 내리었다. 연한부이 신탁통치란 열강침략의 상투수단이다. 3천만 동포 궐기하여 죽음을 각오하고 싸워야 한다. 우리 조선요리업조합 소속 종업원 2,000여명은 3천만 동포의 1분자로써 파업을 단행한다.

● 각 극장도 합류

서울극장협회에서는 우리나라에 대한 치욕적 결함인 신탁통치 거부투쟁을 위하여 28일 긴급이사회를 개최하고 서울 안 16극장은 일제히 문을 닫고 이어서 전국 흥행업자를 격려하여 수원, 인천, 대전, 부산, 광주 각 극장도 폐문하였다 한다.

● 댄스홀 폐쇄를 백화점측서 요구

조국에 해방이 왔다고 향락가와 모리배들은 여기저기 댄스홀을 만들어놓았던바 신탁통치 결정의 비보를 듣는 일순에 가장 출입객이 많던 정자옥과 동화백화점의 댄스홀 문은 군게 닫혀져 있는바 양 백화점 대표와 댄스홀 경영자 측에서는 다음과 같이 말한다.

● 이동신(李東新) 담(정자옥 지배인)

국민으로 누구나 통분할 일입니다. 그러므로 우리 백화점에서는 휴업을 하였습니다. 저희 백화점에 있는 댄스홀 말입니까. 경영주는 다른 사람입니다마는 집을 빌려준 사람은 우리이니까 저희들도 지금

댄스홀 경영주가 오기를 기다리고 있습니다. 물론 곧 폐지해 달라 부탁할 작정입니다.

첫째로는 풍기도 좋지 못하며 지금과 같은 국가비상지추에 댄스가 다 무엇입니까?

● 지희철(池熙轍) 담(동화 총무부장)

내 지금도 막 이야기하였습니다. 전에 대표로 계시던 분이 댄스홀로 쓰는 것을 허락한 모양입니다. 저는 4·5일 전에 군정관 디크 중위에게 우리 백화점 내에 이러한 풍기문란한 것을 두지 않게 하여달라 부탁하였더니 동 중위는 조금 기다리라 하여 오늘에 이르렀습니다. 그러나 시국이 이렇게 되니 더구나 그냥 두고 볼 수 없습니다. 앞으로는 일층 더 강경히 군정장관에게 교섭하겠습니다.

● 임형철(林炯哲) 담(국제댄스홀)

어저께 오후 6시 경관이 와서 충고하므로 바로 휴업하였습니다. 앞으로 당분간 휴업할 예정이며 딴 데서 영업을 개시하면 나도 바로 시작하겠습니다.

(「유흥업체, 탁치반대 휴업 결의」, 『자유신문』 1945년 12월 30일)

맨 끝의 댄스홀 업주처럼 "딴 데서 영업을 개시하면 나도 바로 시작"할 사람들도 감히 혼자 문을 열지는 못할 만큼 거센 분위기였던 모양이다. 경찰서장들까지 나서는 판이니 유흥업자들에게 분위기가 거세게 느껴지지 않을 수 없었겠다.

4개국 공동관리의 신탁통치 결정에 대하여 29일 오후 2시 서울 종로경찰서에서는 시내 각 경찰서장이 신탁통치 배격 긴급회의를 열고 각 서장의 공동담화를 동대문서장 김정제(金正濟)가 대표하여 다음과 같이 발표하였다.

"신탁통치란 우리가 배격할 일이다. 우리는 치안을 확보하는 경찰
진에 있는 몸이라 우리로서 중구난방이 될 수는 없다. 그러나 국가
없는 곳에 경찰이 있을 리 없고 민중을 떠난 치안은 허깨비의 파수병
일 것이다. 우리는 지금 이같이 모여 결의를 했다. 경찰관의 직을 떠
나 자주국가로서 완전독립이 올 때까지는 민중과 더불어 치안대원으
로서 결사의 사명을 다하겠다. 마음과 마음 피와 피가 순결히 결합될
때는 지금이라고 생각한다. 오늘 오후 4시부터 도에서 과서장회의가
있는데 우리의 뜻을 피력하겠다."

(「서울시내 경찰 서장회의, 탁치배격을 결의」, 『자유신문』 1945년 12월 30일)

당시 경찰은 미군정 방침으로 식민지시대의 경찰관들이 승진해서
자리를 지키고, 조병옥의 주도로 노골적인 친일파까지 등용되어 민심
을 불안하게 만들고 있었다. 경찰간부라면 원래 정치적 태도 표명을
절제해야 할 위치인데, 더구나 친일색채가 강한 이 집단이 이렇게 앞
장서서 움직이고 있었다는 것은 심상한 일이 아니다. 군정청 직원들이
곧바로 조직적 움직임을 보인 것도 같은 맥락에서 눈에 띄는 일이다.

29일 아침 총파업을 단호히 결행한 군정청 조선인 직원은 다음과 같
은 성명서를 내었다.

● 성명서

작일의 보도에 의하면 모스크바 3국 외상회의에서 조선에 신탁통
치위원회를 설치하고 5년 후에 독립을 준다고 결정했다는 설이 전해
지었다. 그러나 이것은 조선민족이 장구한 역사를 가진 민족이라는
것을 모르는 편견에서 나온 것이요 또 자유독립을 약속한 국제신의

에 배반되는 것이다.

　해방 이후 우리들 군정청 조선인 직원은 이 군정청이 조선의 독립을 준비하고 촉진하는 기관이라는 것을 믿었기에 이에 협력을 해왔던 것이다. 그러나 이 군정청이 조선의 독립을 촉진하는 기관이 아니요 신탁통치를 위한 기관으로 전환하게 된 오늘날 우리들은 이 이상 더 이에 협력할 수 없는 것이다. 그러므로 우리들은 총사직으로서 신탁통치에 대한 절대 반대 의사를 표명하며 앞으로 전개될 3천만 총의에 의한 독립운동에 합류하여 끝까지 싸움하기를 성명한다.

12월 29일

군정청 조선인 직원 일동

　군정청의 3천여 직원은 29일 정오 각 과 계장 이하 직원이 시내 신교정(新橋町) 맹아학교 뒤뜰에 모여 신탁통치 절대 반대를 결의하고 전원이 시내를 향하여 보무당당한 시위행진을 하여 군정청 앞까지 오자 MP의 제지로 일시 해산하고야 말았다. 그러나 동 직원들로 조직된 신탁통치반대위원회에서는 이어 모처에서 긴급대책위원회를 열고 대책을 강구하여 군정청 관계 전직원에 반대의 격을 보내고 있다.

(「군정청 조선인 직원, 탁치반대를 위해 총사직 결의하고 시위행진」,

『동아일보』 1945년 12월 30일)

　3천여 전직원이 시위행진에 나섰단다. 작문능력이 각별히 뛰어난 『동아일보』가 아니라도, 일부 직원의 행진을 조금 과장해서 보도하는 것은 선의로 이해되는 분위기였을 것이다. 아무튼 일부 직원이라도 군정청 직원들이 이런 행동에 나섰다는 것은 보통 일이 아니다.

　성명서에서는 "이 군정청이 조선의 독립을 준비하고 촉진하는 기관이라는 것을 믿었기에" 그곳에서 일한다고 했지만, 그 믿음 하나만으로 일한 사람이 몇이나 됐겠는가. 월급이 좋고 신분이 보장되는 직장에 있는 사람들이 민족 대의를 아주 외면한다면 서운한 일이겠지만, 이렇게 앞장서서 분위기를 띄워주는 것은 좀 어색한 일이다.

군정청 직원과 경찰간부는 한민당의 영향을 가장 많이 받는 집단이었다. 다른 정당과 조직들이 갑자기 닥친 소식에 놀라 원론적이고 수동적인 반응을 보이는 시점에서 이 집단이 강경하고 확고한 행동과 의지를 보여준 것은 자연발생적 반응이 아니라 준비된 전략에 입각한 조직적 대응으로 보인다. 보수성이 가장 강한 이 집단이 보여준 뜻밖의 적극적 태도 때문에 김구 등 임정 요인들이 상황을 지나치게 낙관할 수 있었던 것 같다.

인공측 인사의 29일 중 반응 하나를 어제 소개했는데, 공산당 대변인 정태식(鄭泰植, 1910~?)의 반응도 그와 별 차이 없이 원론적이고 수동적인 것이다. 29일자 신문에 실린 것이지만 초두의 문맥으로 보아 28일의 발언으로 보인다.

조선 신탁통치설에 대하여 조선공산당에서는 아직 공식 발표는 없으나 동당의 정태식은 개인의 자격으로 다음과 같이 절대 반대의 의견을 표명하였다.

"공산당으로서는 이 문제에 대한 정확한 자료가 없고 또 오늘 저녁에 워싱턴, 런던, 모스크바에서 3국 외상회의의 결과에 대해서 공식으로 발표한다고 하였으니 이러한 모든 자료를 가진 후에 정식으로 태도를 표명할 것이다. 그러나 한 개의 공산주의자로서의 개인 의견을 말한다면 이러하다.

우리 공산당은 과거 6년간 일본제국주의의 조선통치에 반대하여 가장 용감하게 민족해방을 위하여 우리 동지와 대중의 존귀한 희생을 내어가면서 싸워왔다. 우리 당은 조선의 독립에 대해서는 누구보다도 열렬히 요구하고 있다. 우리는 확실한 자료를 가지지 못해서 지금 경솔히 이 문제에 관하여 말할 수 없으나 만일에 조선에 대한 신탁통치가 사실이라고 한다면 우리는 여기에 대해서 절대 반대한다.

조선 3천만 민족은 옳은 노선 밑에서 하루바삐 민족통일전선을 완성하여 조선의 완전한 자주독립국가를 건설하지 않으면 안 된다. 이 완전한 자주독립국가 건설을 위하여 우리 3천만 조선동포는 8월 15일 우리가 가졌던 그 감격을 다시 가지고 한마음 한뜻 한힘으로 돌진하지 않으면 안 될 것이다."

(「조선공산당의 정태식, 개인 자격으로 탁치반대를 표명」,

『서울신문』 1945년 12월 29일)

박헌영은 공식적인 입장 표명이 없었지만 소련영사관 직원 샤브쉬나(Fania I. Shabshina)의 증언을 보면 역시 원론적 수준의 반탁 입장이었던 것으로 보인다.

샤브신이 그(박헌영)를 불러 물어보니, 그는 "모스크바 3상회의 결정은 조선의 정세와 민족문제들을 바로보지 못한 것"이라며 반대했습니다. 소련영사관측이 "소련의 지시니 찬탁에 앞장서 달라"고 요구하자, 겉으로는 따르는 척했지만 속으로는 여전히 반탁을 고수했습니다. 이같은 그의 동향이 평양사령부에 알려졌고, 치스차코프 대장과 레베데프 소장 등은 1946년 1월 초순 그를 평양으로 불러 "소련의 정책이니 찬탁을 따르라"며 명령식 설득을 했지요. (『이정 박헌영 일대기』, 258쪽에서 재인용)

　대다수 정치인들이 당황해서 원론적 반응을 보이고 있을 때 "이미 준비한 방책"을 자신 있게 꺼내든 사람이 하나 있었다. 이승만이 모든 동포에게 "일시에 일어나서 예정한 대로 준행하기를" 청할 때 그 예정된 것이 무엇인지 알아듣는 사람들이 있었겠지. "영, 미, 중, 각국은 절대 동정할 줄" 믿는다고 할 때 소련이 빠진 이유가 무엇인지 알아듣는 사람들이 있었겠지. 한민당, 군정청, 경찰에 있는 사람들이었을까?

> 이 신탁통치에 대하여 미국무성 원동사무부장인 빈센트씨가 누차 사한(私翰)과 공식선언으로 표시한 바가 있으므로 우리는 이렇게 결과될 줄 예측하고 이미 준비한 방책이 있어 그 방책대로 집행할 결심이니 모든 동포는 5개년 단축시기라는 감언에 견유(見誘)치 말고 일시에 일어나서 예정한 대로 준행하기를 바라며 따라서 우리 전국이 결심을 표명할 시에는 영, 미, 중 각국은 절대 동정할 줄 믿는다.
>
> (「이승만, 반탁결의를 표명」, 『동아일보』 1945년 12월 29일)

1945. 12. 30.

송진우의 암살, 배후는?

조선노동조합전국평의회(전평)에서는 아래와 같은 성명서를 발표하여 개인테러의 절대 배격을 주장하였다.

"이 중대한 민족운동의 위기에 있어 개인적 테러는 도리어 완전한 민족통일을 저해하고 또 혼란을 일으킬 뿐이므로 상대 여하를 불문하고 개인테러는 절대 배격한다. (…) 신탁통치를 주장하는 자 누구며 민족통일을 분열시키는 자 누구이냐? 이즈음에 있어 그 책임을 국내 좌익진영에 전가하려는 음모에 속지 마라! (…)

개인적 테러를 절대 배격하자!

신탁통치 절대 반대!

반소반공의 음모를 배격하자!

민주주의적 민족통일전선을 결성하자!"

1945년 12월 31일

조선노동조합전국평의회

(「전평, 폭력행위 배격하는 성명서 발표」, 『서울신문』 1946년 1월 1일)

11월 5~6일에 결성된 전평은 인민위원회와 함께 해방 후 자생적으로 자라난 풀뿌리 민주주의 조직이었다. 미군정은 지방 행정과 치안을 식민지시대의 제도에 맡긴 것처럼 자생적인 노동자위원회를 인정하지 않았고, 노동조합에도 협조적인 태도를 보이지 않았다. 노동조합은 좌익의 지도와 지원을 받으며 자라났고, 전국조직인 전평을 결성하면서부터 좌익의 가장 강력한 대중조직이 되었다.

전평이 테러배격 성명서를 발표한 것은 12월 30일 새벽 송진우의 암살 때문이었다. 새벽 6시경 원서동 자택에 침입한 괴한들이 그를 권총으로 사살한 것이다.

위 성명서에서 "책임을 국내 좌익진영에 전가하려는 음모"라 한 것은 좌익에 의심이 돌아가고 있던 상황을 보여준다. 송진우가 대표(수석총무)를 맡아 이끌어오던 한민당이 9월 초 결성 이래 다른 독자적 정강정책을 보여주는 것 없이 좌익 공격에만 일로매진해 온 정당이기 때문에 좌익에 대한 의심이 자연스럽게 일어난 것이다.

그러나 암살 시점의 상황을 보면 좌익보다 임정 쪽에 의심이 간다. 송진우는 29일 오후 하지를 만난 후 경교장으로 가서 반탁운동 방향을 놓고 김구와 대립되는 입장에서 토론하다가 암살 두어 시간 전에 귀가했다고 한다. 이 상황을 서중석은 이렇게 적었다.

> 12월 30일 오전 6시 10분경에 한국민주당의 수석총무 송진우가 암살되었다. 그는 전부터 훈정설을 지지한 것으로 알려졌고, 암살된 이유도 훈정을 지지하였기 때문으로 알려져 있다. 이 점도 유의하여야겠지만, 그의 암살에는 보다 큰 요인이 작용하였던 것으로 보인다. 송진우측은 정치적 헤게모니와 친일파 문제 등으로 중경 임시정부측과 갈등이 적지 않았고, 이러한 갈등은 송진우측의 중경 임정측에 대한 과거의 이미지가 크게 바뀌었음을 말해 주는 것이다. 또한 반탁투쟁이 반미군정 투쟁으로 되어서는 안 된다는 미군정과 밀착된 그의 입

장은 중경 임정측의 '즉각 정권 인수' 의지와 대립될 수 있었다. (『한 국현대민족운동연구』, 310~311쪽)

서중석이 개인 '송진우'가 아니라 '송진우측'이라고 집단을 지칭한 것은 동아일보를 중심으로 한 '한민당 주류'를 가리킨 것으로 이해한 다. 당시 한민당 비주류의 두드러진 움직임이 따로 없었으므로 이 집 단을 편의상 그냥 '한민당'으로 표시해도 무방할 것 같다.

나는 이 시점에서 한민당과 김구 사이에 갈등이 일어났다는 서중석 의 관점을 납득하지 못한다. 그는 '헤게모니'와 '친일파 문제'라는 두 가지 갈등요소를 제시했는데, 헤게모니 문제는 임정과 한민당, 이승만 사이에 보이게 보이지 않게 계속되는 것으로서 이 시점에 갑자기 격렬 해질 성격의 문제가 아니었다. 친일파 문제에 관해서도 민족주의의 상 징으로서 임정의 위상을 누구도 모를 수 없는 것인데, 그와 다른 '과거 의 이미지'를 한민당이 가지고 있었으리라고 생각할 수 없다.

이 시점에서 반탁운동의 전개방향은 오히려 한민당과 김구 세력의 밀착을 보여준다. 김구는 귀국 이래 한민당과 독촉에 대해 '불가근불 가원(不可近不可遠)'의 자세를 지켜왔다. 그런데 이제 반탁의 깃발 아 래 군정청으로부터 정권을 인수받겠다고 나선다. 경찰과 군정청 직원 들의 호응을 믿고 나서는 것인데, 한민당의 강한 영향을 받는 집단들 이다.

반면 국민총동원위원회는 좌익을 배제하고 구성되었다. 30일에 선 임된 중앙위원 76인 중에 김두봉, 김무정(金武亭), 박헌영, 김석황(金 錫璜) 등 몇몇 이름이 보이기는 하지만 여운형, 이여성(李如星) 등 인 민당 인사들이 보이지 않는 것을 보면 좌익 중 극히 협조적인 사람들 외에는 본인 의사와 관계없이 구색용으로 올려놓은 것 같다. 다른 것

송진우의 암살 소식을 실은 『동아일보』. "필생을 조국의 해방과 자주독립을 위하여 혈투하여 온 민족지도자 고하 송진우 선생은 30일 조조 6시 10분경 시내 원동 74번지 자택에서 폭한의 흉탄을 받고 장서하였는데 향년 57세다."

은 차치하고, 총동원위원회가 인민위원회를 대치할 지방조직을 새로 만든다는 데 좌익의 주류는 동의할 수 없었을 것이다.

임정과 한민당 사이에 갈등요소는 상존하는 것이었다. 그러나 이 시점에서 김구측이 극단적 방법으로 한민당 영수를 제거하러 나설 동기는 없었다. 임정과 한민당이 대규모 합작으로 반탁운동을 출범시키는 마당에서 오해를 불러일으킬 행위는 오히려 극력 피했을 것이라고 생각된다.

29일 밤 김구와 송진우 사이의 의견대립도 송진우의 죽음이라는 결과가 주변 사람들의 회고에 영향을 끼친 면이 있을 듯하다. 29일에 사실로 나타난 것은 경찰서장들과 군정청 직원들의 적극적인 움직임이다. 한민당의 작용 없이 일어날 수 없는 이 움직임이 김구측의 과격노선 결정을 뒷받침했다. 송진우가 경교장으로 가기 전에 하지와 만나 무슨 이야기를 나눴든, 그 시점에서 그가 김구를 격노시킬 주장을 내놓을 계제가 아니었다.

서중석은 송진우를 김구와 맞서는 훈정(訓政) 지지자로 보는 근거로 죽기 직전 한 미국 기자에게 말한 것으로 전해지는 내용을 제시했다.

우리들은 미군이 적어도 2년 동안은 머물러 있기를 원한다. 만일 미군이 지금 떠나게 되면 공산주의자들이 권력을 잡게 될 염려가 있다. 왜 그러냐 하면 그들은 우리들보다 조직이 더 잘되어 있기 때문이다.

(『한국현대민족운동연구』, 310쪽 주 26에서 재인용)

송진우와 한민당이 이런 마음을 가지고 있었으리라는 것은 굳이 소리내어 밝히지 않아도 충분히 짐작이 가는 사실이다. 그런데 이런 마음을 가졌다 해서 12월 29일 밤에 김구가 원하는 과격노선에 반대하고 나설 필요가 있었을까?

경찰서장들과 군정청 직원들 중에 진심으로 군정 철폐와 임정의 정권 인수를 위해 목숨 바칠 사람이 몇이나 있었을까? 하지가 기침 한번만 하면 쑥 들어갈 사람들이었다. 임정이든 총동원위원회든 아무리 날뛰어봤자 군정이 계속된다는 사실에는 의심이 없었다. 그저 목청 높여 "탁치를 반대하는 우리가 진정한 애국자니 과거를 묻지 마시오!" 외치는 것, 여기에 임정 인사들이 토를 달지 못하도록 묶어놓는 것이 그들의 목적이었다.

암살범 한현우(韓賢宇, ?~?)는 1946년 4월 9일에 체포되었고, 5월 12일 1심에서 무기징역을 선고받았다가 이듬해 2월 14일에 2심에서 15년형으로 줄었다. 그런데 한국전쟁 중인 1951년 8월 한현우가 시내를 활보중이라는 문제제기가 국회에서 있었고, 이에 법무차관이 체포에 노력중이라고 답변했다. 그후 한현우는 일본으로 건너가 살았다고 한다.

1951년 8월이면 '이승만의 세상'이다. 시내를 활보하고 않고는 이승만의 뜻에 달려 있을 때였다. 한현우가 좌익의 하수인이었다면 이승만의 세상을 활보하고 있을 수 없었다. 김구의 하수인이었다면? 그 2년 전 김구 저격이 자기네가 시킨 일이라는 사실을 이승만 세력은 감추려는 노력도 별로 하지 않았다. 만약 한현우를 통해 김구의 테러행위를 밝혀낼 수 있다면 이승만측이 마다할 리가 없었다. 비극적 죽음으로 신화화된 김구의 도덕적 권위를 깨뜨리기 위해.

그래서 나는 한현우의 '거사'가 김구의 지령에 따른 것이었다고 볼수가 없다. 그러면 누구의 지령이었을까? 한현우는 자신의 거사를 김구와 이승만이 '의거'로 칭송했다고 말했다. 김구가 아니라면 이승만이었을까?

내가 이승만을 너무 미워해서 확고한 증거도 없는 일에 대한 의심까지 그에게 돌린다는 것이 미안하기는 하다. 하지만 김구보다는 그에게 동기가 있었다고 생각된다. 서중석은 임정과 한민당 사이의 헤게모니 문제를 거론했는데, 헤게모니 문제라면 이승만과 한민당 사이의 문제가 훨씬 더 심각한 것이었다. 이승만과 한민당은 임정의 권위를 서로 이용해 먹기 위해 평면적 대결을 벌이는 상황이었기 때문이다.

1945년 12월 29일의 상황을 임정─한민당─이승만의 삼각관계로 한번 바라보자. 반탁을 애국의 기준으로 내세우며 군정청에게까지 대항하겠다는 과격노선이 임정을 중심으로 세워지고 있었다. 이승만은 이 새로운 애국의 기준을 반공·반소로 몰아가는 관점을 제시하고 있었는데, 송진우의 『동아일보』는 27일자 허위기사로 이 관점을 밀어주고 있었다. 한민당은 경찰과 군정청 직원들을 움직여 임정이 군정청과 맞서도록 부추기고 있었다. 양쪽 다 임정을 앞세우기 위해 임정을 떠받드는 시늉을 하고 있었다.

총동원위원회를 중심으로 한 반탁운동은 임정이 주축이 되고 한민당과 이승만이 밀어주는 것이었다. 출발은 군정청에 대한 대항으로 시작되지만, 그것은 좌절이 예정되어 있는 하나의 단계일 뿐이었다. 그다음 단계가 어떤 방향으로 펼쳐질지, 거기에 한민당과 이승만 사이헤게모니 싸움의 초점이 있었다. 이 싸움에서는 송진우의 부재가 이승만에게 유리한 조건이 되었다고 생각된다.

1951년 8월 한현우가 '이승만의 세상'을 활보하고 있었다는 사실은 분명히 이승만에 대한 의심을 뒷받침한다. 그러나 증거가 전혀 없다. 어느 주요 세력과도 관계없는 한현우의 돌출행위로 볼 여지도 많다고 나는 생각한다. 그 시점에서 이승만은 극단적 조치를 적극적으로 취할 만큼 인적 기반이 든든하지 못했을 것 같고(조병옥과 경찰은 아직까지 이승만보다 한민당과 밀착되어 있었을 것으로 보인다), 와세다대학 출신으로 당시 29세이던 한현우가 테러 하수인으로 동원되기에는 너무 고급 인력이었기 때문이다.

1945. 12. 31.

임정을 나무 위에 올려놓은 이승만

12월 10일에 아처 러치 소장을 조선 군정장관에 임명한다는 미육군성의 발표가 있었고 러치 소장은 16일에 취임을 위해 입국했다. 그런데 보름이 지난 연말까지도 제7사단장인 아놀드 소장이 그대로 군정장관 역할을 겸임하고 있었다. 교체 발표 직후인 11일 하지 사령관의 이례적인 담화가 있었다.

아놀드 군정장관이 그 자리를 사임하게 되고 후임으로 버지니아대학 내의 육군 군정학교장 러치 소장이 임명되었다는 미육군성 발표가 11일자 신문에 보도되었는데 이에 대하여 하지 중장은 11일 아침 군정청 제1회의실에서 기자단과 회견하고 다음과 같은 담화를 발표하였다.

"어젯밤인가 그저께인가 워싱턴의 방송을 듣고 조선의 군정장관 러치 소장이 오게 되었다는 것을 알았다. 아놀드 소장은 전쟁 초부터 지금까지 제7사단장을 지내왔을 뿐 그외에 다른 자격으로 있는 것은 아니다. 미군이 조선에 주둔하게 되자 곧 군정장관의 직무를 갖게 된 것인데 제24사병단의 최고지휘관인 나로서 새로 군정장관의 적임자가 나설 때까지 그동안만 일을 보아달라는 약속을 하였다는 것이다.

그리하여 아놀드 소장은 임시 군정장관의 자리에 임명되고 지금까지 그 직무를 이행하여 온 터이다.

후임 군정장관으로서 적임자를 오랜 시일을 두고 물색하여 오던 바 이번에야 러치 소장이 새로이 오게 된 것인데 러치 소장이 불원간 온다고 하더라도 당분간은 사무인계가 완료될 때까지 아놀드 소장은 그대로 군정장관으로서 그 자리에 있을 것이다. 그리고 두 분 사이에 사무인계가 완료되면 아놀드 소장은 제7사단으로서 즉 경기도에 인접한 4도의 사단장으로서 그대로 있게 되는 것이다. 아놀드 소장은 제24사병단에 있어서 나 다음가는 분으로 내가 자리를 비울 때는 언제든지 나 대신 일을 보게 될 것이다. 그리고 러치 소장이 새로 부임하게 된 것은 별다른 의미를 가진 것이 아니라 다만 조선주둔군에 행정장관을 새로 맞이한다는 그것뿐이다. 아놀드 소장의 지위와 세력은 조금도 변하는 것은 아니다."

(「하지, 군정장관 경질에 관한 담화 발표」, 『서울신문』 1945년 12월 12일)

군정장관 교체 사실을 방송을 듣고 알았다는 첫마디에서 불만이 느껴진다. '사령관인 내게 의논도 없이 교체를 결정하다니!'

사무인계가 완료될 때까지 당분간 아놀드가 군정장관 자리를 지킬 것이라는 말에서는 몽니가 느껴진다. 임시로 겸직을 하던 자리에 새사람이 임명되었다면 겸직하던 사람을 원직으로 돌려보내 놓고 사무인계를 하든 말든 해야 할 것 아닌가. 주둔군 사령관의 재량권을 최대한 활용해서 자기 사람이 아닌 러치를 물먹이겠다는 속셈이 보인다.

담화 끝에서는 아놀드가 군정장관 아니더라도 주둔군의 제2인자임을 강조하고 그에 대비해서 러치의 부임은 "행정장관을 새로 맞이한다는 그것뿐"이라고 깎아내린다. 참 유치하다.

육군성에서 군정장관 교체를 결정한 이유가 밝혀져 있지는 않아도 10월 30일 기자회견에서 있었던 아놀드의 아래 발언 때문이었으리라고 짐작이 간다.

극동국장 빈센트씨의 말은 단지 개인의 의사에 지나지 않는 줄 믿는다. 그분의 말이 미국정부의 방침이 아님은 틀림없다. 그러므로 그러한 소식은 묵살해야 할 것이다.

(「아놀드, '신탁관리제는 미정부 방침 아니다'라고 기사회견」 중에서,
『매일신보』 1945년 10월 30일)

미국무성 빈센트 극동국장이 조선의 신탁통치 방침을 밝힌 10월 20일 발언 얘기다. 이것이 미국의 공식 정책인지 여부를 현지 군정장관이 모르고 있었다고도 생각하기 힘들거니와, 만일 모르고 있었다면 사실 여부를 확인해야 했다. 국무성 담당자의 발언을 확인도 않은 채 미국정부의 방침이 아니라고 단정한다는 것은 언어도단의 행동이었다.

바로 다음날 하지 자신도 같은 내용의 발언을 했다. 그런데 기자들에게 직접 한 것이 아니라 송진우를 불러 이야기를 하고 조선인들에게 전해 달라고 했다. 송진우가 기자들에게 전한 내용 중에 이런 대목이 있었다.

신탁통치를 운운하나 이것은 극동부장 1개인의 의견이요. 그 사람이 조선정치를 좌우할 지위에 있는 것이 아니다. 조선사람이 결속하여 독립할 만한 힘을 배우면 이제라도 나는 독립을 승인하겠다.

(한민당 전단 「조선지식계급에게 호소(訴)함」(1945년 11월 1일) 중에서)

보도된 뒤에 하지의 항의가 없었으니 송진우가 지어낸 이야기일 수 없다. 하지는 아놀드와 같은 얘기를 하고 싶었는데, 미국 정책을 놓고 조선인을 기만하는 행위에 대한 공식적 책임을 피하기 위해 송진우의 입을 빌린 것이었다. 빈센트가 "조선정치를 좌우할 지위"에 있지 않다면 하지 자신이 그런 지위에 있다는 말인가? 자기 말만 잘 들으면 "이제라도 나는 독립을 승인하겠다"고까지 하지 않는가. 독립을 승인하고 말고를 군정 사령관 마음대로 하겠다니, 육군성에 알려지고 확인되었다면 도저히 그 자리에 놓아둘 수 없는 발언이었다.

국무성의 신탁통치 방침을 반대하는 정도가 아니라 아예 부정하는 것이 하지와 아놀드의 입장이었다. 왜 그런 터무니없는 짓을 했을까? 뭘 믿고 그런 짓을 할 수 있었을까?

하지의 직속상관 맥아더를 떠올리지 않을 수 없다. 주둔군 사령관이든 군정장관이든 미국 정책에 대해 새빨간 거짓말을 지속적으로 하는 것은 상급 책임자로서 용납할 수 없는 일이다. 맥아더의 의중에 부합하는 것이기 때문에 방치하거나 사주한 것이 분명하다.

10월 13~14일 맥아더, 애치슨, 하지, 이승만의 도쿄 회합을 기점으로 미국의 조선에 대한 기존 정책인 다변주의 노선의 신탁통치안을 번복하려는 조직적 음모가 있었다고 보는 관점을 정병준의 연구(『우남 이승만 연구』, 440~453, 474~508쪽)를 중심으로 소개했다. 이 음모의 일차적 초점은 모스크바 외상회담에 영향을 끼치는 데 있었다.

육군성의 군정장관 교체는 모스크바 회담을 앞두고 부적격자가 확실한 아놀드가 더 이상 말썽을 피우지 못하게 하고, 그에 동조해 온 정황이 뚜렷한 하지에게도 경고를 보내는 의미가 있었다고 생각된다. 하지의 12월 11일 담화문은 그에 불복하는 의지를 밝힌 것이었다. 모스크바 회담이 뜻대로 돌아가지 않고 있는 상황에서 어떻게든 초지를 관철하기 위해서는 자신을 감시할 수 있는 자리에 러치를 앉힐 수가 없었다.

12월 29일 모스크바 회담 결정 내용이 밝혀지자 하지와 아놀드는 대응에 바빴다. 아놀드가 10시 반에 기자회견을 가진 뒤 12시에 임정 엄항섭 선전부장을 불러 이야기를 나눴고, 하지는 12시에 주요 정당 지도자들을 만나고 4시 반에 기자회견을 열었다. 하지의 4시 반 기자회견을 당시 상황에 대한 미군정의 공식 입장으로 볼 수 있다.

정식 공보에 의하면 앞으로 조선의 통일된 임시정부가 민의에 맞는 정치를 원하는 데 따라 미소공동위원회에서 타진하여 4개국의 승인 아래 독립국가가 되도록 연합국이 원조하는 것이라고 하지 중장은 29일 하오 4시 반 신문기자단에게 신탁통치의 반대에 고조된 조선민중의 양해를 구하였다.

"금일 하오 1시 15분에야 공보를 접하여 3국 외상회의의 조선에 관한 내용을 알았다. 나는 원래부터 신탁통치란 말에 좋지 못한 생각을 가지고 있는 조선동포들의 심정을 잘 알며 나도 그러한 의미의 신탁통치는 여러분들과 동일히 싫어한다. 그러나 이번 신탁통치란 다만 원조협조의 뜻이다.

1) 앞으로 2주일 이내에 미소 대표가 협조하여 38도선의 장벽을 철폐하고

2) 미소공동위원회는 남북조선의 민주주의 정부의 구체안을 4개국에 제출하는 일을 하여 자주독립을 원조할 것이다.

따라서 외국무역, 통화문제, 운수문제를 해결하는 데 노력할 것이다. 이 위원회는 자주독립을 원조하는 것이지 조금도 독립에 지장을 가져오려고는 하지 않는다. 남북조선에 통일된 민주정권이 수립되어

(…) 조선독립을 하는 데 있어서 제일 좋은 방법이며 건전한 또 항구한 독립이라고 믿으며 이 수단방법으로서 조선의 독립을 얻으면 열국간에 평등한 국가가 될 것이다. 여섯째로 이 코뮤니케의 조건을 보면 조선애국자로서 하등 공포를 가질 필요가 없다고 본다.

(문) 통치권은 누가 갖는가?

(답) 조선정부가 통치한다.

(문) 국제적 외교는?

(답) 그것은 너무 상세한 일이기 때문에 알 수 없다.

(문) 행정권을 준다면 미소 양국 군대는 언제 철퇴하는가?

(답) 조선의 치안과 국방군을 편성하기 위함이므로 필요 없으면 돌아간다. 그리고 극소수가 이에 응할 것으로 이는 미소가 타협 후 결정할 것이다.

(문) 지난 20일 미극동부장이 조선의 신탁관리를 말했었는데 결국 미국에서 주장한 것이 아닌가?

(답) 그후의 조선에 대한 정세는 퍽 달라졌을 줄로 안다. 나와 나의 통솔하에 있는 장병은 속히 조선이 독립하기를 바란다. 그러나 신탁통치에 대한 불평으로 폭동이 일어나면 연합 각국에 좋지 못한 인상을 줄 것이다.

(「하지, 탁치반대 조선민중에게 양해를 요망하는 기자회견」,

『동아일보』 1945년 12월 30일)

하지와 아놀드가 여러 자리에서 말한 것을 종합하면, 자기네도 신탁통치 반대에 개인적으로 공감한다는 것, 그러나 신탁통치에도 좋은 것이 있고 나쁜 것이 있는데, 이번에 결정한 신탁통치는 좋은 것이니 받아들이라는 것, 그리고 어차피 주어진 상황에서 최선의 결과를 도출하려면 자기네 말 잘 듣고 소란을 피우지 말라는 것이다. 점령군 책임자로서 원론에 입각한 입장이다.

30일 12시 반에 아놀드가 돈암장으로 이승만을 찾아가 한 시간 동안 이야기를 나눈 사실은 보도되었지만(『중앙신문』 1946년 1월 1일) 이야기 내용은 공표되지 않았다. 31일에 이승만은 두 건의 담화문을 발표했다. 오전에 전단으로 뿌린 것은 「3천만 동포에게 고함」이란 제목으로, 은밀 담화문으로 미리 준비했던 것 같다. "우리는 각기 자기의 직분을 다하자!" "우리는 생산에 노력하자!" "우리는 일치단결하자!" 등 원론적이고 일반적인 내용이 담겨 있고, 임정을 앞세우자는 호소로 끝을 맺었다.

> 동포여! 끝으로 이르노니 해외절역(海外絶域)에서 30년간 우리의 독립을 위하여 우리의 행복을 위하여 갖은 고통을 겪으며 고군분투한 우리 임시정부 주석 김구 선생 이하가 그 피의 역사를 지고 개선하였다 우리에게 자주독립이란 이 지상명령을 위하여 명령을 내릴 사령부가 왔다. 절박한 이 시기에 이 얼마나 나행힌 일이냐. 3천만 동포여! 우리는 정신을 가다듬어 엄숙한 태도로 우리 정부에 마음껏 감사하며 목적달성을 위하여 명령일하(命令一下) 총진군을 개시하자. 이 정부 이 명령에 사리사설(私利私說)로 주저 이반하는 자는 민족적 대역이다. 일어나라. 3천 형제자매여!

그리고 기자회견에서 짧은 담화문 하나를 또 내놓았다. 그 전날 아놀드와의 교감을 배경으로 만들어진 담화문인 듯하다. 특히 (4)항에서 미군정에 대한 태도를 밝힌 것이 주목된다. 임정을 과격노선으로 유도해 놓고도 미군정에 협조적인 자기 입장을 강조한 것이다.

반탁집회가 12월 31일 서울운동장에서 열렸다. 해방 후 최대의 대중집회였던 이 대회를 계기로 우익의 분위기에 결정적 변화가 일어났다.

12월 31일 돈암장 기자정례회견석상에서 이승만은 다음과 같은 담화를 발표하였다.

"1) 금번 시위운동하는 것은 오직 독립완성에 있을 뿐이나 신탁이나 다른 통치라는 명칭으로 우리 국권에 손해되는 것은 결코 공수방관(拱手傍觀)할 수 없는 것이다.

2) 이 결심을 세계에 표명할 결의로 전국동포는 1시에 일어나서 우리의 원하는 것을 알리기 위하여 시위운동을 시작하는 것인데 이 것을 누구나 불가하다고 말할 수 없을 것이다. 다만 염려되는 것은 격렬분자와 파괴주의자들이 이 기회를 이용하여 난국을 만들어서 전부를 실패케 함이라 시위운동에 참가케 하는 모든 남녀동포들은 조심하여 남의 계획에 빠지지 말기를 바라며,

3) 모든 단체나 개인은 자유행동을 취하지 말고 안녕질서에 저촉됨이 없을 것이니 이런 사람이나 단체가 있거든 결코 합작을 불허할 것이다.

4) 미국정부에 대하여 결코 오해가 없어야 할 것이니 이는 우리가 군력을 두려워하거나 또 친미주의를 위함이 아니라 다만 미국 군정부가 우리를 해방한 은인이요 군정부 당국은 절대 독립을 찬성하는 고로 신탁문제 발생 이후 자기 정부에 대하여 반박과 공격의 공문을 보낸 것이 한두 번이 아니었다. 그런데 우리 독립의 친우를 모르고 원수로 대우하면 이는 도리어 독립을 저해하는 것이다. (…)"

「이승만, 반탁시위운동에 대하여 담화 발표」, 『동아일보』 1946년 1월 2일)

31일 아침에는 경찰관 대표들이 경교장을 찾아가 "금후 전 경찰관이 임시정부의 지령 밑에서 민중의 치안확보에 중임을 다하겠다는 결의를 표명한바 임시정부로서도 전 경찰관이 국민총동원위원회의 지시 아래 그 중대한 임무를 다할 것을 거듭 부탁하였다"고 한다(『동아일보』 1946년 1월 2일). 임정은 미군정과의 정면대설을 위해 친일 성향의 경찰집단을 끌어안기로 한 것이다.

국민에 대한 국가의 명령 성격을 가진 '국자(國字)'로 임정이 포문을 열었다.

신탁통치에 대한 불합작 단행을 표명한 임정 내무부에서는 지난달 31일 각 시정기관의 자주운영의 일환으로서 치안 및 기타 관계 부분에 대하여 다음과 같이 방침을 결정 발표하였다.

국자 제1호

1) 현재 전국 행정청 소속의 경찰기관 및 한인 직원은 전부 본 임

시정부 지휘하에 예속케 함.

2) 탁치반대의 시위운동은 계통적 질서적으로 행할 것.

3) 폭력행위와 파괴행위는 절대 금지함.

4) 국민의 최저생활에 필요한 식량 연료 수도 전기 교통 금융 의료 기관 등의 확보운영에 대한 방해를 금지함.

5) 불량상인의 폭리매점 등은 엄중 취체함.

국자 제2호 요지

이 운동은 반드시 우리의 최후 승리를 취득하기까지 계속함을 요하며 일반 국민은 금후 우리 정부 지도하에 제반 산업을 부흥하기를 요망한다.

(「임정, 행정권 이양 등을 선언하는 포고 발표」, 『동아일보』 1946년 1월 2일)

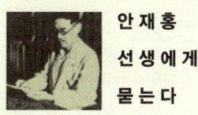
지도자의 역할은 무엇인가?

김기협 | '해방의 해'가 가고 새해가 밝았습니다. 이 새해가 '독립의 해'가 되기를 간절히 바랍니다.

139일 전 일본이 항복할 때, 독립의 과업이 해를 넘기게 되리라 생각한 사람은 거의 없었던 것 같습니다. 이제 튀어나온 신탁통치 문제를 놓고 사람들이 흥분하는 것은 '즉시 독립'의 기대가 어그러졌기 때문이겠죠.

국민당은 12월 29일 반탁결의문을 발표했고, 선생님은 신탁통치반대 국민총동원위원회의 부위원장을 맡았습니다. 우당(권동진) 선생이 위원장을 맡았지만 노환이시라 이름만 내놓고 실제 일은 선생님이 나섰죠. 반탁운동의 기수 역할입니다.

그런데 선생님은 그동안 "건국준비"나 "독립촉성" 같은 이름을 제안한 데서도 나타난 것처럼, 독립과 건국을 하나의 과정으로 보는 관점이었죠. '즉시 독립'의 환상과는 거리가 있었던 것 아닌가요? '즉시 독립'을 주장하는 반탁운동의 분위기가 어색하지 않았습니까?

안재홍 | 벌써 139일이나 되었군요. 8월 15일, 해방의 날 모든 조선인이 함께 밝은 장래를 떠올리던 장면을 생각하면 지금 상황이 더욱 답답하게 느껴집니다.

그렇습니다. 나는 '해방'으로 모든 문제가 해결되는 것이 아니고 길든 짧든 조선인 모두가 노력을 기울여야 하는 '독립 건국'의 과정이 우리 앞에 놓여 있다고 생각했습니다. 그 과정의 필요성을 많은 다른 동지들보다 내가 절실하게 느끼는 것은 아마 역사를 공부한 사람이기 때문일 것입니다.

조선인이 40년 전 무엇 때문에 일본인의 노예가 되었습니까? 일본의 야욕 때문이라고들 하지요. 물론 그렇습니다. 그러나 그것이 유일한 원인이었나요? 그렇지 않습니다. 조선인이 약하고 무능한 문제도 있었습니다. 조선의 식민지화는 외적 원인과 내적 원인이 합쳐져서 일어났던 일입니다.

'해방'은 외적 원인을 제거해 주었습니다. 그런데 내적 원인은 어떻게 되었나요? 지금의 조선인이 40년 전의 조선인보다 강해지고 능력이 커졌을까요? 그렇게 볼 수 있는 면도 없지는 않습니다. 그러나 지난 넉 달 반 동안 그런 면이 잘 나타났다고는 볼 수 없습니다.

40년 동안 일본인은 조선인의 역량이 증대되지 못하도록 짓눌러왔습니다. 그럼에도 불구하고 조선인의 역량은 크게 증대되었다고 나는 믿습니다. 그러나 증대된 역량을 주체적으로 발휘할 기회가 없었습니다. 독립 건국의 과정은 조선인의 증대된 역량을 스스로 조직해서 주체적으로 발휘하는 길을 여는 노력으로 이루어질 것입니다.

지금도 반탁운동을 마치 당연한 권리를 주장하는 것처럼 쉽게 생각하는 데는 허점이 있는 것 같아서 마음이 불안합니다. 그러나 대다수 국민이 함께 가진 민족국가 건설의 염원을 확인하는 것은 독립의 과정을 위해 중요한 일입니다. 이런 중요한 일에는 개인적인 의혹을 접어놓고 열과 성을 다해 임해야 할 것이라고 생각합니다.

김기협 '독립의 과정'을 국민의 역량을 주체적으로 발휘하는 길을 찾는 '조직의 과정'으로 본다는 말씀을 들으니 선생님이 '지도자의 역할'을 중시하는 이유를 이해할 수 있습니다. 선생님을 지도자로 바라보는 이들도 많은데, 선생님 자신은 여운형 선생, 이승만 박사, 김구 선생 같은 분들을 지도자로 받들면서 자신은 낮춰왔지요. 선생님이 생각하는 '지도자의 역할'을 설명해 주십시오.

안재홍 나 자신에게도 지도자의 역할이 있다고 생각합니다. 회피할 생각이 없어요. 다만 내 역할은 작은 지도자입니다. 작은 지도자의 역할은 큰 지도자의 큰 역할을 떠받드는 데 있습니다. 한 사회의 지도력은 크고 작은 지도자의 역할이 상보·상생의 관계로 화합을 이룸으로써 극대화되는 것입니다.

몽양, 우남, 백범 모두 개인적으로 뛰어난 자질과 능력을 가진 분들입니다. 나랑은 비교할 수 없이 큰 지도자의 조건을 갖춘 분들입니다. 나처럼 합리주의의 틀을 벗어나지 못하는 사람들은 기껏해야 직접 대하는 사람들의 신뢰를 얻을 뿐입니다. 큰 지도자는 멀리 있는 사람들에게도 선망과 기대의 마음을 일으키는 카리스마의 소유자여야 합니다.

그러나 자질과 능력만으로 지도자의 역할이 만들어지는 것이 아닙니다. "시대가 영웅을 낳는다"는 말대로, 사회의 요구에 맞출 때 지도자의 역할이 살아나는 것입니다. 지금 우리 사회는 민족주의와 민주주의의 실천자로서 지도자의 역할을 요구하고 있습니다.

어떤 민주주의가 올바른 민주주의냐 하는 데는 논란의 여지가 있습니다. 자칫하면 이로 인해 사회가 분열될 위험도 있습니다. 반면 민족주의에는 그런 위험이 없습니다. 민족의 단결을 민족주의로 보장한 가운데 적절한 민주주의 노선을 결정하는 과정을 겪어내야 합니다.

그래서 민족주의 지도력이 가장 중요한 것이라고 생각합니다. 민족주의 정신을 상징하는 가장 강력한 주체가 임정입니다. 임정을 대표하는 백범 선생이 최고지도자의 역할을 맡아주고, 민주주의 노선 모색에는 몽양과 경중(조소앙), 우사(김규식) 선생 같은 분들, 미국과의 관계에는 이승만 박사 같은 분들이 각자 역할을 맡아주기 바랍니다.

김기협 ‘독립의 과정’ 중에 민족의 분열을 막을 구심점으로 민족주의 이념의 역할을 생각하신다면 이에 대한 위협도 두 방향에서 생각할 수 있겠습니다. 외적인 위협으로는 미군과 소련군의 점령상태가 있고, 내적인 위협으로는 친일세력의 저항이 있지요. 특히 한민당을 통해 친일세력이 미군정과 결탁하는 추세가 강화되고 있습니다. 이런 위협이 얼마나 심각한 것이라고 생각하시는가요?

안재홍 소련군의 역할에 관해서는 자세히 알지도 못하고, 미군정에 비해 별로 심각한 문제가 없는 것 같아서 언급하지 않겠습니다.

미군정에 대해서는 많은 문제제기가 있어왔고, 내가 보기에도 문제가 많이 있었습니다. 그러나 그 문제들이 대개 현지 사정을 잘 모르는데서 비롯된 것이고, 시간이 지남에 따라 사정을 제대로 파악하면서 시정되어 가고 있습니다. 아직 남아 있는 문제들도 계속 시정되어 나갈 것을 희망합니다.

아직도 충분히 시정되지 못하고 있는 미군정의 가장 큰 문제점이 일제의 통치기구를 그대로 활용하는 것입니다. 민족주의 원리와 민주주의 원리에 모두 역행하는 조치입니다. 기존 통치기구의 운영에 익숙한 집단에는 친일파가 많습니다. 이 사람들에게 행정과 경찰의 실권을 맡겨놓고는 민족주의 원리가 살아날 수 없습니다. 그리고 기존 통치기구는 철저하게 지배자 위주의 억압체제에 맞춰 만들어지고 운영된 것입니다. 그런 기구를 그대로 두고는 민주주의를 향한 인민의 염원이 제대로 펼쳐질 수 없습니다.

이 문제점이 한민당의 역할에도 나쁜 영향을 끼쳐왔습니다. 이 사회의 발전을 바라되 변화의 고통이 가급적 적은 완만한 발전을 바라는 양심적 보수주의자들이 한민당에 많이 참여했습니다. 그런 분들이 한민당의 주력을 이루어 보다 반동적인 성향의 사람들을 감화하고 이끌어나간다면 한민당도 이 사회를 위해 훌륭한 역할을 맡을 수 있습니다. 그런데 미군정이 반동집단에게 실권을 쥐여주니까 돈과 권력이 결탁한 힘으로 한민당의 진로를 장악하게 된 것입니다.

김기협 | 한민당을 앞장서서 이끌어온 송진우씨가 엊그제 저격당했습니다. 몽양 선생과 선생님이 건준을 함께 하자고 간곡히 청하던 분인데 길을 달리하고 이제 유명까지 달리하게 되었습니다. 해방 후 지금까지 그분의 역할에 대한 선생님의 생각을 허심탄회하게 말씀해 주실 수 있겠습니까?

안재홍 | 얽혀 있는 일들이 아직 풀리지 않고 있는 상황에서 아주 허심탄회하게 말할 수는 없지요. 그러나 그가 세상을 떠난 이제 그동안 말하기 어려웠던 것을 말하고 싶은 것이 조금 있기는 합니다.

11월 27일 아침 고하와 내가 백범 선생을 모시고 이야기 나누던 일이 제일 먼저 생각납니다. 막 귀국한 백범 선생께 국내 상황을 설명드리기 위해 한민당과 국민당 대표 자격으로 초청받은 자리였습니다. 그날 오후에는 인민당과 인공을 대표하는 몽양과 긍인(허헌)의 면담이 예정되어 있었지요.

내가 먼저 말씀드렸죠. 임정이 건국사업의 토대가 되어 그 토대 위에 민족의 건국의지와 역량이 결집되기 바란다는 '임정 보강론'과 함께, 인공이 내 나라 내 정부에 굶주린 일부 인민의 지지를 받는다는 사실을 인정하여 포용하기 바란다는 뜻, 그리고 소련과의 관계나 이북 지역과의 관계를 위해서라도 좌익과 협력할 필요가 있다는 생각을 말씀드렸습니다.

내 뒤에 고하가 세 가지 점을 중심으로 말씀드렸습니다. (1) 민족주의 일색으로, 이류(異類)를 허용치 말고 사상통일을 꾀할 것. (2) 임정을 개조하려면 엽관(獵官)의 풍조로 분규가 일어날 것이니 지금의 구성을 바꾸지 말라는 '임정 직진론'. (3) 수천만원의 애국성금을 모으고 적당한 인물들을 외국에 파견, 조선독립을 위한 외교활동을 펼칠 것.

해방의 날부터 죽음의 날까지 이 세 가지가 고하의 입장이었습니다. 그리고 이 세 가지가 모두 진정보다 책략을 보여주는 것이라서 그를 위해 안타깝게 생각합니다.

(1) '사상통일'이라니, 고하는 좋은 사상으로 통일할 경우 '사상통일'이란 것이 좋은 것이 될 수도 있다고 생각한 것인가! 그처럼 명민한 사람이 파시즘의 본질을 간과했으리라고는 생각할 수 없습니다. 민주주의를 향한 인민의 염원을 억누르기 위해 민족주의를 명분으로 사상통일을 내세운 책략으로밖에 이해할 수 없습니다.

(2) 한민당 일각 반동세력의 임정 '절대 지지'는 민족주의 기준의 비판을 모면하기 위한 것입니다. 그래서 임정 역할의 진정한 발전은 바라지 않은 것이죠. '직진론'은 임정을 떠받드는 듯하면서 사실은 임정을 고립시키고 무력하게 만드는 길이었습니다.

(3) 외교활동보다 급하고 중요한 일이 얼마나 많은데 이런 것을 앞세워야 합니까. 한민당이 국민당보다 돈 잘 모아드릴 수 있다는 사실

을 과시한 것일 뿐이죠.

몽양과 내가 고하를 건준에 끌어들이려 애쓴 것은 그의 자질과 능력이 민족과 사회를 위해 잘 쓰이기 바랐기 때문입니다. 정말 자질과 능력이 뛰어난 분이었습니다. 그 자질과 능력이 충분히 잘 활용되지 못하고 타계한 것이 참으로 슬픈 일입니다.

일지로 보는 1945년 12월

2일	임정 요인 제2진 입국
3일	보국기금실행위원회 조직
4일	군정장관, 조선 내 일본인 재산의 배상문제 등에 관해 기자회견
5일	박헌영, 장안파 해체에 관한 담화 발표
6일	한민당 중앙집행위, '임정지지 국민운동' 결의. 법령 33호, '조선 소재 일본인 재산권 취득에 관한 건' 공포
7일	송진우, 김구 방문 인공 즉시해산 등을 강조
8일	전국농민조합총연맹 결성
10일	미육군성, 아놀드 군정장관 해임
11일	하지, 군정장관 경질에 관한 담화 발표
12일	대한경제보국회 발족
15일	군정장관, 38선 이남의 전일본인재산 접수 발표. 조선국군준비대, 조선국군학교 통합
16일	모스크바에서 미·영·소 3국 외상회담 개막. 신임 군정장관 러치 입경
18일	한민당 총무 백관수 집에 수류탄 투척 사건 발생. 권총강도단 일당 20명 검거
19일	서울운동장에서 임정 환영대회 개최
20일	현재 재일조선인 총 귀국자수 71만여명이라 발표
22일	전국부녀총동맹 결성대회
24일	3국 외상회담 1차 공동성명서 발표
25일	조선혁명당, 신한민족당에서 탈퇴
26일	국군준비대 전국대회 개최
27일	동아일보, '소련은 신탁통치 주장, 미국은 즉시 독립 주장' 조작 보도
28일	'임시정부 수립'을 골자로 한 3국 외상회담 결정 내용 각국의 수도에서 공식 발표. 임정 비상대책회의, 신탁통치반대 국민총동원위원회 설치. 산발적인 민중 반탁시위 시작

- **29일** 각 정당 각 단체 임정에 주권행사 건의. 신탁통치반대 국민총동원위원회 반탁투쟁 본격 시작
- **30일** 한민당 수석총무 송진우 피살, 반탁운동 거세짐
- **31일** 반탁운동 최고조, 시민들 관공서와 상가 등이 철시한 가운데 가두시위. 군정장관, 미국무장관 번스의 성명서 발표. 조공 신탁통치 반대 전단 살포

| 해방 직후 인플레이션 |

1946년 겨울,
쌀배급을 받는 사람들.

경기도 재무부에서는 1945년 11월 말 현재 서울시내 주요 상품 도매물가지수를 조사하였는데, 석 달 전 해방 당시와 비교하여 30배 인상되었다고 발표하였다. 다음은 해방 당시 오기영이 쓴 「진짜 무궁화―해방경성의 풍자와 기개」(성균관대학교 출판부) 중 '인플레'의 한 대목이다.

"(…) 일찍 차 한잔에 오원, 성냥 한갑에 일원 하던 중국의 인플레를 악성이라 하고 딴 세상의 기문(奇聞)처럼 여기던 우리의 형편은 어떤가? 타성이라는 것은 진실로 무서운 것이다. 중국의 오원짜리 찻값에 놀라던 예민한 신경이 어느 틈에 이렇게 마비가 되어버려 이제는 우리 자신이 오원은커녕 오십원짜리 차를 대담히 마시고 일원은커녕 십원짜리 성냥을 익숙하게 쓰되 대체로 태연하다. 쌀값이 일천육백원이라니 기막히지 않음이 아니나 놀라서 밥숟갈을 떨어뜨리는 사람은 없고 한 말에 사천만원이라는 소식쯤 들어야 겨우 왕년의 차 한잔 오원이라는 기문에 놀라던 정도도. (…)"

5

'신탁통치'를 둘러싼 좌우대립의 격화

1946년 1월 3 ~ 13일

1945년 12월 31일 서울운동장에서 열린 반탁집회에서 연설하고 있는 김구. 화려한 성공의 순간 속에 몰락의 씨앗이 담겨 있었다.

1946. 1. 3.

임정, "합작은 필요 없다. 나의 길을 가겠다"

1일 김구와 하지 사이에 군정청 사무실에서 격렬한 충돌이 있었다. 하지는 김구에게 "잡아 죽이겠다"는 협박까지 했고, 김구는 "이 자리에서 죽어버리겠다"고 뻗대기까지 했단다.

충돌의 직접 원인은 전날 임정이 발표한 '국자(國字)'였다. 국자 제1호의 제1항 "현재 전국 행정청 소속의 경찰기관 및 한인 직원은 전부 본 임시정부 지휘하에 예속케 함"은 군정청을 마비시키고 행정권과 경찰권을 임정이 탈취하겠다는, 군정청 입장에서 보면 '쿠데타' 시도였다.

그런데 하지가 험하게 나간 데는 이틀 전 송진우의 죽음을 김구의 책임으로 보는 의심이 바닥에 깔려 있었던 것 같다. 송진우는 10월 31일, 하지의 부탁을 받고 빈센트 극동국장의 신탁통치 발언을 "개인 의견"으로 몰아붙이는 하지의 주장을 언론에 대신 전할 만큼 하지의 신임을 받던 고문이었다. 그런데 반탁운동이 거세게 일어나는 시점에서 그가 저격당했으니 반탁운동에 대한 의견차이로 김구의 제거 대상이 되었다는 의심이 일어난 것이다. 임정 시절 김구가 테러 성격의 '의거'를 주도한 경력도 이 의심의 발판이 되었을 것이고, 하지의 의심을 곁에서 부추긴 사람들도 있었을 것이다.

한현우가 송진우를 저격한 배경을 아무리 살펴봐도 확실히 알 수 없다. 그러나 12월 29일의 노선충돌을 암살의 계기로 볼 것은 아니다. 『조선일보』1946년 4월 10일자 기사 「송진우씨 암살범 5명을 일망포진」을 보면 4월 9일 한현우와 함께 체포된 두 공범 김의현(金義賢)과 유근배(劉根培)는 원래 송진우의 신변보호자(경호원)였다. 다른 세명의 경호원과 함께 "작년 12월 말경의 의견충돌로 말미암아 송씨의 신변보호자로서의 책임으로부터 자퇴한 사실"을 진술하였다고 한다. 다른 경호원들의 조사를 통해 이들의 체포에 이르게 된 것으로 기사에 설명되어 있다.

주범은 한현우라도 송진우의 신변에 잠입할 수 있었던 것은 전직 경호원들 덕분임에 틀림없다. 그렇다면 이 암살은 몇 시간 전의 논쟁으로 인해 급히 결정된 것일 수 없다. 한현우가 그 논쟁을 보고 난 뒤에 송진우 저격을 결심하고 공범들을 포섭할 시간이 없었다.

아무튼 1월 1일 오후 8시 김구를 대신한 엄항섭의 방송으로 임정의 '국자 제1호'는 꼬리를 내렸다.

김구 주석을 대리하여 엄항섭 선전부장은 1일 밤 8시 중앙방송국 마이크를 통해서 일반민중이 파업을 중지하고 곧 복업하라고 대략 다음과 같은 방송을 하였다.

"나는 질서정연한 시위운동에 대하여 십분의 경의를 표하는 바이다. 나는 이것이 신탁통치를 반대하는 데 있고 결코 연합국의 군정을 반대하거나 또는 우리 동포들의 일상생활을 곤란케 하는 것이 아니라고 믿는다.

오늘 워싱턴에서 온 보도에 의하면 미국 국무장관 번스씨는 우리나라에 신탁통치를 실행치 않을 가능성이 있다고 말하였는데 나도 그렇게 되기를 믿는다. 그러나 만일 불행히 신탁통치가 결정될 때에는 또다시 반대운동을 할 것은 물론이다. 지금부터 작업을 계속해서 평화적 수단으로 신탁통치를 배격하는 것이 적당하다고 생각한다. 그런고로 우리 동포는 곧 직장으로 돌아가서 작업을 계속할 것이며 특별히 군정청에 근무하는 직원들은 일제히 복업하고 또 지방에서도 파업을 중지하고 복업하기를 바란다."

(「김구, 반탁운동 방법에 대하여 방송」, 『동아일보』 1946년 1월 1일)

1월 1일에도 경기도청 조선인 직원이 총사직을 결의했고, 군정청 직원들은 정동예배당에서 모임을 갖고 반탁과 임정 지지를 결의했다. 『조선일보』 1월 2일자에는 정동예배당에 3천여명 직원이 모두 모인 것처럼 보도되었다. 그 전날에는 경찰 대표들이 경교장을 찾아와 임정 지시에 따를 뜻을 밝히기도 했다. 그러나 아무리 '임정 지지'가 뜨거워도 김구를 하지의 협박으로부터 보호해 주기에는 부족했던 모양이다.

연말연초 동안 임정과 인공 사이에 합작을 놓고 한차례 공방이 있었다. 인공측에서도 12월 29일 반탁 입장을 밝힌 일이 있다. "진위는 아직 공식발표를 기다려보아야 할 것"이므로 "개인적 입장에서 말하겠다"고 했지만, "어떠한 의미에서라도 조선의 자주독립이 침해를 받는다면 우리는 과거 일본제국주의에 항쟁하던 이상으로 단호히 싸워야 할 것"임을 분명히 밝혔다.

12월 31일 저녁 임정의 성주식, 장건상, 최동오 3인과 인공의 홍증식(洪增植, 1895~?), 홍남표(洪南杓, 1888~1950), 이강국, 정백(鄭栢, 1899~1950) 4인의 회담은 반탁운동이라는 거대한 과제 앞에서 임정과 인공의 합작을 바라는 목소리가 높아진 결과였을 것이다. 이 회담에서 제기된 인공측 제안을 공문으로 작성해 임정에 보내고 언론에 공표했다.

● 공문

조선을 위요한 내외정세는 지극히 급박하여 있으며 민족통일은 시각을 다투고 있습니다. 만일 차제에 우리의 자력으로서 통일치 못하고 외방에 의하여 부득이 통일케 된다면 이것은 민족 만대의 치욕이요 천추의 유한(遺恨)이 아닐 수 없습니다. 현명한 민중은 위기에 처하여 민족의 절대통일을 강렬하게 요청하며 나아가서 귀 정부와 본 정부의 동시해체를 요구하고 있지 않습니까. 현재 조선 민족통일을 저해하고 있는 원인은 양 정부의 병립으로 나타나고 있습니다. 따라서 조선인민공화국 중앙인민위원회는 실로 양 정부의 통일이 민족통일의 유일 최선의 방법이라고 인정하고 그 구체적 방법으로서 다음과 같은 제 조건을 대한민국 임시정부 국무위원회에 제시합니다.

一. 양방에서 각각 약간 명의 위원을 선출하고 교섭에 관한 일절 전권을 위임하여 통일위원회를 형성할 것

一. 해(該) 위원회는 매일 긴밀하게 회합하여 통일정부 수립에 관한 구체안을 토의 결정할 것

一. 위 임무의 달성은 미소공동위원회 개최 이전에 완수할 시급한 필요로서 1월 5일까지 성안(成案)에 도달하도록 노력할 것

본 제안에 대하여 1946년 1월 2일 오전 10시까지 회답하여 주시기 바랍니다.

1946년 1월 1일

조선인민공화국 중앙인민위원회

(「인공 중앙인민위원회, 임정에 통일정부 수립방안 제시」 중에서,

『조선일보』 1946년 1월 1일)

2일 오전 인공측은 합작 제안 공문을 임정이 접수 거부한 사실을 밝

히고 임정을 맹비난하는 담화문을 발표했다. 아래와 같이 경위를 밝힌 다음 "시각을 다투는 급박한 현하 내외정세에 있어서 서식(書式)을 운운하는 무성의한 임정의 태도를 보라!"며 "민족분열의 최고책임자라는 낙인은 소위 대한민국 임시정부 위에 찍히지 않으면 안 되게 되었다"고 주장했다.

> 중앙인민위원회는 작일(昨日) 발표한 바와 같은 임시정부 국무위원 회에의 공문을 1946년 1월 1일 오전 9시에 국무위원 최동오에게 수교하여 그가 접수하였다는 서명을 받고 성의 있는 회답이 있기를 기대하였던 것이다. 동일 오후 6시에 위 공문이 반환되었는데 뜯어보고 봉환한 것이며 그 반환하는 이유의 전문은 다음과 같다.
>
> "진계자(進啓者) 귀방래함(貴方來函)을 서식상 접수키 난(難)하므로 이에 반환함"
>
> 홍남표(洪南杓) 귀하
> 대한민국 임시정부 비서처 계(啓)
> (「인공, 임정측이 통일정부 수립 제의를 거부한 경위 발표」 중에서. 『서울신문』 1946년 1월 2일)

그러나 3일 아침에 다시 발표한 담화문은 임정을 계속 비난하면서도 끝에 "임정도 애국 우국의 지성에서 그 태도와 경향을 시정한다면 우리는 언제든지 이것을 포용할 용의가 있다"고 하여, 합작에 대한 인공측의 성의를 강조했다(『중앙신문』 1946년 1월 4일).

인공측에서 사흘 계속해서 임정과의 합작에 관한 담화문을 발표하는 동안 임정측은 공식 대응이 없었다. 12월 31일 모인 7인이 양측 '정식 대표'라고 인공측에서는 강조했다. 임정측에서도 인공과의 합작을 원천적으로 무시할 명분이 없기 때문에 회동 제안에 형식상 응하면서도 '비주류' 국무위원들을 대표로 내보내고는 그 회담 내용을 "서식상의 문제"라는 핑계로 묵살해 버린 것으로 생각된다.

12월 27일 김구의 방송연설(엄항섭 대독) 「3천만 동포에게 고함」에서 김구는 친일파 배척을 앞세울 뜻을 밝히고 임정 비주류가 주도하는 '특별정치위원회'를 지지하는 뜻을 보였다. 그런데 반탁 문제가 터져나오자 좌익과의 합작 주장이 경시되는 분위기로 임정이 돌아선 것 같다.

하나의 정치세력으로서 임정의 약점은 국내의 기반과 대중조직이 없다는 것이었다. 이제 반탁의 함성 속에 각계각층의 '임정 지지' 선언이 쏟아져 나오자 이 에너지를 발판으로 탁치반대 국민총동원위원회의 전국조직을 만들 전망이 떠올랐다. 그리고 경찰간부와 군정청 직원 등 유력한 새 지지세력은 우익 성향이었다. 김구가 반공노선을 굳히기까지는 않았더라도, 좌익과의 합작은 우선순위에서 크게 밀리는 과제가 되어버렸다.

신탁통치 문제를 둘러싼 좌우대립의 구조는 공산당과 인공이 2일 '3상회담 결의 지지'로 급선회하면서 완성되었다. 좌익측에서 준비한 1월 3일 오후의 '신탁통치 반대 시민대회'는 갑자기 '반탁 반대'의 팻말로 바뀌었다. 공산당측의 신탁통치에 대한 입장 변화는 내일 정리해 보겠다.

신탁통치 반대 시민대회는 3일 오후 1시부터 서울운동장에서 많은 군중의 참집 아래 개회되었다. 그런데 대회의 진행은 최초의 소집 취지와는 정반대의 노선을 걸어서 외상회의 절대 지지를 표명하여 탁치반대를 반대한다는 것 등을 결의하고 동 2시 반부터 각 단체는 반탁반대의 시가 시위행진을 하였다. 그러나 거리에 나선 시민들은 취

좌익의 신탁통치 지지 대회가 '민족통일자주독립촉성 시민대회'라는 이름으로 1월 3일 서울운동
장에서 열렸다. '3상회의 지지'가 아니라 '신탁통치 지지'를 내건 것은 분명한 극좌 모험주의 노
선이다.

지가 달라진 시위행렬에 크게 의아해하고 호응치 아니하였다.

(「반탁대회가 친탁대회로 취지 변경」,『동아일보』 1946년 1월 4일)

1946. 1. 4.

반탁운동, 누가 '기획'한 것인가?

모스크바 외상회담의 조선 신탁통치 결정에 대한 국내의 반응을 살핌에 있어서 반응 내용 못지않게 중요한 것이 반응 시점이다. 정확한 결정 내용은 12월 28일 밤에 입수되었고, 그 전에는 『동아일보』 27일자 허위기사가 민심에 큰 자극을 주었다. 정보의 입력상태를 바탕으로 반응의 성격을 판단할 수 있는 것이다.

신탁통치 결정에 관한 두 가지 '오해'가 반응 내용에 영향을 끼쳤다. 그 하나는 신탁통치를 '제2의 국치'로 보는 감정적 시각이었다. 애초 조선의 신탁통치를 미국의 필리핀 통치 수준으로 본 루스벨트의 입장은 이 시각에 맞는 것이다. 그러나 1945년 말의 상황에서는 그런 입장이 통할 수 없게 되어 있어서, 미국의 제안도 조선인의 입장을 존중하는 쪽으로 많이 조정되어 있었고, 그것이 다시 소련의 주장과 절충되어 더욱 완화된 것이 모스크바 회담의 결과였다. 이에 대한 원천적 부정과 총체적 거부는 비합리적인 독단이었다.

또 하나의 오해는 『동아일보』 허위기사가 제기한 '소련 책임론'이었다. 이것은 반소·반공 분위기를 만들어내기 위해 지어낸 아무 근거 없는 거짓말이었다. 이 기사가 나오기 전에 그 방향에 맞춘 논설이 나온 것은 이승만의 26일 방송뿐이었다. 『동아일보』와 이승만 사이에 같은 거짓말을 위한 '입맞추기'가 있었던 것으로 보인다. 『동아일보』 28일 자에는 이 기사에 대한 여러 사람의 반응이 실려 있다.

● 조[소앙] 임정 외무부장 담

조선 문제에 있어서 국제공관(國際公管) 신탁관리 탁치 운운은 지금 새삼스러운 문제가 아니라 해외에 있을 때에 누차 목도하여 싸워온 문제다. (…) 전문컨대 샌프란시스코 회담에서 식민지를 많이 소유한 영국이 자국의 불리를 염려하여 조선의 탁치를 발언하였을 때에 강렬히 조선독립을 주장한 우방 소련에서 탁치를 주장하였다 하니 의아하는 바이며 뜻밖의 일이다. 나는 약소민족 해방을 위하여 노력하여 온 소련을 위하여 이 보도가 허보(虛報)가 되고 풍설로 사라져서 전공(前功)의 가석(可惜)치 않기를 바란다.

● 조완구 재무부장 담

국제정세에 정확한 파악이 없고 한민족을 알지 못하는 일부의 착각이다. (…) 3천만 우리 민족 전체 중 누가 신탁관리를 원하는 자 있으며 이에 누가 희생적 혈투를 아끼겠는가. 절대로 만부당한 말이다. 단연코 실현되지 못할 정의에 벗어난 일이며 간과치 못할 바라고 생각한다.

● 한국민주당 궐기

한국민주당에서는 27일 오후 3시 동당 회의실에서 중앙집행위원회를 개최하고 모스크바 3국 외상회의에서 소련이 조선의 신탁통치를 주장하였다는 설에 대하여 절대 배격한다는 아래의 결의를 하였다.

"조선의 독립은 카이로선언과 포츠담선언에 의하여 국제적으로 약속된 바로 동아평화의 절대적 요건이 되는 것이다. 이제 모스크바의 3국 외상회의에서 엄연히 조선신탁안이 제의되는 것은 국제신의를 무시하며 조선의 생명적 발전을 저해하며 동아의 평화를 파괴하는 것이다. 본당은 생명을 걸고 이 제안을 배격하는 동시에 독립관철에 매진하기를 결의함. (…)"

● 인민당 현우현(玄又玄) 담
아직 확실한 보도가 없으니 무어라고 말할 수 없다. 정확한 정보가 있는 대로 당으로서 태도를 결정하겠다. 그러나 소련으로서 그러한 주장을 하였다는 것이 사실이라면 우리는 단호히 이에 반대하지 않으면 안 된다.

● 국민당 대소(對蘇) 결의
목하 모스크바에서 개최중인 3상회의에서 조선독립 문제가 표면화하여 미소간 의견 대립함을 전한다. 즉 미국은 카이로선언에 의하여 조선에 즉시 독립을 허여할 것과 국민투표로서 그 정부의 형태를 결정할 것을 주장하는데 소련은 남북 양 지역을 일괄한 일국신탁통치를 주장하여 38도선에 의한 분할이 계속되는 한 국민투표는 불가능하다 운운. 카이로선언 이래 국제공약이 병호(柄乎)하여 변할 수 없는 바이거늘 소련의 신탁통치 주장은 불가해의 태도로서 국제신의에도 배치되는 바이다. 신탁통치의 기타 피예속의 형태로서 우리에게 임하는 데 대하여는 어떠한 국가임을 묻지 않고 우리는 3천만의 총력을 모아 최후까지 반대할 것이다.

● 공산당 정태식(鄭泰植) 담

아직 확실한 정보가 없으니 지금 발표할 수 없다. 정식 발표가 있은
후에 당으로서 태도를 표명하겠다.

● 백남운(白南雲) 담

외상회의 종료 후에 정식으로 발표가 있기 전에는 아직 무어라도 판
단하기 어렵다. 우리 조선민족이 자주독립국가로 되는 것을 바란다
는 것은 중언할 필요도 없는 것이다. 정식 발표가 있은 후에 엄정한
비판과 강렬한 민족적 요구로서 당당히 자주독립을 주장해야 한다.

● 이극로(李克魯) 담

신탁이란 말부터 나는 불유쾌하다. 어린애나 불구자나 정신이상자가
자기 생활을 관리할 능력이 없으니 신탁관리를 한다는 말이다. 어떠
한 나라를 물론하고 이러한 것을 주장하는 나라는 우리 3천만 민족이
유일한 적으로 취급하고 최후의 일인까지 혈투할 각오를 해야 한다.

(「소련의 조선 신탁관리 주장에 대해 각계에서 반대견해 피력」,

『동아일보』 1945년 12월 28일)

당시의 신문기사를 '국사편찬위원회 한국사데이터베이스' 중 '자료
대한민국사'에 일차적으로 의거해 검토하고 있다. 모든 기사가 실려
있지는 않지만, 주요 기사를 뽑아놓았기 때문에 신문보도의 윤곽을 살
펴보기에 편리하기 때문이다. 여기서 12월 28일의 사건 보도를 훑어
보면 이런 반탁운동 기사들이 보인다.

(1) 서울에 반탁삐라 붙고 산발적인 민중 반탁시위 시작

(2) 경북인민위원회와 독립촉진회, 탁치반대 결의

(3) 대한독립촉성전국청년총연맹 등 42개 단체 대표자회의, 반탁 결의

(4) 조선독립촉성종교단체연합회, 탁치반대 성명

(5) 보성전문 학생회, 탁치반대를 결의

(6) 신한민족당 오하영(吳夏英), 탁치반대 결의를 표명.

(7) 조선혁명당, 탁치반대 결의

(8) 임정 구미위원부장 임병직(林炳稷), 신탁반대 성명서 발표

(9) 임정, 긴급국무회의 열고 반탁결의문 채택

(10) 신탁통치반대 국민총동원위원회가 설치

(1)의 삐라 공세는 조직과 자금을 가진 세력의 움직임을 보여주는 것이다. 그 세력이 누구인지 짐작이 가지만 굳이 말하지는 않겠다. (3), (4)는 '독립촉성'이란 말에서 바로 누군가를 떠올리게 되는데, (3)의 내용에서 맥락이 뚜렷하게 이어져 보이는 점을 12월 28일 일기에 적은 바 있다. 반면 (2), (6), (7)은 산발적이고 자생적인 반응으로 보인다. 한편 (5)는 학생층의 움직임에서 김성수의 보성전문이 앞장선 점이 눈에 띈다. '반탁학련의 맹장' 이철승(李哲承, 1922~)이 모습을 나타내고 있는 것이다.

(8), (9), (10)은 임정측 반응인데 (8)은 한 개인의 자연스러운 반응이고, 오후 4시 열린 국무회의에서 나온 (9)도 자연스러운 수동적 반응이다. 그런데 몇 시간 후 열린 '총동원위원회' 모임에서는 (10) 지방 조직 설치를 비롯한 적극적 대응책이 쏟아져 나왔다. 반탁운동을 기획해 온 한민당과 이승만 측이 이 모임의 주도권을 쥔 것으로 보인다.

신탁통치안이 공식적으로 알려진 29일에는 신탁통치 관계 기사가

'자료대한민국사'에 30개나 나타난다. 반탁운동 기획자들의 의시가 작용한 것으로 보이는 움직임도 몇 개 있지만, 대부분은 자연스러운 수동적 반응이고 그중에는 좌익측 인사들의 반응도 있다. 공산당 대변인 정태식과 중앙인민위원회 한 인사의 반응, 그리고 박헌영의 당시 태도에 대한 소련영사관 직원의 회고를 소개한 바 있는데, 그밖에도 '범좌익'의 범주로 볼 수 있는 백남운(白南雲, 1894~1979)과 홍명희(洪命熹, 1888~1968)의 반응이 보도되어 있다.

30일 이후로는 관련기사 수가 절반 정도로 줄어들고 기획된 반탁운동의 보도 비중이 상대적으로 늘어났다. 좌익측의 반응은 내용에서도 빈도에서도 신중한 태도를 보여주었다. 그러다가 1월 1일 공산당이 공식 담화문을 비로소 내놓았다.

조선공산당 중앙위원회에서는 1일 오후 2시부터 기자단과 회견하고 탁치문제의 해결은 민족통일전선 결성으로라는 슬로건 아래 탁치안을 절대 배격할 투쟁방침을 선명하여 다음과 같은 담화를 발표하였다.

"우리 당은 과거에도 그러했고 현재에도 자주독립을 위하여 싸우고 있다. 민족 전체의 절대적 희원(希願)이고 카이로·포츠담 선언에서도 약속한 바임에도 불구하고 신탁제가 나오게 됨에 이에 대하여 무계획적 흥분적 행동으로는 해결할 수 없다. 조선을 싸고도는 현 국제정세를 가장 냉정하게 비판 인식하여 이 문제에 대응하여야 한다. 이 문제를 을사조약 운위하여 철시, 파업 등 방법으로 민중을 선동 지도하는 것은 시민의 생명을 질식화하는 것이며 더욱이 근로대중의 생활을 파멸시키는 것이다. 다만 이 해결방법은 오직 민주주의적인 민족통일전선을 공고히 결성하는 데서만 가능하다고 본다."

(「조선공산당, 탁치문제의 해결방법에 관한 담화 발표」, 『조선일보』 1946년 1월 1일)

수동적 반응이다. 우익측이 몰고 가는 과격한 반탁운동에 의구심을 품으면서도 반탁의 명분에는 동의하는 것이다. 우익의 주도권에 대항할 뾰족한 대책은 없어도 해를 넘긴 시점에서 입을 다물고만 있을 수 없어서 마지못해 입을 뗀 형국이다. 그런데 공산당은 이 태도를 바로 다음날 뒤집어야 했다.

조선공산당 중앙위원회에서는 2일 모스크바 삼상회의 결의에 대한 동당의 태도에 대하여 다음과 같이 발표했다.

"모스크바 삼상회담의 결정을 신중히 검토한 결과 이번 회담은 세계 민주주의 발전에 있어서 또 한걸음 진보이다. (…) 이번 결정의 책임을 의식적으로 3국에 돌리고 이것을 정면으로 반대 배격함에 열중하고 3국의 우호적 원조와 협력신탁은 흡사 제국주의적 위임통치제라고 왜곡하고 연합국을 적대방면으로 대중을 기만하는 정책을 쓰고자 하는 김구 일파의 소위 반신탁운동은 조선을 위하여 극히 위험천만한 결과를 나타낼 것은 필연이다. (…) 그러므로 우리의 할 일은 무엇보다도 먼저 통일의 실현에 있다. 민족의 통일 이것이 우리의 가장 급선무임을 깨닫고 하루속히 민주주의 원칙(친일파 민족반역자 국수주의자를 제외한)을 내세우고 이것을 중심으로 조선민족통일전선을 완성함에 여력을 집중하여야 한다."

(「조공, 3상회담 결의에 지지 표명」, 『중앙일보』 1946년 1월 3일)

같은 날 인공 중앙인민위원회도 같은 취지의 결정서를 4개 연합국으로 보냈다. 하룻밤 사이 공산당의 돌변도 대중의 공감을 얻기 힘든

어이없는 일이거니와, 인공은 이에 보조를 똑같이 맞춤으로써 공산당
의 꼭두각시라는 인식이 굳어져 지지자들에게도 권위를 잃게 되었다.
공산당의 건준 장악으로 출범한 인공은 공산당의 경직된 장악 속에서
생명력이 약화되어 온 끝에 1월 2일을 고비로 그 실질적 역할이 사라
져버렸다. 2월에 좌익 통합조직으로 민주주의민족전선(민전)이 결성되
는 것은 인공의 빈자리를 메우기 위해서였다.

조선인민공화국 중앙인민위원회에서는 2일 삼상회의에 대한 결정에
기초하여 미·소·중·영 4개국에 다음과 같은 결정서의 전문을 보내
었다.

● 삼상회담 결정에 대한 중앙인민위원회의 결정서
모스크바 삼상회담의 조선에 대한 결정을 토의하고 조선인민공화
국 중앙위원회는 아래와 같이 인정함.

1) 8월 15일을 계기로 한 조선해방은 우리의 힘이 아니고 세계 민
주주의 연합국의 용감한 군대의 힘으로 된 것이며 조선을 자주독립
국가로서 발전할 수 있는 길을 열어준 위대한 역사적 단계였고

2) 삼상회담의 결정은 조선민족해방을 확보하는 진보적 결정일 뿐
아니라 민주주의 정권 수립과 조선의 민주주의적 발달을 원조하여
조선의 완전독립을 발전적으로 완성하여 세계 문명국가의 지위에 나
아가게 하는 것이며 8월 15일 해방으로부터의 위대한 일보전진이다.

3) 이 결정은 현하 국제정세일 뿐 아니라 조선 국내정세에 비추어
조선민족의 이익을 존중하는 가장 적절한 국제적 국내적 해결이며
세계의 평화유지와 인류의 민주주의화에 최적한 결정이라고 확신하
여 본 위원회는 다음과 같이 결정한다.

(1) 모스크바 삼상회담의 진보적 결정을 전면적으로 지지하고 민

주주의 연합국과 같이 조선의 민주주의 정부 결정의 실행에 적극적
으로 참가하고 민주주의 제국의 원조와 협력에 의하여 우리 조국을
민주주의적 문명국가의 수준에 도달시키기 위하여 투쟁함을 약속함.

(2) 전 조선인민 및 각 민주주의 정당과 사회단체는 모스크바 회
담 결정의 완전한 실천을 위하여 적극적으로 투쟁하여야 하며 본 인
민위원회를 중심으로 굳게 단결하여 조선인민공화국 깃발 아래에 민
주주의민족전선을 결성함으로써 우리 조국을 위한 정치, 경제, 문화
등의 급속한 발전을 위하여 돌진하지 않으면 안 된다.

(3) 각 인민위원회와 제 민주주의 정당 및 사회단체는 본 결정을
민족대중에게 이해 보급시키며 나라를 사랑하는 전인민은 본 결정을
깊이 인식하고 민주주의 연합국의 호의와 원조에 반대하며 경거망동
함으로써 민족통일전선을 분열하려고 책동하는 일파를 단호 배격하
라.

4천년 역사에 빛나는 우리 조국의 민주주의적 발전 만세

민주주의 민족결성 만세

1946년 1월 2일

조선인민공화국 중앙인민위원회

(「인공 중앙인민위원회, 3상회의 결정 지지 전문 보냄」, 『조선일보』 1946년 1월 4일)

공산당의 입장 변화를 설명하려다가 미진한 채로 이야기가 너무 길
어져 내일로 미뤄야겠다. 다만 1월 4일에 있었던 눈에 띄는 일 두 가지
를 표시만 해둔다.

서울시내 8개 경찰서장이 집단으로 사직했다. 정치에 관여하지 말
라는 명령을 어기고 12월 30일 한 정치인이 초청한 자리에 참석했다
는 이유로 경기도 경찰부장(미국인)이 사표를 요구한 것이다. 그리고

최경진(崔慶進)을 경무국장 대리에 임명했다는 기사가 있다. 1월 1일에 조병옥이 경무국장에 임명됐었는데, 8개 서장과 마찬가지 이유로 해임된 것 같다. 조병옥은 이틀 후인 1월 6일에 복직되었다.

김구가 통일정권 수립을 위한 3대 과제를 밝힌 성명을 발표했다. (1) 비상정치회의 설치, (2) 임정의 확대 강화, (3) 국민대표대회 소집을 제시한 것이다. 반탁운동 출발점에서 실질적 정부 역할을 맡을 총동원위원회를 야심적으로 기획했다가 미군정의 반발로 좌절된 후 보다 현실적인 노선을 모색한 것으로 보인다.

1946. 1. 5.

『임꺽정』 저자 홍명희가 화를 낸 까닭

홍명희 성명 3자가 나 자신과 관계없이 나도는 일이 8·15 이전에도 간혹 더러 있었지만 8·15 이후에 자못 잦아서 나는 고소도 하고 개탄도 하고 동 성명의 타인이지 나는 아니라고 농담도 하였다. 내 성명을 내돌리는 사람이 대개 나의 친구요 또 내돌리는 일이 대개 나에 대한 호의인 줄은 짐작하지만 나는 그 친구의 그 호의를 고맙게 여기지 아니한다.

내가 이날 이때까지 위원장이라는 칭호로 관계를 맺은 것은 오직 문학동맹 하나뿐인데 그 관계를 맺자마자 문학동맹에서 첫 공사로 성명서 한 장을 발표하여 그 덕에 나는 바지저고리 입힌 허수아비가 되고 말았다. 그때 친구 몇 분이 나더러 개인 성명을 내보라고 권고하는 것을 나는 개인 성명이 주제넘은 생각이 들어서 그 권고는 듣지 않고 문학동맹에 대하여 나 자신의 의사만 명백히 표시하였다.

근자에 와서 성명 3자가 나도는 정도가 좀 심하여졌다. 나는 지금 우리나라의 파쇼 정체가 무엇인지 모르는 사람인데 성명 3자가 반파쇼의 위원장이 되고, 나는 총동원 조직을 마음에 힙당하게 여기지 않는 사람인데 성명 3자가 위원회의 상무가 되어 있다. 그러나 이만 정도는 참을 수 있지만 나는 신탁통치에 대하여 열렬한 반대자의 한 사

람으로 자처하는데 성명 3자가 삼국회의를 지지한다는 시민대회의
회장이 되었다니 이것은 그대로 참고 묵과할 수가 없다.

신탁 반대시위가 민족의 기개를 보인 뒤에 삼국회의를 지지한다
고 표방하고 나오는 것이 민족통일을 촉성하는 것이냐, 탁치 반대운
동을 반대하는 것이 자주독립을 촉성하는 것이냐, 민족통일자주독립
촉성 시민대회를 주관한 사람들에게 나는 한번 힐문하고자 한다.

내가 이번 시민대회의 교훈을 톡톡히 받아서 일후에는 홍명희 성
명 3자가 나도는 것을 금지하여 필부의 의지도 권위 있는 것을 보이
려고 결심하였다. 이렇게 공개적으로 금지한 뒤에도 여전히 나돌면
그것은 나의 친구의 호의가 아니라 적의 악의인 것을 미리 단언하여
두겠다. (『서울신문』 1946년 1월 5일, 『벽초 홍명희 연구』, 437~438쪽에서 재인용)

해방 당시 58세의 홍명희는 당대 최고의 기인(奇人)이라 할 인물이
었다. 글재주로 최남선(崔南善, 1890~1957), 이광수(李光洙, 1892~1950)
와 함께 '조선 3대 천재'로 이름을 날렸는가 하면 여운형, 안재홍, 조
만식, 송진우와 함께 가상 영향력이 큰 국내 민족주의자의 한 사람이
었다. 그리고 무엇보다 1928년 이래 10여년에 걸쳐 불후의 작품『임꺽
정』을 써낸 '민족작가'였다.

1945년 11월 『매일신보』가 『서울신문』으로 제호를 바꿀 때 고문으
로 취임한 홍명희는 정치활동에 적극 나서지 않았지만 명망 때문에 본
의 아니게 이름을 올리는 일이 더러 있었다. 특히 초기 공산주의운동
에 참여한 경력 때문에 좌익 쪽에서 그의 명망이 요긴하게 쓰이는 일
이 많았다.

문학동맹이 그런 예의 하나다. 문학을 표방하면서 좌익을 지향하는
문학동맹 지도자로 작가로서도 존중받고 공산주의 선배로서도 존경받

벽초 홍명희. 『임꺽정』의 저자로 널리 알려져 있지만 북한에서 활동했기 때문에 남한에서는 그가 어떤 인물인지 많이 알려져 있지 못하다. 경술국치 때 그의 아버지가 순국한 사실이 그의 생애에 큰 영향을 끼친 것 같다.

는 홍명희가 적격이었다. 가까운 후배들의 권유에 따라 12월 13일 위원장직을 맡았는데, 문학동맹은 바로 정치적(하지 사령관의 인공 부정 성명을 반박하는) 성명서를 냈다. 문학동맹이 정치에 적극 나서는 데 홍명희가 반대하는 생각을 가졌는지 여부는 차치하고, 위원장이 모르는 채로 문학동맹의 성명서가 나갔다는 사실을 그로서는 용납할 수 없었을 것이다.

아무튼 문학동맹 일은 문학가들 사이의 일이니까 그런 일이 다시 없도록 다짐을 두는 정도로 지나간 모양이다. 그런데 12월 30일 결성된 반파쇼공동투쟁위원회(이하 '반파쇼'로 줄임) 위원장을 맡은 데는 훨씬 더 심각한 문제가 따랐다.

공산당, 인민당, 전농, 전평, 문학동맹 등 40여 단체가 모여 반파쇼를 결성한 것은 좌익 주도의 민족통일전선을 만들기 위해서였다. 홍명희를 대표로 추대한 것은 20년 전의 민족통일전선이라 할 수 있는 신간회를 주도한 경력 때문이었을 것이다.

홍명희는 위원장에 추대된 사실을 나중에 들었을 것이다. 김태준이 추대를 주도했을 것으로 강영주는 추측하는데(『벽초 홍명희 연구』, 431쪽), 좋은 뜻으로 추대해서 이미 정해진 일을 냉정하게 물리치기도 어

안재홍과 홍명희가 현충사 앞에 나란히 섰다. 홍명희
는 안재홍처럼 많은 활동을 하지 않았지만 두 사람의
정치적 입장은 매우 가까운 것이었다.

려웠을 것이다. 이튿날 「신탁통치안 철폐요구 성명서」 발표 때도 조금
난처한 정도지, 화까지 내지는 않았을 것 같다. 같은 날 우익 쪽의 총
동원위원회 상무위원으로 선임되었지만, 같은 반탁인 한은 참아줄 생
각이었을 것이다.

그런데 1월 2일 공산당의 입장 선회로 홍명희가 터무니없는 입장에
빠졌다. 반파쇼가 서울시 인민위원회, 서울시 정회연합회와 함께 1월
3일 개최한 '민족통일자주독립촉성 시민대회'는 '바탁대회'로 예정되
어 있었다. 다음날의 신문에조차 추측기사인지, 마치 반탁대회로 치러
진 것처럼 보도되었다.

불명예스러운 신탁통치 문제를 우리 손으로 해결하고 하루바삐 자주
독립의 영예를 차지하기 위하여 3천만 겨레는 좌익 우익을 가릴 것
없이 한 덩어리로 당장에 뭉치자고 서울 120만 시민이 한결같이 목
을 놓아 부르짖어 그 실천에 채찍질을 하기로 된 민족통일자주독립
시민대회는 3일 오후 1시부터 서울운동장에서 좌우 양익 10여만명이
모인 가운데 성대히 개최되어 새해 벽두를 장식하였다. 이날 회장은

살을 찌르는 찬바람에 휘날리는 각색 깃발의 물결과 시내 각 파, 각 단체, 각 정회 대표들의 얼굴로 메워진 가운데 씩씩한 주악에 뒤이어 서울시 인민위원회 위원장 김광수(金光洙)의 개회사가 있은 다음 인민당 대표 한일(韓鎰)의 경과보고와 합동조합 대표 나동욱(羅東旭)의 본 대회 취지설명이 있은 후 공산당 대표 이승엽(李承燁)이 모스크바 3상회의의 진상을 보고하고 결의문을 낭독한 다음 자주독립만세를 삼창하여 지축을 진동시켰다. 이윽고 시위행진을 일으켜 동대문, 종로, 의주동, 서대문, 광화문, 군정청, 안국정 등 전 시내를 돌았다.

(「민족통일자주독립 시민대회 개최」, 『조선일보』 1946년 1월 4일)

이 대회의 취지는 엄밀히 말해서 '찬탁'이 아니라 '3상회의 지지'로 바뀐 것이었다. 그러나 일반인의 인식에는 그것이 바로 '찬탁'이었다. 취지가 정반대로 바뀐 대회의 대회장으로 홍명희의 성명 3자가 걸려 있었다. 홍명희는 12월 29일 기자의 질문에 반탁의 뜻을 분명히 밝힌 바 있다.

탁치는 전민족이 절대 반대하는 것이다. 우리는 빵을 주리라고 믿었는데 돌을 던진 것이 곧 탁치이다. 그러나 지금까지는 남이 주기를 기다렸으나 앞으로는 우리가 찾도록 해야 한다. 그럼에는 공연한 흥분과 쓸데없는 격정을 버리고 개인적 독단행위를 삼가서 철저히 대거적(大擧的)으로 힘을 조직화시켜서 힘찬 반대운동을 일으켜야 할 것이다. 따라서 누누이 말할 것은 냉정 또 신중히 행동허자는 것이다.

(「홍명희, 기자회견에서 반탁운동 전개 역설」 중에서, 『서울신문』 1945년 12월 30일)

며칠 전 인용한 소련영사관 직원 샤브쉬나의 회고에서 샤브신 부영사가 "소련의 지시니 찬탁에 앞장서 달라"고 요구할 때 박헌영이 내심 불복하는 기색이었다는 이야기가 정확히 어느 날의 일인지는 알 수 없다. 박헌영이 12월 29일 평양에서 공산당 북조선분국 간부들과 회담했다는 서용규의 증언을 보면(중앙일보 특별취재반 편, 『비록 조선민주주의 인민공화국』, 중앙일보사 1992, 188쪽) 평양으로 가기 직전, 모스크바 회담 결과가 막 전해졌을 때였을 것이다.

박헌영은 1월 2일 새벽 평양에서 서울로 돌아왔고, 그날 공산당과 인공 중앙인민위원회가 모스크바 외상회담 결정을 지지하는 태도를 밝혔다. 박헌영을 통해 "소련의 지시"를 수용한 결과로 보지 않을 수 없다.

지시였든 권유였든 왜 소련은 조선인이 모스크바 결정을 수용하기 바랐던 것일까? 하지를 비롯한 미군정 당국자들은 10월 말부터 신탁통치안에 반대하는 입장을 밝혔고, 모스크바 결정 후에도 '개인적으로' 반탁운동에 공감한다는 태도를 보이고 있었는데, 소련이 후원하는 좌익에서 반탁을 반대하고 나섰기 때문에 신탁통치안의 책임이 소련에 있다는 『동아일보』 허위기사가 더 잘 먹혀들 수 있었다.

분명한 이유는 확인하지 못했다. 그러나 이느 정도 짐작은 간다. 국제주의에 입각한 신탁통치안은 강자 독식을 막고 약자의 지분을 보장해 주는 것인데, 미국이 이것을 내놓을 때는 소련이 비교적 강자의 입장에 있을 때였다. 그런데 원자폭탄의 등장으로 미국이 강자의 입장이 되었다. 그래서 조선의 군정 당국자들을 포함한 미국 극우파는 타협적 신탁통치안을 반대하고 실력대결을 원했다. 약자의 입장이 된 소련은 신탁통치안의 관철을 통해 지분을 보장받고 싶었을 것이다.

소련이 모스크바 결정의 지지를 요구했다 하더라도 지지방식까지 소련이 원하는 대로였는지는 별개의 문제다. '신탁통치 반대' 대열에서는 벗어나지 않으면서 '3상회담 지지'를 표명할 여지가 있었다. 실제로 공산당이 인민당, 한민당, 국민당과 함께 1월 7일에 작성한 '4당 코뮤니케'가 그런 방향이었던 것을 보면 온건한 접근방식을 소련이 가로막고 있었던 것이 아님이 분명하다. 4당 코뮤니케는 공산당이 아니라 한민당의 손으로 파기되었다.

2일 새벽 박헌영의 귀경 직후 공산당과 인공의 입장이 돌변한 사실을 보면 박헌영의 작용에 기인한 것이 분명하다. 그런데 박헌영의 작용에는 두 가지 요소가 있었다. 하나는 소련의 요청이고, 또 하나는 박헌영 본인의 판단이다. 짐작건대 박헌영은 '3상회담 지지'라는 소련의 요청 위에 극단적 '반탁반대'라는 자신의 판단을 얹어서 내놓았을 것이다.

좌익의 향배에서 박헌영은 중요한 역할을 맡은 인물인데, 나는 그에게서 권위주의적이고 모험주의적인 인상을 받는다. '8월 테제'로 공산주의자들 사이에서 이념적 주도권을 장악하는 과정에도 코민테른의 권위에 의지하는 경향이 보이고, 소련영사관에 밀착하는 자세에서도 소련의 권위에 의지하는 경향이 보인다. 그리고 인공을 극단노선으로 끌고 가 인공 자체의 권위를 소멸시키는 과정에서는 모험주의의 문제를 느끼지 않을 수 없다.

'반탁반대'가 꼭 '찬탁'이어야 하는가? 반탁운동은 극우파의 도발이었고, 반탁의 이념 자체보다 그 극단적 운동방식에 문제가 있는 것이었다. 소련의 요구가 '3상회담 지지'였다면 반탁을 하면서도 지지할 길이 있었다. 7일의 4당 코뮤니케와 같은 길이었다. 상식적 차원에서 '찬탁'으로 오해받을 극단적 '반탁반대'는 소련의 요구가 아니라 박헌영의 전술적 판단에 따른 것으로 보인다. 극우파의 도빌에 똑같이 극단적인 방식으로 맞받아침으로써 '좌우대립' 국면을 고착시키고 그 안에서 극좌파의 위상을 확보한 것이다. 극우와 극좌의 '적대적 공생관계'를 추구하는 길이었다.

1946. 1. 6.

김계조와 박흥식의 '돈벼락'

'댄스홀 사건'이라고도 불린 김계조 사건이 터졌다.

40년간 조선을 착취무대로 착취한 악마의 전당 전 총독부는 무조건 항복 후에도 그래도 무엇이 부족한지 놀랠 만한 음모를 세워 우리 조선을 영구히 그들의 식민지화하려던 사실이 백일하에 폭로되었다. 전 조선광업회사 사장 김계조(金桂祚, 39)를 중심으로 한 횡령장물 수수에 관한 사건은 그간 검사국의 김홍섭(金洪燮) 검사의 담임 아래 취조를 전부 끝마치고 사건 일체를 서울지방법원으로 넘기었는데 동 법원에서는 머지않아 공판에 부치기로 되었다는바 사건 내용의 개략은 다음과 같다.

금차 대전이 일본의 무조건 항복이라는 확정적인 단계로 들어가게 됨을 알게 되자 8월 9일 후 총독부의 총독 이하 각 수괴자들은 자기들이 조선을 철거한 후 조선에 친일정부를 수립할 음모를 세웠으나 그것이 수포로 돌아가게 됨을 염려하여 8월 15일 후 또다시 그들은 조선인으로 된 정치음모 비밀단체를 조직하고자 일본인 세화회(世話會) 회장 호즈미(穗積眞六郎), 전 경무국장 니시히로(西廣忠雄), 전 조선신탁회 사장 이시타(石田千太郎), 전 재무국장 미즈타(水田直昌), 전 광공국장 시오타(鹽田正洪) 등은 위의 김계조에게 기밀자금

으로 현금 250만원과 물자설비 500만원 이상 700만원 총계 1,000만
원을 제공하여 국제문화사를 조직하고 표면으로는 극장, 댄스홀, 요
릿집, 여관 등을 경영하는 것처럼 보이게 하고 그 실은

 (1) 장래 조선정부에 친일파를 잠재시켜 친일적 시정을 하도록 하며

 (2) 배일 친미파를 암살하며

 (3) 조선정부 비밀정책을 탐지하며

 (4) 조선과 미국과의 이간을 책동하고

 (5) 조선 국내 치안교란 등……

 조선독립 발전의 방해와 일본인의 생명 재산을 보호할 목적으로
탐정과 정치모략을 꾀하게 하였다는 것으로 이들에게는 많은 무기와
악질적 폭력단까지 배치하였다는 사실이 폭로된 것이다.

(「전 조선광업회사사장 김계조 중심의 횡령장물수수사건이 폭로」,

『조선일보』 1946년 1월 5일)

 "친미파 암살" "미국과의 이간" 등의 목적은 미군정의 전개양상에
따라 필요하지 않게 되었지만 8·15 직후 상황에서는 점령군의 입지를
약화시키는 것이 물러나는 일본 식민지배자들이 바라는 것일 수 있었
다. 구체적 목적에 앞서 중요한 사실은 식민 지배집단의 핵심부에서
자기네 정치적 목적을 위해 39세의 한 조선인 기업가에게 거금을 제공
했다는 것이다. 그 기업가가 어떤 인물인지, 1월 18일자 『동아일보』의
공판 기사에서 알아볼 수 있다.

 (문) 재산은 얼마나 되는가?

 (답) 동산 부동산 합하여 이백만원 가량 됩니다.

 (문) 학력은?

(답) 소학교 4년에 중도 퇴학하였습니다.

(문) 일본에는 몇 살 때에 갔는가?

(답) 19세 시에 일본 규슈(九州)로 갔다가 다시 히로시마(廣島)로 가서 돈벌이를 하였습니다.

(문) 히로시마에 가서 일인 정치가들과 교분을 맺었다지?

(답) 그렇습니다. 모치즈키(望月七郎)와 민정당의 마키하라(牧原) 씨와 알게 되었으며 물정 양면으로 도움을 받았습니다.

(문) 히로시마에서 귀국한 후는 무슨 일을 하였는가?

(답) 회문탄광을 발견하여 회사를 조직한 후 탄광개발비로 동척 (東拓)으로부터 120만원의 대여를 받아가지고 석탄을 파는 사업을 하였습니다.

(문) 김정목(金正睦)과는 언제부터 알게 되었는가?

(답) 4년 전에 알았습니다.

(문) 피고가 관계한 8회사 자금은 2천만원이라는데 그 자금의 출처는?

(답) 야스다은행(安田銀行)과 동척에서 언은 게 1천만원, 개인에게서 얻은 게 6, 7백만원 가량 됩니다.

(문) 피고는 일본인들과 교제시에는 배구자(裵龜子)를 통하여 많이 하였다는데?

(답) 그렇지 않습니다.

(문) 엔도(遠藤) 정무총감과 미즈타(水田), 니시히로(西廣) 국장과는 언제부터 알았는가?

(답) 엔도는 작년 5월에 김정목의 소개로, 니시히로는 경전 사장 호즈미의 소개로 알게 되었으며, 미즈타와 시오타는 광산 관계로 알게 되었습니다.

(문) 8·15 후 그들과 처음 만난 날짜는?

(답) 8월 20일경에 딴스홀을 설립할 생각으로 니시히로를 방문하고 자금을 융통하여 달라고 교섭하였으나 여의치 못하였습니다. 그렇기 때문에 엔도와 교분이 깊은 김정목을 시켜 매일같이 엔도를 방문케 하여 자금을 운동하였습니다.

(문) 딴스홀 경영비로 니시히로 경무국장에게서 받은 50만원을 각 단체에 주었다는데?

(답) 그렇습니다.

(문) 일인 세화회장 호즈미가 무상으로 60만원을 준 것은 이해키 어려운데?

(답) 니시히로는 제가 빌려준 50만원을 받기 위하여 60만원의 대여를 알선한 것입니다.

(문) 기록에 의하면 위정자인 총독관리가 조선의 부녀자를 위하여 극력 거액을 대주었다는 것은 이해키 어려우며 딴 의사가 있지 않은가?

(답) (대답이 없었다.)

(문) 피고는 극력 부인하지만 김정목의 말에 의하면 친일세력을 부식 유지시키는 동시에 정치적 음모를 세우는 소굴을 계획하였다는데?

(답) 그렇지 않습니다.

(문) 김정목은 피고와 어떤 원한이 있는가?

(답) 딴스홀 경영에 있어서 경영권을 3분하자는 데에 피고가 응치 아니한 일이 있기 때문입니다.

(문) 일본군사령부 연회는 항상 피고의 집에서 하였다는데?

(답) 1년에 1, 2회씩밖에 한 일이 없습니다.

(문) 딴스홀 장소에 대하여 오카(岡) 경기도 경찰부장이 힘을 썼다

는데?

(답) 그렇습니다.

(문) 그 장소의 교섭은?

(답) 다 여의치 못하고 우선 삼월(三越) 4층으로 하였습니다.

(문) 딴스홀 수입은?

(답) 한 달에 30만원 정도였습니다.

학력도 재산도 없는 19세 청년이 1925년경 돈 벌러 일본으로 건너
갔다가 일본 정치인들과 교분을 맺었다고 한다. 정치주먹 역할이 얼른
떠오른다. 귀국해서 탄광 설립으로 사업을 시작하고 총독부 고관들과
가까이 지냈다. 동척, 은행과 개인으로부터 거금을 대여받아 사업자금
으로 썼다. 일본군사령부 연회를 자기 집에서 열어줄 정도로 가까이
지냈다.

이런 사람이 해방 직후 현금 250만원을 포함한 1천만원대 재산을
일본인 고관들에게 기밀자금으로 받아 댄스홀 등 유흥업소를 경영하
며 무기를 모으고 폭력단을 조직했다는 것이 사건 내용이었다. 극우파
자금으로 활용될 성질의 돈이었다.

2월에 기소된 화신 사장 박흥식(朴興植, 1903~94)의 횡령혐의 역시
내용이 다르면서도 틀이 비슷한 사건이었다. 1946년 3월 20일자 『동
아일보』의 공판 기사로 이 사건을 살펴본다.

(문) 재산 정도는?

(답) 8월 15일 현재 평가로 약 1천만원 가량 됩니다.

(문) 교육 정도는?

(답) 학교는 다니지 아니하였습니다.

대표적 친일 재벌이었던 화신 소유주 박흥식. 1950년대 주간지 『희망』의 표지 사진. 박흥식은 해방공간의 정치계에 가장 많은 돈을 뿌린 사람으로 알려져 있다. 좌우 구분 없이.

(문) 피고는 조선비행기회사를 설립하였다는데?

(답) 제가 설립한 게 아니고 군부와 총독부가 설립한 회사에 사장으로 취임만 하였습니다.

(문) 이 회사는 일본의 침략전을 조장하는 회사인 만큼 우리 조선 사람이라면 이런 회사의 사장에 취임할 수는 없을 것인데?

(답) 동감입니다. 그러나 그때 정세가 당국의 사장 취임 권유를 거부한다면 도저히 조선서는 살 수 없는 형편이어서 그들의 압력으로 부득이 취임하였습니다.

(문) 군부로부터 8월 27일 후 수차에 걸쳐 총액 4,850만원의 돈을 받았다는데 사실인가?

(답) 코우즈키(上月) 군사령관에게 애원해 4,800만원을 받았습니다.

(문) 코우즈키에게서 위로금으로 2천만원을 받았다고 하나 그것

은 거액이어서 위로금으로 보기는 어려운데?

(답) 처음에 코우즈키 군사령관이 1천만원을 주면서 그대의 입장이 곤란할 터이니 일본으로 가자고 하였으나 거절하였습니다. 그후 생각하여 보니 이 돈을 받아가지고 건국사업에 쓰면 유효할 것 같아서 2천만원을 갱생자금으로 받았습니다.

(문) 그러면 2천만원은 어떤 사업에 쓸 계획이었던가?

(답) 5천만원의 재단을 설립해 가지고 지도자 양성(구미 각국에 유학생 파견), 대학 설립, 고아원, 병원 등 자선사업을 계획하고 군정당국과도 상의중이었습니다.

일제 말기까지 조선은행권 발행고가 50억원에 이르지 못하고 있었는데 해방 직후 석 달 동안 35억원이 더 발권되었다. 다른 문제가 없더라도 그 자체로 조선의 경제구조를 충분히 뒤엎을 만한 문제였다. 늘어난 돈이 어디로 갔는가? 김계조와 박흥식 외에 일본 당국자들로부터 뭉칫돈을 받은 사람이 더 있었을 것이 분명하다.

자기 새산 200만원이라는 김계조는 1천만원을 받았고, 자기 재산 1천만원이라는 박흥식은 5천만원을 받았다. 돈을 뿌리더라도 "고기도 먹던 사람이 잘 먹는다"는 이치에 따랐던 모양이다. 원래의 재산가들이 몇 배로 재력을 키워 조선의 권력을 장악하는 것이 물러가는 일본 제국주의자들에게는 바람직한 일이었을 것이다. 박흥식이 조선비행기 회사 투자를 5천만원으로 보상받았다면, 경성방직 김연수(金秊洙, 1896~1979)의 만주 방직공장은 어떤 보상을 받았을까?

박흥식은 지도자 양성, 대학 설립과 자선사업에 그 돈을 쓸 계획이었다고 진술했다. 듣기 좋은 사업들이다. 그러면서 또한 정치적 영향력을 키우기에도 좋은 사업들이다. 정치적 영향력을 키우기에 좋지만 듣기에는 별로 좋지 않은 사업도 있었을 것 같다. 청년단체 조직이라든가, 극우정당 후원이라든가. 그런 사업은 공판정의 진술에서 물론 빼놓았을 것이다.

박흥식 한 사람이 5천만원을 거머쥐었다면, 친일파 인사들이 일본 제국주의자들에게 받은 뭉칫돈의 총액은 얼마나 되었을까? 내기를 한다면 10억원 정도에 걸고 싶다. 당시 통화량의 10%가 넘는 돈이다. 수십명의 사람들이 주체하기 힘들 정도의 돈벼락을 맞는 동안 민중 전체는 통화량 증가만으로도 곱절 가까운 물가상승을 겪어야 하는 상황이었다.

미군정의 잘못된 정책, 이승만의 야욕, 한민당의 반동성, 공산당의 독단 등 해방공간 역사의 흐름을 험한 길로 이끌어간 요인들은 여러 가지 있다. 그러나 그런 인적 요인들의 파괴력은 엄청난 규모의 '검은 돈'에 비하면 오히려 약소한 것 아니었을까? 몇 달 사이에 통화량의 70%가 늘어나고 그 3분의 1이 소수 반사회적 집단의 수중에 장악되어 있는 상황을 상상해 보라. 돈이 그렇게 괴상한 형태로 깔려 있다면, 아무리 의인이 많고 악인이 적은 사회라도 무너지지 않을 수 없을 것이다.

1946. 1. 7.

건전한 단체를 좌익으로 몰아가는 미군정

국군준비대는 좌익 군사조직으로 통상 알려져 있는데, 원래 좌익 정치 활동을 목적으로 결성된 조직이 아니었다. 1945년 9월 17일 『매일신보』 기사에 의하면 "현재에는 치안유지에 힘쓰는 한편 장래 국군의 기초를 닦으려고" 활동해 오던 조직들이 '조선국군준비대'란 이름으로 통합하면서 "당파에 기울지 않고 꾸준히 훈련에만 전심하였다가 어느 때고 정부가 수립되는 때에 국군에 무조건으로 합류하자는" 목적을 내세웠다고 한다. 그 시점에서 인원은 서울에 500명, 지방에 1천명이 었다고 한다.

임정 귀환 직후인 12월 1일 국군준비대는 담화문으로 입장을 표명했다.

> 해방 이후 백일 조선의 정계는 그 소란이 언제 정지될지 예측조차 할 수 없는 현상이다. 8월 20일 발족 이래 국군은 정치문제는 이를 일체 지도자와 정치가에게 맡기고 우리는 군사력 양성에만 노력하였다. (…) 우리 국군은 국가를 보장하는 국방군이다. 민주주의 국가 조선 에서는 주권은 인민에게 있다. 그러므로 우리가 국가를 보장한다는 것은 곧 인민을 말함이요 정당 정권 혹은 정부를 호칭함이 아닌 것은

명백하다. 국군을 표방하는 군사단체에 있어 정권 혹은 정부를 절대
지지한다는 것이 얼마나 모순인가 다시금 명언한다. (…) 애국정신
혹은 정치적 목적이란 미명 아래 폭력을 사용하고 민심을 소란케 하
는 자들은 국군이란 신성 공정한 입장에서 단호히 문책할 것을 엄숙
히 선언한다. (…) 우리 국군은 순진 겸손한 애국심에서 이에 대한
공작과 노력을 부단히 계속해 왔다는 것은 만천하 동포형제가 숙지
하는 바인 것이다.

단기 4278년 12월 1일

국군준비대 총사령부

(「국군준비대 총사령부, 전조선인민의 군대가 될 것임을 표명」 중에서,

『중앙신문』 1945년 12월 7일)

마지막 문장에서 강조한 것처럼 국군준비대가 표방해 온 정치적 중
립성은 널리 인정받아 온 것 같다. 12월 26일 국군준비대 전국대회는
이렇게 보도되었다.

8월 20일 결성 이래 모든 어지러운 정국과는 끝까지 관계를 거부하
고 갖은 난관을 참아가며 묵묵히 훈련에만 전심하던 국군준비대에서
는 26일 오전 10시부터 중앙중학교 강당에서 김구 주석을 비롯하여
김원봉, 성주식, 안재홍, 김명시(金明時) 등 내빈 다수와 수백 청중
참석하에 성대히 거행되었다. 지방에서 모인 161명의 대표와 대원이
운동장에 정렬을 끝마치고 대기(隊旗) 입장, 대표점호, 대기 수여, 엄
숙한 사열이 끝난 후 강당으로 입상하여 식은 개회되었다.

먼저 애국가 대가 국군행진곡의 합창이 있은 후 혁명투사와 강제
지원병 및 징병에 의하여 전몰한 동포의 영령에 묵도를 드린 후 이혁

기(李赫基)의 개회사에 이어 김일성, 김무정, 김원봉 등 제 장군을 명
예의장으로 추대하고 충남 대표의 동의로 연합군과 내외 투사에 대
한 감사의 메시지를 보낼 것을 결의하고 임시집행부를 추천하고 축
사에 들어가 김구 주석이 하루바삐 군사단체가 통일하여 강력한 군
대가 되라는 뜻의 축사가 있자 동 대원 중에서 답사로서 우리는 결코
어느 세력에 끌리는 것이 아니며 오직 앞으로 수립되는 국가의 병사
라는 것을 강조하고 이어서 인민위원회, 공산당, 김원봉, 성주식, 김
명시 등 제씨의 축사가 있은 후 주식에 들어갔다 오후부터는 안재
홍, 인민당, 청총, 전평, 전농 등의 축사가 있은 후 제1일의 일정을 마
치었다.

(「국군준비대 전국대회가 개최」, 『서울신문』 1945년 12월 26일)

명예의장으로 김일성, 김무정, 김원봉이 추대된 것을 보고 좌익 성
향을 추정할지 모르나, 그 세 사람은 정치 이전에 군사방면에서 항일
투쟁을 대표하는 인물들이었다. 임정측과 인공측(인민위원회)이 함께
국군준비대를 지지하고 있었고, 공산당, 인민당과 함께 안재홍도 축사
에 나섰다.

청총(전국청년단체총연맹), 전평, 전농 등 '좌익단체'들이 많이 나섰지
만, 이 단체들도 공식적으로는(그리고 원칙적으로는) 대중을 대표하는 중
립적 입장을 표방하고 있었다. 당파적 목적을 가진 조직을 만들려면
자금이 필요한 반면 이 단체들이 자금력 없이 대중의 자발적 호응을
얻는 것은 정치적 중립성을 인정받는 데 달려 있었다.

이 시점에서 국군준비대는 8만의 예비군과 6천의 상비군(매일 훈련
을 받고 있는)을 내세우고 있었다. 국군준비대는 군사단체이면서 또한
청년단체였다. 당시의 청년단체는 집단의 힘을 앞세워 후원금 강요 등

물의를 빚는 일이 많았는데, 국군준비대를 둘러싸고는 그런 문제가 나타나지 않았다. 엄격한 도덕성을 바탕으로 사회를 보호하려는 순수한 의지가 결집된 운동이었다고 생각된다.

문제는 중립을 추구하는 단체도 좌익으로 몰아버리는 당시 상황이었다. 12월 29일 좌익신문 조선인민보사가 습격당했을 때 국군준비대가 출동했다.

> 동업 조선인민보사에서는 지난 12월 29일 이유 불명의 폭력단 약 20명이 침입하여 인쇄공장의 파괴, 사원에게 폭행 등을 감행하였는데 국군준비대의 내원과 MP의 출동으로 진정되었다.
>
> (「조선인민보사 습격받음」, 『서울신문』 1946년 1월 2일)

우익신문이 습격받더라도 국군준비대는 출동했을 것이다. 국군준비대가 해산당하지 않았다면 이후 좌익의 폭력활동을 절제하는 역할을 맡았을 것이다. 좌익의 강력한 보호자인 국군준비대의 기준을 어떤 극좌 모험주의자라도 무시할 수 없었을 것이기 때문이다.

연말까지도 국군준비대는 정치적 중립성에 대한 주장을 조금도 굽히지 않았다. 12월 30일에는 반탁 담화에 뒤이어 임정과 인공의 동시 해산을 촉구하는 「통일 실천 권고 결의문」을 발표했다. 그 이튿날은 광복군 국내 지대와 통합을 결의한 뒤 수백명이 경교장으로 행진해 가서 임정과 인공의 통합을 요구했다.

12월 25~26일 전국대회 모습에서 알아볼 수 있는 것처럼 국군준비대는 임정과 인공 어느 쪽에서도 무시 못할 큰 세력을 가지고 있으면서도 물의를 일으키는 일이 거의 없이 정치적 중립을 표방하고 있었다. 정파적 편향성 없이 민족사회의 이익만을 위해 조직된 가장 강력

한 단체였다. 그런데 1월 8일에 경기도지사가 국군준비대의 해산명령
을 내렸다.

8일 경기도지사는 국군을 준비하는 단체에 치안을 문란케 하였다는
이유로 해산을 명하였는데 이는 국군준비대에 한한 것이라고 9일의
기자단 회견석상에서 도지사가 언명하였다. 이에 대한 루트워크 도
지사와의 일문일답과 국군준비대측의 답을 들어보기로 한다.

(문) 국군단체에 대하여 지사가 해산명령을 내렸다는데 사실인가?

(답) 국방군의 명령에 의하여 국군준비대에만 그 명령을 내렸다.
그 이유는 동 준비대는 정식 허가를 받지 않았고 치안을 문란케 하였
기 때문이다.

(문) 치안을 문란케 한 사실이 있는가?

(답) 증거 없이 그런 명령을 내리지 않는다.

(문) 다른 군사단체는 정식 수속을 하였는가?

(답) 하나도 없다. 그러나 부정행위가 없는 이상 해산명령을 내리
지 않을 것이다.

(문) 각 신문사를 위시하여 테러단이 횡행하고 있는데 이에 대한
대책은?

(답) 경찰로 하여금 철저히 탄압할 것이다. 만일 신문사에서 보호
를 원한다면 특별보호를 할 것이다.

● 국군준비대 권용호(權勇浩) 담

지난 7일에 10일 이내로 해산하라는 명령이 있었으나 민주주의 원
칙에 의하여 결사의 자유가 있으며 장차 우리나라가 건국되면 반드
시 국군의 편성이 있을 것은 당연한 일이다.

그러므로 우리 단체는 국군의 기초를 잡아 건국이 되면 이것을 국

가에 바칠 뿐이고 현재 맹렬히 훈련을 하고 있을 뿐인데도 불구하고 치안을 문란히 한다고 해산하라 함은 무슨 오해가 아닌가 한다.

이것은 반동분자가 그들이 저지른 테러행동을 우리에게 뒤집어씌우려는 모략과 그들의 불온한 책동을 감추려고 한 이간책을 혹은 그대로 곧이듣고 우리를 오해한 일이 아닌가 생각될 뿐이다.

그러나 현재 그 진상이 속속 드러나고 있으므로 당국의 오해도 풀릴 줄로 생각한다.

(「경기도지사, 국군준비대의 해체이유 밝힘」, 『서울신문』 1946년 1월 11일)

해산명령의 근거는 1945년 11월 13일 국방사령부 설치 등을 목적으로 발포된 군정청 법령 28호였다. 그 해당 조항은 이런 내용이었다.

제3조 경찰군사기관의 금지

여하한 자와 단체라도 여하한 종류의 경찰, 육해군 군사활동의 소집, 훈련, 조직, 준비 및 경무, 군무국의 관할에 속하는 행동을 행사치 못함.

단 국방사령관 혹은 국방사령관이 인정한 기(其) 권리부여 대행기관의 서면인가를 득할 시는 제외함.

점령군이 군대를 만든다는 것이 월권이라는 논란과 다른 쪽 점령군인 소련군과의 사이에서 갈등을 일으킨 조치였다. 그래서 이 법령은 발포된 후에도 강행되지 않고 있다가 이제 처음으로 국구준비대에 적용된 것이다. 낭시 수십개 군사단체가 존재하고 있었는데 도지사는 국군준비대만이 "치안을 문란케 한 사실"이 있기 때문에 해산명령을 내린다며 그 사실이 무엇인지는 밝히지 않았다.

1946년 1월 5일 10여명의 미군이 발포하면서 국군준비대 본부를 습격하여 해산을 명령함과 동시에 사무용품을 압수해 갔다. 이에 따라 일시 피해 있던 대원들은 다시 본부에 집결하여 밤을 지냈다. 그러나 이튿날 30여명의 미군이 다시 발포하면서 습격하여 주요 간부들을 체포해 갔는데, 이 과정에서 1명의 대원이 사망했다. (위키백과 '국군준비대'조)

1946년 1월 초순에서 중순에 걸친 국군준비대 단압에는 두 가지 원인이 있었던 것 같다. 하나는 지금의 육군사관학교 자리인 태릉의 일제 시절 지원병훈련소 사용 문제였다. 국군준비대가 그곳을 훈련소로 쓰고 있었는데 군정청은 1월 15일 창설하려는 국방경비대를 그곳에 두려 하고 있었다. 또 하나는 극우파 테러활동이 늘어나고 있었는데, 국군준비대가 이를 강력히 견제하고 있었기 때문에 군정청에 영향력을 가진 극우파가 그 탄압을 유도했을 것으로 생각된다.

국군준비대측은 해산명령에 항의하는 성명서를 발표했다.

과격분자의 테러행동으로 치안을 문란케 하고 있어 이를 박멸하고자 노력해 온 국군준비대는 뜻밖에도 당국으로부터 해산명령을 받게 된 데 대하여 다음과 같은 요지의 성명서를 발표하였다.

"친애하는 3천만 동포 여러분 친애하는 연합국 장병 여러분, 세계 어느 나라치고 군대 없는 독립국가는 없다. 그러므로 우리 국군준비대는 8·15 해방 직후부터 우리 독립국가의 간성이 될 군사적 훈련에 전력해 왔다. 그리하여 앞으로 세워질 우리 국가가 평화적 민주주의 국가일 것을 확신하고 평화노선을 따라 국내의 산업 치안과 약간의 국방을 우리의 최대 사명으로 알고 군대의 편제나 군사의 훈련도 우리 정도에 맞는 민주주의적으로 하기에 고심했으며 더욱 세계에서 가장 진보적 민주주의 국가인 미국 소련 양군이 우리 국내에 진주해 있으므로 여기에서 배울 것이 많음을 통감한 때문에 그 방면에 노력 하였다.

그러나 지난 8일 루트워크 경기도지사로부터 국군준비대의 해산 명령(정식 통고문이 접수)이 내렸는데 그 이유는 허가를 받지 않았다고 하나 다른 군사단체도 허가를 받지 않았으며, 치안을 방해한 때문이라고 하나 본래 우리는 정치적 사상에는 전연 초월해서 다만 민주주의적 방법으로 훈련했을 뿐이다. 최근 반동분자의 테러행동이 많아 이를 탄압하는 데 진력하였다. 그러나 우리는 은인자중 군정청에 대해서 오해케 만든 음모와 간책을 분쇄할 것을 맹서하고 군정청에 협력하는 마음으로 해산명령에 항의하는 바이다."

(「국군준비대, 해산명령에 항의성명서 발표」, 『서울신문』 1946년 1월 14일)

1946. 1. 10.

중도파를 왜 좌익으로 몰아붙이나?

─────

최근 이강수의 「해방 직후 국군준비대의 결성과 그 성격」(『군사』 32호, 1996)과 임종명의 「조선국군준비대와 건군활동」(『한국사학보』 2호, 1997)이라는 두 편의 논문을 입수해 국군준비대(이하 '국준'으로 줄임) 관계 사건들을 좀더 세밀히 살펴보았다.

이강수의 논문에서 국준의 뿌리를 해방 직전의 '산악대'에서 찾은데 공감이 간다. 징병·징용을 기피하거나 탈출한 사람들이 중심이 되어 강원도 지역에서 조직한 비밀결사라고 전국대회에서 발표한 '경과보고'에서 내세운 것이다. 해방 후의 조직활동에서 조직의 권위를 강조하기 위해 해방 전의 연원을 과장해서 내세우는 경향도 있었지만, 국준의 경우는 해방 직후부터 정치적 편향성 없이 강한 조직력을 계속 발휘한 사실로 볼 때 해방 전의 연원이 사실로 추정된다.

1946년 1월 초순 미군정의 국준 탄압과정도 이강수의 논문에 상세히 밝혀져 있다. 12월 29일의 조선인민보사 습격이 그 발단이었다. 1월 7일 일기에 인용한 1월 2일자 『서울신문』 기사에 "이유 불명의 폭력단 약 20명"이라 했는데, 그 정체는 건국청년회(이하 '건청'으로 줄임)였다. 이강수는 건청의 성격을 이렇게 설명했다.

건청은 임정에 의해 이끌려진 단체라고 주장하기도 하였으나, 국군
준비대가 1945년 12월 26일 입수한 '청년회 자금일람표'를 살펴보
면, 최소한 자금 면에서는 임정이 아니라 한민당 계열의 단체로 보여
진다. (…) '일람표'에 의하면 총 19만원의 지원금 중 공장주의 지원
금이 대부분이며, 정당·단체로는 한민당이 3만 6천원으로 유일하게
기록되어 있다. 여기에 이승만 계열의 이흥진이 건국청년회에 참여
했던 점을 감안하면, 최소한 건국청년회는 이승만과 한민당의 조직
이라고 우선은 정리할 수 있을 것이다. (「해방 직후 국군준비대의 결성과 그
성격」, 238쪽)

　폭력조직을 제일 먼저, 그리고 제일 많이 필요로 한 것이 공장주들
이었다. 해방 후 확산된 직원위원회와 노동조합운동을 탄압하기 위해
서였다. 건청은 노동자 운동에 대항하기 위해 공장주들이 조직한 단
체인데, 한민당도 정치테러에 이를 이용하기 위해 끼어든 것으로 보
인다.

　건청 단원들은 인민보사를 때려 부수다가 출동한 국준 대원들과 충
돌한 후 인민보사 직원 26명을 납치해 건청 본거지인 태고사로 끌고
갔다. 이틀 후인 31일 국준 대원들이 건청 사령부를 습격, 지하실에 감
금되어 있던 인민보사 직원들을 구출하고 건청 단원 17명을 '체포'해
서 국준 사령부로 연행했다. 다시 이틀 뒤인 1월 2일에 국준은 군정청
의 명령에 따라 건청 단원들을 석방했다. 군정 경찰의 국준 사령부 습
격은 그 이튿날 시작되었다.

　31일 국준이 건청 습격 전까지 이틀 동안 군정청의 조치는 아무것
도 드러난 것이 없다. 신문사 직원 수십명이 납치·감금되어 있는 상황
에서 치안책임자인 군정청에 사태해결 요구가 쏟아지지 않았을 리 없

미군정하의 경찰대. 미군정 지역의 경찰 인원은 일제시대보다 갑절로 늘어났지만 치안수준은 형편없이 떨어졌다. 경찰 자체를 치안 위협 요소로 볼 측면이 크다.

는데도, 군정청은 건청에 대해 아무 조치도 취하지 않았다. 국준이 건청을 습격하자 그제야 국준을 탄압하고 나선 것이다. 이것은 조병옥과 장택상(張澤相, 1893~1969)이 장악하고 있던 경찰 차원의 문제가 아니었다. 군정 사령부의 문제였다.

1월 초순 미군정의 국준 탄압과정을 이강수는 이렇게 정리했다.

1946년 1월 2일 이승만 계열의 이홍지 등을 국군준비대 사무실에서 풀어준 이후, 미군정의 국군준비대 수색·조사는 급속히 추진되었다. 1946년 1월 3일 미군정 경찰은 국군준비대 사령부를 급습, 총기류를 압수하고 국준 대원 4명을 체포하였다. 1946년 1월 4일 국군준비대 대원들이 1945년 12월 31일 건국청년회 사무실을 습격한 책임을 물어, 국군준비대 사령관인 이혁기를 체포하였다.

1월 5일과 6일 군정 경찰은 국군준비대를 다시 급습, 급기야 해산을 명령하기에 이른다. 1월 6일 밤에는 국군준비대 사령부만이 아니라 간부 숙소까지 수색·감금하여, 헌군부 부대장 안영남을 검거하였다. 미군정의 수사과정은 "특별한 통보"도 없이 진행되었으며, 심지어 구타와 총포 난사로 4명이 부상, 1명이 사망하는 등 강경 일변도로 진행되어, 이후 논란이 되기도 했다. (같은 글, 239쪽)

1월 7일 일기에서 인용한 1월 11일자 『서울신문』의 (1월 8일에 있었던) 대담 기사에서 루트워크 경기도지사는 국준이 "치안을 문란케 하였기 때문"에 해산명령을 내렸다고 주장했다. 그 '치안문란' 행위가 12월 31일의 건청 습격이었다. 수십명 신문사 직원들의 납치·감금 상태를 묵살하고 있다가 그들을 구출한 국준의 출동을 문제삼은 것이다. 미군정의 이러한 공권력 행사 방식은 오늘날까지도 대한민국 공권력의 사표(師表)가 되어 있다.

이강수는 국준의 '불편부당적 성격'을 인정하고 중시했는데, 임종명의 시각은 이와 다르다. 이강수의 논문이 나온 이듬해에 발표한 논문에서 임종명은 이강수의 논문이 자료와 고찰범위의 제한으로 인해 국준의 성격 규명이 "일면적이고 피상적인 수준에 머무르게 되었다"고 비판했다. 그리고 이 문제는 "'불편부당적 건국운동단체로서의 국준'을 파악하고자 한 필자(이강수)의 의도가 강하게 투영된 결과"로 판단한다고 했다(「조선국군준비대와 건군활동」, 268쪽).

이강수는 국준의 정치적 중립성을 인정한 반면 임종명은 국준이 1945년 11월 말부터 중립성을 잃어버리고 좌익에 편향되었다고 본 것이다. 국준은 해가 바뀌자마자 미군정의 탄압으로 와해되고 말았으니 문제가 되는 시기는 12월 한 달인 셈이다. 그 시기의 상황을 전체적으로 살펴본 나로서는 임종명의 "국군준비대의 좌익 편향" 주장을 납득할 수 없다.

국준의 정치적 변질을 임종명이 주장하는 가장 큰 이유는 좌파 단체와의 연대 모색이고, 그 첫번째 증거로 "11월 23일과 24일 양일간 개최된 전국인민대표자대회를 경비"한 일을 들었다. 아마 11월 20~22일, 3일간 열렸던 전국인민위원회 대표자대회를 말하는 것 같다.

12월 16일 일기에 적은 것처럼 극우파에서 수십만원을 들여 수백명을 동원해서 파괴하려 했던 대회다. 평화와 질서의 보호를 표방하는 군사단체가 이런 대회 경비에 나서는 데 좌익 우익을 가릴 일이 아니다. 그 대회 경비에 나섰다고 좌익이라 한다면 미군 MP도 좌익이란 말인가?

그리고 이 시점의 전국인민위원회 대표지대회는 '좌파 단체'도 아니었다. 인공 중앙은 출범 때부터 좌익의 주도권 아래 있었으나 지방의 인민위원회는 자생적 자치조직으로서 전체적으로 볼 때 중도 성향이었다. 인공 중앙의 노선이 지방 인민위원회의 정치적 성향에 큰 영향을 끼치지 못하고 있었다. 김남식도 「해방 전후 북한 현대사의 재인식」에서 이와 같은 견해를 보여준다.

인민공화국의 구성원들은 공산주의자들을 비롯한 진보적인 세력들이 많았다. 하지만 이승만을 주석으로 추대함으로써 부르주아공화국이라는 범주를 벗어날 수 없었다. 더욱이 이승만이 주석 추대를 거부하고 상해 임시정부 계열이 인민공화국 자체를 부정했으며, 당시 미군정은 인민공화국 해체를 요구하게 됨으로써 사실상 인민공화국은 무의미한 것으로 전락되고 말았다.

그러나 남한 각 지방에 조직된 인민위원회는 북한의 인민위원회와 거의 같은 성격을 지니고 있었으며, 광범한 계층의 이익을 대변함으로써 상대적 지지를 받고 있었다. 당시의 남한 주민들은 대부분 일제의 통치기구가 당연히 철폐되는 것으로 생각했으며, 그를 대신하는 정권형태로서 인민위원회를 지지했다고 볼 수 있다. (『해방전후사의

인식 5』, 23~24쪽)

임종명은 12월 8~10일의 전국농민조합총연맹(이하 '전농'으로 줄임) 결성대회 참석에도 같은 의미를 부여하는데, 나는 이 시점의 전농을 '좌파 단체'로 규정하는 데도 동의할 수 없다. 전농은 좌파의 주장 관철에 앞서 전체 농민의 요구를 최대한 폭넓게 대변하는 단체였다. 전농이나 전평이 점차 좌익으로 기울게 된 것은 미군정이 농민과 노동자의 요구를 외면한 결과이며, 출범 당시에는 좌익 편향성이 그리 크지 않았다.

두번째 이유로 국준이 좌익에게 자금을 의존하게 되었다고 주장하며, 11월 24일 결성되어 국준에 자금지원을 시작한 국군후원회를 "좌파 인사들로 구성된" 단체라고 주장했다. 국군후원회 구성인사들을 '좌파'로 규정한 근거는 그들이 "전국인민대표자대회에 참석한 대표들"이라는 것이다(「조선국군준비대와 건군활동」, 284쪽 및 주 64).

인민위원회 대표자대회에 참석한 수백명 지방 인사들 중에 뚜렷한 좌익인사의 비율은 그리 크지 않았다. 그중 재력 있는 사람들 54명이 국준 취지에 공감해서 국군후원회에 참여했을 텐데, 재력 있는 사람들이라면 그중의 좌익 비율은 더 낮았을 것이다. 국군후원회를 '좌파 단체'로 규정하려면 더 확실한 근거가 필요하다.

1월 7일자 일기에 인용한 국준 담화(『중앙신문』 12월 7일자 기사)에서도 "인민주권 보장의 군대로 인식하는 변화"를 보여주었다고 임종명은 지적한다. 담화 내용 중 "폭력 행사자와 민심 소란자를 단호히 문책할 것을 선언"한 구절에서 그 변화가 정점에 달했으며 이는 "국준이 제안을 넘어 직접적 행동을 개시할 것이라는 선언"이라고 강조했다(같은 글, 282~283쪽).

국준이 이 시점에서 행동을 강조한 것은 국준의 변질이 아니라 시국의 변화가 비쳐진 것이다. 11월 20~22일의 인민위원회 대표자대회에서 본 것처럼 극우파의 조직적 폭력이 확대되고 있을 때였다. 폭력과 사회혼란에 대한 대응은 군사단체로서 정치적 중립성을 지키면서도 응당 나서야 할 일이었다.

'반탁'에서 '3상회의 지지'로 취지를 바꾼 1월 3일 시민대회의 경비에 나선 일도 같은 이유에서 '국준 좌경화'의 증거로 인정할 수 없다. 대회 취지가 바뀌었다 해서 예정되어 있던 질서유지의 역할을 거부한다면 그것이 오히려 정치적 중립성을 등지는 일일 것이다.

국준 외연확대 과정의 한 측면만을 부각시켜 '좌경화' 현상으로 보는 것은 균형을 크게 벗어난 것으로 보인다.

일제하 의열단-민족혁명당 계열과 연결되어 있다고 할 수 있는 조선국군학교와 국준의 통합은 국준과 국내에 있던 의열단-민족혁명당계가 건군이라는 공동의 목표를 가지고 통합한 '전선통일'이었다. 디른 측면에서 볼 때 국준과 임정 좌파인 민족혁명당계의 결합은 좌익블록에의 가담과 더불어 '좌파 군사단체의 통일조직'에로의 변화라는 국준의 내적인 변화를 잘 보여주는 한 측면이라 할 수 있다.

국준은 또 만주군 장교 출신인 박승환, 원용덕, 한상목, 이상렬, 문용채 등을 맞이하여 진용을 강화하였는데, 만주군 장교 출신자들의 국준 합류는 출신군별로 볼 때 일본군 출신을 중심으로 한 국준의 외연이 확대되어, 국준이 일본군 출신과 만주군 출신을 포괄하는 조직으로 확대되었다는 의미가 있다. 뿐만 아니라, 건국동맹과 건준의 핵심활동가인 박승환 등이 국준에 가입했다는 것은 이전과는 달리 국준과 인민당이 직접적으로 연결되기 시작했다는 것을 뜻하며, 이는 민족혁명당 계통의 국준 합류와 더불어 국군의 내부적 변화, 즉 좌파 군사단체의 통일조직화를 의미한다고 할 수 있다. (같은 글, 286~287쪽)

만주군 출신의 합류는 단순한 '외연확대'로 보면서 조금이라도 왼쪽 냄새가 나는 요소의 합류에 대해서는 '좌파 군사단체의 통일조직'이란 어마어마한 해석을 왜 붙여야 하나? 자유당 시절 대표적 정치군인으로 악명을 떨친 원용덕(元容德, 1908~68)은 벌써 12월 5일 군정청에서 만든 군사영어학교 부교장으로 취임하고 있었다. 이런 기회주의적 인물의 참여는 국준의 좌경화가 뚜렷했다면 있을 수 없는 일이다. 최고위급(중령) 장교인 원용덕의 참여가 인민당이나 민족혁명당 계열의 참여보다 더 중요한 정치적 의미를 가진 일이다.

국준이 '친일파 척결' 정도의 기본적 정치구호조차 내세우지 않았다는 이강수의 지적이 매우 중요해 보인다. 이것은 '정치적 중립성'과도 차원이 다른 '탈정치성'이다. 정치적 구호는 사람들을 쉽게 끌어모은다. 지지자와 반대자를 동시에 만드는 길이다. 국준이 정치적 구호를 철저히 외면하면서도 상당한 세력을 이룰 수 있었던 것은 통상적인 정치적 이슈보다 더 근본적인 '평화와 질서 보호'의 사명을 설득력 있게 제시한 결과로 생각된다. 그 탈정치성 때문에 원용덕 같은 기회주의자도 포섭할 수 있었고, 국준의 지도력이 지속되었다면 그런 기회주의자들이 정치군인으로 나서는 길도 막았을 것이다.

임종명의 '국준 좌경화' 주장을 보며 '좌익 딱지의 남발' 추세를 생각하게 된다. 위키백과 '국군준비대' 항목을 보면 첫줄에 "좌익계열 군사단체"로 규정되어 있다. 어느 사선에나 그 항목을 둔다면 마찬가지일 것이다. 임종명 같은 전문 연구자들의 연구결과를 보고 그렇게 규정하지 않을 수 없을 것이다.

나는 평론가로서 『해방일기』 작업에 임하며 전문 연구자들과 사실관계는 다투지 않으려 한다. 그러나 해석을 놓고는 양보 없이 의견을 내놓겠다. 이 논문에 나타난 근거 정도로 '국준 좌경화'를 논한다는 것은 무리한 일이다.

'좌익 딱지의 남발'이라면 반공독재 시절 극우파의 행태가 얼른 떠오른다. 그러나 그것은 지금도 계속되고 있고, 좌익 내지 친좌파의 손으로도 행해져 온 일이다.

권력을 쥔 극우파는 중도파를 좌익으로 몰아붙였다. 민족주의, 민주주의 등 중도파의 상식적 요구를 수용할 수 없기 때문이었다. 이것은 누구나 이해하는 일이다.

좌익에서는 중도파를 자기네 편으로 끌어들이려 했다. 해방공간 당시의 현실정치에서 끝난 일이 아니다. 극우파의 '승리'가 부정하고 부당한 것임을 주장하기 위해 '민심'이 왼쪽에 있었다는 사실을 계속해서 강조할 필요가 있었다.

대한민국 역사에서 극우파의 횡포를 반성하는 사람들은 극우파에 대한 반동으로 그 반대편의 좌파 주장을 조건반사적으로 받아들이는 경향이 있다. 극우파는 한줌도 안 되는 소수집단이었고, 그에 맞서는 좌익이 민심을 대표하고 있었지만 미군정을 등에 업은 극우파의 폭력 앞에 억눌리고 말았다는 멜로드라마에 마음이 끌린다. 그래서 해방공간 안에서도 좌익의 모습을 가능한 한 키워서 보고 싶은 것이다.

중도파가 극우와 극좌의 협공을 받는 해방공간 안에서 '적대적 공생'의 틀이 빚어졌다. 극우는 중도를 물질적으로 핍박했고, 극좌는 중도를 정신적으로 능욕했다. 군사독재 시절 한 운동권 친구의 말이 생각난다. "최소한 적과 우리 편을 구분할 줄은 알아야 하지 않는가!"

1946. 1. 11.

신탁통치 문제, 효과적 대응책이 있었다

임시정부를 중심으로 신탁통치를 반대하는 우익진영과 삼상회의를 지지하는 좌익측 각 정당은 그동안 미묘한 움직임으로 개별적 회합이 누차 속행되고 있던바 7일 시내 모처에서 인민당 대표 이여성(李如星)·김세용(金世鎔)·김오성(金午星), 한국민주당 대표 원세훈(元世勳)·김병로(金炳魯), 국민당 대표 안재홍(安在鴻)·백홍균(白泓均)·이승복(李承複), 공산당 대표 이주하(李舟河)·홍남표(洪南杓) 제 인이 회집하여 간담회를 열고 현하의 긴급 제 문제를 신중 토의한 결과 의견의 일치를 보아 별항과 같은 인민당, 한국민주당, 국민당, 공산당의 4당 공동성명서를 발표하는 단계에까지 이르러 혼돈하던 정국은 통일일로의 노선을 걷게 되어 이 서광은 박두하는 미소공동위원회를 앞두고 자못 관심을 끌고 있다.

즉 공동성명서의 내용 중 탁치문제를 단적으로 해명하면 신탁통치라는 제도는 배격하되 연합국의 우의의 협조는 거절하지 않는다는 것이라고 한다. 이같이 4당회의 관계로 7일 밤 임시정부에서 개최할 예정이던 5내 성낭 대표회의는 하루나 이틀 연기될 것으로 보이며 이상 4당에서는 8일 신한민족당을 참가시켜 5대 정당이 계속하여 시내 모처에서 민족통일 촉성에 관한 토의를 계속중이다.

● 4당 공동 코뮤니케

1) 모스크바 삼상회의의 조선 문제 결정에 대하여

조선 문제에 관한 모스크바 3국 외상회의의 결정에 대하여 조선의 자주독립을 보장하고 민주주의적 발전을 원조한다는 정신과 의도는 전면적으로 지지한다.

신탁(국제헌장에 의하여 의구되는 신탁제도)은 장래 수립될 우리 정부로 하여금 자주독립의 정신에 기하여 해결케 함

2) 테러행동에 대하여

정쟁의 수단으로 암살과 테러행동을 감행함은 민족단결을 파훼하며 국가독립을 방해하는 자멸행동이다. 건국의 통일을 위해서 싸우는 애국지사는 모든 이러한 반민족적 테러행위를 절대 반대하는 동시에 모든 각종 비밀적 테러단체와 결사의 반성을 바라며 그들이 자발적으로 해산하고 각자 진정한 애국운동에 성심으로 참가하기를 바라는 바이다.

1946년 1월 8일

조신인민당 / 국민당 / 한국민주당 / 조선공산당

(「한민당, 인민당, 국민당, 공산당의 4당 코뮤니케 발표」, 『조선일보』 1946년 1월 9일)

임정 귀국 후 '민족통일전선' 결성이 초미의 관심사가 되었다. 해방 후 몇 달 동안 정치적 분열 추세에 대한 우려가 짙어지고 있던 차에 임정은 분열 추세를 막을 가장 강력한 구심력을 가진 존재로 널리 기대를 모았다.

민족통일전선을 놓고 임정 안에는 두 가지 태도가 있었다. 한국독립당(한독당)을 배경으로 한 주류는 좌익과의 합작에 큰 기대를 걸지 않고 임정의 법통을 중심으로 한 우익의 통합을 중시했다. 한편 조소앙,

김원봉 등 비주류는 좌우합작을 중시하고 이를 위해서는 임정의 법통도 어느 정도 양보할 수 있다는 입장이었다.

12월이 지나가는 동안 좌우합작의 중요성이 더욱더 부각되었고, 이에 따라 비주류가 적극적 정치통합을 위해 주도하는 '비상정치회의'가 임정 지도부의 승인과 지지를 받게 되었다. 그런 상황에서 모스크바 외상회의 결정이 알려지자 독단성이 강한 극단적 반탁 노선에 임정 지도부가 휩쓸리고 공산당이 이에 정면으로 반대하고 나서면서 정국이 대결분위기로 흘러가게 되었다. 임정 비주류 등 합작을 중시하는 정치인들이 이에 위기감을 느끼고 대응을 서두른 결과가 1월 7일의 '4당 코뮤니케'였다.

간결한 내용의 4당 코뮤니케에는 두 가지 현안이 언급되었다. 3상회의 결정 문제는 '태풍의 눈'으로 떠오른 문제였고, 정치테러 문제는 심각성이 꾸준히 늘고 있던 문제였다. 11월 20~22일 인민위원회 대표자대회에서 크게 드러난 테러 문제가 12월 29일 조선인민보사 습격과 그 이튿날의 송진우 저격으로 정치계의 중심 문제로 부각되었다. 4당 코뮤니케가 발표된 시점에서도 국군준비대 탄압, 대동일보와 자유신문 습격 사건이 꼬리를 물고 있었다.

정치테러 문제는 원론적인 얘기밖에 나올 수 없는 것이었지만, 신탁통치 문제에 대해서는 4당 코뮤니케가 효과적인 해법을 제시할 수 있었다. 3상회의 결정은 지지하되 신탁통치 문제는 "장래 수립될 우리 정부"가 주체적으로 대응한다는, 중층적인 접근방법이었다. (많은 연구문헌에서 '중층적' 대신 '이중적'이란 말을 쓴 것을 보는데, 마치 같은 차원에서 이율배반을 품은 것 같은 인상을 주는 말이라서 적절치 않다고 생각한다. 취지에 대한 지지와 방법에 대한 비판은 다른 차원의 일이므로 '중층적'이란 표현이 적합하다고 본다.)

이 중층적 접근방법을 가장 일관되게 제창한 것이 여운형의 인민당이라고 서중석은 본다.

> (여운형은) 조선의 지도자를 신랄히 비난하고, 삼상회의 결정은 지지할 점도 있고 배척할 점도 있는데도 불구하고 덮어놓고 지지한다는 것은 너무 지나치다고 조공을 비판했다. (…) 여운형은 이 기자회견에서 신탁통치 문제를 정확히 파악치 못하고 대중을 어지럽게 하고 신탁통치를 이용해 민족을 재분열시킨 것은 중대한 과오라고 반탁투쟁을 비판했다. 사실 1월 14일 이전인 1월 7일 4당회의를 앞두고 나온 이여성의 담화도 여운형의 의사를 전달한 것이다. 이여성은 이날 삼상회의 의도는 감사하지만 신탁통치라는 용어는 절대 찬성할 수 없다고 주장하고, 좌우가 공동 코뮤니케를 발표하자고 역설했다.
>
> (서중석, 『지배자의 국가, 민중의 나라』, 돌베개 2010, 160~161쪽)

서중석은 여운형의 입장이 "좌우합작에 의해서만 통일국가 건설이 가능하다고 확신했고, 좌우합작으로 삼상회의 결정에 주체적으로 대응해 반드시 임시정부 수립이 성사되도록 해야 한다고 판단"한 것으로 높이 평가했지만(같은 책, 166쪽), 그 입장이 투영된 4당 코뮤니케는 불발탄으로 끝났다. 안재홍이 1948년 6월경에 쓴 회고를 보면 1차적으로 한민당에, 2차적으로 공산당에 책임이 있었다고 생각된다.

1946년 1월 6일, 탁치안으로 인한 좌우분열의 기세를 완화하고 결합협동의 길을 열고자, 국민당·인민당·한민당·공산당 등 4대 정당의 대표와 임정 대표들이 회동하여 십수 시간 철야 토의한 결과, 소위 '4당 코뮤니케'란 자 성립되었으나, 그 제3항에서 "국제헌장에 의하여

의구되는 소위 탁치안은 임시정부 수립된 후 독립정신에 준하여 해
결키로 함"으로 약정한 것이 그 어구 철저치 못하다고 하여, 일반의
반대 높았고, 국민당 내에서도 반대의 소리 있고, 한민당에서는 그
당대표 김병로·원세훈 양씨를 심히 비난하고 취소를 발표하는 등 사
정 있어 결국 폐기되었다. 이즈음 공산당측에서는 이로써 마치 4당
전부가 3상 결정 전면 지지에 기울어진 것처럼 선전하여, 더욱 민중
의 의혹 불만을 조장하였다. (「기로에 선 조선민족」, 『민세 안재홍 선집 2』, 266
~267쪽)

끝에서 언급한 공산당의 선전활동에 관한 구체적 자료는 확인하지
못했지만, 당시 공산당의 체질이나 분위기로 보아 그럴싸하게 들리는
말이다. 4당 코뮈니케 작성에 참가한 사람들은 우익정당 소속이라도
좌우합작을 중시한다는 점에서 중도파 성향의 인물들이었다. 그들은 3
상회의 결정의 제한적 수용을 통해 합작의 근거를 지키려 했지만, 극
우파의 반탁운동과 정면대결을 펼치려는 공산당에서는 4당 코뮈니케
가 제한적 수용이 아니라 전면적 수용인 것처럼 선전해서 중도파와 극
우파 사이를 이간하려 했으리라고 생각된다.

4당 코뮈니케가 발표된 이튿날 이를 거부한 한민당의 성명서는 이
런 내용이었다.

어제 1월 7일 하오 1시에 시내 모처에서 회합한 4대 정당 회의에서
결정하였다는 공동성명서 중 신탁통치에 관한 조항은 신탁통치 반대
의 정신을 몰각하였기 때문에 본당에서는 8일 긴급 간부회담에서 이
조항을 승인치 않기로 결정하고 종래의 신탁통치의 반대태도를 일관
주장함.

1946년 1월 8일
한국민주당
(「한민당, 반탁을 일관한다는 성명서 발표」 중에서, 『동아일보』 1946년 1월 9일)

이 성명서에서 "신탁통치에 관한 조항"이란 "국제헌장에 의하여 의구되는 소위 탁치안은 임시정부 수립된 후 독립정신에 준하여 해결키로 함"을 가리키는 것이다. 이것이 "신탁통치 반대의 정신을 몰각"한 것이라고 어떤 근거로, 어떤 기준으로 말할 수 있는 것일까? 한민당의 반탁운동이 정말 신탁통치를 피하기 위해서가 아니라 정략적 목적을 위한 것이었음을 이 억지에서 알아볼 수 있다.

한민당 대표로 4당 회담에 나간 김병로(金炳魯, 1887~1964)와 원세훈(元世勳, 1887~1959)은 창당 때 감찰위원장과 총무를 맡았던 같은 1887년생의 원로급 중진이었다. 그들은 8월 하순 안재홍의 권유에 따라 건준에 참여하려다가 공산주의자들이 건준을 장악하면서 안재홍마저 건준을 떠나는 바람에 한민당에 합류한 민족주의자들이었다. 한민당에도 이늘저럼 극우파기 아닌 민족주의자들이 있었다. 그들이 1946년 10월 한민당을 대거 탈퇴하는 사태도 원세훈이 대표로 나선 좌우합작 노력을 한민당 주류가 뒤집은 데 따른 일이었다.

1월 7일의 4당 코뮤니케는 신탁통치안을 극복하기 위한 합리적 대책이었다. 이 시도가 실패한 이유를 서중석은 "대부분의 지도자들이 정치훈련이나 정치적 견식을 갖지 못했다는 점도 작용했겠지만, 대국적 견지에서 풀어나가려는 의지를 보이지 않았고 계급적 이해관계와 주도권 의식이 아주 강했다"(『지배자의 국가, 민중의 나라』, 166쪽)고 하여 정치인들의 자질과 태도 문제로 설명했는데, 나는 극좌와 극우의 '적대적 공생'을 향한 노력이 일체의 합작을 봉쇄하는 쪽으로 작용한 점을 더 부각시키고 싶다. 물질적 자원을 가진 한민당과 이념적 자원을 가진 공산당이 서로 적대하는 것 같으면서도 중도파가 주도하는 합작을 막는 데 서로 호응한 구조적 문제를 중시하는 것이다.

(10월 초순에 있을 일을 미리 몇 마디 설명해 둔다. 7월 10일 시작된 좌우합작 회담에 원세훈은 우익 5인 대표의 1인으로 참가했고, 이 회담은 10월 7일 '좌우합작 7원칙'의 합의에 도달했다. 그중 토지개혁에 대한 '체감매상 무상분배' 원칙에 '유상매수 유상분배'를 주장하는 한민당이 동의하지 않자 10월 9일 원세훈이 한민당을 탈당했고, 중견 당원 270여명이 그 뒤를 따랐다. 이로써 한민당의 극우 색채가 더욱 선명해졌다.)

1946. 1. 12.

청년단체들은 어떻게 좌우로 갈라졌나?

일본제국주의의 억압으로부터 해방된 조선에서 일어난 변화 가운데 청년층의 움직임에는 특별히 주목할 의미가 있다. 가장 반응이 활발한 연령층이라는 점에서, 그리고 새로운 상황에 대응하는 주체로서 비중을 키워갈 연령층이라는 점에서.

모든 행동의 동기에는 이기심과 정의감이라는 두 측면이 있다. 이기심은 이해관계에 따르는 것이므로 물질적 측면이라 할 수 있고, 정의감은 신념에 따르는 것이므로 정신적 측면이라 할 수 있다.

막 해방이 된 시점에서는 물질적 동기가 아직 형성되지 않은 상태에서 정신적 동기가 청년들의 움직임을 뒷받침했다. 각지의 건준 지부나 인민위원회를 지지하는 치안대 조직이 대표적인 것이었다. 해방을 반기고 독립을 바라는 소박한 민심이 좌우익이 분화하지 않은 채로 펼쳐져 나온 것이었다.

좌익과 우익의 정치적 목적의식을 가진 청년조직은 뒤늦게 나타나기 시작했는데, 불과 반년도 안 되어 좌우대립이 청년운동을 휩쓰는 양상으로 변했다. 1946년 2월이 되면 애초의 자연발생적인 중도적 운동은 눈에 보이지도 않게 된다. 정치계보다도 청년운동에서 좌우대립이 더 빨리 가파르게 진행되었다.

류상영은 「8 · 15 이후 좌 · 우익 청년단체의 조직과 활동」에서 실업

률의 상승과 유입인구의 증가 등 사회경제적 불안정성을 이 시기 청년
단체 형성의 배경으로 중시했다(『해방전후사의 인식 4』, 한길사 2006, 60
~62쪽). 일본 제국주의체제의 와해와 38선 분단으로 제조업 부문이
마비된 위에 해외와 이북으로부터 유입되는 인구의 증가에 따라 사소
한 동기에 의해서도 쉽게 움직이는 '가두(街頭)청년'이 남한, 특히 서
울에 넘쳐나게 되었다는 것이다.

물질적 기반이 취약한 가두청년들은 특히 물질적 동기에 예민할 수
밖에 없었다. 우익계 학생단체 이북학련에서 활동한 바 있는 1930년
평양 출생의 채병률은 이렇게 회고했다.

> 지금 장충동 부근에 그 당시 이북에서 넘어온 학생들이 많이 모이니
> 까 이북학련 천막을 쳐줬어요. 그때부터 반공투쟁이 시작된 거예요.
> 이북에서 넘어온 어른들은 서북청년회, 학생들은 이북학련회. 우리
> 의 활동은 좌익세력을 쳐부수는 행동부대로서의 역할이었어요. (…)
> 우리가 집단생활하는 데 가장 어려웠던 것은 자나깨나 밥 먹는 문
> 제였어요. 잠이야 아무데서라도 잘 수 있지만 배고픈 건 다른 문제지
> 요. 학교도 모두 야간에 다녔어요. 주간에는 장사를 하든 뭐라도 해
> 야 하니까. 그러니까 흔히 말해 서울에 있는 좌익 성향을 가진 사람
> 들은 집도 있고 먹을 것도 있고 부모도 있는 사람들 아닌가요? 우리
> 는 부모도 없는 사람이 대다수였어요. 당시 맛있는 밥 실컷 먹고 싶
> 다는 게 절실한 소원이었어요. 그러니 이북 사람들이 군대나 경찰에
> 많이 들어가게 된 것도 다 밥 먹고 살기 위해서, 의식주를 해결하기
> 위해서 들어간 거예요. (『8·15의 기억』, 352~353쪽)

룸펜 상태 가두청년층은 극우파에게 손쉬운 조직 대상이었다. 극우

파는 룸펜 청년들을 끌어모을 자금력을 가지고 있었다. 해방 직후 현금 분포상황이 정국의 전개에 큰 영향을 끼쳤으리라는 점을 그동안 몇 차례 강조했는데, 룸펜층의 동원이 가장 뚜렷한 예다.

엊그제 국군준비대와 관련해 건국청년회(건청) 자금이 주로 공장주들에 의해 조달된 사실을 언급했는데, 우익 청년조직을 처음 조직한 것은 공장 경영자들이었다. 산업현장에서 직원위원회와 노동조합에 맞서기 위해 룸펜 청년을 모아 폭력조직을 만들었고, 한민당에서 그 이용가치에 착안해 정치폭력에 끌어들인 것으로 보인다.

11월 20~22일 인민위원회 대표자대회 파괴공작이 대규모 정치폭력의 첫 시도로 보인다. 12월 16일 일기에 인용한 기사의 일부를 다시 인용한다.

이날 오전 10시 반경 대회가 개최되어 진행되려 하는 때에 회장 남쪽 담을 뛰어넘어 회장에 침입하려는 괴한이 있는 것을 경비대원이 발견 체포하였는데 그자는 강원도 홍천에 원적을 둔 안동수(安東洙, 23)라는 자인 것이 판명되어 곧 미헌병에게 인도하고 취조한 결과 그자의 자백에 의하여 그 배후의 일당을 알게 되었다. 안동수는 17일에 일당 열명과 함께 원산서 상경한 것인데 그들 열명은 원산에서 해산물상을 하는 한승기(韓承基, 28)에게 인솔되어 상경하여 서울시 관수정에 있는 전 일인 경영의 화광교단(和光敎團) 안에 있는 관수부대(觀水部隊)라고 하는 청년대에 소속하게 되었다 한다.

그리고 19일에 이르러서 위 한승기의 명령으로 서울시 수송정 태고사에 가서 그곳에서 조선건국청년회본부 위원장 최홍수(崔泓銖), 부위원장 오병철(吳炳喆)에게 인사를 하게 되고 비로소 20일에 개최되는 전국인민위원회 대표자대회를 파괴하여 그 회를 진행치 못하게 하여야 될 것이라는 명령을 받게 되었다 한다. 그래서 그들은 약 300명이 일단이 되어 일인당 50원씩의 돈의 배당을 받은 후 (…) 이번에 대표자대회를 깨트리자는 데에는 조선건국청년회를 통해서 전기(前記) 원산 출신의 한승기와 모 정당과의 사이에 밀의가 되어서 이번 운동자금으로 40만원을 모 정당에서 제공하기로 되었는데 그중 4만원을 전기 부위원장 오병철을 경유하여 한승기에게 지불하였다 한다.

「전국인민위원회 대표자대회 개최(11월 20일~22일)」 중에서,

『자유신문』 1945년 11월 22일)

약 300명의 장정이 50원씩 받고 11월 20일부터 동원되었는데 그중 10명은 사흘 전 원산에서 함께 상경한 한패거리였고, 동원 전날 건청 본부에 가서 행동지시를 받았다. 300명 인원동원을 위해서도 이런 패거리들을 불러모아야 할 정도라면 조직은 그리 크지 않은 데 비해 자금은 넉넉했던 모양이다. 그리고 이만한 인원을 동원하고도 대회 파괴에 실패한 것을 보면 조직적 파괴공작에 아직 익숙지도 못한 것 같다.

'청년단체'라기보다 '폭력단체'라 할 우익조직이 풍부한 자금력을 발판으로 자라나는 데 대한 반작용으로 원래는 정치색이 약하던 자연발생적 청년단체들이 연대 및 통합의 추세를 일으켰고, 이들의 조직화·의식화에 좌익이 나서면서 좌익 색깔이 차츰 강해지게 되었다. 12월 11~12일 결성된 전국청년단체총연맹(청총)은 좌익 지도력에 의지하게 된 것으로 보인다. 이 시점까지 중립성을 굳게 지키고 있던 국군준비대도 몇 주일 후 미군정의 탄압으로 와해되는데, 중립적 단체들도 군정과 경찰의 탄압을 이겨내기 위해 좌익으로 기울지 않기가 어려웠을 것으로 생각된다.

남북 전조선의 진실하고 용감한 근로청년은 학생인데 청년의 총의를 집결하여 조국완전독립의 추진력을 일으키려는 전국청년총동맹 결성대회는 11·12 양일 자유해방된 300만 청년들의 진보적 열의를 뭉치어 서울시 경운정 천도교 대강당에서 개최하게 되어 11일 오전 11시 반부터 제1일의 대회가 열리었다.

금차 대회의 참가범위는 지역적으로는 전국 13도에 걸쳐 총 22개 시 중에서 20개 시의 대표가, 총 217개 군에서 대표가 출석하였는데, 그 인원으로는 총 대의원수 639명 중 602명이 출석한 거국적 청년대표대회였다.

한동정(韓東正)이 개회를 선언하고 이호제(李昊濟)의 열렬한 개회사에 뒤이어 임시집행부 선거에 들어가 의장(이호제 한동정 외 4명), 서기, 사찰을 선거하고 대회의 명예의장으로 여운형, 김무정, 김원봉, 김일성, 박헌영의 5혁명선배와 그리고 영국 런던에서 열린 세계 진보적 민주주의 청년대회 의장 미젤손을 추대하였다. 다음에 각지 대표로부터 긴급동의가 있어 김구의 내임(來臨)을 청하여 청년의 진정한 부르짖음을 듣도록 하지, 이승만의 독립촉성중앙협의회의 반동성을 폭로하고 그 해체를 권고하자, 본 대회의 경과와 결의를 연합국을 위시하여 제 혁명선배에게 전달하자 등을 결정하였다. 이어 각 도 연맹 결성과 지방대표의 소집 상경을 연락하기 위하여 각지에 파견원을 보내서 활동하여 그 투쟁의 성과로 금차(今次)의 대회를 열게 된 것을 보고하고 현재의 가맹조직 2,340개 단체 맹원 72만 3,405명에 이르렀다고 하자 박수소리가 컸다.

각계 대표의 축사로 임시정부 장건상(張建相), 중앙인민위원회 안기성(安基成), 조선공산당 이관술(李觀述), 조선인민당 김오성(金午星), 임시정부 김원봉, 경기도인민위원회 백두현(白斗現), 건국부녀동맹 정칠성(丁七星), 서울부녀인민위원회 김중연(金重然), 문화건설 중앙위원회 김남천(金南天), 조선공산청년동맹 배원필(裵元弼) 외에 전평, 농총, 실업자동맹, 혁명자구원회, 국군준비대 등 제 단체와 김 태준(金台俊)의 축사가 있었다.

(「전국청년총동맹 결성」, 『자유신문』 1945년 12월 12일)

우익 청년단체들은 12월 21일 대한독립촉성 전국청년총연맹을 결성했다.

젊은 청년들은 마침내 궐기하였다. 그 순진성 그 정열을 한데 뭉쳐 조국재건에 바치려는 젊은 조선청년들의 총의는 이에 결속을 보았다.

즉 전국의 수많은 청년단체를 통일 결속하기를 염원하는 대한독립촉성 전국청년총연맹의 결성대회는 21일 성대히 막을 열었는데 착잡한 현정국 밑에 우리 임시정부를 봉대하여 독립달성을 촉진할 것과 민족적 비극으로 지금 3천만 동포가 다 함께 철폐를 요망하는 소위 38도선을 급속히 제거하여야 할 것 등을 결의하였다.

21일 오전 10시 대회장인 천도교회당에는 임시정부 대표 엄항섭, 이승만, 하지 중장(대리) 등 내빈 다수 첨석 아래

건설청년동맹 고려청년단 기독청년동맹 조선건국여자청년대 조선여자국민당부녀부 등 조선 43개 남녀 청년단체 500여 대표 및 일반 방청자 2,000여명이 모여 독립촉성에 불타는 건국청년들이 합동한 가운데 막이 열리었다. 대회는 김산(金山)의 개회사가 있고 개회 벼두 긴급동의로 심구 이승만 외 몇 분을 명예회장으로 추대할 것을 가결한 다음 하지 중장의 축사(니스트 대좌 대독), 이승만 박사 축사(윤치영 대독), 임시정부를 대표한 엄항섭을 비롯하여 한국민주당, 자

유사회건설연맹 측의 축사에 이어 동 총연맹 대표 신균(申均)으로부터 우리는 무엇보다 먼저 전조선의 남녀청년이 조국을 찾고자 하는 대한임시정부의 전민족적인 노선에 따라 한 덩어리가 되어 조국광복의 대업을 완수하기를 맹서한다는 답사가 있은 후 장주석, 트루먼 대통령, 스탈린 원수에게 보내는 감사결의문을 긴급동의로 가결하였다. 이어 경과보고, 국내 국외 정세보고가 있고 오후 1시 반 일단 휴회하였다가 동 2시 재개하여 선언, 강령, 규약의 통과, 중앙집행위원 선거가 있고 지방정세 보고 등이 있고 동 3시 지나 마치었다.

(「대한독립촉성 전국청년총연맹 결성됨」 중에서, 『동아일보』 1945년 12월 22일)

이처럼 우익 청년단체들도 거대조직 건설을 시도했지만, 좌익(으로 통상 지칭되는) 단체와 같은 통합성은 이룰 수 없었다. 이 차이를 류상영은 "개인에 대한 충성도에 많이 의존했던 우익 청년단체와는 대조적으로 좌익 청년단체의 경우에는 개인의 이해에 따른 조직의 변화는 있을 수 없었는데, 이는 결코 복잡하지 않은 계보표에서도 드러난다"고 설명했다. 이익집단과 이념집단의 차이로 생각할 수 있는 것이다.

1월 12일 조선건국청년회 명의의 삐라가 살포되었다. 좌우대립이라기보다는 공산당과 한민당 사이의 논쟁 양상을 보여주는 자료다. 그 양상을 보여주기 위해 옮겨놓는다. 같은 날 대한청년의혈당도 비슷한 취지의 삐라를 뿌렸다. 삐라 뿌리는 것도 '지원금'이 따르는 일이기 때문에 단체마다 '담화문'을 따로따로 내고 있었을 것이다.

공산분자의 사기적 모략에 빠지지 마라.
○○일파의 민족기만적 모략 수건을 우리의 기억을 새롭게 하기 위하여 아래에 기록하여 본다.

1) 인민공화국이란 것은 ○○일파의 공산분자 수명이 모여 남의 안방에서 하룻밤 사이에 창작 선전한 것임은 한성시민은 누구나 다 아는 바이지마는 3천만 민중의 총의에서 나온 것처럼 교묘히 전국민에게 기만 선전하여 지금에 이르기까지 민족 모욕의 대상이 되고 있다.

2) ○○일파는 국부 이승만 박사의 승락도 없이 제 마음대로 인민공화국 주석으로 과감히 결정 발표하여 동포를 기만하였다.

3) ○○일파는 전 한성시민의 인민공화국 반대에 송구하여 죄상을 타(他)에 전가하려고 한국민주당에서 김구 선생을 주석으로 한 임시정부를 국내에서 또다시 조직한 것처럼 발표하여 민족을 기만하려고 하였으나 동당의 부인성명으로 실패로 돌아갔다.

4) ○○일파는 인민공화국을 해체하겠다고 전국인민위원 대표자 대회 허가를 도득(圖得)하고 11월 21일 동 대회석상에서는 급히 인민공화국 절대 지지의 결의문을 성명하여 군정청을 기만하였고 드디어 하지 중장의 격노를 사서 엄중한 해체명령을 재삼 받았으나 ○등은 언(言)을 좌우로 하고 이 명령을 위반하여 아직까지도 모욕의 대상 인민공화국을 내세우고 있다.

5) ○○일파는 소련에 대표자 10명을 보내어 탁치를 애원하여 놓고 1월 3일 전까지는 임시정부에서 탁치를 미국에 요청한 것처럼 책임전가 모략하여 민족을 기만하기에 노력하였다가 조선이 독립될 듯한 대세가 보이므로 1월 3일에 가면을 벗고 탁치 지지의 음모를 비로소 노출 선전하여 드디어 탁치제 승리로써 우리 민족의 노예화를 획책하였다.

6) 1월 1일 ○일파는 민족통일전선 결성권고문을 1일간의 기한부로써 교부하여 임시정부로 하여금 요인간에 숙의할 시간도 없게 하여놓고 회답이 없으니 민족통일전선 결렬의 책임이 임시정부에 있다

하고 억지의 구실을 만들어 민족을 기만하기에 애를 썼다.

7) ○일파의 소위 민족통일전선이라는 것은 민족 적화로의 통일전 선을 의미한 것인데 이자들이 노골적으로 적화 또는 공산주의화라는 언명을 피하고 민족통일이라는 교묘한 용어를 사용함은 분명히 동포 를 기만하여 적화시키려는 의도에서 나온 것이다.

8) 1월 3일의 반탁시민대회는 ○일파 공산분자의 주최이다. 그러 나 ○등은 시민을 기만 집합한 후에는 졸연히 탁치지지 시민대회의 깃발을 날리고 이것을 사진 박힌 우리 민족이 탁치를 지지하는 것처 럼 전세계에 기만 선전하는 재료를 만들었다. 기만당한 시민은 지금 껏 울분을 금치 못하고 있다.

9) 모스크바 삼국 외상회의에서 발표된 조선신탁관리 전문은 이 미 전세계에 알리어진 것인데 최근 ○일파는 이것을 위역(僞譯)하여 탁치를 후견이라 칭하고 이것을 지지하라고 동포에게 역권(力勸)한 다. 그러나 후견이라는 것은 미성년자에게 적용되는 법률적 용어인 즉 조선을 미성년자로 자처하라는 모욕적 기만에는 도저히 묵과할 수 없다.

10) 공산당은 그 명칭과 같이 공산주의이다. 그러나 이자들은 소 위 진보적 민주주의라는 교묘한 용어를 창작 사용하여 동포와 민주 주의 열국을 기만함으로써 정권의 획득에 급급하고 있다. 정권 획득 만 된다면 민주주의라는 가면을 벗어버리고 공산주의의 독아를 여지 없이 노출할 것은 종래의 사기 수단으로 보아 의심할 여지가 없다.

이상 10조목 외에도 ○○파의 민족기만적 모략은 하도 많아 일일 이 매거(枚擧)키 어렵다. 이자들의 선전유혹에는 항상 경계 주의를 요한다. ○○일파 기관지 인민보나 또는 이자들의 선전삐라를 열독 하는 것도 대(大)히 불가한 것이다.

○등은 우리 동포가 유치하니 저희들의 해석 설명과 교양을 받으라고 성명하지 아니하였는가 민족을 모욕함도 이에서 더 심함이 없다는 것을 동포는 잘 알고 오로지 그 사기적 모략에 빠지지 말기를 약속하자.

신탁관리 절대 배격

대한민국 임시정부 만세

1월 12일

조선건국청년회(전단)

1946. 1. 13.

반탁운동은 전략적 선택이었다

지난 8월 시작한 『해방일기』 작업이 반년이 되어간다. 애초에 5년의 작업을 구상했다가 지금은 분단국가 건설까지 3년간으로 계획을 줄여 놓고 있는데, 반년이 되어가는 지금까지 제일 아쉬운 점이 38선 이북의 상황전개에 충분한 비중을 두지 못하고 있는 것이다. 접할 수 있는 연구자료의 분량이 너무 적다. 이북 상황에 관한 자료범위를 확충하도록 더 열심히 노력해야겠다.

이 문제로 인해 이북 상황에 대해서는 아직까지도 그림이 잘 그려지지 않고 있는 것이 큰 걱정이다. 1946년 1월까지 이북 지역에서는 해방으로부터 독립으로 나아가는 길이 잘 펼쳐지고 있었다. 2월의 북조선임시인민위원회 설립, 3월의 농지개혁, 8월의 북조선노동당 창당을 지나 11월과 1947년 2월의 인민위원회 선거까지, 큰 흐름이 순조롭게 흘러가는 것으로 보인다. 이런 순조로운 흐름이 어떤 고비에서 어떻게 민족분단과 내전이라는 파국을 향해 방향을 바꾸게 되는 것일지, 아직도 시야에 분명히 들어오지 않는다. 억지로 서두를 일이 아니다. 꾸준히 흐름을 따라가면서 계속 면밀히 살펴볼 일이다.

이북 지역의 상황전개가 순조로운 첫번째 이유는 점령군의 역할이 소극적이라는 데 있었다. 1945년 7월의 미국 원폭실험 성공에서 1949년 9월의 소련 원폭실험 성공까지 4년 동안 소련은 미국에 대해 전략적 열세에 놓여 있었다. 이 기간 동안 소련은 동유럽의 위성국가 확보에 전념하는 외에는 다른 모든 지역에서 미국과의 대결을 피하고 있었다. 소련 공산혁명 이후 가장 큰 공산주의 승리라 할 수 있는 중국의 공산혁명조차 제대로 지원하지 못하는 입장이었다.

소련의 대외정책은 군사적 대결을 피하는 만큼 외교적 협력에 치중하지 않을 수 없었다. 모스크바 외상회담에서 미국이 제안한 강압적 성격의(기간을 길게 잡고 임시정부 구성을 명시하지 않는다는 점에서) 한국 신탁통치안에 정면으로 반대하지 않으면서 강압적 성격을 완화하는 역할을 맡은 것도 그런 입장으로 이해된다. 그리고 결정된 신탁통치안에 만족하지 못하는 미국 극우파의 반대를 극복하고 국제협력에 기초한 신탁통치안을 관철시키려는 동기가 소련에게 있었다고 생각된다.

북한 점령정책에서도 갈등을 최대한 피하려는 기조를 알아볼 수 있다. 한국의 공산주의자들에게 공산혁명을 서두르도록 재촉하지 않았을 뿐 아니라 공산주의의 급격한 확장을 유도하려 애쓰지도 않은 것으로 보인다. 평안남도를 비롯한 몇몇 지역에서 좌익이 민족주의자들과 대등한 지분을 갖게 한 일 정도가 지적되는데, 1945년 8~9월 시점에서의 '좌익'의 의미를 감안해서 이해할 일이다. 일제하에서 '좌익' 딱지를 붙인 범위는 통상적 의미의 사회주의자를 넘어서는 광범한 것이었다.

공산당(북조선분국)에서 김일성이 주도권을 쥐는 데는 소련군 당국자들의 지지와 지원이 크게 작용했을 것으로 보인다. 독립동맹계(연안파)가 귀국하지 않은 시점에서 김일성의 빨치산파와 경쟁하는 공산주의 세력은 국내 공산주의자들(국내파)뿐이었다. 김남식은 「해방 전후 북한 현대사의 재인식」에서 두 집단의 기본 성격을 이렇게 요약, 대비했다.

(국내 공산주의자들은) 구체적인 투쟁과 실천 속에서 단련되었다기보다는 사상·이론만을 습득한 관념적인 사회주의·공산주의자들이었다고 볼 수 있다. 또한 사상·이론적인 습득이라는 것도 체계적이지 못하고 다분히 교조주의적인 경향을 띠었다고 볼 수 있다. 이들은 합법적인 정치활동의 실무 면에도 어두울 뿐 아니라 투쟁경험의 결여로 혁명발전에 따르는 새로운 사업방법 등을 개발할 능력도 없었다. 따라서 이들은 권력구조에서 최고책임자의 지위를 차지할 수 없었으며, 일제하의 조선공산당의 영향을 받았다는 데로부터 서울의 박헌영 중심의 당 재건파와의 연계를 중요시하고 그를 중앙으로 보려는 경향이 강했다.

15년 이상의 간고한 빨치산투쟁을 통해 이들은 사상 의지를 강화시켜 나갔으며 주민들의 호응과 지원 속에서 활동해야만 했기 때문에 창조적인 대중사업 방법을 끊임없이 개발해 나갈 수밖에 없었던 것으로 보인다. 이러한 경험들로 인해 이들은 해방 후 북조선 사회의 변혁에 대한 구체석인 진망들을 가질 수 있었다. 다른 정치세력들과는 달리 소련군의 북한 진주와 더불어 입북한 항일 빨치산 세력이 당시 소련으로부터의 신임이 가장 두터울 수밖에 없었던 것은 자연스러운 과정이었다고 볼 수 있다. (『해방전후사의 인식 5』, 30~31쪽)

뒤에 입국할 연안파와 함께 빨치산파는 '통일전선' 전략에 익숙했고, 김일성은 이 전략에 의거해 지도력을 키워갔다. 찰스 암스트롱은 11월 하순 신의주 사건을 계기로 이 전략이 빛을 발해 김일성의 빨치산파가 이북 공산당 주도권을 확보하게 되었다고 본다(『북조선 탄생』, 108~111, 415쪽).

이북의 대표적인 민족주의자 조만식. 그가 소련군 및 공산당과의 협조를 거부한 계기에 관해서는 아직도 석연한 설명을 찾지 못했다.

이북 지역에서 통일전선의 가장 큰 틀은 조만식이 이끄는 조선민주당을 상대로 한 것이었다. 조만식은 1920년대에 물산장려운동과 신간회에서 중요한 역할을 맡았고 1930년대에 조선일보 사장을 지낸 뒤 일제 말기에 협력을 거부했다는 점에서 홍명희, 안재홍, 송진우와 같은 반열에서 민족주의자의 명망을 가진 인물이었다. 그리고 독실한 기독교인으로서 평안도 지역 장로교회에서 큰 지도력을 가지고 있었다.

조만식의 명망은 좌익인사들도 널리 흠모하던 것이어서 해방 직후 공산주의 지도자 현준혁도 9월 초 암살당할 때까지 평남 인민위원회에서 그와의 협력을 적극 추구했고, 김일성도 귀국 후 그를 자주 찾았다. 김일성이 조만식에게 정당 결성을 권유하고 자신도 참여할 뜻을 보였다는 이야기도 있고, 11월 초 조선민주당 창당 때는 그의 가장 가까운 동지의 한 사람인 최용건(崔庸健, 1900~76)이 참여했다.

조선민주당은 우익정당으로서 이남의 국민당보다는 한민당에 가까운 강경노선이었다. 찰스 암스트롱은 조선민주당의 노선을 이렇게 설명했다.

> 조만식은 해방 이전에도 그랬지만, 해방 이후에도 개혁에 대해 점진적으로 접근하였다. 1945년 10월 조만식은 조선민주당 정강에 모든 친일파들의 즉각적인 해임 조항 포함을 반대했다. 조만식은 3장에서 지적했던 것처럼, 지방 농민연맹 지국들이 1945년 기울부터 시행하고 있던 지주와 소작인 사이의 수확분배에 있어서 '3·7'제를 반대하였다. 조만식은 '3·7'제가 지주에게 너무 가혹하다고 느끼고, 대신 더욱 온건한 '4·6' 분배를 제안한 것으로 알려져 있다. 조만식의 반대에도 불구하고, 평안남도 인민위원회는 1945년 9월 27일에 '3·7'제를 적용하였다. 조만식은 항의의 뜻으로 이틀 동안 평안남도 인민위원회 회의에 출석하지 않았다. 그는 또한 인민위원회가 '자본가들'을 보호해야 한다고 주장했다. (『북조선 탄생』, 196~197쪽)

남한의 미군정조차 표방한(실행을 위한 노력은 약했지만) 3·7제를 반대했다면 대단한 반동처럼 들린다. 그러나 이처럼 공식적으로 펴는 주장은 설령 '반동'이라 하더라도 '악질적 반동'은 절대 아니다. 조선민주당이 지주층 입장을 대변하는 우익정당으로서 지주층의 이익을 정책에서 추구하는 것은 반동이라도 '건전한 반동'이다. 민족주의를 앞세우는 통일전선의 협력자로서 결격사유가 될 수 없다. 몇 달 동안 계속된 소련 점령군의 조선민주당에 대한 우호적 태도는 정치와 언론의 자유가 상당 수준 보장된 상황을 보여준다.

이 우호적 관계가 반탁운동 앞에서 깨져버렸다. 암스트롱은 소련이

"모스크바 결정에 대한 조만식의 격렬한 반대에 다소 당황한 것으로 보인다"고 했다(같은 책, 199쪽). 로마넨코(Andrei A. Romanenko) 민정 장관이 열심히 설득에 나서서 적극적으로 제안을 한 사실을 보면 소련측은 이 문제를 놓고도 충분히 협력이 가능할 것으로 기대했던 모양이다.

이 충돌로 인해 조만식은 연금상태에 놓이고 조선민주당 당수직에서 밀려났다. 최용건이 장악한 조선민주당은 대대적 '반동 숙청' 작업을 벌였다. 통일전선의 오른쪽 축이 무너져버린 것이었다.

왜 조만식은 소련측의 우호적 제안까지 물리치며 극단적 반탁을 주장했을까? 임영태는 이렇게 해석했다.

> 조만식의 반탁 주장은 분명 민족주의자로서 신념의 소산이었다. 그의 행위가 과연 역사적으로 옳은 것이었느냐, 아니면 잘못된 것이었느냐는 평가는 사람마다 다를 수 있다. 그러나 조만식의 행위는 정치적 이해관계나 권력에 대한 추구와는 비교적 무관한 '민족적 양심'에 대한 개인의 소신에서 비롯되었다는 그 나름의 순수성은 인정될 수 있다.
>
> (…) 이런 점에서 남한의 이승만·한민당의 반탁운동과 조만식의 그것은 차이가 있었다. (…) 그런 점에서 조만식은 일관되게 민족주의자의 길을 걸었으며, 그의 반탁도 그런 민족주의자로서의 연장선 위에 선 것이었다. 그런 점에서는 김구의 반탁운동이 가진 순수성과도 일맥상통한다고 볼 수 있다. (임영태, 『북한 50년사 1』, 들녘 1999, 78~79쪽)

반탁 정국을 살펴보며 나는 '순수성의 신화'를 돌이켜볼 필요를 느낀다. 임영태는 김구의 순수성과 동일한 선상에서 조만식의 순수성을 인정한다고 했다. 김구의 '순수한 애국심'에 대한 절대적 믿음이 당시 상황에 대한 실질적 이해를 가로막는 면도 있지 않은가 하는 생각이다.

김구의 반탁운동에 대해 내가 '극단적' 반탁이라고 수식어를 붙이는 것은 '합리적' 반탁과 구분하는 뜻이다. 1월 7일의 4당 코뮤니케에서 내놓은 것이 합리적 반탁이었다. 신탁통치를 반대하지만 그 제안자를 적대하지는 않겠다는 뜻이었다. 우리는 원하지도 않고 필요하다고 생가지도 않는데, 제안자들은 필요하다고 생각해서 제안한 것일 테니 필요하지 않다는 사실을 제안자들에게 설득하겠다는 것이었다.

커밍스는 모스크바 결정이 "한국인의 자치능력을 의심하거나 한국인에게 후견이 필요하다고 주장하지 않았다는 점에서 사실상 '신탁통치 결정'이라고 볼 수도 없는 것"이라고까지 해석했다(『The Origins of the Korean War』, 217쪽). 신탁통치의 가능성을 언급한 것만으로도 민족 자존심에 저촉되는 것은 사실이다. 그러나 이를 극복하기 위해 모스크바 결정을 전면적으로 거부한다는 것은 현실적이지도 않고 합리적이지도 않은 자세였다.

반탁운동의 길을 열어준 것은 미군정과 한민당과 이승만이었다. 그러나 이 길을 앞장서서 달린 것은 김구였다. 그래서 "김구의 반탁운동"이라고 하는 것이다. 미군정과 한민당과 이승만은 한반도의 분단을 원하고 있었다고 나는 생각하고, 그렇다면 반탁운동이 그들에게는 합리적이고 현실적인 길이었다. 그러나 분단을 원하지 않던 김구에게는 비현실적이고 불합리한 길이었다고 생각한다.

김구가 무리한 반탁운동에 나선 데는 순수한 애국심만이 아니라 전국조직 수립 등 임정 법통 강화의 기회로 본 전략적 판단도 작용했다고 나는 생각한다. 그리고 이 판단이 잘못된 것이었다고 본다. 전략가로서는 이승만이 김구보다 훨씬 뛰어난 인물이었다는 사실이 반탁운동을 통해 드러난 것이다.

　조만식이 극단적 반탁으로 주둔군 및 공산당과의 협력관계까지 포기한 것 역시 애국심도 물론 작용했겠지만, 전략적 판단의 측면도 살펴볼 필요가 있다. 그가 애국자였다는 사실보다 더 많은 것을 알아내기 위해서는.

베트남 이야기(3)

조선의 독립은 베트남보다 쉬운 과제였다

식민지배(colonialism)는 문명 초기부터 있던 현상이다. 식민지배에는 정착형(settler colonialism)과 착취형(exploitation colonialism)이 있는데, 두 가지 다 부족사회 때부터 있었다. 한 부족이 이웃 부족을 공격해 복속시키면 그 노동력을 착취하는 착취형 식민지배가 되었고, 쫓아내면 빼앗은 공간으로 활동영역을 넓히는 정착형 식민지배가 되었다.

이런 의미의 식민지배는 신라 통일 전의 한반도에서도 부단히 전개되었다. 여진 지역을 향한 고려시대의 '북진정책'도 식민지배의 성격을 가진 것이었다. 조선시대에 들어와 국경이 고정되면서 한민족의 식민지배가 사라졌다. 제주도와의 관계가 식민지배의 성격을 일부나마 가장 늦게까지 지키고 있었던 것으로 볼 수 있다.

베트남에서는 '남티엔(南進)'이란 이름의 식민지배가 11세기에서 18세기까지 활발하게 진행되었다. 19세기 후반 프랑스가 베트남 일대를 식민지로 만들기 전에 그 남쪽 끝 코친차이나 지역은 사실 베트남의 식민지라고도 볼 수 있는 상태에 있었다. 조선이 일본의 식민지가 될 때 조선인의 반응에는 지역에 따른 큰 차이가 없었던 것과 달리 프랑스의 지배에 대한 베트남 주민의 반응은 지역에 따라 상당한 편차가 있었다.

제주에 살던 10여년 전 어느 해, 4·3 기념행사 준비를 의논하던 중 한 분이 새로운 의견을 내놓았다. 그동안 4·3 기념행사가 미국 규탄에 너무 치중해 왔는데, 일본 규탄에도 비중을 좀 두는 것이 공평하지 않겠냐는 의견이었다.

나는 바로 반대했다. '식민지 근대화론'이 제일 그럴싸하게 적용될 수 있는 곳이 제주도라고 생각했기 때문이다. 조선시대에 본토와 다른 제주도의 특징을 좋은 쪽으로 살려주는 정책이 무엇이 있었는가? 제주도 산업을 발전시키고 주민들을 잘살게 해주려는 노력이 무엇이 있었는가? 심지어 조선 후기에는 '출륙금지령'으로 제주도를 감옥처럼 만들기까지 했다.

그런데 일본 지배 아래 제주도의 산업은 비약적인 발전을 했다. 조선조 500년간 제주사람이 한명도 성균관에 들어가지 못한 반면 일제시대에는 제주도의 인재들이 서울과 도쿄를 비롯한 각지에서 고등교육을 받았다. 많은 사람들이 새로운 활동공간을 찾아 제주도를 떠날 수 있게 된 것만도 조선시대에 비하면 혜택이었다. 한국인이라면 모두 '반일'을 하니까 제주에서도 덩달아 하자고 하는 데는 동의할 수 없다고 나는 말했다.

19세기 후반 코친차이나 지역의 상황을 나는 소상히 알지 못한다. 그러나 '남티엔'의 정복 대상이었던 이 지역의 반응이 정복의 주체였던 통킹 지역과는 달랐으리라고 짐작한다. 천여년간 인도·불교 문명권에 속해 있다가 불과 백여년 전 유교문명을 기조로 하는 국가에게 정복당한 이곳 주민들의 눈에는 북방에서 온 정복자와 바다에서 온 정복자가 질내석으로 다른 존재로 보이지 않을 수도 있었겠다고 생각하는 것이다.

프랑스의 식민지배는 근대적 식민지배라는 점에서 '남티엔'의 식민지배와 달랐다. '근대적' 식민지배는 재래식 식민지배와 어떻게 다른가? 산업혁명을 배경으로 한다는 점에서 몇 가지 특이한 경제적 의미를 가지는데, 그에 앞서 우선 '원격' 식민지배라는 특징부터 지적해둔다.

대항해시대 이전의 군사활동은 육지를 통해 펼쳐졌기 때문에 식민지배도 인접 지역을 대상으로 할 수밖에 없었다. 그런데 해상 수송력이 획기적으로 발전하면서 바다를 통해 접근할 수 있는 곳이라면 어디든 군사활동과 식민지배를 펼칠 수 있게 되었다. 16세기에 포르투갈과 스페인이, 그리고 17세기에 영국, 프랑스와 네덜란드가 해상을 통해 식민지 제국을 만들었다.

원격 식민지배는 정착형보다 착취형의 성격을 가지기 쉽다. 인구가 희박하고 문명의 성격이 전혀 다르던 '신대륙'에서는 정착형 식민지배가 펼쳐질 여지가 있었지만, 농업사회가 자리잡고 있던 '구대륙'에서는 지배국 국민의 이주를 최소한으로 하는 착취형 식민지배가 대세였다. 현지의 노동력을 이용할 수 있었기 때문이다.

착취형 식민지배는 가급적 간접통치 방식을 취하는 경향이 있다. 지배국 국민의 인력이 넉넉지 않기 때문에 협력계층을 적극적으로 양성, 동원하게 된다. 식민지배의 억압성과 폭력성의 실행을 가능한 한 협력계층에게 맡기는 것이 간접통치의 요점이다.

코친차이나 지역에서는 프랑스의 지배를 통해 고무 플랜테이션 등 수익성 높은 새로운 산업이 발전했고, 그 이익을 프랑스인과 협력계층이 분점했다. 주민 중 가톨릭을 받아들이고 프랑스 지배에 순응하는 사람들이 협력계층을 이뤘고, 민족주의에서 자유로운 중국인 이주자들도 이에 가까운 역할을 맡았다. 그래서 전통적 쌀농사의 비중이 컸던 통킹 지역에 비해 코친차이나 지역에서는 근대적 계층분화가 급속

베트남의 독립전쟁을 이끈 '국부'
호치민의 사진(1946년)과 서명.

히 일어났고, 억압체제의 모순도 민족모순보다 경제적 모순이 더 두드
러지게 되었다.

　일본의 조선 지배는 근대적 원격 식민지배보다 재래식 식민지배에
가까운 것이었다. 일본이 조선에서 시행한 '근대화'는 피상적인 것이
어서 조선의 산업구조와 사회구조에는 큰 변화가 없었다. 물론 변화속
도를 정량적으로만 측정한다면 큰 변화로 볼 수도 있겠지만, 20세기
초반의 상황에서 조선처럼 문화적 기반이 탄탄한 사회가 겪은 변화라
면, 일본 지배가 조선의 근대화를 힘껏 억제한 결과라고 나는 생각한
다. 제주도 빼고.

　나는 일본 지배가 조선에 일으킨 변화는 근본적으로 질적 변화가 아
닌 양적 변화라고 본다. 농지 소유의 과도한 집중은 일본 지배 이전부
터 심각한 문제였다. 일본은 조선에 새로운 산업구조를 건설하지 않고
농업생산의 효율화에 경제정책을 집중했다. 그 결과 농지 소유의 집중
이 더 심화되면서 대량의 유휴노동력이 발생했다. 일본은 그 유휴노동
력을 만주와 일본 등지로 유출하는 고식적 조치만 취하면서 조선사회

프랑스군에 이어 미군에 저항을 계속한 베트콩. 베트남이 받은 식민지배가 '원격' 식민지배였다는 사실이 그에 대한 저항의 성격에도 많은 영향을 끼쳤다.

의 발전방향을 열어주지 않았다.

　조선의 산업구조에 변화가 적었던 만큼 흔히 '친일파'라 부르는 협력계층도 구조가 단순했다. 식민지배를 통해 경제적 이득을 누린 사람들의 압도적 다수가 지주집단에 속했다. 식민지시대의 지주집단이 조선 말기의 지주층에 비해 악랄한 행태를 보인 것은 지주층을 견제하던 국가의 기능이 사라진 결과일 뿐이지, 그들의 행동양식이 근본적으로 바뀐 것이 아니었다. 그들의 토호 입장 강화에는 코친차이나의 협력계층처럼 총독부의 정책이 다각적인 작용을 한 것이 아니었다.

　1860년대부터 프랑스 지배를 받기 시작한 코친차이나에서는 저항이 크지 않았다. 베트남의 민족주의 세력은 북부 통킹과 중부 안남 지방에 분포해 있었고, 코친차이나는 베트남의 식민지에서 프랑스의 식민지로 바뀌었을 뿐이었다. 1880년대에 베트남 전체가 프랑스 지배를 받게 되자 '칸부옹(勤王)'으로 대표되는 저항운동은 통킹과 안남에서 일어났다. 민족주의에만 의지한 이 저항운동은 시간이 갈수록 약해졌고, 1930년대에 들어와서야 새로운 저항운동이 자라나는 데는 민족주의보다 경제적 모순이 더 큰 작용을 했다. 그래서 베트남 독립운동에서는 공산주의와 공산당의 역할이 크게 부각되었다.

이 책 1권의 「안재홍 선생에게 묻는다─신민족주의와 신민주주의 2」에서 사회혁명의 필요가 해방 조선에 시급하지 않은 이유를 이렇게 내놓았었다.

"35년 동안 조선에서도 계급모순이 상당히 자라난 것은 사실입니다. 그러나 그 모순의 대부분은 이민족 지배에 기인한 것입니다. 농지 문제만 하더라도 조선인 사이의 모순은 그리 크지 않습니다. 농지의 20%를 일본인과 일본회사들이 탈취한 것이 문제의 몸통입니다. 그들의 농지만 몰수해서 영세농에게 분배해도 문제는 충분히 해결됩니다."

베트남과 비교하면 조선의 독립에는 장애물이 적었다. 식민지배에 종사한 조선인의 수도 베트남보다 훨씬 적었고, 식민지배로부터 경제적 이득을 취한 범위도 좁았으며, 이득을 취한 방법도 단순했다. 식민지배로 인한 산업구조의 변화도 베트남보다 훨씬 작았다. 지역간의 이질성이나 갈등도 별로 없었다.

사회혁명의 필요가 조선에도 있기는 했지만 베트남처럼 시급하고 절박하지는 않았다. 항일운동의 기초가 사회경제적 문제보다 민족주의에 있었다는 점을 해외보다 국내의 운동이 미약했다는 사실에서도 알아볼 수 있다. 사회경제적 문제가 심각했던 베트남에서는 국내의 저항운동이 훨씬 더 치열했다.

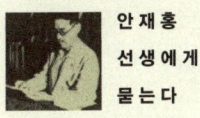
미군정이 격화시킨 남한의 '반탁' 감정

김기협 | 지난 연말 모스크바 외상회담 결정이 알려진 후 신탁통치 문제로 온 나라가 물 끓듯 합니다. 일본 지배에서 겨우 벗어나 독립을 바라보고 있는 터에 즉시 독립을 부정하는 조치가 반가운 것일 수는 없지요. 그런데 민심은 반가워하지 않는 정도가 아니라 극심한 분노를 보여주고 있습니다. 이 분노로 인해 지나치게 감정적인 대응으로 치우친 것이 아닌가 생각하는 후세 사람들도 있습니다. 어떻게 생각하시는지요?

안재홍 | 감정적으로 치우친 면은 인정합니다. 그러나 지금 민심의 분노는 그럴 만한 근거가 있는 것입니다. 인간의 행동은 이성만으로 결정되는 것이 아닙니다. 근거 없는 일시적 감정에 휘둘리는 행동은 잘못된 것이지만, 확실한 근거가 있는 감정이라면 개인의 행동이든 국가의 정책이든 그에 충실히 따라야 합니다.

신탁통치에 대한 분노의 근거는 독립을 바라는 마음에 있습니다. 그 마음을 힘껏 지키고 살려야 합니다. 세상 모든 일이 그렇듯 해방이라는 상황에도 양면성이 있습니다. 일본의 억압에서 벗어난다는 좋은 면에 사람들이 들떠 있지만, 민족의 장래를 우리 손으로 결정해야 한다는 힘든 면이 또한 엄연히 있습니다. 이 힘든 면을 잘 처리하지 못하면 식민지시대보다 더 심한 고통에 빠질 위험이 있습니다.

이 힘든 면, 혼란의 위험을 극복할 열쇠가 독립을 향한 민중의 의지에 있습니다. 소작료율을 얼마로 하느냐, 국유화의 범위를 어디로 하느냐 등등 수많은 문제에 대해 서로 다른 의견을 가진 사람들에게 서로 양보하는 마음이 있어야 혼란을 최소화할 수 있습니다. 독립의 염원을 공유한다는 사실을 분명히 확인할수록 양보의 마음을 잘 일으킬 수 있습니다.

김기협 │ 신탁통치에 대한 반대와 분노는 이해하겠습니다. 그러나 모스크바 결정의 핵심은 신탁통치가 아니지 않습니까? 임시정부 수립을 앞세우고, 신탁통치의 필요 여부 결정에 임시정부가 참여하게 되어 있지요. 비록 신탁통치 여부를 혼자 결정하는 것은 아니라도 임시정부가 제대로 세워지기만 한다면 임시정부의 결정에 연합국들이 반대한다는 것은 거의 불가능한 일이 아니겠습니까? 그래서 어느 미국인 연구자(브루스 커밍스)는 모스크바 결정이 "사실상 '신탁통치 결정'이라고 볼 수도 없는 것"이라는 해석까지 내놓았습니다.

모스크바 결정은 민족주의자 누구라도 반기지 않을 수 없는 두 가지 조치를 담은 것입니다. 하나가 임시정부 수립 촉진이고, 또 하나가 38선의 철폐입니다. 신탁통치는 당장의 일도 아니고 확정적인 것도 아닙니다. 그런데 신탁통치의 가능성을 언급했다는 이유만으로 모스크바 결정 전체를 반대한다는 것은 지나치게 감정적이고 불합리한 태도 아닐까요?

안재홍 │ 엄밀히 따지면 그 지적이 옳습니다. 38선 철폐는 정말 중요한 일이죠. 막혀 있는 넉 달 동안 많은 문제가 자라나 왔습니다. 물자 소통의 단절로 일어난 민생 문제를 많이 이야기하지만, 나는 그보다도 더 큰 문제가 양쪽 정치환경의 차이로부터 자라나고 있다고 생각합니다. 좌우익 대립이 격렬하고 혼란스럽게 되는 데 거기 큰 원인이 있습니다. 신탁통치에는 반대하더라도 38선 철폐에는 차질이 없도록 유의해야 합니다.

임시정부 수립은 정말 큰 과제입니다. 나는 기존의 임정이 앞으로 세워질 과도적 임시정부의 뼈대가 되기 바랍니다. 혼란을 줄이는 가장 순탄한 길이라고 생각하기 때문입니다. 그 길이 열리기 위해서는 임정 자체가 경직된 '법통론'을 벗어나 유연한 자세를 보일 필요가 있다는 점에서 임정의 확장을 주장하는 '보강론'으로 현재의 임정 그대로를 주장하는 한민당의 '직진론'에 맞서왔습니다.

모스크바 결정의 임시정부 수립 방침은 기존의 임정에게 위기일 수도 있고 기회일 수도 있습니다. 법통에 너무 집착하면 새로 만들어질 임시정부와 대립하게 됩니다. 27년간 지켜온 깃발을 넘겨주면서 깃발을 지키던 사람들은 상징적인 위치로 물러서는 자세가 바람직합니다. 그것이 '임정'의 의미와 가치를 잘 살리는 길입니다.

김기협 '임시정부 수립' 방침에 임해 임정과 인공의 통합 논의가 물살을 타고 있습니다. 12월 31일 저녁 임정의 성주식, 장건상, 최동오 3인과 인공의 홍증식, 홍남표, 이강국, 정백 4인의 회담에서 시작해 인공측에서 제안서를 보냈으나 임정에서 접수를 거부했죠. 불완전하나마 정부형태를 취해 온 두 조직이 통합한다면 임시정부 수립을 위한 확고한 주체가 될 수 있을 것 같은데, 선생님 생각은 어떠신가요?

안재홍 통합의 타당성과 별도로 연말연초의 논의방식에 대한 생각부터 말하죠. 12월 31일의 모임은 공식 대표들의 정식회담이 아니었습니다. 임정의 '접수 거부'를 인공측에서는 '무성의'라고 비난했는데, 인공측의 '무성의'를 먼저 얘기해야 합니다. 중앙인민위원회 명의로 제안서를 보냈는데, 위원회를 열어 정식으로 결정한 정황이 전혀 보이지 않거든요. 인공이 몇몇 사람의 독단에 따라 움직인다는 이유로 위신을 잃은 지 오래됩니다.

임정과 인공 통일, 명분상으로는 참 좋은 일입니다. 그러나 두 조직의 성격이 너무 달라요. 임정은 넓은 폭의 정치적 성향을 가진 분들이 어울려 민주적으로 운영되는 조직입니다. 12월 31일 모임에 나간 세 분을 비롯해 '비주류'로 통하는 분들, 임정 내에서 내 '보강론'을 적극 지지해 주는 분들인데, 비록 비주류라 하지만 그분들의 의견도 임정 내에서 상당한 존중을 받아요.

반면 인공은 '비주류'가 없는 조직입니다. 나는 우익으로 통하는 사람이지만 좌익에 대해 반감이 없어요. 그래서 건준 일에도 나섰던 겁니다. 그런데 책략을 통한 좌익의 건준 장악은 도저히 용납할 수 없었습니다. 인공은 책략으로 생겨났고, 지금까지도 책략으로 운영되어 온 조직입니다. 인공 운영자들은 인공을 받들지 않고 이용해 왔습니다. 임정과 인공이 통합된다면 그들은 그 통합체를 받들기보다 이용하려 달려들 것이 불을 보듯 빤한 일입니다. 임정은 보강되어야 하지만, 그런 요소로 보강되어서는 안 됩니다.

김기협 선생님은 '민족통일전선' 결성을 줄곧 중시해 왔습니다. 몽양 선생과 함께한 건준을 통해서든, 이승만 박사의 독촉을 통해서든, 임정 비주류가 제안한 특별정치위원회든, 정치통합의 길만 보이

면 성심껏 참여하려고 애써왔습니다. 국민당의 공식 성명을 통해 정치
통합이 이루어지면 당을 해산할 용의가 있음을 밝히기까지 했습니다.

연합국 사이에서 신탁통치 방안이 논의된 것을 보며 조선인의 자치
능력을 무시했다는 불만과 함께, 과연 조선인이 자치능력을 제대로 발
현해 왔는지 반성도 일어나고 있습니다. 그 반성의 제일 두드러진 표
적이 정치적 분열과 혼란입니다. '민족통일전선'의 성립이 무척 아쉬
운 대목입니다. 앞으로 그 전망을 어떻게 보시는지요? 그 성공을 위해
극복해야 할 문제가 뭐라고 보시는지요?

안재홍 | 반성이 일어나는 것은 반가운 일입니다. 연합국들의 눈에 우
리가 어찌 보일까를 의식하면 우리에게 필요한 것이 무엇인
가, 더 투철하게 알아볼 수 있는 측면이 있습니다.

민족통일전선의 전망을 된다, 안 된다 한마디로 잘라 말할 수 없습
니다. 되기를 바라며 최선을 다할 뿐입니다. 지성(至誠)이면 감천(感
天), 진인사대천명(盡人事待天命)의 마음을 가다듬을 뿐입니다. 연합국
들이 어떻게 보느냐를 넘어 진정한 독립의 절대요건입니다.

민족통일전선의 목적은 민족의 자결(自決)이 보장되는 하나의 민족
국가로 독립하는 것입니다. 민족국가 독립이라는 염원을 우리 민족의
99%가 공유한다고 나는 믿습니다. 일부 악질 친일파 외에는 모두가
공유하는 염원이라고 믿습니다. 친일파의 오명을 짊어진 사람들 중에
도 민족해방의 새로운 상황 속에서 과거를 반성하고 독립의 대열에 동
참하려는 이들이 많다고 나는 믿습니다.

그런데 해방 후 시간이 지남에 따라 독립의 염원이라는 민족 대의를
등지는 사심(私心)이 차츰 고개를 들기 시작했습니다. 한쪽에는 식민
지시대의 기득권을 지키려는 친일파의 준동이 있고, 다른 한편에는 이

넘에 집착하는 극좌 모험주의자들의 책략이 있습니다. 민족통일전선의 성공을 위해서는 이런 사심의 대두를 가라앉혀야 합니다.

사심은 누구의 마음에나 있는 것입니다. 사람들이 사심을 버릴 것을 나는 바라지 않습니다. 독립을 향해 나아가는 지금은 사심을 좀 접어두자는 것뿐입니다. 사심이 고개를 드는 것은 장래에 대한 불안감 때문입니다. 내가 임정을 힘껏 받드는 것은 그 지도력이 사람들의 불안감을 해소시키는 힘을 가졌기 때문입니다.

김기협 | 그렇습니다. 최근 전개되는 상황을 보면 마치 통일된 민족국가를 바라지 않는 것 같은 행동이 많이 나타나고 있습니다. 1월 7일의 4당 코뮤니케는 신탁통치를 반대하되 연합국 외상회담 결정은 존중한다는 매우 합리적이고 현실적인 노선인데, 한민당이 이것을 파기했지요. 한민당이 마치 신탁통치가 모스크바 결정의 전부인 것처럼 호도한 것이 사실은 통일국가 건설을 회피하는 술책이었다고 후세 사람들은 흔히 생각합니다. 친일을 배척하는 통일국가보다 친일을 옹호하는 분단국가를 원한 것이라고요.

그리고 모스크바 결정에 대한 입장을 너무 극적으로 번복한 공산당도 문제죠. 그런 극적인 번복은 사안의 본질을 고민하지 않고 책략에 지나치게 의존하는 데서 나오는 것으로 보입니다. 겸손한 마음으로 대세를 받아들이는 대신 책략을 통해 자기네 입장만 내세우는 것은 역시 사심이 작용하기 때문일 것 같습니다.

이런 추세가 날이 갈수록 심해지는 것을 선생님은 "장래에 대한 불안감" 때문이라고 말씀하셨는데, 그런 불안감이 늘어나는 까닭을 설명해 주시겠습니까?

안재홍 | 해방의 감격이 온 사회를 휩쓸던 시점으로부터 시간이 지남
에 따라 감격이 희석되는 것은 인간세상의 어쩔 수 없는 이치
입니다. 많은 사람들이 함께 노력해서 어제보다 오늘, 오늘보다 내일,
장래에 대한 더 확실한 자신감을 키워내지 못한다면 사람들의 마음에
불안감이 늘어나지 않을 수 없습니다.

38선 이남과 이북의 지금 상황을 비교하면 미군정의 속성에도 적지
않은 책임이 있는 것 같습니다. 넉 달 전에는 다 같은 민심이었는데,
지금은 남쪽 민심이 훨씬 더 불안하지요. 미군정의 정책 중에는 아무
악의가 없는 것인데도 큰 부작용을 일으켜 민심을 불안하게 만드는 것
이 많습니다. 미곡시장 자유화 같은 것이 그런 예죠. 여간 아닌 풍년인
데도 도시민들이 극심한 식량난을 겪고 있는 것이 상황에 전혀 맞지
않는 정책 때문 아닙니까? 그로 인해 지주들이 이익을 보고 있기 때문
에 한민당의 로비에 넘어간 것 아니냐는 얘기도 있지만 나는 그렇게까
지는 보지 않습니다. 식량 같은 기본정책에 그런 로비가 통한다면 그
건 군정청이 아니라 강도단이라고 해야겠지요.

당장 현안인 신탁통치 문제에도 10월 20일 '빈센트 발언' 이후 군정
당국자들의 태도가 민심을 가파르게 만든 면이 있습니다. 신탁통치 가
능성은 조선독립 방침을 명언한 2년 전의 카이로선언 이래 연합국 사
이에 상식으로 통해 온 것입니다. 미국이 신탁통치에 반대했다는 『동
아일보』 기사가 있었지만, 정황으로 봐서는 미국이 신탁통치를 제안
했다고 하는 공산당측 주장이 맞는 것으로 보이거든요? 국무성 주무
국장인 빈센트의 발언과도 맞고요. 그와 어긋나는 아놀드와 하지의 주
장이 무슨 의도에서 나온 것인지 모르겠습니다.

소문으로 듣는 이북 상황과의 차이가 남쪽 사람들의 마음을 더 불안
하게 만듭니다. 왜 미군은 식민지 통치체제를 그대로 두는가? 거기에

종사하던 경찰과 관리들의 손에 그대로 맡겨두는 까닭이 무엇인가? 식민지든 군정이든 이민족의 지배는 다 똑같이 억압적일 수밖에 없는 것인가? 신탁통치에 대한 남쪽 민심의 반감이 더 격렬한 데는 미군정의 성격에 대한 불만이 적지 않은 작용을 하는 것으로 보입니다.

6

쪼개진 임정,
굳어진 좌우대립

1946년 1월 17 ~ 31일

해방 이후 1937년 일제에 의해 강제 해산되었던 '보이스카우트'가 재발족하였다. 이 사진은 그 이전인 1945년 12월 어느 날 한 미군이 찍은 것이다. 대한보이스카우트의 공식 재발족은 1946년 3월의 일이었는데 그 전에 미군의 영향 속에 나타나고 있었음을 이 사진에서 알 수 있다.

1946. 1. 17.

미소공동위원회의 개막

12월 29일자 『동아일보』에 보도된 모스크바 회담 결정 중 조선에 관한 내용은 이런 것이었다. 12월 28일 정오(현지시간) 공식 발표된 결정문의 7개항 중 제6항이다.

> 조선에 주재한 미소 양국 군사령관은 2주간 이내에 회담을 개최, 양국의 공동위원회를 설치 조선임시민주정부 수립을 원조한다. 또 미, 영, 소, 중 4국에 의한 신탁통치제를 실시하는 동시에 조선임시정부를 수립케 하여 조선의 장래 독립에 비(備)할 터인바 신탁통치 기간은 최고 5년으로 한다. 미소공동위원회는 임시정부와 조선의 각종 민주적 단체와 협력하여 동국의 정치적 경제적 발달을 촉진하고 독립에 기여하는 수단을 강구한다. 이 신탁통치제에 관한 외상이사회의 제안을 검토키 위하여 미, 소, 영, 중 각국 정부에 회부된다.
>
> (「3국 외상회의 협정문이 발표」 중에서, 『동아일보』 1945년 12월 29일)

다음 내용은 결정문 발표에 앞서 27일 미·소 양국 외상이 합의한 '조선 문제에 관한 4개항 결의서'였다. 3국 전체회의에 앞서 당사국들 사이의 1차 합의내용인데, 공식 결정문의 세부사항으로도 이해할 수 있는 것이다.

1. 조선을 독립국가로 재건설하며, 조선을 민주주의적 원칙하에 발전시키는 조건을 조성하고, 일본의 장구한 조선 통치의 참담한 결과를 가급적 속히 청산하기 위하여, 조선의 공업, 교통, 농업과 조선인민의 민족문화 발전에 필요한 모든 시설을 취할 임시 조선민주주의 정부를 수립할 것이다.

2. 조선임시정부 구성을 원조할 목적으로 먼저 그 적의한 방책을 연구 조정하기 위하여 남조선 미국점령군과 북조선 소련점령군의 대표자들로 공동위원회가 설치될 것이다. 그 제안 작성에 있어 공동위원회는 조선의 민주주의 정당 및 사회단체와 협의하여야 한다. 그들이 작성한 제안은 공동위원회 대표들의 정부가 최후 결정을 하기 전에 미·영·소·중 각국 정부에 그 참고에 공하기 위하여 제출되어야 한다.

3. 조선인민의 정치적, 경제적, 사회적 진보와 민주주의적 자치 발전과 독립국가의 수립을 원조 협력할 방안을 작성함에는, 또한 조선임시정부와 민주주의 단체의 참여하에서 공동위원회가 수행하되, 공동위원회의 제안은 최고 5년 기한으로 4국 신탁통치의 협약을 작성하기 위하여 미·영·소·중 제국 정부와 협의한 후 제출되어야 한다.

(공동위원회는 조선민주주의임시정부를 참가시키고 조선 민주주의 제 단체를 인입하여 조선인민의 정치적, 경제적, 사회적 진보와 민주주의적 자치 발전과 또는 조선 국가독립의 확립을 원조협력(후견)하는 제 방책도 작성할 것이다. 공동위원회의 제안은 조선임시정부와 협의 후 5년 이내를 기한으로 하는 조선에 대한 4개국 후견의 협정을 작성하기 위하여 소·미·영·중 제국 정부의 공동심의를 받아야 한다.)

4. 남북 조선에 관련된 긴급한 제 문제를 고려하기 위하여 또는 남조선 미합중국 관구와 북조선 소련 관구의 행정, 경제면의 항구적 균

형을 수립하기 위하여 2주일 이내에 조선에 주둔하는 미·소 양군 사
령부 대표로서 회의를 소집할 것이다. (『한국현대민족운동연구』, 304~
305쪽)

제3항 내용에 관해 좌익과 우익 사이에 논쟁이 있었기 때문에 소련
군측 번역문을 괄호 안에 붙여놓았다. 제3항의 미군측 번역문은 앞쪽
이 졸렬한 번역으로 보이고, 뒤쪽은 완전히 요령부득이다. '신탁'과
'후견'이라는 용어 차이 외에는 소련군측 번역문이 옳은 내용으로 보
인다.

제1항에서 '임시정부 수립'이라는 1차 과제를 명시하고 제2항에서
'미소공동위원회'를 그를 위한 방법으로 제시했다. 제3항에서는 다음
단계 과제인 4개국 신탁통치(후견)의 접근방법을 규정하고 제4항에서
는 미·소 양군 사령부가 취할 첫 조치를 밝혀놓았다.

『조선일보』 1946년 1월 17일자에는 「제1차 미소공위 개막」이란 제
목의 아래 기사가 나왔다. 그러나 실제 미소공위의 개막은 3월 20일의
일이다. 1월 16일의 회의는 위 합의문 제4항에 따른 첫 조치였고, 정
식 미소공위의 준비회담 역할을 한 것이다.

세계의 시청을 총집중한 가운데 민주조선의 중대한 앞날을 결정할
미소공동위원회 제1차 정식회담은 16일 오후 1시 서울시 군정청 제1
회의실에서 마침내 개막되었다. 오후 1시 15분 정면의 태극기를 중
심으로 좌우에 미소 양국기를 세운 회장에는 내외기자단을 비롯하여
사진반 미국 장교 등이 기다리는 가운데 소련측으로부터 스티코프
중장 이하 위원 6명, 미국측으로부터 하지 중장 이하 위원 8명이 입
장한 후 먼저 하지 중장으로부터 인사의 말이 있자 이를 미군 로넬

장교가 영어로 통역을 하고 이묘묵(李卯默) 박사가 조선어로 통역을 하였다.

다음으로 스티코프 중장이 인사의 말을 하자 소련통역관 코간 여사가 영어로 통역을 하고 조선인 소련장교 최드미트리 대위가 조선어로 통역을 한 후 이어서 기자단 및 기타 방청자가 일제히 총퇴장을 하고 회는 일찍이 모스크바 삼상회의에서 발표된 공동코뮤니케 제4조에 의하여 조선 건국의 일대 지장인 38도선 철폐 문제에 대하여 신중한 토의사항으로 들어갔다.

이날 참석한 미소 양국 위원은 다음과 같다.

소련측: 스티코프 중장(대표위원), 차라프킨(전권대사), 샤림 위원, 로마넨코 위원, 발라샤노프 위원, 부트소프 위원, 마스로바 위원

미국측: 하지 중장, 아놀드 소장(대표위원), 러치 소장(위원), 베닝호프 위원, 부스 위원, 부리턴 위원, 언더우드 위원, 헐리히 위원, 코넬슨 위원

하지는 위원으로 참석한 것이 아니고 회담장소를 관할하는 점령군 사령관으로 인사하러 나간 것이었다. 미소공위가 흔히 두 나라를 대표하는 기구로 인식되는데, 사실에 있어서는 한반도의 두 점령군, 미군과 소련군을 대표한 것이었다.

물론 실제에 있어서는 점령군 대표를 넘어 본국을 대표하는 역할이 있었다. 소련군 대표위원 스티코프(Terenti F. Stykov, 1907~64) 중장의 위상이 그런 측면을 단적으로 보여준다. 극동군사령부 정치위원으로 있던 스티코프는 스탈린의 확고한 신임을 받는 군인사의 하나로서 보직과 관계없이 소련의 한반도정책 결정에 가장 중요한 역할을 맡은 인물로 널리 지목된다. 조선민주주의인민공화국 성립 후 4년간 주재 대

미소공동위원회의 미군 대표 아놀드 소장(왼쪽)과 소련군 대표 스티코프 중장. 스티코프는 소련 군에서 가장 정치력이 뛰어난 장군의 하나였는데 아놀드는……

사를 지냈다.

반면 미군 대표위원으로 아놀드 소장이 나선 것은 미국정부가 아니라 남한 점령군을 대표한 인상이다. 12월 10일 그의 군정장관직 경질은 점령군 사령관 하지와의 의논도 없이 본국에서 일방적으로 결정한 것이었다. 이 조치에 하지가 열을 받았던지 악착같이 아놀드를 끼고 돌았다. 12월 16일 군정장관에 임명된 러치 소장이 도착했지만, 인수 인계가 끝난 뒤에 발령하겠다고 미뤄놓고는 러치를 지방시찰하라고 서울에서 쫓아냈다. 그렇게 20여일을 미루다 패터슨 육군장관의 방한 (1월 12일)을 앞둔 1월 8일에야 러치를 군정장관에 취임시켰다. 그리고 는 아놀드를 미소공위 대표위원에 임명한 것이다.

미소공위는 3월 20일부터 5월 6일까지 계속되다가 긴 정회에 들어 갔고, 2차회담이 1947년 5월 21일 재개되었으나 5개월 만인 10월 21 일 성과 없이 막을 내렸다. 1943년 11월 카이로회담에서 세워진 연합국의 '조선독립' 방침이 4년 만에 포기되고, 이 과제를 넘겨받은 유엔은 남한 단독 건국의 뒷바라지를 맡았다. 미소공위의 실패가 바로 통일국가 건설의 실패로 이어진 것이다. 이번 작업에서 더듬어볼 가장 중요한 흐름의 하나다.

1946. 1. 18.

대한민국 폭력경찰의 뿌리 장택상

1월 18일 반탁전국학생총연맹(이하 '반탁학련'으로 줄임)의 폭력시위가
일어나 인민보사와 인민당 서울인민위원회를 습격하고 이를 저지하려
는 '좌익' 세력과 충돌했다. 이 충돌을 보도한 『동아일보』 기사를 반탁
학련측의 삐라와 나란히 올려놓는다. 두 글을 보고 사건의 실상을 정
확히 파악할 수는 없어도 『동아일보』가 어떤 자세를 취하고 있었는지
는 분명히 알아볼 수 있다.

● 『동아일보』 1946년 1월 20일자 기사(「반탁학생총연맹, 반탁성토대회
개최하고 시가행진 중 충돌사건」)

반탁, 반탁 오직 자주독립을 염원하여 구랍 29일부터 이 땅에 성
난 파도와 같이 일어난 탁치반대운동은 마침내 피를 흘리고야 말았
다. 18일 밤 탁치 절대 반대! 독립 만세를 외치며 시가행진을 하는 반
탁운동 학도대들은 무기를 휴대한 반대단체의 습격을 받아 40여명이
중경상을 입은 후 유혈의 참사를 이루었던 것이니 그 전말은 다음과
같다.

우리의 강산을 우리의 손으로 찾자고 반탁학생성토대회는 반탁학
생총연맹 주최로써 18일 오후 2시부터 개최되어 이 땅 젊은 학도들
의 결의를 더욱 굳게 하고 오후 5시경 성황리에 마치었는데 여기에

참집한 시내 남녀 전문대학생, 중학생 약 1,000여명은 결의문과 성토 문을 휴대하고 그 길로 바로 소련영사관으로 방문하여 이를 수교하 고 뒤이어 미국영사관을 방문하였으나 아무도 만나지 못하여 반도호 텔을 거쳐서 조선호텔을 방문하고 여기서 미군측에 결의문과 성토문 을 수교하는 시위행진을 시작하였다.

그런데 격로된 학도들은 시위행진을 하는 도중에 황금정 1정목 조 선인민보사 편집국과 인민당 서울인민위원회를 차례로 습격하고 그 길로 바로 임시정부를 방문하려고 서대문 2정목을 진행하는 중 돌연 권총과 장총을 든 청년들의 습격을 받았다. 무수히 발사하는 탄환을 맞아 피를 흘리며 거꾸러지는 남녀학생들은 조금도 굽히지 않고 '신 탁통치는 절대 반대다 우리에게 독립을 달라!' '대한독립 만세' '김구 주석 만세'를 부르짖으며 행진을 계속하였으나 빗발 같은 탄환으로 말미암아 임시정부를 방문하는 것은 중지되고 말았던 것이라고 한다.

반탁시위행렬을 하는 중 습격을 받아 부상을 입은 학생들은 판명 된 자만이 40여명에 달하였는데 그중 이화여대 이금순(李金順, 가명 20)양 외 1명과 세의전(世醫專) 이상국(李相國, 가명 23), 양정중학 이 길준(李吉俊, 가명 18)군 등 4명은 총탄에 중상을 입고 방금 세브란 스의전 부속병원에 입원하여 응급가료를 받고 있으나 유혈이 심하여 모두 생명이 위독하다고 한다.

이 급보를 접한 서대문서에서는 서원 약간 명이 현장에 출동하였 으나 아무 소용이 없었고 이곳 종로서에 연락하였던바 행진에 참가 하였던 여학생 수명을 납치하여 가지고 도주하는 청년 2명을 검거하 였다. 취조한 결과 이들은 국군준비대원 백모(23)와 학병동맹 모군 으로 판명되었는데 어느 단체의 지시에 의한 행동인지 개인적 행동 인지 알 수 없으나 이번 테러에는 약 50명이 장총과 권총을 휴대하고 참가한 모양이리고 한다.

● 반탁학련 전단(「반탁학생총연맹 주최 반탁성토대회 시가행진 중 충돌사건 진상」)

보아라! 1·18학생사건의 진상을

1월 18일 서울 정동예배당에서는 반탁전국학생연맹 주최로 성토대회가 있었는바 화랑의 후예의 열화의 기백을 만천하에 공포하니 그 결사적 의기의 다대한 감동과 새로운 결의를 군세게 한 약 2천의 청중들은 회가 끝나자 애국가를 고창하며 소련영사관에 질서정연하게 쇄도하여 탁치 절대 반대 자주독립 만세를 부르며 미소공동위원회 수석대표에게 보내는 탄원서를 수교, 미영사관 반도호텔을 거쳐 조선호텔의 미 대표에 보내는 탄원서를 수교, 이어서 만세와 애국가를 고창하며 행진 중 악귀 인민보 앞에 이르자 매국노 가장 공산당의 주구 인민보에 대한 울분은 폭발 극도의 혈분으로 운집한 대중들과 통분으로 궐기한 일부 학생은 드디어 이 마령에 천벌을 내리고 말았다. 이어서 매국노의 소굴 인민당 서울시인민위원회에서도 민중의 격분은 폭발하였다.

때마침 MP는 권총을 난사하여 곤봉으로 민중을 난타하였으나 우리의 응당할바 매국노를 소탕하는 데 있어서 여하한 제재도 도저히 이를 방지할 수 없었다. 특히 애국심에 불타는 여학생들은 우리의 누차의 권고에도 불구하고 MP의 난타를 받아 넘어지면서도 애국가를 높이 부르며 남학생과 더불어 최후의 순간까지 투쟁하겠다 하여 우리들의 결심은 익익고조할 뿐이었다.

마침내 우리의 행렬이 서대문 2정목 파출소 앞에 이르자 돌연 50여명의 폭한이 나타나 우리의 순국행렬에 대하여 장총 피스톨을 난

사하며 비열무쌍하게도 우리 여학생들에게 곤봉난타를 집중 20여명
은 그 자리에서 넘어졌으나 여학생들은 난타로 피를 토하면서도 피
탄(被彈)하여 쓰러져 가는 동지를 끼어안고 꽉 스크럼을 짜고 독립만
세와 애국가를 고창하여 성스러운 행진을 계속할 뿐이었다.

오호! 우리의 성스러운 행진에 대한 가증한 매국노의 불의의 습
격, 친애하는 3천만 동포들이여 공정한 심판을 이들에게 내려주소
서. 폭도들은 여학생을 구치(拘致)하기 시작하였으나 순국의 투사들
은 어깨동무하여 애국가를 높이 부르며 역적군에게 무기 없는 저항
을 하면서 그들의 비굴로 끌려가는 것을 목격한 한 남학생은 기선을
취하여 경관에 이를 고하여 우리 용사를 구출하고 주구 2명을 체포
하였다. 그의 고백에 의하면 이 일군은 학생동맹원, 국군준비원, 해
방청년대원, 청년돌격대원 전 50여명으로 이들은 매인당 금 25원씩
매국노들에 매수당하여 인민당 명령하에 이같은 천인공로할 죄악을
범하고 말았다.

친애하는 3천만 동포 여러분!

우리 땅에는 아직도 이같이 후안무치한 가련한 인생들이 방황하
고 있다. 그러나 안심하여라.

우리 학도는 우리의 힘으로 3천리 강산을 찾고야 말 터이니 제형
은 오늘날 우리들의 백사불굴의 투지를 여성의 불타는 의기를 역력
히 보았을 줄 믿는다. 우리는 이제야 오로지 토지에서 가장 비열하고
간악한 박헌영을 수령으로 하는 매국노들을 철저적으로 소탕하며 우
리의 완전독립을 전취하겠노라. 우리의 뒤에는 전국 십수만의 남녀
학생과 3천만의 용사가 따르니 우리는 빛나는 태극기 아래 죽음으로
써 우리 강토를 찾고야 말 것이다.

피해상황

(…) 입병환자(세전병원): 세전생(世專生) 1명 흉부□관총창 생명위독, 이대생 1명 전신타박상 생명위독, 양정생(養正生) 1명 후두부 타박상 혼수상태, 기타 2명

1946년 1월 18일
반탁치전국학생총연맹

반탁운동을 찬양하는 것, 반탁시위대의 인민보사와 인민당 습격을 문제삼지 않는 것까지는 그렇다 하더라도, 시위대의 피해를 부풀리는 데서 『동아일보』의 작문 실력이 두드러진다. 4명이 "총탄에 중상을 입고 입원하여 응급가료를 받고 있으나 유혈이 심하여 모두 생명이 위독하다"고 했다. 반탁학련 삐라에 중상 4명, 경상 25명에 입원환자가 5명이라 했는데 입원환자 중 총상은 한명뿐이다. 양쪽 모두 입원한 부상자가 거의 다 죽어가고 있다고 하는 것은 이해할 만한 일이다. 입원도 하지 않은 부상자가 죽어가고 있다고 우길 수는 없을 테니까.

삐라에 나와 있는 MP의 역할도 『동아일보』 기사에는 없다. 50여명 폭도들이 권총과 장총을 들고 달려들었다면 어째서 총상자가 한명밖에 없나? 한명 있다는 것도 MP의 총에 맞은 게 아닐까 하는 생각이 든다.

좌익 폭도들이 일당 25원씩 받고 나왔다는 이야기가 삐라에만 나와 있는 것도 눈길을 끈다. 조그만 근거라도 있는 이야기라면 『동아일보』가 놓쳤을 리 없다. 일당 동원에 대해서는 『동아일보』의 작문력으로도 따라오지 못할 일가견이 반탁학련측에 있었던 것 같다.

반탁학련은 1월 2일에 14개교 대표 20여명이 모인 반탁학생준비회에서 결성 방침을 정하고 1월 7일 1만여 학생이 서울운동장에 모여 반탁학생대회를 열며 결성한 단체였다. 준비회에서부터 이철승의 주도

가 드러나 보인다.

앞서도 인용한 바 있지만 "김성수의 주머니가 바로 이철승의 주머니"라는 말이 나돌 정도로 이철승은 김성수의 전폭적 신뢰와 지원을 받은 대한민국 '정치학생'의 원조다. 1월 7일의 반탁학생대회가 열린 상황을 강준만은 김우종의 기록을 인용하며 이렇게 그렸다.

> 이승만은 비서실장 윤치영을 보내 대회를 격려해 주었지만, 이 대회는 자발적인 집회는 아니었다. 겨울방학 중인데 1만여명을 모으는 게 쉬운 일이겠는가. 서울시내 남녀 중학생들은 학교로 소집되었다. 김우종에 따르면,
>
> "학교에 모두 집합해서 출석 점검을 한 후 4열 종대를 짓고 교사들의 지휘를 받으며 서울운동장으로 향하는 것이다. '아무도 도중에 도망칠 생각은 하지 마라. 서울운동장에 가서 출석을 부를 테니까.' 일제시대부터 이미 이런 일에는 익숙해져 있으니까 학생들은 어김없이 아침 8시까지 학교운동장에 집합해 출발했다. (…) 당시는 중학이 6년제이니 꼬마들부터 지금의 고교생까지 다 함께 모인 셈이다. (…) 영하의 추위에 귀가 얼고 코가 얼고 뺨도 허여멀겋게 핏기를 잃고 있어서 '신탁통치 결사반대'를 외쳐도 입은 잘 열리지 않았다." (『한국 현대사 산책: 1940년대편 1』, 198쪽)

우익 폭력에 가장 강력하게 대항하던 단체인 국군준비대(국준)가 미군정의 폭력으로 해산당하고 있을 때의 일이었다. 1만여 학생이 모이는 데는 이철승을 통해 뿌려진 공작금만이 아니라 군정청과 교육계에 대한 극우파의 영향력도 작용한 것으로 보인다.

이 조직이 1월 18일 폭력시위에 나선 것은 이틀 전 개막한 미소공동

1945년 10월 20일 이승만 귀국
환영대회에서 하지가 장택상을
소개하고 있다. 미국식 영어 하
는 사람들에게는 미군정하에서
벼락출세의 길이 열렸다.

위원회 준비회담의 분위기를 흐리기 위해서였다고 보인다. "소련영사
관에 질서정연하게 쇄도"할 때의 분위기가 어떤 것이었는지는 삐라
문면만으로 정확하게 파악되지 않는다. 그러나 인민보사와 인민당을
습격해서 MP가 "권총을 난사하여 곤봉으로 민중을 난타"할 때의 시위
대는 폭도의 모습이었음에 틀림없다. 반탁학련을 옹호하는 군정청 MP
가 진압에 나서야 할 정도였다면.

국준이 무력화된 상황에서 반탁학련의 폭력을 제지하기 위해 나선
것은 학병동맹이었다. 12월 29일 건국청년회의 인민보사 습격을 경찰
이 방관하다가 국준의 반격을 문제삼아 국준만 탄압한 것과 똑같은 일
이 학병동맹에게 닥쳤다. 19일 새벽 경찰이 학병동맹 본부를 공격, 맹
원 세 사람이 죽고 세 사람이 다쳤다. 경찰은 두명만이 부상을 입었다

고 한다. 습격 후에 장택상 경기도 경찰부장은 기자들에게 이렇게 말했다.

어젯밤의 학병동맹 사건 진상은 즉 내가 11시경에 집에 돌아가자 인민보와 인민당이 방금 어떤 테러단체의 습격을 받고 있는 중이라는 보고를 듣고 곧 무장경관 10명을 소집하여 인민보를 경호케 하고 다시 시내 각 서와 소방대에 비상소집을 명하여 무장 대기하게 한 후 각 서로부터 10명씩을 소집하여 우선 트럭 3대로 전시를 경계하였다.

12시 반경에 인사정 파출소에서 경계망에 걸린 3청년 즉 이민영(李敏寧, 25), 최무영(崔武營, 26), 백완선(白完先, 24)을 수사한 결과 다이너마이트와 현금 2만 3,000원이 발견되어 그들의 거처를 물은즉 학병동맹이라 하므로 무장경관 45명이 즉시로 삼청정 학병동맹으로 달린즉 권총이 연속 발사되고 있었다. 시간은 오전 3시 반이었다. 할 수 없이 이쪽에서도 권총으로 대응하는 중에 응원경관 300명이 도착하여 이중으로 주위를 포위하고 결사적으로 경관 수십명이 돌입하여 140명을 검거하였는데 경관 중에 2·3명은 부상을 당하였고 상대편에서는 사망자 2, 부상자 3명을 낸 대사건이었다. 체포한 자들에게 경관에게 발사한 경유를 물은즉 최초에는 모 단체에서 습격 온 줄만 알았지 경관인 줄은 전연 몰랐다 하며 압수된 물건에는 무기도 불소하다 한다.

민족의 수치인 이러한 테러단체 숙청에 대한 방침에 대하여 동 장(張)부장은 어떠한 정당단체를 물론하고 폭력행위는 금후 목숨을 바쳐 철저히 박멸하겠으며 18일 저녁에 인민보에 600명, 인민당에 400명의 테러단이 각각 습격한 데 있어서 관내 경찰서에서 전혀 알지 못하고 경위하지 못한 데 대해서 철저히 관내 경찰관에게 책임추궁하겠다. 그리고 인민보와 인민당 습격사건에 대한 수사와 진상도 책임지고 탐문하여 일반시민으로 하여금 금후 안심하고 경관을 신뢰하게 하겠다.

(「경찰대, 학병동맹 청사 점거하고 총기 압수」 중에서, 『조선일보』 1946년 1월 20일)

압수된 물건에 "무기도 불소하다"고 하는데, 무기다운 무기는 칼 몇 자루에 권총 한 정뿐이었다. 비무장에 가까운 140여명 집단을 진압하기 위해 300여명 경찰 대부대가 동원되어 사람을 셋이나 죽였다. 용산 참사에 이르는 대한민국 경찰 폭력성의 출발점이다. 인민보사와 인민당 습격에 대해서는 경찰에서 알지도 못하고 있었다고 한다. 다이너마이트와 돈을 갖고 있다가 경계망에 걸렸다는 청년들의 정체도 의심스럽지 않을 수 없다.

장택상이 기자들과 만날 때는 사망자를 둘로 알고 있었는데, 세번째 희생자의 죽은 모습을 전하는 한 간호사의 말에서 경찰의 학병동맹에 대한 태도를 역력히 알아볼 수 있다.

● 김성익(金星翼) 사망 의전병원 간호인 담

19일 이른 아침의 습격으로 중상을 입었던 학병동맹 부위원장 김성익은 20일 오전 6시 반 의전병원 8호실에서 쓸쓸히 세상을 떠났다.

"전등도 간호인도 이불도 없는 방에다 간단한 수술만 하고 내버려두어 오후 7시 신음소리가 대단히 나기에 내가 들어가 보니 물을 좀 달라기에 물을 갖다주고 나왔는데 오늘 아침 7시에 가보니 그만 세상을 떠나고 말았구려. 참 가엾습니다."

(「경기도 경찰부, 테러혐의 학생 41명 체포」 중에서, 『서울신문』 1946년 1월 21일)

1946. 1. 19.

좌익의 약점이 된 박헌영

박헌영이 '좌익'을 대표하는 인물로 통한 것은 조선공산당(공산당) 책임비서였기 때문이다. 해방 후의 공산당은 정통성을 중시하는 경향이 강했다. '1국1당'의 권위를 보장하던 코민테른의 원리가 코민테른이 해체(1943)되고 난 그때까지 아직 통하고 있었던 것이다. 당시 동유럽 공산주의자들이 코민테른식 '전위정당'보다 '대중정당'을 만드는 데 힘을 쏟고 있던 것과 대조된다.

박헌영은 1920년대의 조선공산당 참여와 1930~33년의 '국제선' 역할을 명분으로 경력상의 정통성을 주장하는 위에 코민테른 12월 테제(1928)를 답습한 8월 테제를 만들어 이념적 정통성을 함께 주장했다. 이것이 상당한 범위의 국내 공산주의자들에게 인정받아 공산당 '재건'의 기수가 되었고, 그는 공산당을 권위주의체제로 이끌었다. 그가 장악한 공산당을 통하지 않고는 조선에서 공산주의 활동이 성립될 수 없게 만든 것이다.

박헌영이 장악한 공산당의 존재는 이북 지역 공산주의운동에도 제약을 주었다. 1945년 10월 중순 '조선공산당 북조선분국'을 만든 것은 분할점령으로 인해 중앙당의 역할에 한계가 있어서였다. 분국의 필요성이 분명한데도 박헌영과 그를 추종하는 이북 지역 국내파 공산주의자들이 분국 설치에 반대한 것은 종파적 주도권에 집착한 것이었다.

그 반대를 박헌영이 접은 것은 소련군측의 권유 때문이었다.

김일성이 주도한 북조선분국이 사실상 별도의 중앙당이면서도 명목상으로 서울의 중앙당과 책임비서 박헌영의 상급 위상을 존중한 것은 식민지시대 공산주의자들 사이에 익숙한 '1국1당' 원리를 뒤집을 경우 일어날 혼란을 피하기 위해서였다. 이로 인해 조선 공산주의운동의 최고지도자로서 박헌영의 위상이 계속 유지되었다. 1946년 3월 이후 북조선분국이 '북조선공산당'으로 통칭되는 상황에서도 이 위상은 명목상으로라도 유지되었고, 8월에서 9월에 걸쳐 남조선노동당과 북조선노동당이 각각 세워진 뒤에야 해소되었다.

박헌영의 대표성을 강조하는 권위주의체제 때문에 공산당에 대한 공격이 박헌영 개인에 대한 공격의 형태를 취하는 일이 많았다. 1월 5일의 기자회견 내용이 왜곡되어 물의를 일으킨 것이 그런 예의 하나다. 그 회견의 『서울신문』 1월 6일자 보도(「조공 박헌영, 당면문제에 대해 내외기자단 회견」)는 이렇게 나왔다.

> 5일 오전 11시부터 조선공산당 박헌영은 내부기자단과 회견하고 조선의 탁치 문제, 정당통일 문제, 군정의 경향 등에 대하여 두 시간 동안 다음과 같은 문답을 하였다.
>
> (문) 공산당은 모스크바 회담에 대하여 어떠한 태도를 가졌는가?
>
> (답) 삼국 외상회담에서 결정한 것을 옳은 것이라고 믿는다. 왜 그러냐 하면 첫째 조선 문제의 결정은 민주주의 원칙에 의하여 독립국가로 발전시키기 위한 결의이기 때문이다. 둘째 신탁 문제는 제국주의 침략과정의 식민지화의 의도가 없고, 셋째는 오늘의 세계 문제는 미 영 소 3국 연합의 민주주의적 지도를 받게 되었다. 그것은 인류의 발전이 높은 과정에 이르러 각국이 다 협력하여 파시즘을 박멸하고

평화를 유지하는 민주주의로서, 국제협조 정신하에 국제문제가 해결되고 있다. 따라서 조선도 국제관계의 일환으로서 이러한 국제적 노선에 순응해야 비로소 조선독립이 가능한 것이요 또 그 독립이 조선을 위한 독립이요 세계를 위한 독립이 된다.

(문) 조선은 소비에트화하지 않는가?

(답) 조선은 그런 단계에 이르지 않았다. 조선은 현재 민주주의 변혁과정에서 봉건잔재를 청소하는 과정에 있다.

(문) 조선 통일 문제에 있어서 통일이 실현될 가능성이 있는가?

(답) 우리는 빠른 기한 내에 실현될 줄 안다. 현재 우리 당에서 각 당과 교섭이 진행되고 있는데 통일에는 공통된 원칙이 있어야 할 것이다. 그 원칙은 3국 외상회담의 결의에 찬성하느냐 반대하느냐에 있다.

(문) 임정과 인공의 합작은 가능한가?

(답) 현재 정당합작으로만 가능하며 임정으로는 불가능하다. 물론 임정도 참가할 수 있으나 개인의 자격으로만 참가할 수 있다. 현재 조선의 통일은 위로 국제적 압력과 밑으로부터의 하부압력 즉 민중의 압력에 의하여 모스크바 원칙으로 통일될 것이다. 우리도 그러한 방향으로 노력하고 있다.

(문) 임정을 주로 한 전번 탁치반대 데모에 대한 견해 여하?

(답) 김구씨의 반탁데모는 큰 과오를 범하고 있다. 왜 그러냐 하면 탁치의 본질적 설명을 하지 않고 고의로 일본제국주의의 위임통치제와 혼동시켜 민족을 의혹케 하고 반연합국적 조직을 양성하여 민중을 나쁜 의미에서 혼란케 하고 있다.

(문) 데모와 군정의 태도는 어떠한가?

(답) 군정청에서는 이러한 데모를 원조하는 것처럼 보여 이상스럽

게 생각된다. 라디오 사용을 허가하고 또 시위운동을 칭찬하는 언사를 함은 군정이 반연합국 시위를 원조하는 것이다. 하지 중장은 이것을 말하여 조선사람의 반탁운동을 마치 십자가적 운동으로 나와 그 당시 이를 방해하면 반대의 효과가 나타날까 두려워 관대한 태도를 취하였다. 그러나 김구씨가 그 취지를 잘 모르는 것은 자기도 안다고 하였다.

(문) 군정의 정책에 대한 소감 여하?

(답) 최근의 경향우 반민주주의에 대하여 관대하고 진정한 민주주의에는 호감을 갖지 않는 방침으로 나오는 것 같다. 그 증거로는 지방의 인민위원회와 농민조합의 활동은 억압하고 현재 남조선에서는 300명 이상을 유치하고 있다. 그런데 이것은 친일파 관리들의 반민주주의적 증오심에서 나온 현상이다.

그런데 1월 8일 작성된 주한미군 정보문서에는 이 회견에서 답변한 박헌영의 발언이 다른 내용으로 파악되어 있었다.

조선공산당의 당수인 박헌영이 1월 5일 미국인 및 조선인 기자들과 한 인터뷰는 매우 흥미롭다. 박헌영은 조선에 대한 일국 신탁통치를 지지한다고 말했다. 조선이 소련에 편입될 가능성에 관해 질문했을 때, 박은 공산주의에 대한 조선인들의 적대감과 지리적 난점 때문에 그같은 편입이 이루어질 만큼 조선이 자주독립 민주국가로 변화하는 데는 10년 내지 20년의 기간이 필요하다고 답했다. 박에 따르면, 소련은 조선에 대해 침략정책이나 식민지화의 야욕을 갖고 있지 않으며 민주적 방면으로 최대한의 도움을 줄 것이라고 한다. 그는 모스크바 회담의 결정을 총체적으로 지지했다. (…) 조선 신문에 보도된 인터뷰 내용은 위의 인터뷰에서 박이 행한 실제 언사보다 상당히 완화된 상태였다. 일국 신탁통치안 혹은 소련연방 편입에 조건부로 요구되는 기간에 관해서는 아무런 언급이 없었다.(『이정 박헌영 일대기』, 265쪽에서 재인용)

조선 신문에 보도되지 않았다는 이 내용이 어떻게 이 정보문서에 올라갔을까? 자료는 미국인 존스턴 기자가 작성한 것이었고, 하지가 이것을 채택하도록 한 것이었다. 정용욱이 『존 하지와 미군 점령통치 3년』에 정리해 놓은 이 사건의 경과 중 1월 6일의 일이 이렇게 적혀 있다.

하지 장군, 주한 미군사령부 정례 참모회의에서 정보부장 니스트에게 존스턴의 기사, 특히 송신 허가되지 않은 존스턴 기자의 메모가 매우 흥미롭다고 주의를 환기시킴.

이 참모회의에 참석했던 군사관 킵은 인터뷰에 참석했던 미군 장교가 존스턴이 박헌영의 발언을 완전히 곡해하여 써놓았다고 발언했음을 같은 날짜의 『사관기장』에 남김.

공보국의 뉴먼 대령조차 이 보도의 진위를 의심하여 이를 스노 기자에게 확인하였음. 스노는 이 인터뷰에 참석하지 않으나 박헌영의 견해가 아닐 것이라고 단호하게 말함.(『존 하지와 미군 점령통치 3년』, 72~73쪽)

박헌영은 1월 12일 존스턴을 방문해 존스턴의 기사가 사실과 다른데 대한 유감을 표명하고 정정을 요구했다고 한다. 그러나 그 내용이 1월 15일 샌프란시스코 라디오방송에서 조선어로 방송되고 서울중앙방송국이 이를 중계방송하자 『동아일보』가 1월 16일, 17일, 20일자에서 다루는 등 우익지들이 대서특필하고 한민당은 박헌영을 규탄하는 결의문을 15일에 발표했다.

박헌영은 1월 16일 기자회견을 열어 존스턴의 기사를 반박했다. 17일에는 문제가 된 1월 5일 기자회견에 참석했던 미국 『스타스 앤드 스트라이프스』(Stars and Stripes)지 콘웰 기자가 박헌영의 주장을 지지하는 증언을 했고, 18일에는 같은 기자회견에 참석했던 국내 12개사 신문기자단이 연명으로 존스턴의 기사가 사실무근의 허위보도라고 주장했다. 그러나 존스턴은 18일에도 기자회견 자리에서 자기 기사가 허위가 아니라고 거듭 주장했다(『이정 박헌영 일대기』, 269~275쪽).

정용욱은 『존 하지와 미군 점령통치 3년』에서 1945년 12월 27일자 『동아일보』 허위기사와 관련된 주변 사정을 세밀히 검토하여 맥아더 사령부와 남한 군정청이 조선 여론을 오도하는 기사 조작에 개입했을 개연성을 상당히 분명하게 밝혀놓았다(53~66쪽). 존스턴의 조작기사에는 하지가 직접 개입한 사실이 더 분명히 드러나 있다. 남한을 반공국가로 만들어 미국의 영향 아래 두려는 맥아더의 구상이 모스크바 회담을 계기로 더욱 구체화된 것이 아닌가 생각된다.

개인숭배를 지향한 박헌영의 권위주의가 존스턴 조작기사 사건의 배경조건이라는 점을 유의할 필요가 있다. 박헌영에 대한 공격이 바로 좌익의 타격으로 이어질 수 있었던 것이다. 그리고 박헌영의 관념주의적이고 대립지향적인 성향이 공격을 쉽게 불러올 수 있었다. 그는 1929년과 1939년 국제레닌학교 재학시절 교수들로부터 "관념적 성향"에 대한 지적을 거듭 받은 일이 있다(『이정 박헌영 일대기』, 157, 167쪽). 그외에도 1925년 『조선일보』 기자로 있을 때 직속 상사였던 사회부장 유광렬의 회고가 인상적이다.

그는 조선일보사에서 나와 같이 근무할 때 나에게 냉혹하게 대했다. 당시 사회부장은 좌익청년에게 매 맞는 자리였다. 좌익단체인 화요회, 서울청년회, 적박단 등은 신문기사가 자기들에게 조금이라도 불리하게 나오면 신문사에 몰려와 야료를 부리고 사회부장과 취재기자를 때리곤 했다. 이럴 때면 같은 좌익 기자지만 김단야는 "왜 그러느냐. 신문사는 신문사대로 입장이 있는 것이 아니냐"고 말렸다. 이에 비해 박헌영은 말리는 김단야를 못마땅하게 생각, "야, 너는 유광렬 개인을 위해 무엇 때문에 나서느냐"고 빈정거렸다. 그때마다 나는 그를 괘씸하게 생각하곤 했다. (같은 책, 100~101쪽에서 재인용)

에드거 스노(Edgar P. Snow)가 존스턴의 조작기사가 사실이 아닐 것이라고 "단호하게" 추측했다고 하는데, 누구라도 다른 추측을 할 수 없는 상황이었다. 공산주의자들이 민족주의를 등지고 소련만을 존숭한다는 것은 극우파의 상투적 공격이었다. 설령 박헌영이 그런 생각을 품고 있었다 하더라도 그 시점에서 그런 속내를 드러낸다는 것은 있을 수 없는 일이었다. 존스턴 기사의 허위를 증언한 기자단의 소속이 어디어디인지는 확인하지 못했지만, 12개사라면 좌익 신문사만은 아니었을 것이다.

터무니없는 데마고그였다. 그런 터무니없는 데마고그가 나올 수 있었던 배경에는 모스크바 결정에 대한 공산당의 입장이 너무나 터무니없이 뒤집힌 데도 원인이 있지 않았을까 하는 생각이 든다.

1월 7일의 '4당 코뮤니케'에 공산당도 찬성한 데서 알아볼 수 있는 것처럼 공산당의 기본 입장은 모스크바 결정을 지지하되 신탁통치에는 반대한다는 것이었다. 우익의 무리한 반탁운동을 비판하는 '반(反)반탁운동'에는 타당성이 있었다. 그러나 공산당은 우익과의 차별성을

너무 강조해서 '반탁운동 반대'가 아닌 '반(反)반탁'을 외쳤다. '찬탁'
으로 쉽게 오해받을 만한 구호였다. 그 상황에서 공산당은 '찬탁'을 외
치는 터무니없는 존재로 일반인의 눈에 비쳐지고 있었고, 존스턴의 기
사 조작은 그런 인상을 더욱 강화하려는 것이었다.

1946. 1. 20.

스탈린까지 항의에 나선 『동아일보』 조작기사

10월 20일 '빈센트 발언' 이래 '신탁통치'에 관련된 미국측 메시지는 매우 혼란스러웠다. 미군정 최고당국자인 아놀드와 하지가 '빈센트 발언'을 '개인 의견'으로 몰아붙이고 신탁통치 없이 조선을 즉각 독립 시키는 것이 미국의 뜻인 것처럼 선전한 데서 혼란이 시작됐다. 국무성은 모스크바 회담에서 신탁통치를 제안한다는 방침을 줄곧 분명히 해왔는데도 하지와 아놀드는 이를 묵살하고 맥아더의 의중에만 따르고 있었던 것이다.

모스크바 회담 종결을 앞두고 나온 12월 27일자 『동아일보』 허위기사도 맥아더와 미군정의 뜻이 반영된 것이었다. 맥아더·미군정 집단은 현지 점령군의 위상을 이용해 국무성 정책을 뒤집고자 했다. 국무성 정책은 조선을 연합 4국의 신탁통치 후에 독립시킨다는 것이었다.

맥아더·미군정 집단은 조선을 미국만의 영향 아래 두고 싶어했다. 모스크바 회담 개막 전에 이승만의 독촉을 지원할 때는 조선 전체를 끌어들일 희망도 갖고 있었던 것으로 보인다. 그러나 모스크바 회담 결정이 나오고서는 남한만이라도 지켜야겠다는 쪽으로 생각이 돌아선 깃 같다. '반소·반공' 의도를 분명히 드러낸 『동아일보』 허위기사는 분단 건국으로 상황을 몰아가는 효과를 가진 것이었다.

국제무대에서 소련과 미국 사이의 갈등이 심화되고 있기는 했지만,

명분을 일체 무시하는 노골적인 대립에는 아직 이르지 않고 있었다. 조선 내에서도 공산주의운동이 안정된 정치세력으로 고착되어 있지 못했다. 국제적 미·소 협력도 국내의 좌우합작도 아직 길이 열려 있었다. 이 시점에서 '반소·반공'은 한마디로 판을 깨자는 뜻이었다. 미·소 협력과 좌우합작의 길을 원천적으로 봉쇄하자는 뜻이었다.

'솔로몬의 판결'이 생각나는 장면이다. 아기의 진짜 어머니와 가짜 어머니를 가리기 위해 솔로몬 왕이 아기를 쪼개서 나눠주라고 하자 진짜 어머니는 아기를 포기할 테니 쪼개지 말아달라고 애원했다는 이야기.

해방공간의 조선에는 아기를 쪼개더라도 내 몫을 포기하지 못하겠다는 자들이 있었다. 분단 건국은 전쟁의 충분조건이나 마찬가지였다. 일어난 일을 봐서 하는 얘기가 아니다. 하나의 민족을 두 개의 국가로 쪼개놓으면 꼭 6·25 같은 형태가 아니라도 어떤 전쟁이든 전쟁을 겪게 되어 있다. 통합을 향한 민족의 에너지가 현실상황과 충돌하기 때문이다.

1월 19일 빈센트가 상황을 정리하기 위해 다시 나섰다. 그동안 군정 당국자들이 내놓은 혼란스러운 메시지가 국무성에도 잘 알려져 있었다. 그 메시지들을 일일이 해명하고 수정하기보다 모스크바 회담의 결정 내용을 기준으로 미국의 입장을 새로 그려 보인 것이다.

> 미국 국무성 극동문제위원장 존 카트 빈센트는 19일 라디오방송으로 미국의 조선에 대한 의견은 연합국 3국 의견과 동일한데 만일 새로 설립되는 임시정부가 능률이나 힘을 보여준다면 조선의 신탁통치를 실현시키지 않겠다고 말하였다.
>
> 만일에 새로 설립되는 임시정부가 통일적 치안이나 통치를 못 본

다면 연합국기구 밑에 4대 연합국에 의한 신탁통치를 현재 서울에서 열리고 있는 미소공동위원회에 제의할 것이다. 만약 신탁통치가 실현되면 모스크바 삼상회의와 같이 만 5년으로 되기 쉽다. 우리가 조선에 대한 유일한 목적은 최단기간에 조선의 독립과 완전자치 완성에 있다.

조선의 통일된 임시정부를 설치하는 데는 여러 가지 복잡한 문제가 많다. 그 이유는 현재 조선에는 90여개의 정치단체가 있는 까닭이다.

(「미국무성 극동문제위원장 탁치문제 언급」,『서울신문』 1946년 1월 21일)

사실 이것은 '미국의 입장'이 아니라 '연합 3국의 입장'이었다. 모스크바에서 미국의 최초 제안은 '5년 플러스 알파'의 신탁통치에 신탁기간 중 조선인의 임시정부나 과도정부를 세우지 않는다는 점에서 '외세 통치'의 성격이 강한 것이었다. '5년 마이너스 알파'로 바꾸고 임시정부를 신탁통치에 앞세우도록 한 최종 결정은 소련의 수정안에 따른 것이었다.

1월 19일 빈센트가 밝힌 미국의 입장은 모스크바 회담 이후의 미국 입장이었다. 회담 이전의 미국 입장이 아니었다. 회담 결정이 알려진 후 조선인의 반응을 보고는 애초에 미국이 외세 통치 성격이 강한 제안을 했다는 사실을 감추고 싶었을 것이다.

국제회담에서 합의가 이루어지면 어느 참가자가 어떤 제안을 했었는지 그 과정을 밝히지 않는 것이 외교관례다. 합의가 이루어진 이상 합의내용이 참가자 모두의 입장이 되는 것이고, 합의 이전의 의견차이를 가지고 분란이 다시 일어나는 일을 피하자는 뜻이다. 그런데 소련은 합의를 발표한 지 한 달이 안 된 시점에서 타스통신을 통해 합의과정을 밝혔다. 『동아일보』 허위기사 등 미군측의 심한 왜곡이 있었고, 1월 19

일 빈센트의 성명이 그 왜곡을 충분히 바로잡지 못했기 때문이었다.

1월 24일 타스통신의 회담과정 공개에 이르기까지 소련의 대응은 신중했다. 점령군과 영사관을 통해 3상회담 결정의 순조로운 이행을 유도하는 데만 노력을 기울이고 있다가 1월 22일 타스통신이 평양발 기사로 미군정이 반탁운동을 배후조종한다는 비난을 인용했고, 이어 회담과정을 공개했다. 23일에 스탈린이 미국대사 해리먼(William A. Harriman, 1891~1986)을 접견하고 회담과정을 공개해야 하는 소련의 입장을 알렸다. 이 접견을 해리먼은 이렇게 회고했다.

> 그는 한국으로부터 받은 전보 하나를 내게 읽어주었다. 그곳에서 미국을 대표하는 사람들이 신탁통치 결정의 파기를 주장하고 있다는 사실, 그와 같은 주장을 퍼뜨리기 위한 집회가 공개적으로 열리고 있다는 사실, 그리고 미국이 아니라 소련만이 신탁통치를 고집했다고 하는 기사들이 한국 신문에 게재되었다는 사실을 알린 전보였다. 이런 일에 러치 군정장관이 연루되어 있다고 지목해서 말했다. (『The Origins of the Korean War』, 225쪽에서 재인용)

스탈린까지 직접 나선 것이었다! 미국도 긴장하지 않을 수 없었다. 해리먼은 2월 2일부터 3일간 조선을 방문했다. 아니, 하지를 방문했다. 소련 주재 대사가 조선에 와서 사흘씩 지내다니! 조선 점령군의 행태가 미소관계에 끼치는 위협을 얼마나 심각하게 받아들였는지 단적으로 알아볼 수 있는 일이다.

요컨대 맥아더·군정청 집단은 판을 깨려고 날뛰고, 소련은 판을 지키려고 매달리는 형국이었다. 번스 장관의 미국 국무성은 소련만큼의 열의는 아니라도 판을 지키려는 편이었다. 트루먼 대통령은 후일의 회고에서 소련에 대한 강경한 태도로 돌아서고 있었다고 했는데(같은 책, 225~227쪽), 이것은 한국전쟁이 터진 후의 상황에 따라 기울어진 회고일 수도 있겠다고 생각된다. 아무튼 판을 지키려는 트루먼의 열의는 번스보다 약했기 때문에 정책혼선의 빌미를 주었을 것이다.

미국도 소련도 조선의 독립을 위해 제2차 세계대전을 치른 것이 아니었다. 1943년 11월 미·영·중의 카이로선언에서 조선독립 방침을 세우고 소련도 이를 추인한 것은 조선인이 예뻐서가 아니라 일본제국해체를 위해서였다. 일본이 막상 항복한 후 그 방침을 실천함에 있어서는 인도주의적 '선의'와 자국 이해관계의 고려가 엇갈려 나타나지 않을 수 없었다.

맥아더와 주한미군 지휘관들은 현지 사정에 직접 접하면서 이 지역에 걸린 미국의 이해관계를 깊이 살필 위치에 있었다. 그리고 이 지역의 전략적 중요성이 커지기 바라는 개인적 이해관계를 가지고 있었다. 미국의 한반도정책에 혼선을 일으킬 동력이 여기에서 나왔다. 십여 년간 미국 대외정책을 이끌던 루스벨트가 갑자기 사라진 상황 때문에 조그만 동력으로도 혼선이 쉽게 일어날 수 있었다.

반년 정도는 더 버틸 것으로 예상되던 일본을 단 며칠 만에 굴복시킨 원자폭탄! 원자폭탄을 가진 이제 소련을 조심스럽게 대할 필요가 없다고 생각한 미국인이 맥아더, 하지, 아놀드만이 아니었을 것이다. 그들은 소련과 사이좋게 지내기보다 싸우고 싶었다. 그런데 유럽에서는 싸움 붙기가 힘들었다. 영국, 프랑스 등 무시할 수 없는 나라들의 견제가 있고, 거기서 붙었다 하면 바로 제3차 세계대전이 될 텐데 전쟁에 지친 국민을 설득하기도 힘들다. 동아시아가 훨씬 편리한 위치였다. 판을 깨는 데 거칠 것이 없었다.

소련도 원자폭탄의 존재를 의식하고 있었다. 그래서 일본에 대한 영향력은 아예 포기했고 조선에 대해서도 적대적 정권만 들어서지 않기 바라는 방어적 입장이었다. 대결을 피하면서 방어적 입장을 보장받을 수 있는 최선의 방책을 3상회담에서 이끌어냈다. 원자폭탄을 자기네도 개발하기 전까지는 미국과의 대결을 피해야 했고, 그러면서 국경이 적대세력의 위협에 노출되는 일을 피하기 위해서는 3상회담에서 짜놓은 판을 지켜야 했다.

일반 조선인의 입장은 소련과 통하는 것이었다. 자력 해방이 아닌 만큼 승전국의 영향력은 어쩔 수 없는 일이었다. 하나의 국가로 독립해 여러 나라의 영향력을 고르게 받는 것이 최선의 길이었다. 하나의 국가로 한 나라의 영향력을 집중적으로 받는 것이 차선이었다. 두 개의 나라를 세워 각각 한 나라씩의 영향력을 집중적으로 받는 것은 최악의 길이었다.

조선이 최악의 길로 접어든 것이 어느 시점의 일이었는가? 여러 단계를 거쳐 점진적으로 이루어진 일이다. 그러나 가장 큰 고비가 1946년 1월, 모스크바 결정을 받아들이는 단계였다고 나는 생각한다. 맥아더·군정청 집단과 이승만의 마음속에서 분단 건국이 유일한 목표는 아니더라도 유력한 목표로 떠오르게 된 것도 이 단계였다고 본다.

1946. 1. 21.

사악함과 어리석음의 경계

───

3상회담 결정에 대한 "일반 조선인의 입장은 소련과 통하는 것"이었다고 어제 썼다. 여기서 "일반 조선인"이라 함은 한민족의 통일된 독립국가가 세워지기 바라는 마음을 가졌고, 그 마음을 개인적 이해관계 때문에 크게 굽힐 이유가 없는 조선인을 말한다.

한민족의 통일된 독립국가가 세워지기 바라는 마음을 '민족심'이라고 하자. (중국 조선족이 '민족주의' 대신 '민족심'이란 말을 쓰는 것은 정치적 조건 때문이지만, 우리가 흔히 '민족주의'라 말하는 것을 '민족심'으로 표현하는 것이 더 적절한 때가 많은 것 같다.) 민족구성원 가운데 민족심을 전혀 안 가진 사람은 극소수다. 그런데 민족심을 가졌다 하더라도 민족심이 강하고 약한 편차가 있다. 아주 강한 사람은 그것을 위해 목숨을 던지기도 하지만, 아주 약한 사람은 조그만 이해관계 앞에서도 접어놓을 수 있다.

해방공간처럼 가변성이 큰 상황을 바라보며 도덕적 기준을 적용하려는 유혹을 쉽게 받는 것은 다른 적절한 기준을 명확히 세우기가 힘들기 때문이다. 도덕적 평가는 결코 무의미한 것이 아니다. 나는 도덕적 평가가 역사공부의 궁극적 목표라는 생각을 개인적으로 가지고 있다. 다만 이것이 목표이지, 방법이 아니라는 점을 잊지 않으려 애쓴다. 충분히 확실한 이해에 이르기 전에 도덕적 기준을 섣불리 떠올리지 않으려 애쓴다.

통일민족국가 건설을 등진 이승만과 한민당, 그리고 대다수의 경찰관과 자본가들에게 '반민족행위자' 딱지를 붙이는 것이 이 작업의 목적이 아니다. '반민족'이란 기준으로 그들에 대한 도덕적 평가를 끝내지 않겠다는 말이다. 그들 중에 극히 사악한 인물도 몇몇 있었다. 그러나 대부분은 주변 사람들을 위할 줄 아는, 나름대로 착한 마음을 가진 사람들이었다. 그런 '보통사람'들을 자기 사회의 파멸을 불러오는 방향으로 움직이게 한 것이 무엇이었을까? 지금도 많은 '보통사람'들이 이 사회의 파멸을 불러오는 방향으로 움직이고 있지나 않은지 살펴보기 위해서는 '반민족' 집단 속에서 '보통사람'의 모습을 찾아낼 필요가 있다.

서북청년회에서 활동한 바 있는 1920년생의 손진은 자신이 '반민족'의 길로 나선 관점을 이렇게 설명했다.

같은 민족끼리 어떻게 죽일 수 있느냐는 말들도 많이 하는데, 내 말은 같은 민족이 아니라는 게 아니에요. '국민'과 '민족'을 구분해야 된다는 거지요. 만일 민족만 놓고 생각할 것 같으면 같은 민족인데 제2차 세계대전 때 미국에 살던 일본놈들이 미국 국민으로서 싸운 건 어떻게 설명할 거냐는 말입니다. 민족이 내 생명, 내 재산을 보호해 주는 게 아니에요. 국민이죠. 국가가 망하면, 일제 때 봤잖아요. 그때 우리가 어디 민족이 없었어요? 주권을 빼앗기니까 생명과 재산을 보호받을 길이 없는 거예요.

'민족끼리'라는 건 북한이 주장하는 거예요. '공산주의'라는 게 원래 민족이 없어요. 그런데 왜 그걸 써먹는가 하면, 남한에 먹혀들어가니까 써먹는 거예요. '적'이라는 게 뭐겠어요? 나를 죽이려고 하는 사람이 적 아닌가요? (『8·15의 기억』, 44쪽)

　이 관점은 손진 한 사람의 것이 아니라 서북청년회 같은 조직에서 회원들의 자연스러운 민족심을 억누르기 위해 퍼뜨린 것이 아닐까 생각된다. 근년 뉴라이트 이론가들이 민족을 부정하며 국가를 앞세우는 것도 같은 틀이다.

　이런 관점을 내세우기 위해 인간을 '이기적 존재'로 규정하는 것이 뉴라이트 세계관의 핵심이다. 인간이 사회적 동물로 발전하면서 키워온 공동체의식을 부정하는 이런 관점은 인간을 약육강식의 동물의 세계로 돌려보내는 것이다. 손진과 같은 서북청년회 회원들이 이런 관점에 포섭될 수 있었던 것은 공동체의식에 기초를 둔 '사람 사는 세상'에 대한 희망이 흐려진 혼란스러운 상황 때문이었다. 소수집단의 이익을 위해 사회를 '공익' 관념이 희박한 야만상태로 몰아넣는 이 전략이 지금도 신자유주의의 기조로 통용되고 있다.

　일제 말기부터 대한민국 초기까지(1939~60) 경찰로 근무한 1916년 생의 홍순복은 해방공간의 경찰 상황을 이렇게 회고했다.

　일제시대에 친일한 사람들을 왜 다시 기용했느냐 말들이 많은 걸로 압니다. 그 문제는 난 이렇게 봐야 된다고 생각합니다. 북쪽에서는 소련군이 진주하면서 이미 왜정 때 관여했던 모든 관리들, 또 행세했던 사람들을 숙청했어요. 좌익, 이른바 공산주의 세력들이 집권하면서 그런 식으로 처리했던 거죠. 그런데 남쪽에서는 그것이 아니고, 해방 직후에 어지러운 질서를 잡아나가자면 왜놈 치하에 있던 경찰의 능력이 어느 정도 필요하다는 이승만의 정책이 있었어요. 그러니까 조병옥, 장택상 같은 분들도 사상적으로 박해받던 사람들이었는데도 자기네를 핍박했던 경찰들을 다시 채용했던 거예요. 그 사람들 아량은 보통이 아닙니다. 왜놈들이 정치적인 목적이 있어서 나쁜 것이지, 일제 때 경찰한 사람들이 행정적인 면에서 잘못한 건 하나도 없어요. 난 그렇게 생각합니다.

　나 같은 경우도 일제시대 때 경찰이 되어 일본사람의 명령에 의해 움직인 건 사실이지만, 민족을 해쳤다든가 하는 일은 절대 없었습니다. 오히려 민족을 보호하고 그놈들의 탄압 속에서 어떻게 하면 평화를 유지할까 걱정했을 따름입니다. 일본사람들 틈에 섞여서 민족운동하는 우리 투사들을 잡거나 하는 일은 없었어요. 감히 생각할 수도 없죠. 왜놈 밑에서 일하던 경찰, 행정공무원들도 마찬가지로 다들 민족정기, 민족정신을 가지고 있었어요. 해방 후에 복직했던 공무원들 가운데 그렇게 일본놈을 위해서 충성했던 사람은 없다고 봅니다. 물론 그 가운데는 친일해서 부귀영화를 누린 사람이나 조선사람을 앞장서서 탄압한 사람들도 있었겠지만 말입니다. 대개는 마지못해 한 것일 테고, 생계를 위해 한 거라고 생각합니다. (같은 책, 235쪽)

조병옥의 '아량' 얘기를 보고 있자니 경찰지휘권을 막 손에 쥔 그가 돈암장(이승만 거처) 경비를 소홀히 했다는 이유로 성북서 서장을 질책하다 못해 유치장에 넣으라고 호령해서 물의를 빚은 일을 11월 9일자 일기에 적었던 것이 생각난다. 지금의 이해관계를 위해 과거의 적과 손잡는 것을 '아량'이라 하는 것이 꼭 적절한 표현 같지는 않지만, 그 '아량'으로부터 혜택을 얻고 있다고 생각하는 사람의 눈에는 그렇게 보일 수도 있을 것이다.

증언자 홍순복은 마음이 여린 사람이라는 인상을 준다. 식민지시대 경찰을 하면서 민족모순을 전혀 느끼지 않고 "친일해서 부귀영화를 누린 사람이나 조선사람을 앞장서서 탄압한 사람들"을 예외적 존재로 본다. "우리 투사"들을 잡거나 하는 일은 감히 생각도 할 수 없는 일이었다고 한다. 이렇게 착한 사람들이 대한민국 경찰에는 많았다. 지금도 많다.

1930년 평양 출생으로 1946년 월남해 이북학련에서 활동한 채병률은 이런 증언을 남겼다.

> 해방 전까지는 우리도 잘 먹고 잘 살았어요. 해방이 되고 소련군, 즉 로스께나 적의대들이 들어와 우리를 쫓아냈잖아요. 그나마 쫓겨서 넘어온 것까지는 좋았는데, 서울에 와보니까 또 공산당을 찬양하고 동경하는 사람들이 있는 게 아닌가. 괘씸해서라도 이번에는 안 싸울 수가 없더라고요. 우리가 험한 장사를 하고 밥도 제대로 못 먹게 된 이유가 그들한테 쫓겨났기 때문인데 말이지. 그리고 그들에 대한 적개심은 사상적인 노선이 달랐기 때문이기보다는 단지 '네놈들 때문에 쫓겨나고 못 먹고 못 산다'는 생존권 박탈에 대한 울분이 강했기 때문이었어요. 요즘처럼 이념적으로 생각한 것은 아니지.
>
> 여기서까지 쫓겨나면 더 이상 갈 데도 없을 판이니 싸우는 수밖에. 그 당시 특별히 기억나는 일이 있다면 김두한이 종종 오토바이를 타고 와서, 여하튼 얻어왔는지 뺏어왔는지 우리한테 돈을 줬어. 더 마음에 들었던 것은 한번도 돈을 세서 주는 법이 없고 호주머니에서 손에 잡히는 대로 줬어요. 당시에 5원, 10원, 100원짜리가 있었으니까 백원짜리라도 몇 장 받는 날이면 감격이지. 1원짜리야 열 개 받아봤자 고작 10원밖에 안 됐지만. 아무튼 그 어른한테 우리 이북학련이 많은 도움을 받았어요. (같은 책, 353쪽)

김대중, 김영삼 두 분을 모두 모셔본 어느 분이 두 분이 돈 내주는 방법을 비교한 얘기가 생각난다. YS는 헤아리는 일 없이 한줌 턱 쥐어서 내주고 적은 듯하면 또 한줌 턱 쥐어서 내주는 식인데, DJ는 옆으로 살짝 돌아앉아 무릎 위에서 꼼꼼히 세어 정확한 액수를 내준다는 얘기.

함께 듣던 사람들도 나도 "그런 면에서는 YS가 통이 크구나" 탄복하며 들었다. 그런데 지금 김두한의 씀씀이 방식을 전하는 채병률의 증언을 보며 다른 측면의 생각이 떠오른다. 받는 사람을 종속적 입장에 묶어놓는 측면이다. 김두한의 마음에 들 만한 일을 열심히 찾아 하는 대가로 김두한의 포상을 받는데, 그 포상은 정기적인 것두 아니고 액수가 정해진 것도 아니다. '횡재'의 성격을 가진 포상이다. 그런 포상을 위해 생활을 바치는 사람들은 자기 생활을 스스로 계획해 나갈 수 없는 '룸펜' 심리상태에 묶이게 된다.

아무튼 이 증언은 극우파 폭력조직에 동원된 사람들이 처해 있던 전형적 상황을 보여준다. 해방 전 고향에선 나도 꽤 잘나갔는데, 하는 자부심은 본인의 도덕적 품격을 뒷받침하기보다 폭력대상에 대한 적개심을 강화하는 발판으로 작용한다. 생존조건 확보가 행동의 기본 목적이고, 나아가 호쾌한 씀씀이에 대한 룸펜식 동경이 그 동기를 더욱 강화하는 것이다.

세 사람의 증언에서 나는 '보통사람'들의 모습을 본다. 어떤 세상에서도 우리가 더불어 살 사람들이다. 민족에게서 덕 볼 길이 보이지 않을 때 국가에라도 매달리는 태도, 경찰이라는 현실적으로 괜찮은 직업을 지키기 위해 자신을 합리화하는 태도, 생계를 확보하며 분노도 발산할 수 있는 일거리에 매달리는 태도, 어느 시대 어느 사회에서도 상황에 따라 '보통사람'들이 취할 수 있는 태도다. 이런 사람들과 더불어 살기 싫다면 달나라에 가야 한다.

보통사람들은 상황에 따라 선택했던 행동을 얼마 후에 후회하는 일이 많다. 그 후회는 '어리석음'에 대한 후회다. 해방공간에서 민족심을 접어놓았다가 전쟁이라는 참혹한 결과가 닥치자 자기 정체성에 대한 믿음의 부족이 불행한 사태를 몰고 온다는 사실을 깨달은 사람들이 많았다.

'어리석음'을 후회하는 다른 방향도 있다. 민족심과 인간성을 더 철저하게 등지지 못하는 바람에 손해를 입거나 이익을 덜 봤다는 후회다. 자기 정체성을 부정하거나 축소시키는 방향의 이런 후회는 사람을 '어리석음'의 경지에서 '사악함'의 경지로 이끌어간다. '보통사람'의 범주를 벗어나는 길이다.

『뉴라이트 비판』 작업에서 나는 핏대 올리는 일을 피하려 노력했고, 그 노력은 많은 독자들의 인정을 받았다. 그러나 사실 그 노력이 실패한 대목이 몇 있다. 안병직이 DJ 대북정책을 어리석고 사악한 것이라고 쓴 것을 봤을 때가 그런 대목의 하나였다. 그런 식으로 그 일을 보는 안병직 자신의 관점이 어리석고 사악한 것이 아니냐고 나는 썼다.

"여우랑은 같이 살아도 곰이랑은 못 산다"는 속담이 있지만, 나는 곰과 살고 싶다. 나 자신도 곰처럼 살고 싶다. 보통사람의 어리석음도 세상 살기를 어렵게 만들지만, 그 어리석음을 벗어나겠다고 사악함으로 나아간다면 함께 세상 살기가 아예 불가능해질 수 있다.

해방공간 속에서 많은 사람들이 어리석은 행동을 했다. 그 어리석음을 모두 고쳐 완벽한 이상향을 만들 욕심이 내게는 없다. 내가 중시하는 것은 보통사람들을 어리석은 행동으로 몰아간 혼란한 상황을 빚어낸 사람들이다. 그들은 대개 보통 넘게 어리석은 사람들이었고, 더러 사악한 사람들도 있었다. 사악함과 그에 가까운 심한 어리석음, 그것을 집중적으로 반성해서 지금의 세상에서 그와 같은 것을 억누를 수 있게 되기를 나는 바란다.

1946. 1. 24.

나무 위에 올라가 흔들리는 임정

임정측에서 구상했던 '비상정치회의'가 1월 21일에 이승만의 독촉을 합류시키며 '비상국민회의'로 방향을 돌렸고, 비상국민회의주비회가 1월 24일 본격적으로 활동을 시작했다. 한국사데이터베이스의 '자료 대한민국사'에만도 많은 관련 기사가 실려 있다.

1946년 1월 4일   김구, 통일정권 수립 문제에 관해 비상정치회의 소집 등 성명 발표

1946년 1월 17일   임정, 비상정치회의 소집 결정

1946년 1월 20일   비상정치회의주비회 개최

1946년 1월 21일   비상정치회의주비회, 독촉을 합류시켜 비상국민회의주비회로 개칭

1946년 1월 21일   비상정치회의주비회, 조직조례기초위원 선정, 신탁문제 간담회

1946년 1월 22일   비상정치회의주비회, 미국무성 극동과장 빈센트의 방송에 대한 성명

1946년 1월 23일   비상국민회주비회, 탈퇴단체의 복귀를 희망하는 성명서 발표

1946년 1월 23일   조선민족혁명당과 조선민족해방동맹, 비상국민

회의주비회 탈퇴

1946년 1월 24일 무정부주의총연맹, 비상국민회의주비회 탈퇴
성명

1946년 1월 24일 비상국민회의주비회, 61개 단체에 초청장 발송

1946년 1월 24일 비상국민회의주비회, 심사위원과 국민회의 소
집주비위원 선정

1946년 1월 25일 독립촉성청년연맹 등 50단체 비상국민회의 지
지 결의

1946년 1월 25일 비상국민회의주비회, 비상국민회의에 참가할
61개 단체 발표

12월 초까지 임정 주력이 모두 귀국하자 새로운 활동형태에 대한 필요성이 떠올랐다. 그 시점에서 이승만은 군정청과의 교감하에 모스크바 3상회담 전에 임정을 독촉에 끌어들이려 획책했으나 임정 인사들은 말려들지 않았다.

12월 19일 임정 환영대회에서 김구가 극소수 친일파 민족반역자 외에 전민족이 통일해야 한다고 외친 것은 이승만이 드러내기 시작한 반공노선을 은근히 반대한 것이었다. 임정 비주류 인사 성주식은 이승만의 반공노선이 이승만 개인의 것이며 임정은 독촉과 아무런 관계가 없다고 공개적으로 언명했다.

12월 중순 성주식 등 임정 비주류 인사 5인의 '특별정치위원회' 구성 제안이 임정의 국내 활동을 위한 방안으로 처음 나온 것이었고, 임정 주류도 이에 동의했다. 그래서 12월 25일 조소앙, 김붕준, 김성숙, 최동오, 장건상, 유림, 김원봉 7인으로 특별정치위원회가 결성되었다. 그러다가 신탁통치 문제가 터져나오면서 임정이 거센 물살에 휩쓸리

기 시작했다.

극우파의 반탁운동이 임정 추대를 명분으로 내세우고 경찰, 군정청 직원 등 실력자 집단이 이에 동조하는 상황에 김구가 크게 고무되었다. 조심스러운 모색의 자세를 내던지고 기세를 한껏 올린 것이 12월 31일 군정청으로부터의 정권탈취 시도라 할 수 있는 '국자' 1·2호의 발포였다. 극우파의 부추김으로 김구가 나무 위에 올라간 것이다.

바로 이튿날 김구와 하지의 충돌 후 임정은 바로 꼬리를 내렸다. 국자 제1호의 제1항 "현재 전국 행정청 소속의 경찰기관 및 한인 직원은 전부 본 임시정부 지휘하에 예속케 함"을 취소한 것이다.

'임정 추대'는 함성뿐이었고, 군정청과의 충돌을 이겨낼 실력은 보이지 않았다. 그러나 함성은 계속되었고, 임정은 차분한 모색의 자세로 되돌아갈 수 없었다. 대장부가 칼을 뽑았으면 호박이라도 하나 베어야 하지 않겠는가.

그래서 1월 4일 김구의 '비상정치회의' 제안이 나왔다. 임정의 (임시)의정원은 중경을 떠나면서 실체가 사라졌다. '정부'의 정통성을 주장하기 위해서는 '민의'에 바탕을 둬야 하는데 형식적으로나마 임정의 정통성을 뒷받침해 주던 민의 수렴기구 의정원이 없었다. 김구는 국내의 임정 지지세력을 모아 의회 성격의 기구를 만들고자 했던 것이다.

1월 7일 '4당 코뮈니케'를 내놓은 4당회의와 그 이후 신한민족당을 추가한 5당회의를 비상정치회의 준비회담으로 유도하려는 임정측의 노력이 있었다. 그러나 이 시도에는 좌우 양쪽에서 반대와 저항이 있었다. 임정의 법통을 부정하는 공산당과 인민당은 임정 지지세력 틈에 끼어들 생각이 없었다.

12월 중 '반공' 깃발로 극우파의 주도권을 확보한 이승만은 임정과 김구가 명목상의 권위를 넘어 실제적 주도권을 쥐는 것을 꺼렸다. 서

중석은 『한국현대민족운동연구』에서 이승만이 "독립촉성중앙협의회
가 있으므로 비상정치회의가 필요 없다고 주장하였다"(341쪽)고 했다.
이 대목에 붙인 주 18은 이런 내용이었다.

> 김성수가 1월 14일 비상정치회의 소집을 지지하는 담화를 내자 이승
> 만은 이에 크게 불만을 표시하였다고 한다. 그러나 "모든 우익진영이
> 찬성하는 비상정치회의를 박사님께서 외면하신다면 박사님은 스스
> 로 자기 기반을 버리시는 형세가 될 것입니다"라고 장덕수는 이승만
> 을 위협하였다고 한다(이경남, 『설산 장덕수』, 339쪽 등).

좌익과의 사이는 한강이고, 이승만·한민당과의 사이는 샛강이라고
김구는 생각한 것일까? 1월 21일 독촉과의 합류 및 '비상국민회의'로
의 선회 결정은 좌익 참여의 포기였다. 1942년의 좌우합작 이래 한국
독립당에 이어 임정의 제2당이던 민족혁명당의 김원봉과 성주식, 그
리고 김성숙과 유림 등 비주류가 비상국민회의로의 선회에 반대하여
탈퇴했다. 의정원에 이어 국무회의마저 궤멸의 위기에 빠지면서 임정
의 상징적 가치는 크게 무너졌다.

비상국민회의 결성에 좌익을 참여시키지 않았다는 비주류측 불만
에 대해 김구측은 좌익 정당과 단체에도 초청장을 보냈다고 응수했다.
그러나 비주류측은 결성 의논과정에 좌익이 참여하지 못한 이상 좌익
측에 주체적 입장을 허용하지 않은 것임을 지적했다. 주비회에서 탈퇴
한 임정 비주류 인사들은 좌익에서 준비하고 있던 통일전선인 민주주
의민족전선(민전)에도 참여하지 않겠다는 뜻을 서둘러 밝힘으로써 중
립 입장을 표방했다.

비상국민회의에 참여한 안재홍은 2월 13일의 방송연설에서 입장을

이렇게 밝혔다.

　　나와 및 국민당은 '건준'과 '중앙협의회' 이래 민족전선 통일을 위하
여 상응한 노력을 줄곧 계속하여 온 편이나, 혹은 세력독점을 꾀하는
편과 마찬가지 권력을 자기편에서 많이 쥐겠다고 책동하는 등 착종
한 관계 중에 결국 불성립되었고, 1월 상순 임시정부에서 '비상정치
회주비회'를 발기하는 즈음에서도 세칭 4대 정당의 회합과 뒤를 이어
5정당의 간담에 적극 참여하고 또 알선도 하여 민족·공산 양 진영의
협동에 의한 건국공작을 원만 행진하고자 노력하였으나 역시 불성공
으로 마쳤습니다.

　　민족전선 통일도정에 있어 일부의 세력이라도 불참가·비협동의
결과로 되어서는 아니되겠으나, 위에 말한 국내정세가 매우 절박하
여 건국구민의 대업이 하루 이틀을 바쁘다고 다툴 뿐 아니라, 조선을
싸고도는 국제정세도 역시 하루 이틀을 다투어가면서 급격하게 추진
되고 있는 이때, 원만 협동을 기다린다고 해서 앉아서 민족성패의 긴
박한 시기를 놓칠 수 없으므로 단연 비상한 방법을 취하기로 되어,
경성에 있는 민족주의 3정당과 평양에 있는 조선민주당까지 협동하
고 다른 해외에서 들어온 혁명단체와 국내에 있는 종교 제 집단과 연
결하여, 임정에서 소집하는 '비상정치회의'를 지지하되, 이승만 박사
를 중심으로 결성되어 있는 '독립촉성중앙협의회'의 사업을 거기에
합류시키어, '비상국민회의'로 명칭을 변경하고, 이박사와 김구 주석
을 두 영수로 추대키로 중의가 일치하게 되어, 과도정권 건설방법에
까지 건너가게 되었습니다.

　　임시정부에서 소집한 '비상정치회의'가 '비상국민회의'로 발전되
고 과도정권 수립에까지 간 것은, 스스로 그들 각 개인으로서의 정권

욕을 떠나서 건국대업에 매진하는 것으로 해석할 바요, 3·1운동 이
래 27년 동안 민족해방운동의 전통은 누가 신정부를 조직하든지 당
연 건승될 바로서, 이 점은 민족통일 도정에 일단의 광명을 준 것이
의심 없습니다. (『민세 안재홍 선집 2』, 91~92쪽)

완전한 통일전선을 바라지만 절박한 국내외 정세 앞에서 더 이상 시
일을 지체할 수 없기 때문에 비상국민회의에 참여한다는 것이다. 통일
전선 결성을 위해 지극한 정성을 쏟아온 안재홍조차 완전한 통일전선
을 포기하기에 이른 것이다. 극좌와 극우가 그동안 보여온 성향으로
보건대 양측을 포괄하는 통일전선 결성이 불가능하다는 판단을 내린
모양이다.

일간 안선생을 또 한번 찾아가 물어봐야겠다. 이 시점에서 극좌와
극우의 포괄이 불가능하다고 판단했다면, 왜 극좌와 극우를 함께 배제
하는 길은 찾지 않았는지? 왜 극우파가 주도하는 비상국민회의에 참
여해서 그 성세를 키워주는 들러리 역할로 나섰는지?

중도파가 앞장서는 제3의 길은 이미 막혀버린 것이었을까?

1946. 1. 26.

미국의 굴욕, 하지의 곤경

국사편찬위원회에서 제공하는 한국사데이터베이스의 '자료대한민국사'에는 신문기사를 중심으로 방송연설문, 삐라 등 중요한 자료들이 날짜별로 수록되어 있다. 『해방일기』 작업에서 이 자료를 기본적으로 활용하고 있다.

12월 말 모스크바 결정이 나온 이후 1월 중순까지 몇 주일 동안 서울이 반탁운동으로 발칵 뒤집혀 있는 동안 신탁통치와 관련된 미국이나 군정청의 입장 표명이 '자료대한민국사'에는 보이지 않는다. 관계 자료가 있었는데도 수록에서 배제되었을 리는 없고, 입장 표명이 원래 없었던 모양이다. 1월 22일까지 나타난 관련 기사는 이 정도다.

> 1946년 1월 15일 미국무장관 대리 애치슨, 조선에 신탁통치 준비
> 중이라고 언명
> 1946년 1월 19일 미국무성 극동문제위원장 탁치문제 언급
> 1946년 1월 19일 군정장관, 반탁시위에 대하여 담화 발표
> 1946년 1월 21일 하지 '조선동포에게 고함'이라는 성명서 발표
> 1946년 1월 22일 군정장관, '조선국민에게 고함' 성명서 발표

15일 애치슨의 발언과 19일 빈센트의 발언은 3상회담 결정 내용을

원론적으로 해설한 내용이다. 19일에서 22일 사이 러치 군정장관과 하지 사령관의 세 차례에 걸친 담화와 성명은 치안과 질서를 강조한 내용이었다. 22일자 『조선일보』에 보도된 21일자 하지의 성명서는 아래와 같은 내용이었다. 원론적인 내용이지만 "이 이상 더 시위의 필요"가 없다는 표현 등에서 반탁시위의 취지에는 자기도 공감한다는 뜻을 은연중에 보여주는 것 같기도 하다.

조선인 중에 가장 좋은 의사를 가지고도 실지에 있어서는 자기 나라에 불리한 일을 하는 것을 볼 때 나는 극히 실망하고 있다. 나는 신탁을 둘러싸고 일어나는 시위운동은 질서문란을 의미하는 것이라고 생각합니다. 조선을 열강 제국에 유리하도록 전력을 다하여 소개해 놓았는데 인제 다시 조선인이 자기네의 나라에 문란 상태를 유지시킨다는 것은 낙심할 일입니다.

현실 그대로를 당면합시다. 미소회담은 조선의 긴급한 제 문제를 해결하기 위하여 진행중입니다. 세계의 시선은 조선으로 집중되었습니다. 그러니 이 이상 더 시위의 필요가 없습니다. 만일 시위와 문란이 더 계속된다면 조선을 위하여는 오직 해로울 뿐입니다. 이러한 행동은 열국으로 하여금 조선인은 안정이 되지 못했다, 조선은 독립할 준비가 못 되었다고 믿도록 할 것이오. 따라서 조선의 진정한 친구인 우리들이 깊이 생각한 바로서는 이러한 행동이 기필코 조선에 신탁을 강제 설치할 확실한 길을 닦아주지 아니합니다.

나는 여러분의 현명한 판단에 하소연하여 시위와 문란 상태를 즉시 정지히려고 합니다. 전국 3천만의 규율정연과 파괴가 아니고 건설방면에 여러분의 전력을 다 쓰시는 것같이 조선독립을 위하여 도움이 될 것이 없으리라고 생각합니다.

그런데 24일 타스통신의 3상회담 과정 폭로 내용이 전해지자 신탁통치에 관한 발언이 쏟아져 나오기 시작했다. 25일 애치슨 미국무차관은 타스통신의 폭로가 사실임을 시인했다.

〔워싱턴 26일 UP발 조선〕 애치슨 미국무차관은 25일 신문기자단에게 대하여 모스크바에서 조선 문제를 최초에 제기한 것은 미국이며 삼국 외상회담에서는 미국의 안을 토대로 5년안을 가결케 된 것이라고 말하였다. 애치슨의 이같은 변명은 소련측에서 미국우 10년간 조선신탁관리를 지지하였다고 보도한 데서 유래한 것이다. 애치슨의 말에 의하면 미국대표는 최초에 개괄적인 안을 제출한 데 대하여 소련측에서는 구체적인 5개년 신탁관리안을 제출하였다고 한다. 그리고 미국의 제안은 5개년간의 신탁관리가 만료한 다음에 경우에 의하여는 본 문제를 재고할 것을 제의한 것이라고 그는 말하였다.

(「미국무차관 애치슨, 신탁문제 최초 제안자는 미국임을 언명」,
『서울신문』 1946년 1월 28일)

같은 날 들어온 또 하나의 미국발 기사는 어느 신문의 해설기사 같은데, 조선 내에서 공산당이 주장해 온 '신탁통치'의 성격을 뒷받침해 준다. 3상회담의 결정이 이런 우호적이고 친절한 성격의 것이라면 조선 우익의 극단적 반탁운동은 근거가 없는 것이었다.

〔뉴욕 25일 UP발 조선〕 (…) 종속국가에 대한 신탁관리의 최종의 목적은 궁극에는 독립에 있다. 이는 소련에서 가장 열렬히 주장한 바이다. (…) 소위 신탁관리는 제1차 세계대전 후에 발생한 국제연맹의 위임통치제도와는 전연 성질을 달리한다. 후자에 있어서는 위임통치

1945년 12월 말경 38선 부근에서 한 미군 병사가 찍은 소련 군인들.

국가는 실제적으로 행동의 자유를 확보하고 있었다. 일례를 들면 일본은 태평양상의 자국의 위임통치 도서를 제2차 세계대전에 대비하여 요새화함에도 불구하고 외국인은 도내(島內)의 사태를 살필 길이 없었다. 이는 연맹규약에 엄연히 위반되는 행위이었다. 그러나 일본정부에 대하여 무의미한 항의를 제출하는 이외에는 능사가 없었다.

연합국의 신탁관리제도하에서는 관리위임통치국가는 기탄없이 제약을 받을 것이다. 당사국은 타국의 활발한 공동감독하에서 소여(所與)의 영토를 관리하게 될 것이다. (…) 미국은 시국적 이유하에 일본으로부터 획득한 태평양상의 도서를 계속 지배하려고 하고 있다. 미해군은 이의 지배권을 타국과 분할하는 데 분명히 반대하고 있다. 그러나 미국정부는 상금(尚今) 본 문제에 관한 연합국의 진행방식과도 일치하지 않을뿐더러 조선인측의 맹렬한 반대도 있다 하여 포기할 가능성도 보인다.

(「미국, 조선의 신탁통치 폐기 가능성을 시사」 중에서, 『조선일보』 1946년 1월 27일)

26일에는 소련의 대한반도정책 결정의 실력자인 미소공위 수석대표 스티코프가 서울에서의 첫 기자회견에서 타스통신의 폭로 기사 전문을 발표했다. 이튿날 애치슨 미국무차관은 25일 기자회견에서보다 더 구체적으로 타스통신의 폭로 내용을 인정했다.

〔워싱턴 27일 AP발 합동〕 미국무장관 대리 애치슨은 27일 신문기자단 회견석상에서 미국무성 당국은 모스크바 방송같이 조선에 대하여 5개년이 아니고 10개년의 신탁통치안을 제의하였는데 또 조선에 있어서의 과도적 임시정부 수립에 대한 제 규정을 소홀히 하였는가라는 질문에 대하여 다음과 같이 대답하였다.

"미당국은 소련의 협력으로 수립될 가능성이 있는 통일문제에 중점을 두었던 것이다. 그리고 소련이 과도적 임시정부 수립에 대한 구체적 성안을 제의한 것은 사실이다. 미당국은 모스크바 삼상회의 석상에서 만약 조선에 있어서 신탁통치가 필요할 경우에는 그 기한은 5개년으로 할 생각이고 또 이 기간이 경과한 후에도 신탁통치를 연장할 필요가 있다고 추측될 때에는 다시 5개년의 신탁통치안이 고려되어야 할 것이라고 말하였던 것이다. 그리고 이상은 계획안이 아니고 의견에 지나지 않았다."

(「미국무차관 애치슨, 조선신탁연장설 제안에 대해 설명」,

『서울신문』 1946년 1월 29일)

12월 27일자 『동아일보』 허위기사를 만들어낸 맥아더 사령부와 남

한 군정청의 획책이 미국정부를 이런 굴욕에 몰아넣은 것이다. 회담과
정을 밝히지 않는 외교관례에 기대어 얼렁뚱땅 넘어가려 했는데, 자극
이 너무 심했다. 결국 스탈린이 해리먼 미국대사를 불러 문제를 지적
한 다음 타스통신을 통해 외교관례를 무릅쓰고 진상을 폭로해 버렸다.
2월 2일 하지를 찾아온 해리먼은 무슨 얘기를 했을까? 주먹다짐은 없
었을까?

이 지경 속에서 하지는 어떤 형편이었을까? 정용욱은 이렇게 설명
했다.

> 하지는 이 모든 소동의 한가운데 있었고, 소련정부까지 나서서 대응
> 할 수밖에 없게 만든 장본인이었다. (…) 하지는 처음에는 사실무근
> 을 주장했으나, 타스통신의 두번째 보도가 나오자 공개적인 대응을
> 포기했다. 대신 그는 미친 듯이 날뛰면서 국무부와 육군부에 타스통
> 신 보도내용의 진위를 묻는 전문을 타전했다. 본국으로부터 보도내
> 용이 사실이라는 답변을 듣자, 하지는 타스통신 보도로 미군정이 입
> 은 정치적 손실은 국무부가 자신에게 제때에 정보를 주지 않고, 점령
> 이래 자신의 신탁통치 반대 건의를 무시했기 때문이라며 사태의 책
> 임을 국무부에 떠넘겼다. (…)
> 하지 전문에 대해 국무부는 삼상회의에 참석한 미국 대표단에게
> 하지의 요청을 그때그때 전달했으며, 하지는 삼상회의에 임하는 미
> 국 입장을 사전에 숙지했다며 하지의 불평에 대해 오히려 불쾌감을
> 표시했다. 이 당시 국무부는 주한 미군사령부를 맥아더 장군 관할로
> 부터 독립시켜 국무부와 직접 연결시키는 방안을 모색했고, 하지에
> 게 보낼 고위 정치고문을 물색했다. 국무부는 하지 때문에 소련으로
> 부터 외교적 망신을 톡톡히 당한 터라 그러한 생각은 한층 더 절실했

을 것이다.

타스통신 보도로 미국은 심각한 정치적·도덕적 타격을 입었다. 반탁운동이 가지고 있던 반공·반소 여론의 조성, 우익의 정치적 입지 강화라는 정치적 효과는 그 근거가 사라지게 되었다. 미군정은 신탁통치 파동이 시작되면서 일시 남한에서 정치적 우위를 점할 수 있었으나 타스통신 보도로 그 지위를 도로 상실했다. (『존 하지와 미군 점령통치 3년』, 86~87쪽)

이런 상황에서 1월 29일 나온 하지의 성명서가 놀랍게 보여 긴 글이지만 전문을 붙여놓는다. 지금까지 그가 보여온 모습과 전혀 다른 차분한 시각과 공정한 태도가 담겨 있는 글이다. 하지의 참모 중에 이만한 식견과 자세를 갖춘 사람이 있었을 것 같지 않다. 1946년 초 조선에 왔다는 레너드 버치(Leonard Bertsch) 중위가 벌써 역할을 시작한 것일까? 버치에 대한 설명은 커밍스의 『The Origins of the Korean War』 534쪽에 나와 있고 소개할 때가 있을 것이다.

내가 말하려고 하는 것은 완전 독립한 민주주의 정부를 진실로 희망하는 참된 애국자로 사욕이 없는 조선분에게만 드리는 말씀이오. 다른 분은 읽든가 듣지 않으셔도 좋습니다. 먼저 38도 이남에 계신 여러분은 4국 최고 5개년 신탁이라는 것은 아직도 확실히 설치가 되지 않았고 앞으로 4연합국에 제의하기 위하여 미소 양국은 조선정부가 서면 그 정부와 타협할 의제로 두었다는 것을 이해하기 시작하니 나는 즐거움을 표하여 마지아니합니다.

여러분이 알아들으시는 그런 유의 신탁에 대한 혐오심에는 나도 전적으로 공명하며 따라서 나는 여러분이 싫어하는 장기간 조선 관리를 방지하기에 나의 전력을 다하겠습니다. 그러나 냉정한 사실 그대로 말씀드린다면 이 일은 나 혼자만으로는 못합니다. 조선인 여러분이 맡은 일을 하셔야 됩니다.

모스크바회의에서 연합국이 신탁문제를 추후 의제로 보류하였다는 사실은 연합국 마음속에 아직도 조선인이 자기네의 일을 자영하도록 준비가 되었나 의심하는 것을 표시하는 것입니다. 그 의심을 제거하는 데는 오직 한 방법이 있습니다. 즉 조선인 자체가 얼마만큼 자중하는가, 또한 조선의 남북통일 조선 민주정부 수립 및 조선 완전 독립국가 완성을 위한 모스크바안에 얼마만큼 협동 노력하는 데 있습니다.

과거 몇 주간 나의 관찰에 의하면 조선의 유수한 정치지도자와 거짓선지자들은 자기네의 개인적 세력과 이익을 얻기 위하여 대중을 그릇 인도하지 않나 하고 나는 걱정합니다. 이러한 지도자들은 외국 사정과 국제관계에 대한 지식이 적은 듯하며 더구나 그들의 이기적 행동이 열강에 주는 악영향이 얼마나 될까를 판단하는 능력이 없어 보입니다.

그리고 이런 종류의 지도자 중의 약간은 국민의 복리보다 자기네 위신을 더 생각하는 듯합니다. 나는 사욕을 가진 정치적 지도자 자신에 대한 반성과 민중의 지도자에 대한 검토를 권합니다. 쌍방은 상대방을 신중히 검토하여야겠습니다.

조선 대중은 단연 자기네 개인의 위신과 소득을 위하여 계속적으로 민중을 격동시켜 동란을 일으키는 그런 지도자는 배격하여야 할 것입니다. 조선 지도자는 마땅히 조선 국민의 복리를 심중에 두고 사욕이 없이 근로하여야 됩니다. 나는 조선 정치단체간에 현재 당장 없는 당록(黨祿)을 가지고 반분을 하자고 한다는 말도 많이 들었습니다.

투쟁이 계속되면 당록도 있을 수 없으려니와 오히려 조선인과 연합국이 원치 않는 불행과 곤란이 연장될 뿐입니다.

그리고 도대체 정당 지도자들의 당파투쟁이나 부단한 사욕쟁(私慾爭)이 국민의 희망과 뜻이 아니라는 것을 나는 굳게 믿습니다. 여러분이 여러분의 댁을 깨끗이 해놓지 않으면 그 결과는 어찌 되겠습니까? 나는 조선이 미구에 자주자치할 수 있다는 것을 세계에 소개해 오고 있었습니다. 그러나 38도 이남의 조선인간에 통일 부족과 최근에 정치적으로 계획 지도한 오해와 무라우 세계에 명랑한 주선을 제공치 못했습니다.

내가 성심으로 조선 국민에게 청하는 것은 앞으로 열릴 연합국 자문회에 최근에 보던 혼돈의 조선 또는 조선을 개선시키려는 연합국의 노력에 반대한다는 그런 조선상을 보여주지 말고 장래 건설을 위하여 참으로 노력하는 그 조선상을 보여주셨으면 합니다. 내가 희망하기는 조선 국민이 그들의 지도자로 하여금 자기네의 개인적 노력과 위신 쟁탈을 계속하는 대신 그들의 전 정력을 전조선 기치하에 결합시켜야 될 필요를 각성하도록 만들어주셨으면 합니다.

현하 조선에 있어 미국 군대나 경찰이나 군대의 힘만 가지고는 도저히 안 되고 오로지 조선 국민의 결의로야만 정정하고 소탕할 수 있는 폐해가 많이 있습니다. 그 예를 들자면 암시장입니다. 대중의 지지가 없으면 존속할 수가 없고 그들이 매매를 않는다면 곧 없어질 것입니다. 미곡 모리배나 저장자는 남모르게 이런 일을 할 수가 없고 아는 사람은 반드시 당국에 보고하여 그 물건을 몰수하고 선처하도록 해주어야 합니다.

당국에 참으로 협조하려는 민의가 있었다면 일본에 쌀이나 필수품의 밀수가 되지 못하였을 것입니다. 이러한 폐해의 정정은 조선 국민이 당국과 협력하려는 결의가 있어야 비로소 됩니다. 여러분이 꼭 알아주셔야 할 것은 안녕질서는 이 나라에 계시는 남녀노유 각자에 관계되는 일이요 동시에 안녕질서를 유지하려고 하면 각자의 전폭적 협조가 필요합니다.

나에게 제일 한심하게 보이는 것은 각종 정계지도자들이 조선의 학생과 청년을 결속시켜 가지고 그들로 폭력행위를 하도록 유인하는 것입니다. 또 민망한 것은 정계지도자들이 사사롭게 무슨 군대를 조직하여 가지고 민중을 약탈하며 자기네의 이기적 의사를 실행시키는 도구로 사용하며 또한 자기네가 싫어하는 사람을 복수하는 데에 쓰는 일입니다. 그리고 또 보기가 거북한 일은 학동들을 끌어내다 무엇을 지지하느니 무엇을 반대하느니 하는 정치적 시위운동에 참가시키는 것입니다. 열강국은 이런 소위(所爲)를 허용하지도 않고 할 수도 없습니다.

조선민족은 독립자주국을 동경한다고 합니다. 이러한 소위는 민주주의의 소위가 아닙니다. 이러한 소위의 계속은 조선을 독립한 민주국가로 인도하지도 않고 할 수도 없습니다. 조선과 조선민족은 세계 시련대 위에 섰습니다. 오늘의 그들의 일동일정은 금후 조선국가 장래에 막대한 영향이 있습니다.

오늘의 조선은 일본통치하의 조선이 아니올시다. 일본통치가 조선에 남긴 모든 훼손을 회복하려면 조선은 국외에서 약간의 원조를 받아야 될 것을 여러분들은 잘 아시리라고 나는 믿습니다. 조선을 한 환자에 비할 수 있습니다. 그 병자는 의사와 간호인의 주의를 요구합니다. 그리고 특수한 음식과 간호와 원조는 병자가 튼튼해지기까지 요합니다.

연합국은 조선이 자립할 때까지 조선을 돕고자 하며 도울 준비를 하고 있습니다. 조선은 외국거래에 크레디트가 필요하며 상품과 육해공교통과 제품의 시장과 기계의 수선 및 부분품과 유류 등이 필요합니다. 조선은 민주주의 정부 운영에 지도가 필요하고 당분간 외래 침략과 국내 폭력행위 방지가 필요합니다. 조선은 독립국가가 되려면 그외 여러 가지가 필요합니다.

전쟁마당에서 조선을 해방한 연합국은 조선에게 일본의 40년간 통치와 압박에서 받은 피해를 회복시키는 데 필요한 모든 원조를 준다고 서약한 것입니다. 최근 모스크바 회의는 조선의 통일과 진정한 민주주의 수립과 독립에 대한 안을 구비했습니다. 이 안의 내용은 조선 현실에 비추어 작성한 것으로 여러분 개인의 안과 부합되지 않는 점도 있겠지만 그 안을 주도히 검토해 보면 조선사람이 참으로 독립을 원하고 그 안에 협력한다면 하등 공포를 느낄 점이 없다고 나는 진정하게 확실히 믿습니다.

이 안을 조선이 기어올라가면 꼭대기에서 독립을 얻을 수 있는 일종의 넓은 구름다리라고 봅니다. 그 구름다리는 튼튼하고 안전하고 올라가기가 쉽습니다. 그리고 독립을 향하여 올라가는 조선을 돕기 위하여 연합국 원조라는 난간까지 좌우편에 있습니다.

이 구름다리 단계의 치수〔寸數〕나 빛깔이 여러분의 마음에 맞지 않을지 모르나 구름다리는 되었고 쓰도록 준비가 되었습니다. 튼튼하고 안전하고 씀직한 것입니다. 당장은 이것이 오직 하나의 유용한 열린 길이올시다. 연합국은 이 구름다리를 외인(外人)이 파괴하지 못하도록 지키고 있습니다. 조선사람은 벌써 맨밑 단계에 올라서 있습니다. 최근에 일어났던 불합작 혼란 무질서의 방법으로 이 구름다리를 파괴하려면 할 수 있는 처지에 여러분은 계십니다. 만일 사리만 아는 정치적 지도자들이 소위 당록이니 정권이니의 쟁탈이 생기면

필연코 불통일 비협동 무질서상태가 올 것이요, 이때야말로 완비된 그 구름다리를 조선인들이 파괴하고 불살라버리는 것입니다. 새로 다른 구름다리를 짓자면 몇 해나 걸릴는지도 모르는 일이요, 새로 된다 할지라도 여러분 비위에 덜 맞을지도 모릅니다.

나는 여러분이 정력을 다 합치어 서슴지 말고 이 구름다리에 올라가서 최종목표인 독립을 확보하라고 간절히 권하고 싶습니다.

여러분이 일단 목적지에 도착하고 민의를 대표한 독립정부가 서면 그때에는 여러분의 장래 운명을 완전히 빚어낼 수 있는 튼튼한 자리에 서도록 됩니다. 만일 이 구름다리를 쓰지 않거나 비애국적 행동으로 조선사람들 자신이 파괴한다면 나는 조선 장래에 관하여 큰 공포를 가지게 됩니다.

여러분의 국가의 명랑한 장래를 위하여 나는 여러분이 연합국이 주도하게 만든 조선독립안에 충실히 협력하도록 현명한 판단을 내려주기를 역설합니다.

나는 여러분의 국가건설과 경제 보건 및 부력(富力)을 부흥시키기에 전력을 다하고 있는 군정과 십분 협력하기를 주장합니다. 미국은 조선에 영토적 야심도 없고 조선을 장래에 통치하려는 생각도 없습니다. 미국은 카이로공약 이행 보장 이상 한시라도 더 오래 조선에 막대한 비용을 들여가며 군인을 주둔시키고자 하지 않습니다. 미국은 카이로에서 연합국이 공약한 조선의 완전 자유독립을 보고자 합니다.

만일 여러분들이 단결되어 조선독립 문제 국가건설에 노력하는 연합국을 돕지 않는다면 나로서는 조선 장래에 대하여 아무 언약과 공약을 할 수 없습니다. 그러나 만일 여러분이 여러분의 맡은 몫을 감당한다면 나는 나라를 대표하여 조선의 꿈이 실현되기까지 모든 노력을 아끼지 않고 제공하겠다는 공약을 다시 할 수 있습니다.

1946년 1월 29일

미국조선주둔군 최고지휘관 육군중장 존 R. 하지

(「하지, '조선국민에게 고함'이라는 성명서 발표」 중에서, 『조선일보』 1946년 1월 29일)

1946. 1. 27.

장택상 경찰부장의 면피 두께는?

1월 18일 저녁 반탁학련 시위대가 조선인민보사와 인민당사 등을 습격한 뒤 학병동맹 맹원들과 시내에서 충돌을 일으킨 일, 경찰이 이를 빌미로 19일 새벽 학병동맹 본부를 포위공격, 동맹원 140명을 연행하는 과정에서 동맹원 3명이 목숨을 잃은 일을 18일자 일기에 적었다.

당시 민심을 아랑곳하지 않는 경찰의 자세는 경찰이 관계된 거의 모든 일에서 드러난 것이거니와, 이번 일은 특히 심했다. 사태의 발단인 반탁학련의 행패에는 눈감고 있다가 정당방위라고도 볼 수 있는 학병동맹의 행동에 대해서는 전 경찰력을 동원해 전쟁처럼 나섰다. 학병동맹을 위험한 존재로 부각시키려고 그 본부에 폭탄이니 기관총이니 없는 무기가 없는 것처럼 선전했는데, 점령하고 보니 권총 한 정과 칼 몇 자루밖에 나온 것이 없었다.

부상자 몇 사람밖에 없었던 시내의 충돌에 비해 세 사람을 죽인 포위공격은 과잉진압이 분명했다. 부상자 한 사람(학병동맹 부위원장)이 병원에서 방치되었다가 목숨을 잃은 정황이 간호사의 말로 신문에 전해진 것을 18일에 소개했거니와, 잔인하고 악랄한 진압방법과 연행자 및 부상자에 대한 비인도적 처리가 입소문으로 퍼져나갔다.

장택상 경기도 경찰부장은 19일 기자들과 만났을 때 "압수된 물건에는 무기도 불소하다 한다"고 우기고, "어떠한 정당단체를 물론하고 폭력행위는 금후 목숨을 바쳐 철저히 박멸"할 의지를 밝혔다. 그러나 민심이 걷잡을 수 없이 악화되고 있었던 것은 이후의 조치에서 알아볼 수 있다. 일요일인 20일에는 반탁학련 시위대 검거에 나서는 시늉을 했다.

> 여하한 단체를 물론하고 비합법적인 테러행위를 행할 때에는 단연코 이를 박멸하겠다고 강력히 언명한 경기도 경찰부에서는 18일 오후 조선인민보를 비롯하여 인민당, 서울시인민위원회를 차례로 습격하고 시설을 파괴하며 폭행을 한 그 시위행렬군에도 검거의 손을 뻗치었다. 즉 20일 오전 9시 종로서원 본정서원 100여명이 도 형사과 지휘 아래 무장을 갖추고 반탁학생총연맹 본부가 있는 세브란스의학전문학교를 포위하고 때마침 회동하고 있던 반탁학생 연맹원 41명(그중 8명은 여학생)을 검거한 것인데 도 경찰부에서는 이날 오후에도 계속 활동하여 검거중이다.
>
> (「경기도 경찰부, 테러혐의 학생 41명 체포」 중에서, 『서울신문』 1946년 1월 21일)

22일에는 조병옥이 나섰다. 중립적 신문인 『서울신문』 기사에서 조병옥의 성명을 "스테이트먼트"라고 소개한 것은 야유였을까?

> 지난 18일에 일부 학생군과 학병동맹에 관한 사건에 대하여 22일 경무국장 조병옥은 다음과 같은 요지의 스테이트먼트를 발표하였다.
> "거(去) 18일 남녀로 혼성된 학생군과 종래부터 존재하였던 학병동맹 맹원이 조선의 수도 서울에서 테러성을 띤 폭행을 감행하여 인명의 사상 및 재산의 파괴의 직접적 손상은 물론 국내 국외에 미치는 영향은 실로 중대하다. 이는 국가건설 도중에 있는 우리 민족의 일대

한심사이다. 테러적 성질의 폭행으로 국가의 법과 질서를 문란케 하고 평화를 교란케 하는 자는 엄중처단할 것이다. 거기에는 정치적 신조의 차별이 없을 것이다. 백색이나 적색이나 테러는 마찬가지로 사회질서의 전복자이다. (…)

8월 15일 이후 사이비 애국심으로 표방한 소위 하(何)위원회, 하단체, 하군사단체의 명칭으로 불법행위를 감행하여 새 법의 멸시감을 장려하여 그래서 도덕의지의 빈약한 부류의 동포들로 하여금 범죄를 감행케 하는 온상을 만들어준 그 사실이다. 그런고로 이 불법단체들의 소멸이 없고는 치안이 복구되기 불가능하다고 생각하고 따라서 당국이 그에 대한 대책이 있고 또한 실행될 것이다.

중대한 사태를 만날 때마다 당국과 민중을 이간시키려는 도배가 왕왕 있음은 유감이다. 금반의 사건에 대하여도 경찰이 일방에 동정을 하였다든가 혹은 파괴적 행위에 가세하였다는 무근의 의문을 품고 당국을 직접 힐난하고 또한 공공연하게 유포하는 도배가 불무하다. (…) 금반 사건에 관련하여 증명한 경관들의 노력과 희생은 자기들의 영예가 되는 동시에 일반경찰에 대한 사회의 신망을 두터이 했다고 생각한다."

(「경무국장 조병옥, 학생테러사건에 대한 성명서 발표」, 『서울신문』 1946년 1월 23일)

성명의 모두에서는 공평한 입장을 내세웠지만, 중간으로 가면서 "불법단체"에 대한 비난이 좌익 쪽으로 쏠린다. 끝에 가서는 민심의 이반을 "당국과 민중을 이간시키려는 도배"의 책임으로 떠넘기고 19일의 경찰 '작전'을 극력 옹호한다.

장택상으로 덮어지지 않으니까 조병옥까지 나선 것인데, 조병옥으로도 덮어지지 않으면 러치 군정장관과 하지 사령관 차례다. 그런데 조병옥 성명과 같은 날 나온 러치의 성명은 경찰을 일방적으로 감싼 것이 아니었다. 미소공위 진행과정에서 러치가 극우적 입장을 보였다는 간단한 언급을 어느 책에선가 봤는데 그것은 앞으로 살펴보겠지만, 적어도 조병옥이나 장택상 같은 맹목적 폭력분자는 아니었다는 사실을 이 성명에서 알아볼 수 있다.

나는 지금 지난 금요일 저녁에 반도호텔 앞과 기타 서울 여러 곳에서 일어난 상서롭지 못한 사건에 관한 보고를 받았다. 토요일에 내가 제위와 만났을 때 제위에게 모든 세세한 정치문제와 행렬과 시위 등을 잊어버리고 오직 일을 함으로써 조선이 건립할 준비가 되어 있다는 것을 보여달라고 부탁하였었다. 내가 다시 조선국민에게 고하는 바는 만일 조선사람들이 조선에 대한 의무에 대하여 점잖고 정치가다운 태도를 즉시 발휘치 못한다면 그는 조선의 건립을 위태케 할 것이라는 것이다. 양개의 정당이 수도의 거리에서 서로 투쟁하는 부끄러운 광경은 미소공동위원회의 대표들도 이를 간과할 수 없는 바의 하나이다.

나는 각 단체의 지도자에게 호소하오니 지금 당장에 그와 같은 점잖지 못한 정치가답지 못한 행동을 그칠지어다. 제위가 서로 단결치 못하고 또 귀국민으로 하여금 이와 같은 행동을 정지케 못하고서야 어찌 미소공동위원회로 하여금 제위가 자치할 능력이 있다는 것을 신뢰케 할 수 있을 것인가. 나는 이와 같은 상태를 방임하여 두기에는 일각이 난감하다. 오로지 나는 제위를 위하여 조선을 위하여 우려하고 있기 때문이다.

(「군정장관, '조선국민에게 고함' 성명서 발표」 중에서, 『조선일보』 1946년 1월 23일)

경기도 경찰부장 시절의 장택상. 해방
공간에서 경찰지휘권을 휘두른 조병옥
과 장택상의 행적을 살펴보면 지금의
한국 경찰이 얼마나 민주화된 것인지
놀라게 된다.

24일에는 검사국(검찰)이 조사에 나섰다. 경찰 선에서 해결될 문제
가 아니라고 군정 당국자들이 판단한 것이다. 조병옥과 장택상은 뼈저
리게 느꼈을 것이다. 남의 주구 노릇해서 뼈다귀라도 얻어먹으려면 짖
는 것도 무는 것도 너무 제 맘대로 하면 안 된다는 것을.

> 지난 19일 발생된 학병동맹 참사사건의 진상은 아직도 오리무중에
> 있어 하루바삐 공명정대한 확증 아래 백일하에 진상이 발표되기를
> 온 세상이 고대하고 있거니와 이 문제는 중대하니만큼 진상을 규명
> 하기 위하여 경찰부 손에 맡길 수 없다 해서 직접 검사국에서 손을
> 대기로 결정되어 지방법원 박검사장 총지휘로 김차석검사 이하 김홍
> 섭(金洪燮) 검사 외에 두 사람의 검사가 엄격한 태도로 이 사건을 담
> 당하여 조사하고자 23일 오전 11시 학병동맹본부에 출동하여 엄밀한
> 점 등에서부터 맹활동이 개시되었는데 사건이 사건인 만큼 일반의
> 기대와 주목이 총집중되고 있다.

(「검찰 19일 발생한 학병동맹 테러사건 진상조사 착수」, 『서울신문』 1946년 1월 24일)

학병동맹 사건에 대한 경기도 경찰부장의 발표와 신문기자회 학병
사건진상조사위원회의 조사결과 발표가 1월 28일에 나왔다. 『조선일
보』 1946년 1월 29일자에 실린 것이다.

지난 19일 새벽 삼청동 학병동맹 검거사건에 관하여 세간에서는 그
진상을 알고사 궁금히 여기고 있던바 경기도 경찰부장의 발표가 있
고 경찰부장과 기자단과의 일문일답이 있었으며 또 28일에는 조선신
문기자회 학병사건진상조사위원회 및 조선청년총동맹으로부터 각기
조사결과의 발표가 있었으므로 다음에 그 전문을 소개한다.

● 경찰부장 발표
소위 학병사건에 대한 경찰부 발표
지난 1월 18일 오후 7시 40분경 시내 서대문정 2정목 부근에서 시
위행렬을 하는 학생군에게 혹은 무기로 혹은 곤봉으로 테러행위를
하여 연약한 여학생들을 납치하는 일당 약 40여명의 폭한이 있었다
는 이 급보를 받은 소관 종로경찰서에서는 이를 억제하기 위하여 서
원 일부를 동원하여 여학생 7명을 납치하고 있는 시내 삼청동 2번지
학병동맹본부에 거주한다는 백종선(당 24년)을 검거하여 세밀히 취
조한 결과 동일 시내 정동예배당에서 반탁전국학생연맹 주최로 반탁
성토대회를 끝마친 학생 약 600명의 인민보사, 인민당, 소위 서울시
인민위원회를 습격한 것을 보복하기 위하여 인민당으로부터 학병동
맹본부에 응원을 요구하였으므로 동 학병동맹본부에서는 군사부장
박진동 지휘하에 제1차로 20명 제2차로 25명을 파견하였는데 1차 20
명과 2차 25명이 인민당본부 부근에서 합류하여 시위행렬하는 학생

군을 추격하여 중경상 20여명을 내었으며 또 전기 학병동맹본부에는 약 300여명의 단원이 있는 것이 판명되었고 다음에 비상경계선(시내 인사동 사거리)에서 걸린 학병동맹원 박태윤(당 35년) 및 이창우(당 26년) 두명을 취조한 결과 소지현금 1만 수천원 다이너마이트 8개, 도화선 4척(尺), 뇌관 4개를 발견하였는데 학생군을 습격한 일당이 학병본부에 돌아가 있을 것이며 동 본부에는 무기를 상당히 은닉 소지하고 모종의 계획을 하고 있다는 것을 알게 되었다.

그러므로 사태가 자못 중대하며 추후가 우려되므로 비상소집한 경관 53명을 파견하여 이를 검색하여 진상을 구명하려 하였는데 경관대가 접근한 것을 간파한 학병본부 내로서 경찰대라는 것을 통고함에도 불구하고 발포하기 시작하였으므로 경관대는 부득이 이에 응사하게 되었다. 그때에 학병본부 내로서는 몇 소대는 어느 편으로 또 몇 소대는 어느 편으로 가라고 호령하는 소리와 기관총소리 같은 음향이 요란하게 들리므로 경관대는 긴급히 응원을 요청하여 후속하여 온 130여명을 합하여 학병본부 주위를 포위하고 조명을 기다려 일제 검색하여 총합 119명을 검거함과 동시에 권총 및 기타 무기와 다수의 증거물을 발견하였으므로 세밀히 조사중이며 일방 인민보사 외 2개소를 습격한 학생군(제1차로 41명)을 검거하여 취조중이다.

이상과 같은 정세에 있었는데 그후 항간에 유포 전파되고 있는 모든 세론은 진상과 적지 않은 상치됨이 있음은 실로 유감천만이다. 금후 취조진전에 따라서 상세히 발표하겠지마는 항간에 떠도는 낭설을 과신하여 경거망동으로 인심을 소란케 하지 않도록 경계한다.

● 기자회의 조사

금차 학병동맹사건은 검거의 총지휘자인 장택상 경기도 경찰부장과 피검거자측인 학병동맹원들과는 그 포회하는 정치이념이 상당히 상위하다고 보는 것이 세론인 듯하다. 그런 까닭에 자칫 잘못하면 금반 사건에 대하여 경찰이 일방에 동정을 하였다는 무근의 의문을 품기 쉽고 절대로 공평하고 치우침이 없는 경찰을 의아의 눈으로 보기 쉬운 염려가 없지 않다. 그뿐 아니라 공교롭다고 해야 좋을지 사건이 발발한 익일인 1월 20일은 정치적 의미도 있다고 보이는 전국 학병대회가 개최될 예정이었으므로 어떠한 정당과 단체를 불문하고 위법행위는 박멸할 결심하에 전 경찰력을 총동원 전시편제로 하여 법을 절대로 준수하며 치안을 확보하기 위하여 생명을 내걸고 나선 장택상 경찰부장의 비장한 결심과 진지한 노력이 곡해될 염려 또한 없지 않다.

만일 지금에 이 무근한 의문을 석연히 풀어두지 아니하면 본 사건은 장래 정치적 사회적으로 미묘 복잡한 결과를 초래할 인유가 될 염려가 있는 동시에 공평무사한 입장에서 치안의 대임을 완수할 경찰의 장래에 또한 영향할지도 모르는 본 사건의 성격에 비추어 본서에서는 객관적인 입장에서 냉연한 판단력과 과학적 방법으로 본 사건의 신상을 구명히여 잊아 치안화보에 심신을 경도하는 경찰의 노고에 협력하고 아울러 건국도상에 가로막는 일말의 암영을 불식할 사회적 책무를 통감한다. 그러므로 본회에서는 기간 각 방면을 통하여 조사한 사건의 중간보고를 발표하여 일반의 의혹의 일단을 풀어두려 한다.

一. 학병검거의 발단이 된 다이너마이트 8개를 소지한 두 청년의 정체는 학병동맹원 최무학(崔武學), 이민영(李敏寧)이 틀림없다고 19일 경찰부에서 누차 확신이 있었다.

이에 대하여 전기 양 명은 체포당한 그 시간에 자기 집에 있었다는 증언이 족출하였는데 1주일 후인 25일 경찰부장 성명에 의하면 다이너마이트를 소지하고 노상에서 종로서원에게 검거된 청년은 최무학, 이민영이 아니고 학병동맹원 박태윤(朴泰潤), 이창우(李昌雨)임을 명백히 하였다. 이 점을 의아스럽게 여겼던 기자단과 장경찰부장과의 일문일답은 상기한 바와 같다.

一. 전후 10시 이후의 통행은 장경찰부장 취임 이후 그 취체가 더욱 엄중하여졌음은 주지의 사실임에도 불구하고 자정이 넘어(19일 오전 0시 반) 다이너마이트를 휴대하고 대로(인사정 십자로)로 활보하며 그들의 본부에는 다수한 무기가 있음을 진술하였다는 박·이 양인은 그 정체를 철저히 추궁해야 할 인물이다.

一. 18일 오후 7시 반경 서대문에서 반탁학생 행렬을 습격한 일단의 청년은 학병임에 틀림없다는 경찰부의 발표에도 불구하고 학병측에서는 20일의 대회준비에 분망하여 전연 그러한 사실은 모르고 있었다고 극력 주장하는데 이 점은 검거당한 학병들의 알리바이 여부를 철저 구명할 필요가 있다.

一. 무기 소지의 진위는 본 사건의 핵심이다. 다수한 무기를 학병본부에서 발견 압수하였다는 경찰당국의 언명은 믿어 의심치 아니하나 19일 학병들 검거 즉석에서 압수한 다수한 무기를 공개하고(적어도 경찰부 출입기자단과에) 학병들의 무기휴대를 구체적 증거물로 명시함이 현명한 태도일 것이다. 그러나 금일까지 조사중임을 이유로 하여 이것을 명시치 않는 경찰부의 태도는 일본도 두 자루 외에는 적수공권이었다는 학병들의 진술을 긍정할 가능성을 빚어내는 원인이 됨은 극히 유감이다.

一. 학병들의 총화기로 인해 부상하였다고 언명한 경관은 기자단과 회견시켜 그 상처가 총화상임을 명시함으로써 학병들의 총기 사용을 실증함이 일반의 의혹을 푸는 첩경인데 아직도 이를 실행치 아니함도 역시 유감이다.

　1) 검거시에 사망한 학병 3명의 시체는 이미 검시해부에 부쳐 그 결과가 밝혀졌는데 그에 의하면 박진동(朴晋東)군은 6개처의 총관통상과 1개처의 검창상을 입었고 김성익(金星翼)군은 2개처의 총상을, 그리고 김명근(金命根, 이달李達의 본명)군은 1개처의 총상처를 입어 목불인견의 참상의 정시(呈示)했음은 그 검거수단이 비도덕적이라는 일부의 여론이 있어 경찰에 대한 사회의 신망을 두텁게 하는 데 상당한 장해가 될 염려가 있음을 우리는 민망하게 생각한다.

1946년 1월 28일

조선신문기자회 학병사건진상조사위원회

(「경기도 경찰부장과 조선신문기자회, 학병동맹사건 조사결과 발표」,

『조선일보』 1946년 1월 29일)

　경찰부장 발표는 '증거고 나발이고' 그냥 우기던 대로 우길 뿐이다. 학병동맹의 반탁학련 시위대 습격으로 큰 피해가 일어났다, 학병동맹 본부에 많은 인원과 무기가 모여 있다는 증거를 포착, 경찰이 습격하지 않을 수 없었다, 학병동맹의 저항이 치열해서 강경한 진압방법을 쓰지 않을 수 없었다, 본부를 점령하고 보니 무기 등 많은 증거물이 나왔다 등등.

　반면 신문기자회 발표는 경찰을 옹호하는 게 아닌가 싶을 정도로 온건하고 신중한 표현을 썼다. 그러면서도 경찰 해명의 납득할 수 없는 점 몇 가지를 정확하게 짚어냈다. 발표 중에 언급된 장택상과 기자단의 일문일답을 담은 기사는 '자료대한민국사'에 수록되어 있지 않아서 『자유신문』 1월 28일자에서 찾았다. 사태와 관련해서는 안 봐도 빤한 얘기지만, 장택상의 면피 두께를 보여주는 자료로 옮겨놓는다.

최초 18일 자정에 검거된 학병동맹원이 최무학, 이민영에 틀림이 없다는 경찰부 발표에 대하여 그들의 가족과 친구들은 그렇지 않다고 함을 반증하여 과연 19일 밤에 잡힌 사람은 누구인가 하는 것이 의문이 되는바 25일 경찰부장 발표는 박태윤, 이창우라고 하였다. 이에 대하여 기자단은 장경찰부장과 다음과 같은 일문일답을 하였다.

(문) 학병동맹 본부 점거의 단서가 된 자를 이민영 최무학 양인이라고 경찰부에서 지난 19일에 발표하였는데 1주일이 지난 금일 발표에는 박태윤 이창우로 발표하니 그 진상 여하?

(답) 경찰부에서는 이민영, 최무학으로 발표한 일이 없다.

(문) 이정희 수사주임이 19일 이민영 최무학 양 명에 틀림없다고 언명하였으며 21일에 검속자 명부까지 제시하며 재확언하였는데?

(답) 그렇다면 수사주임이 잘못 발표한 것이다.

(문) 19일 기자단이 경찰부장에게 최초 검거되어 검거의 단서가 된 학병의 씨명 발표를 요구한즉 부장은 "형사과장에게 물어보라"고 말하였고 과장은 "수사계에 명부가 있으니 거기 가 조사하라"고 대답하여 기자단은 수사주임에게 물어 알게 되었으므로 경찰당국의 발표라고 믿고 있었는데?

(답) 그렇다 하여도 역시 이주임이 잘못 발표한 것이다.

(문) 20일 기자단이 이민영 최무학은 19일 아침에 자택에서 체포되었다는 말을 전언하였더니 부장은 신문 발표내용과 틀림없다고 언명하지 않았는가?

(답) 나는 처음 체포된 사람의 씨명에 구애치 않고 다만 학병관계자 3명이 체포된 것에 틀림없다는 것을 의미한 것이다.

(문) 22일 기자단이 이민영 최무학 양인이 19일 아침 9시경에 체포된 데 대한 증인 홍학수와 이·최 양인의 가족 동거인의 증언을 전

하였는바 부장은 "나를 믿어라. 그런 말을 한 자가 있다면 무고니 즉시 체포하겠노라" 하고 즉석에서 홍학수의 체포령을 형사과장에게 내리지 않았는가?

(답) 역시 나는 씨명에 구애치 않고 잡혔다는 것을 부인하는 줄 알고 체포령을 내렸었다.

1946. 1. 28.

무너진 임정, 체면 잃은 김구

12월 27일 신탁통치 관련『동아일보』허위기사로 온 나라가 발칵 뒤집히고 한 달이 지났다. 이 허위기사에 연루된 하지가 곤욕을 치른 일은 그저께 적었다. 그런데 이 한 달 동안 하지보다도 더 큰 타격을 받은 쪽이 있었다. 임정과 김구였다. 커밍스는 이 시점의 상황을 이렇게 정리했다.

> 민주의회란 어떤 것이었는가? 프레스턴 굿펠로와 이승만, 그리고 하지가 민주의회의 설계자들이었다. 굿펠로는 11월 말 서울에 도착한 이래 임정과 한민당, 그리고 그밖의 비좌파 정치조직들이 이승만의 영도 아래 모이도록 노력해 왔다. 1월 28일까지 그는 임정 해산과 이승만 주도의 통합운동에 대한 김구의 지지를 확보해 놓았다. 물론 임정은 이미 해체되어 있었고(또는 자폭 상태였고), 김구는 너무나 체면이 구겨져 이승만의 뒷전에서 놀 수밖에 없게 되어 있었다. (『The Origins of the Korean War』, 232쪽)

해방 전 OSS 부사령관이던 굿펠로에 관해서는 12월 21일자에 적은 일이 있다. 1946년 설치된 CIA의 전신인 OSS는 1942년 만들어진 것인데, 대령이 부사령관이었던 것을 보면 아직 초라한 위상이었던 것 같다. 굿펠로는 OSS가 만들어지기 전부터 이승만과 친분을 가지고 있었고 이승만의 미국 내 활동, 그리고 귀국까지 도와주었다. 진나라 장양왕이 왕자 때 조나라에 인질로 와 있는 것을 보고 여불위가 "기화가거(奇貨可居)!"를 외친 것과 같은 안목이 굿펠로에게 있었던 것인지.

여불위가 장양왕을 따라 진나라에 들어간 것처럼 굿펠로가 이승만을 따라 조선에 들어온 것은 1945년 11월 하순의 일이었다. 그 상황을 커밍스는 이렇게 그렸다.

> 이승만의 미국인 후원자 프레스턴 굿펠로는 다소 수상쩍은 경로를 통해 점령군 고문인가 뭔가 하는 직책으로 그 무렵까지 한국에 들어와 있었다. 〔주〕 굿펠로의 임명 경위가 흥미롭다. 11월 5일 이승만의 오랜 친구 제이 윌리엄스가 트루먼 대통령에게 보낸 편지에서 굿펠로를 "한국에 파견할 것"을 권했다. 그러자 트루먼은 11월 7일 번스 국무장관에게 "굿펠로 대령에게 이런 임무를 맡겨 보내는 것도 괜찮을 것 같다"는 쪽지를 보냈다. 11월 13일 존 빈센트는 굿펠로와 윌리엄스가 이승만과 함께 "국무성을 제멋대로 비판해 온" 사람들이라고 말했다. 11월 13일 번스는 트루먼에게 편지로 굿펠로의 임명에 "반대는 없지만" 그를 "대통령 특사"로 보내는 것은 "바람직하지 않다"는 뜻을 전했다. 굿펠로가 한국에 온 길은 이렇게 이승만이 온 길과 비슷한 길이었다. 국무성 국제주의자들의 반대를 회피하는 우회로였다. 이쪽에서 이승만이 맥아더와 하지에게 굿펠로 선전을 해주는 자기 몫을 한 것은 물론이다. (같은 책, 207, 518쪽)

커밍스의 책에는 미국의 정책혼선 상황이 세밀하게 살펴져 있다. 번스 국무장관이 대표하는 국무성의 국제주의 노선이 공식적인 위치를 지키고 있었지만 국가주의 노선이 이미 강력히 대두하고 있어서 맥아더와 하지의 일탈행위도 현실적 근거를 상당히 가지고 있었던 것으로 커밍스는 본다.

그러나 국무성의 점령군 비판에는 다른 문제들도 있었다. 1943년 이래 국무성 자체의 한국 관련 계획에는 하지의 관점과 꽤 맞아떨어지는 요소들이 포함되고 있었던 것이다. 한국, 또는 그 남반부가 소련의 영향이나 통제를 받지 않는다는 보장은 남한 현지에서 어떤 원료를 얻을 수 있느냐에 달려 있었다. 그런데 소련에 반대할 것이 확실한 현지 세력은 이승만, 한민당과 경찰뿐이었다. (…) 뿐만 아니라 하지의 국가주의·봉쇄주의 관점은 존 맥클로이, 딘 러스크, 조지 케넌, 애버럴 해리먼 등 전후(戰後) 미국 외교정책에서 극히 중요한 인물들이 공유했던 것으로 보인다. 아마 해리 트루먼 자신도 공유했을 것이다. 그렇다면 문제는 국가주의 논리에 있었던 것인가? 그렇지 않으면 국제주의 노선과 전후 세계현실 사이의 간극에 있었던 것인가? (같은 책, 229~230쪽)

주소련 미국대사 해리먼이 2월 2일 하지를 만나러 조선에 온 것이 하지에게 따지러 온 것이 아닐까 하는 상상을 그제께 적었는데, 커밍스의 설명을 보면 잘못 짚은 것 같다. 해리먼의 회고에서 "1월에 한국에 갔을 때 하지 장군에게 매우 좋은 인상을 받았다"는 말까지 인용되어 있다. 주소련 대사관에 근무하고 있던 조지 케넌(George F. Kennan)이 유명한 '긴 전보'를 작성한 것이 1946년 2월 22일의 일이었는데, 이 무렵의 외교현장에서는 국제주의가 완전히 한물간 상황이었던 모양이다.

루스벨트 시대를 통해 미국 외교정책을 관통해 온 국제주의 노선이

루스벨트가 죽은 지 1년이 안 되어 뒤집히고 있었다. 원자탄의 등장이 이 변화를 촉진한 것이라고 나는 본다. 제1차 세계대전을 통해 미국은 유럽 선진국과 맞먹을 수 없던 2류국가에서 1류국가 대열에 끼었다. 국제주의 외교노선은 그 상황에 맞춰 세워진 것이었다. 그런데 제2차 세계대전을 통해 슈퍼파워가 된 미국은 나눠먹기식 국제주의에 만족하지 못하게 되었다.

하지가 1947년 10월 조선을 방문한 미국 하원의원들에게 미국이 "모스크바 합의 대신 영구히 분단된 남한을 향해 노력하는 편이 좋았겠다"고 한 말을 들어 커밍스는 하지가 이승만과 똑같이 분단을 지향했다고 본다(같은 책, 229쪽). 나는 동의하지 않는다. 하지의 말은 후회를 뜻한 것으로 보인다. 1946년 초 당시 분단을 확고한 목표로 떠올리지 못했던 사실을 후회하는 말로 이해되는 것이다.

분단이 하지에게 확고한 목표는 아니었더라도 분단 회피 역시 그에게 확고한 목표는 아니었을 것이다. 1945년 11~12월에 임정과 김구를 극진히 대접한 것은 임정을 내세울 경우 이남만이 아니라 조선 전체를 미국의 영향력 안에 둘 수 있으리라는 희망 때문이었다. 12월 30일의 '국자 사태'로 김구에 대한 신뢰가 깨지면서 조선 전체에 대한 하지의 야심이 무너지고 분단 쪽으로 생각이 기울기 시작했을 것이다.

분단 건국 방침을 이승만이 처음 공언한 것은 1946년 6월 3일의 일이었다. 그러나 그 방침을 마음속에 품은 것은 물론 더 오래된 일이다. 공언하지 않은 상태여서 정확하게 언제부터인지 가릴 수는 없는 일이지만, 하지보다는 빨랐을 것이다. 1945년 12월 들어 반공 발언을 강화할 때는 이미 분단 건국의 목표가 굳어져 있었던 것으로 보인다.

김구가 분단을 바라지 않은 것은 천하가 아는 사실이다. 그런데 그가 앞장선 극한적 반탁운동이 조선을 분단의 길로 몰아넣는 중요한 계

기가 되었다는 사실을 어떻게 이해할 것인가. 반탁의 깃발을 쳐들기만
하면 민중은 말할 것 없고 경찰, 군정청 직원, 친일파, 자본가들까지
모두 그 깃발 아래 모을 수 있으리라고 그가 정말로 믿었던 것일까?

임정의 권위마저 크게 훼손되었다. 26년간 존재한 임정이지만, 귀
국시의 그 모습은 1942년 10월의 좌파 포용 이후의 것이었다. 좌우합
작의 모델 노릇에 임정의 큰 가치가 있었다. 극한적 반탁운동 속에 좌
우합작의 정신이 외면당하면서 임정의 깃발이 찢어졌다. 돈과 폭력의
위협으로부터 한민족을 지켜줄 가장 큰 도덕적 권위의 주체가 사라지
고 있었다.

1946. 1. 31.

일본 순사보다 더 난폭한 미군 MP

1946년의 설날은 2월 2일 금요일이었다. 조선금융조합연합회 교무과장 김성칠은 1일 오후 5시에 서울역에서 대구행 기차를 탔다. 대구지역 업무를 보는 길에 고향인 영천군에 가서 성묘도 할 수 있도록 배려한 출장이었던 것 같다.

민족주의자 김성칠은 기차에 오르기 전부터 불편한 마음을 느낀다.

Traffic Controlling Bureau엘 들렀더니 회장이 이미 전화로 연락해 두었으므로 곧 좌석 지정을 받을 수 있었다. 미국사람에게 빌붙어서 일반 동포들이 가지지 못하는 좌석을 차지하지 밀라는 아내의 부탁이었고 나는 그 말이 지당한 줄 알지만 이번에 일부러 이 길을 취해 보기로 하였다.

조선사람들이 타는 차는 그렇게도 초솔한 것이건만 미군인 전용 차량은 2등 침대차를 개조한 것으로서 호화로운 것이었고 그나마 조선사람의 손으로 각별히 소제해 놓은 것이었다. 이러한 것이 멀리 온 손님을 위해서 우리들의 반가운 심정을 표하는 것이고 또 저네들도 겸손한 마음으로 고맙게 받는 것이면 좋으련만 만일 그렇지 못해서 우리들은 힘에 눌려서 상전을 섬기는 마음으로 이러한 설비를 베풀고 또 저네들은 어떠한 우월감으로써 이 대접을 받아들인다면 통곡

할 현상이다. (김성칠, 『역사 앞에서』, 창비 2009〔개정판〕, 34쪽)

조선사람들의 대접하는 마음이 어떠한 것인지는 차치하고, 미군이 대접을 받아들이는 자세가 어떤 것인지는 기차에 오르는 순간 확인할 수 있었다.

좌석을 준다기에 미군 전용차량에 탔더니 MP들이 와서 next car로 가라고 몰아세운다. 계집아이 둘만 남기고 기타의 조선사람은 좌석 지정이 있어도 전부 쓰레기통 같은 다음 찻간으로 쫓아내고, 그리고 그 찻간에 이미 타고 있는 일반승객들은 또 몹시 붐벼서 설 자리도 없는 다음 찻간으로 내쫓는다. 간혹 그런 줄을 모르고 이 찻간에 타는 사람이 있으면 총부리를 내밀고 left go를 연발하면서 기어이 next car로 떠밀어낸다. 이쪽 차량에는 열 사람도 못다 타서 아주 비다시피 하고, 다음 칸은 수백명이 붐비어서 창밖에까지 넘칠 지경이다.

앞에 찻간에 탄 계집아이들이 얄밉기 그지없다. 그러나 next car의 수많은 승객들은 이 찻간에 탄 우리들을 또 그와 같이 얄밉게 생각하리라.

밤이 깊을수록 한기가 스며드는데 유리가 깨어진 차창으로부터 눈보라 섞인 매운바람이 불어치고 그나마 거의 비다시피 한 찻간이므로 사람의 훈기도 없어서 몹시 춥다. 이러한 곡경은 미인(米人)에게 좌석 지정을 받은 당연한 업보리라. (같은 책, 35쪽)

식민지시대 일본인의 횡포에 관한 기록이 수없이 많지만, 이처럼 일상생활 속에서 특권과 차별을 당연시하는 자세는 본 바 없다. 군정 실시 5개월을 채워가는 시점에서 미군의 자세를 단적으로 보여주는 장

1946년 겨울 어느 날 서울시민들. 미군정의 국가 기능이 얼마나 취약했는지는 서울시민의 쌀배급이 전쟁 말기의 절반 수준이었다는 사실에서 단적으로 드러난다. 치안능력도 형편없었다. 일제시대보다 경찰 인원을 두 배로 늘리고도 지방에서는 미군이 조선 경찰을 보호해 줘야 하는 일이 다반사였다.

면이다.

김성칠은 깨끗하고 따뜻한 차량을 미군과 함께 타고 가는 '계집아이'들을 얄미워한다. 그러면서 자리라도 넉넉한 '다음 칸'을 타고 가는 자신을 더 뒷칸의 사람들이 얄미워할 것을 알고 있다. 미군의 절대적 특권을 많이 나눠받은 제1그룹을 적게 나눠받은 제2그룹 입장에서 얄미워하지만, 미군의 특권과 아무 관계 없는 제3그룹의 눈길을 의식하는 것이다.

두 명의 '계집아이'는 어떤 사람들이었을까? 군정청 직원 아니면 유력계층 인사의 따님들이었을 것 같다. 출장길의 금융조합 간부보다 우대받을 공식적 자격은 없었겠지만, 미군의 '기사도정신' 때문에 제1그룹이 되었을 것이다.

1950년대 후반 양장을 갖춰입은 젊은 여자가 길을 지나가면 아이들이 아무 이유 없이 "양갈보!" 소리치기도 하고 심지어 돌을 던지기도 했다. 돌이켜 생각하면 미군의 특권에 대한 반감이 연약한 표적을 향해 비뚤어져 분출된 것이다. 안전하고 편안한 여행을 위해 최선을 다했을 뿐이었을 젊은 여성들을 '계집아이'라고 적은 것도 분노의 비뚤어진 표현으로 보인다.

1주일 후 서울로 돌아오는 길에서의 봉변은 더했다.

미군 철로계의 증명서를 가졌으므로 미군 전용차에 타려다가 다른 군정청 조선인 관리들과 함께 가슴패기를 몹시 얻어맞았다. 가슴이 사뭇 떨리고 눈에 눈물이 핑 돈다. 개도야지처럼 함부로 얻어맞고 쫓겨나서 화차에 가까스로 설 자리를 비집을 수 있었다.

소년시절에 왜인 경찰에게 무지스레 얻어맞았고 이제 다시 미국 군인에게 이 봉변을 당했다. 약소민족의 설움이 새삼스레 뼈에 사무친다. 그래도 그때는 일정(日政)을 반항하다가 얻어맞았지만 이번엔 미군정에 빌붙어서 좀 편한 자리를 얻으려다가 이 봉변이다.

그들의 만행을 책하기보다도 내 지지리 못났음이 한스럽다. 아무리 몸이 고달프더라도 다른 동포들과 함께 붐비는 중에 고생하는 것이 옳은 것을, 그들의 증명서를 이용하려던 내 태도가 근본적으로 잘못이었다. 떠나기 전에 아내가 그 비루칙칙한 증명설랑은 쓰지 말라던 것을, 그 말이 옳다고는 생각하면서도 몸의 컨디션이 좋지 못함을 양심에의 변명으로 삼고 차중의 안일을 얻고자 한 내 생각이 무엇보다도 잘못이었다. (같은 책, 38~39쪽)

미군 출입을 금지했던 서울시 어느 지역. 오른쪽에 미군 헌병이 서 있다.

김성칠은 대구고보 재학중이던 1928년 15세 나이에 독서회와 동맹
휴학 사건으로 검거되어 1년간 미결수로 복역하면서 일제의 극심한
폭력을 겪은 일이 있었다. 그러나 "일정을 반항하다가" 일이맞은 것이
지, 그후 16년간 식민지시대를 지내면서 일상생활 속에서 아무 이유
없이 미군처럼 폭력을 휘두르는 꼴은 보지 않고 살아왔다. 미군정의
질서유지 방식은 일본 식민지배자들보다 더 야만스러운 것이었다.

이런 상황 속에서 민족의식을 가진 지식인이 어떻게 처신할 수 있었
을까? 김성칠의 아내 이남덕은 남편보다도 더 선명한 민족의식을 가지
고 있었던 모양이다. 미군의 증명서가 "비루칙칙한" 것이니 아예 쓰지
도 말라고 했단다. 그런 증명서가 미국인의 손에서 나온다는 사실 자체
가 못마땅했던 모양이다. 김성칠이 내려가는 길에 이 증명서를 쓴 것은
"일부러 이 길을 취해 봄"으로써 상황을 살펴보고자 한 것이고, 올라오

는 길에는 여러 날 출장 끝에 편안한 여행을 바란 것이었다고 한다.

아내의 관점이 너무 극단적이라고 생각했을 수도 있겠다. 그러나 겪어보고는 아내의 관점에 동의하게 된다. 그가 두 달 후 금융조합을 그만두고 경성대학 사학과 조수(조교)로 들어간 데도 미군 대위를 회장으로 모시는 직장에서 일하기 싫은 마음이 작용했을지 모른다. (경성대학 학장도 미군 대위였지만, 금융조합에서처럼 가까이서 모실 필요는 없었다.)

출장 중에 김성칠은 틈을 내어 17년 전 함께 검거되었던 선배, 친구 몇을 만났다. 일제하에서 쟁쟁한 사회주의운동가가 된 사람들이었고 몇 달 후에는 대구 '10월 민중항쟁'의 주역으로 활동할 사람들이었다.

이상길군을 노조에서, 김일식군을 전매국의 쟁의현장에서, 윤장혁군을 민성일보사에서, 장적우씨를 이목씨 댁에서 만났다.

장씨에게는 조선공산당의 신탁문제에 관련한 오류를 지적했더니 솔직히 그들의 잘못을 승인하였다. 민족전선의 혼란을 막고 또 건국의 위기를 극복하기 위해서 좌익이 좀더 양보할 필요가 있지 않겠느냐고 했더니, 우익의 극단한 반동화와 당래할 그들의 쿠데타를 위하여 어느 일선을 사수하지 않을 수 없다는 말을 하였다. 나는 또 좌익 파쇼와 또 일부 공산당원들의 소아병적인 경향 때문에 민심이 공산당에서 이탈하고 있으니 공산당이 독선주의를 고집하지 말 것과 또 학생들을 정치전선에 몰아내지 말고 잠심해서 공부할 수 있도록 유의해 달라는 요망을 하였다.

어제 박군 댁에서도 강신묵씨에게 공산주의의 이념은 좋으나 조선공산당의 잘못은 용인할 수 없다는 것이며, 소련과 스탈린을 우상화하지 말라고 하고 공산당의 사대주의를 시급히 청산할 필요가 있음을 역설하였다. 오늘 장씨에게도 젊은 공산주의자 중에 공산당을

유아독존으로 여기고 스탈린을 전지전능으로 생각하는 경향이 있다
고 했더니 그도 웃었다. (같은 책, 37~38쪽)

『역사 앞에서』를 세상에 내놓을 생각을 떠올리고 서중석에게 검토
를 부탁했을 때 그의 검토의견 첫마디가 지금도 생각난다. "역시 중도
우파셨구먼요." 분명히 그렇다. '개량주의자'라는 표현이 적확하다.
김성칠 이름 석 자를 세상에 알린 1932년의 동아일보 농촌구제책 현
상공모 당선작이 철저한 개량주의 입장이었고, 그 기본 입장은 1946
년까지도 크게 변하지 않았던 것으로 보인다.

그런데 중도 우파 개량주의자도 공산주의(내지 사회주의) 원리에 큰
기대를 걸고 있던 것이 당시 상황이었다. 좌익의 보다 바람직한 역할
에 관해 좌익 운동가들과 스스럼없이 의견을 나누고 있다.

같은 날 군정청 사람들과의 자리에 관한 기록은 이와 대조적인 분위
기다. 도청의 부장들이라면 그 지역 우익의 중진급 인사들일 텐데, 그
런 자리에서 민족과 사회의 장래를 걱정하는 이야기가 전혀 나타나지
않는 것이 그냥 우연한 일만은 아니었을 것 같다.

밤에 화월식당에서 김의균 지사 이하 각 부장을 초대해서 연회가 있
었다. 농상부장 서만달씨가 여러 사람을 붙들어서 함부로 욕설을 퍼
부어도 모두 감수하므로 부쩍 기수가 나서 종말엔 나를 대하여 이 자
식 금융조합에 무슨 교무과가 필요하냐고 트집을 걸기에 너 같은 자
식을 가르치기 위해서 필요하다고 받아주었더니 노발대발해서 덤비
었다. 아무리 술자리라 하더라도 그 아니꼬운 버릇을 고쳐주고 싶었
으나 나는 주인측이고 그는 손님이며 또 금융조합 전체의 일을 위하
여 참고 자리를 비켰다. (같은 책, 38쪽)

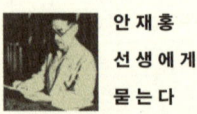
비상국민회의는 통일전선의 포기인가?

김기협 | 해방 당일 이래 선생님 활동은 무엇보다 민족통일전선 결성
에 목적을 둔 것이었습니다. 지난번에 뵈었을 때 통일전선의
전망을 여쭈니 한마디로 잘라 말할 수 없다, 최선을 다할 뿐이다 말씀
하셨죠.

그런데 이제 비상정치회의에 독촉이 합류해 비상국민회의로 방향
을 바꾸면서 좌익의 참여를 아예 포기하고 있습니다. 김원봉, 성주식,
김성숙, 유림 등 임정 비주류 요인들은 이에 반대하며 주비회를 탈퇴
하고 있습니다.

좌익이 배제된 비상국민회의는 진정한 '통일전선'일 수 없습니다.
그러니 비상국민회의 추진에는 통일전선 포기의 뜻이 있지요. 그것이
최선을 다하는 자세일 수 있습니까?

안재홍 | 나는 탈퇴한 분들의 뜻에 진심으로 공감합니다. 21일 주비회
에서 비상국민회의로의 선회 이야기가 나왔을 때 김성숙씨가
그 자리에서 바로 반대했지요. 장덕수씨가 "우리는 임시정부를 절대 지
지한다. 임시정부의 법통은 절대적이다" 주장하자 김성숙씨는 이렇게
반박했습니다. 내가 주장해 온 '임정 보강론'과 합치하는 말씀입니다.

"임시정부의 최고목표는 오직 조선의 독립이요, 독립을 위하여 용감히 싸우는 혁명적 정신이다. 임정의 지지는 구성인물에 있지 않고 그 정당한 정책에 있다. 만약 임정이 그릇된 정책을 가진다면 우리는 그것을 거부하고 시정하지 않으면 안 될 것이다. 여러분은 주장할 것이다. 공산당과 좌익진영은 초대를 하였는데 자기네가 참석치 않았다고. 그것이 잘못이다. 왜 좌우익이 같이 참석하게 하지 못하고 참석치 않을 회의를 가지는가? 형식적 주관적 초대만으로는 안 될 것이다. 객관적 실제적으로 참석할 전민족적 합치의 통일을 위주하는 회의라야 될 것이다. 우익만의 통일은 민의를 가장하는 일이다."

그러나 현실을 무시하고 이상만 추구해서는 일이 되지 않습니다. 지금 당장 아쉬운 점이 있어도 일단 임정의 권위와 김구 선생의 영도력을 중심으로 비상국민회의를 궤도에 올려놓으면 그후에 아쉬운 점을 메울 기회가 있을 것입니다. 지금 단계에서 통일전선에 대한 집착을 접어놓는 것이 나중에라도 기회를 찾을 수 있는 길이라 생각합니다.

병자호란 때 부득이 작성한 항서를 김상헌이 찢어 던지자 최명길이 주워 모으며 "찢는 대감도 계시고 줍는 저도 있어야지요" 했답니다. 어떤 일에나 여러 역할이 있죠. 나는 탈퇴한 분들과 같은 생각이지만 비상국민회의에 남아 내가 할 일이 있다고 생각합니다.

김기협 │ 최명길의 역할도 필요한 것이었죠. 그렇지만 선생님의 성격과 경력을 아는 사람들은 선생님께 최명길의 역할보다 김상헌의 역할을 기대합니다. 그런데도 최명길의 역할을 바라보시는 것은 그쪽 역할 맡아줄 사람이 너무 없어서인가요?

안재홍 │ 좋은 분들이 많이 있죠. 지금 상황에서 그쪽 역할이 매우 필요하다고 생각해서 미력이나마 그쪽으로 보태려는 겁니다.

지난 반년간 나는 어떤 정치이념이 좋다는 주장을 내놓기보다 우리 민족이 처한 상황에 어려운 점이 많다는 사실을 일깨우는 데 노력을 기울여왔습니다. 좋은 생각을 가진 분들도 상황을 너무 쉽게 생각해서 고집을 세우는 바람에 일을 잘 풀어오지 못한 것이 답답합니다.

연합국 외상회담이 결정을 내리고 그에 따라 미소공동위원회가 열리고 있는 이제 더 미적거려서는 안 됩니다. 며칠 전 빈센트씨 담화에 "현재 조선에 90여개 정치단체가 있어서" 새 임시정부 수립이 어렵다는 말이 있었죠. 우리 비상국민회의주비회에서는 정당이 56개밖에 안 된다는 성명을 냈는데, 구차한 얘기죠. 서로 다른 정치이념이 56가지나 될 수 있습니까? 같은 이념을 가지고도 정치인들이 화합을 못한다면 민족이 화합할 수 있다고 누구를 설득할 수 있겠습니까? 전민족의 통일전선을 바로 완성하지 못하면 가능한 범위의 통합이라도 미소공위의 보조에 맞춰 해내야 합니다.

김기협 선생님은 11월 27일 막 귀국한 김구 선생과 대담할 때 좌익 포용의 중요성을 강조하셨죠. 좌우합작을 이루지 못하면 분단점령이 민족분단으로 이어질 위험을 지적하신 것입니다. 그런데 지금 좌익을 배제하는 비상국민회의를 지지하신다는 것은 민족분단의 위험을 감수하신다는 것입니까?

안재홍 하느님이 내 소원을 꼭 한 가지만 들어주신다면 민족분단을 막는 것이 내 소원입니다. 무슨 일이 있더라도 막아야 합니다. 분단된 독립은 통일된 종속보다도 더 나쁜 것입니다. 분단된 독립이 진정한 독립이 될 수도 없는 것이고요.

생각해 보세요. 민족이란 집단에는 저절로 뭉치는 성질이 있습니다. 이 성질을 국가라는 제도가 가로막고 있으면, 민족과 국가가 서로 대항하는 형국이 됩니다. 민족의 힘과 국가의 힘이 서로 합쳐도 장래를 헤쳐나가기가 쉽지 않은데, 두 가지 힘이 서로 맞선다면 어떤 꼴이 나겠습니까?

그러나 공산당의 비협조가 너무 심합니다. 11월에도 두 차례나 근택빌딩으로 찾아가 독촉 참여를 권했지만 성과가 없었습니다. 모스크바 결정이 전해지자 바로 다시 찾아가 이주하씨에게 "탁치반대 운동을 아니하고서야 무슨 운동을 하겠느냐"는 말을 듣고 이제야 합작의 길이 열리는구나, 정말 반가웠습니다.

그런데 며칠 후 공산당 태도가 손바닥 뒤집듯 뒤집혔어요. 그러고도 1월 7일 4당 대표가 모였을 때 공산당 입장을 배려한 표현으로 '4당 코뮤니케'를 만들었는데, 이것도 지켜지지 못했습니다. 지금 상황에서 공산당을 끌어들일 길이 보이지 않습니다. 공산당 없이라도 할 일을 해나가면서 새로운 기회를 기다려야 하겠습니다.

김기협 4당 코뮤니케의 폐기는 후세 사람들도 무척 안타까워하는 일입니다. 서중석 선생은 합의내용에 앞서 "해방 이후 좌우익간에 있었던 최초의 중요한 합의"이며 "국내의 주요 정당이 조선에 민족국가를 건설하는 데 합의를 본 유일한 문서"라는 점을 중시했지요.

그런데 4당 코뮤니케의 폐기는 공산당이 아니라 한민당의 책임으로 알려져 있습니다. 한민당 김성수씨는 엊그제 담화에서 코뮤니케 제1항을 놓고 "공산당 이주하가 조공은 신탁을 절대 지지하므로 수정할 수 없다고 고집하여 필경 결렬된 것"이라고 책임을 떠넘기려 했지만, 그 회담에서 이주하씨가 "신탁을 절대 지지"한다고 하지는 않았지 않습니까? 코뮤니케 제1항은 이런 내용이었죠.

"조선 문제에 관한 모스크바 3국 외상회의의 결정에 대하여 조선의 자주독립을 보장하고 민주주의적 발전을 원조한다는 정신과 의도는 전면적으로 지지한다. 신탁(국제헌장에 의하여 의구되는 신탁제도)은 장래 수립될 우리 정부로 하여금 자주독립의 정신에 기하여 해결케 함."

신탁을 지지하는 내용이 아니라 표현을 유보한 것일 뿐이며, 신탁을 별도로 언급했다는 사실 자체가 그대로 받아들일 수 없다는 뜻을 함축적으로 나타낸 것 아닙니까? 그 정도 표현이 적당하겠다고 한민당 대표로 온 김병로씨와 원세훈씨도 동의했던 것을 대표까지 교체해 가며 번복한 것은 참 심했습니다. 이 일만이 아니라 통일전선에 대한 그동안의 한민당의 성의가 공산당만도 못하지 않았습니까?

안재홍 | 한민당의 문제점이야 눈 있고 귀 있는 사람으로 모르는 사람이 누가 있겠습니까? 다른 건 차치하고, 몽양과 나를 친일파로 몰아붙이는 데야 더 할 말이 없죠. 한민당에 그런 사람들이 있습니다. 그런데 이제 김병로, 원세훈씨 같은 분들까지 깔아뭉개고 노골적으로 나오는 데는 정말 기가 막힐 따름입니다.

그러나 한민당에 민족의 장래를 위한 소중한 자원이 많이 포용되어 있는 것이 어쩔 수 없는 현실입니다. 행정, 경영, 기술, 모든 분야의 수준 높은 훈련과 경험을 쌓은 사람들이 대부분 한민당과 연결되어 있습니다. 한민당이 올바른 길을 걷는 것이 민족의 장래를 위해 대단히 중요한 일입니다.

건준 때나 마찬가지로 지금도 몽양은 좌파의 설득, 나는 우파의 설득을 맡고 있습니다. 누구 일이 더 힘든 건지 모르겠습니다. 아무튼 나는 무슨 일이 있어도 한민당과 정면으로 맞서는 일은 피할 것입니다.

한민당의 편협한 노선을 따라가지 않으면서 한민당이 따라올 만한 길을 보여주는 것을 나와 국민당의 역할로 생각합니다.

김기협 여운형 선생의 인민당이 공산당의 편협한 노선을 따라가지 않으면서 공산당이 따라올 만한 길을 보여주려 애쓰는 것과 같군요. 그러고 보면 공산당과 한민당은 정책노선은 달라도 매사에 합작을 어렵게 하는 대립지향적 성격은 똑같은 것 같습니다.

박헌영의 공산당 노선은 인민당만이 아니라 공산당의 북조선분국에서도 '좌경 모험주의'로 많은 비판을 받고 있습니다. 말하자면 '극좌파'지요. 한민당 주류세력도 같은 틀의 '극우파'로 볼 수 있지 않겠습니까? 한편 인민당과 국민당의 정책노선에는 그리 큰 차이가 없고 필요에 따라 얼마든지 합작할 수 있는 사이이니, 이것을 극좌파, 극우파와 대비되는 '중도파'로 볼 수도 있지 않습니까?

극좌파는 헤게모니 투쟁을 중시하는 볼셰비즘의 전통에 따라 민족문제를 경시하거나 배척하는 경향이 있습니다. 그리고 극우파라 할 수 있는 한민당 주류는 식민지시대의 특권을 지키기 위해 민족문제를 외면하는 경향을 보이고 있습니다. 양쪽을 다 배제하고 중도파의 통일전선을 만드는 것이 극좌, 극우의 흡인력을 막는 길이 될 수 있지 않겠습니까? 우익은 비상국민회의로, 좌익은 민주주의민족전선으로 따로 나간다면 이쪽에서는 극우파가, 저쪽에서는 극좌파가 각각 주도권을 쥐게 되기 쉽지 않습니까?

안재홍 중도파의 통일전선! 가능하기만 하다면 좋은 길이죠. 그러나 그것을 이루기 위해서는 '실력'이 필요합니다. 몽양과 내가 건준을 함께한 것이 바로 중도파 통일전선의 시도였습니다. 그런데 결과가 어땠나요? 우익에서는 외면했고, 좌익에서는 박헌영 일당이 달려들어 말아먹었습니다. 몽양과 나의 실력이 모자랐기 때문이지요.

내가 임정을 높이 받들어온 것은 중도파 통일전선을 실현할 실력을 가진 주체로 여기기 때문입니다. 내가 하는 말에는 콧방귀 뀌는 사람도 김구 선생이 똑같은 말씀을 하면 그러지 못합니다. 민족의 진로를 밝은 길로 열어가는 가장 큰 열쇠가 임정에 있습니다. 임정이 역할을 제대로 하면 한민당도 따라오지 않을 수 없습니다. 이승만 박사나 독립동맹 같은 다른 해외 독립운동 세력이 임정과 보조를 맞춰주면 더욱 좋지요.

김기협 임정이 한민당과 이박사를 선도하기보다 거꾸로 휘둘려버렸다고 후세 사람들은 많이 생각합니다. 그리고 그 결정적 계기가 반탁운동이었다고 봅니다. 연말의 '국자(國字)' 1, 2호로 임정과 김구 선생의 권위가 크게 손상되지 않았습니까? 극단적 반탁운동으로 인해 좌우합작의 길도 더 좁아지지 않았습니까? 그리고 이제 좌익을 배제한 비상국민회의 추진도 좌우대립을 더 뚜렷하게 만드는 길이 되지 않겠습니까?

안재홍 결과를 보면 김선생 말이 맞습니다. 국자 사건으로 임정의 권위는 타격을 받았습니다. 그러나 큰 타격은 아닙니다. 나는 지금 임정 요인 네 분의 주비회 이탈이 더 걱정됩니다. 하고 싶은 말씀을 충분히 한 다음 비상국민회의로 돌아오기 바랍니다. 그러지 못하더라도 임정의 소속은 굳게 지키기 바랍니다.

반탁운동 때문에 좌우합작의 길이 더 좁아졌다고는 생각지 않습니다. 반탁운동 아니라도 길이 잘 보이지 않았습니다. 어찌 보면 합작을 간절히 바라는 우리 염원을 좌익 일각에서 이용해 먹으려 들기 때문에 더 어려운 면도 있었습니다. 억지로 하려 해도 안 되는 지금 단계에서는 아예 큰 통일에 대한 집착을 접어놓고 우익은 우익 안에서, 좌익은 좌익 안에서 각자 단결의 자세를 가다듬을 필요가 있는 것 같습니다. 좌우대립은 더 뚜렷해지겠죠. 그럴 때 오히려 새로운 접점이 나타나지 않을까 나는 기대합니다.

'썩어도 준치'라는 말대로, 임정의 권위가 아무리 타격을 받아도 그 가치는 쉽게 스러지지 않습니다. 임정의 지도력에 기대할 것이 없게 되는 상황은 바로 민족의 장래에 희망이 없게 되는 상황입니다. 나는 앞으로도 임정의 권위를 지키고 키우는 데 정성을 다하겠습니다.

 일지로 보는 1946년 1월

1일	미국무장관 번스, 조선탁치 불필요 가능성 시사. 조병옥, 경무국장에 임명
2일	인공과 조공, 3상회담 결의 지지 표명
3일	좌익, 반탁대회가 찬탁대회로 취지변경. 하지, 반탁시위운동 자중 성명서 발표
4일	김구, '비상정치회의' 제안. 서울시내 8개 경찰서장 집단 사표
5일	각 정당, 조공과 인공의 찬탁대회 반박성명서 발표. 군정경찰, 국군준비대 급습
6일	태평양미육군총사령부 섭외부, 조선 내 일본인 예금 전액 동결 발표
7일	한민당, 인민당, 국민당, 공산당의 4당코뮤니케 발표. 김성수, 한민당 수석총무로 피선
8일	하지, 미소공위 문제에 대한 성명서 발표. 러치, 신임 군정장관으로 취임. 경기도지사, 국군준비대 해산명령
9일	일 조선국군학교를 중앙육군사관학교로 개칭
10일	군정청, 일본인 가옥의 매매불허
12일	신탁통치반대국민총동원위원회, 반탁국민대회 개최
13일	러치 군정장관, 식량난 해결 위한 포고문 발표
14일	군정청, 미곡대책을 위해 50개 정회장 회의 개최
15일	미소공위 소련측 대표 스티코프 중장 및 일행 73명 경성역 도착
16일	미소 예비회담 개막
17일	임정, 비상정치회의 소집 결정
18일	반탁전국학생총연맹, 인민보사와 인민당 서울인민위원회 습격
21일	비상정치회의, 이승만의 독촉을 합류시키며 '비상국민회의'로 개칭
22일	경무국장 조병옥, 학생테러사건에 대한 성명서 발표
24일	비상국민회의주비회, 61개 단체에 초청장 발송
25일	미국무차관 애치슨, 신탁문제 최초 제안자는 미국임을 언명
30일	미소 예비회담, 제1차 공동성명서 발표